AF568881

DIE ULTIMATIVE SPIDER-MAN

COMIC-KOLLEKTION

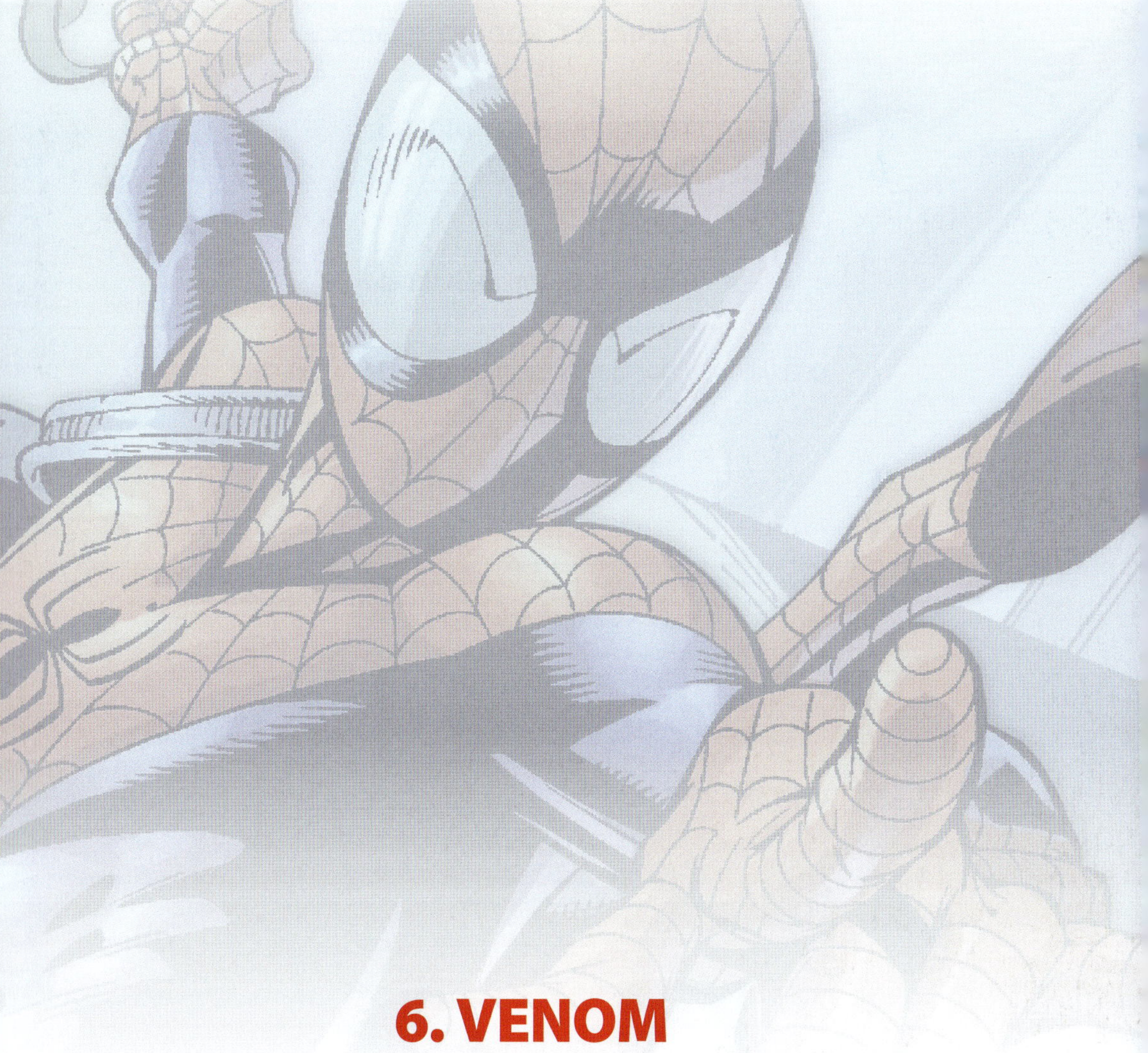

6. VENOM

PANINI COMICS

DIE ULTIMATIVE SPIDER-MAN-COMIC-KOLLEKTION 6: VENOM

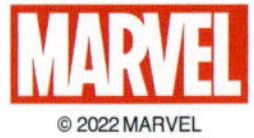

BRIAN MICHAEL BENDIS
Geschichte

MARK BAGLEY
Zeichnungen

ART THIBERT, RODNEY RAMOS
Tusche

TRANSPARENCY DIGITAL
Farben

BRIAN SMITH, RALPH MACCHIO
Redaktion USA

AXEL ALONSO, JOE QUESADA, DAN BUCKLEY, ALAN FINE
MARVEL USA

Impressum: Die ultimative Spider-Man-Comic-Kollektion 6 – Venom wird von der Panini Verlags GmbH herausgegeben, Schloßstraße 76, 70176 Stuttgart. Geschäftsleitung: Hermann Paul; Head of Editorial: Jo Löffler (v.i.S.d.P.); Redaktion: Benjamin Feuer, Gunther Nickel; Übersetzung: Michael Strittmatter (Comic); Head of Marketing: Holger Wiest; Marketing: Jette Götz (E-Mail: marketing@panini.de); Lettering & Grafik: Brightstar Studio, Ludwigsburg; Produktion: Sanja Ancic; Druck: Mohn Media, Gütersloh.

Anzeigen: BLAUFEUER VERLAGSVERTRETUNGEN GmbH, info@blaufeuer.de
Vertriebsservice: stella distribution, Hamburg, Fax: 040/808053050
Presse & PR: Steffen Volkmer
Panini-Nachbestell-Service: Bezugsmöglichkeiten für ältere Ausgaben unter spider-man-comic-kollektion.de

Die ultimative Spider-Man-Comic-Kollektion Abonnenten-Service: PrimaNeo GmbH & Co. KG, Postfach 10 40 40, D-20027 Hamburg, Tel.: 040/23670-3990, Fax: 040/23670-301, E-Mail: SMCK@primaneo.de

Hinweise zu unseren Datenschutzrichtlinien finden Sie im Internet unter: https://www.paninishop.de/datenschutz

HDESPC006
ISBN 978-3-7416-3121-4

Findet uns im Netz:
www.paninicomics.de

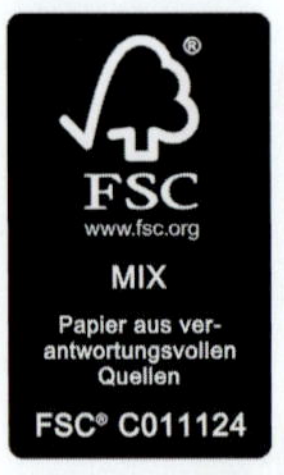

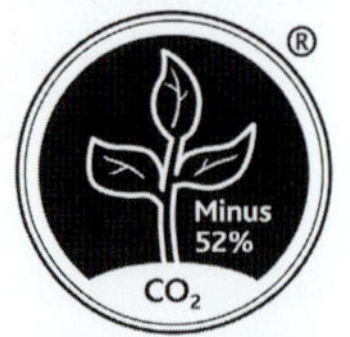

Beim Druck dieses Produkts wurde durch den innovativen Einsatz der Kraft-Wärme-Kopplung im Vergleich zum herkömmlichen Energieeinsatz bis zu 52% weniger CO_2 emittiert.

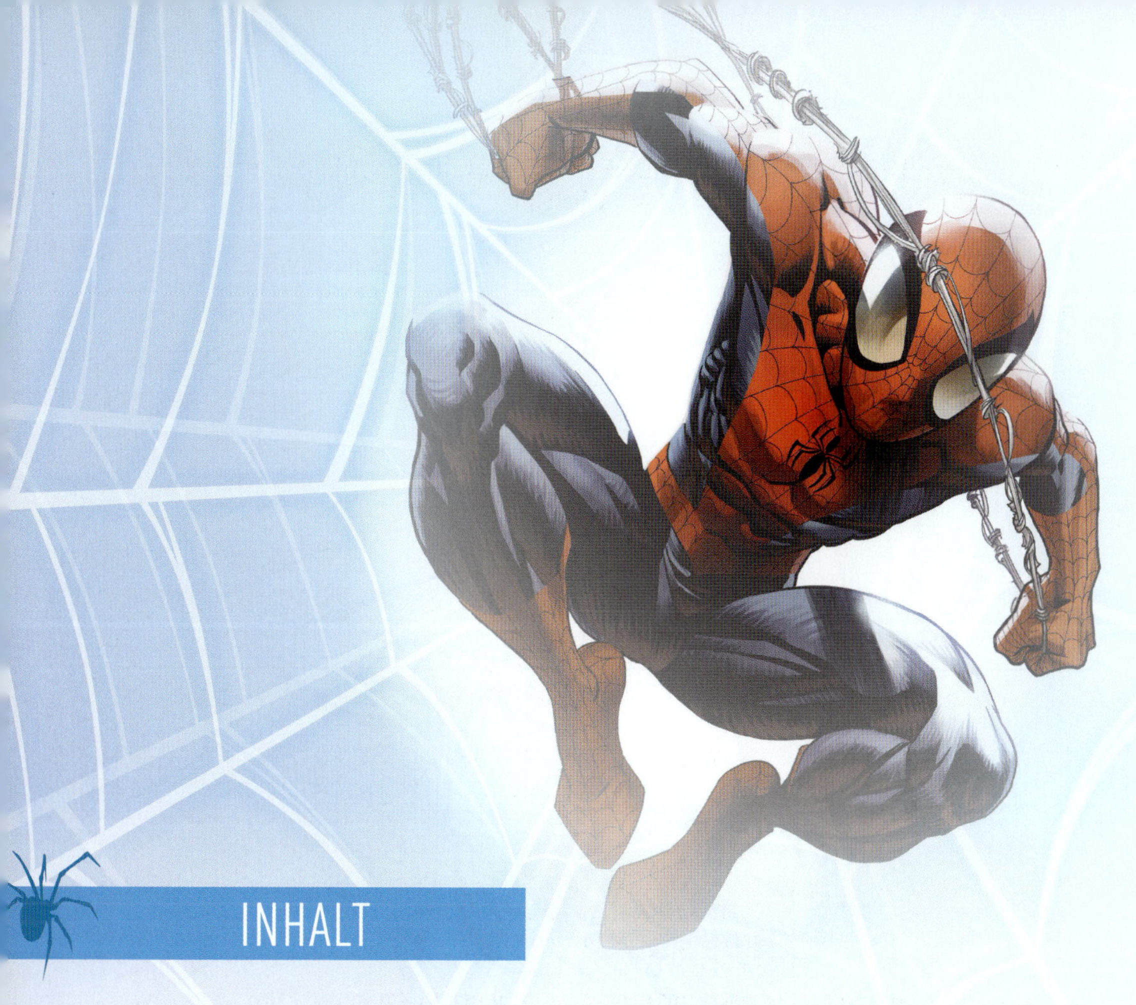

INHALT

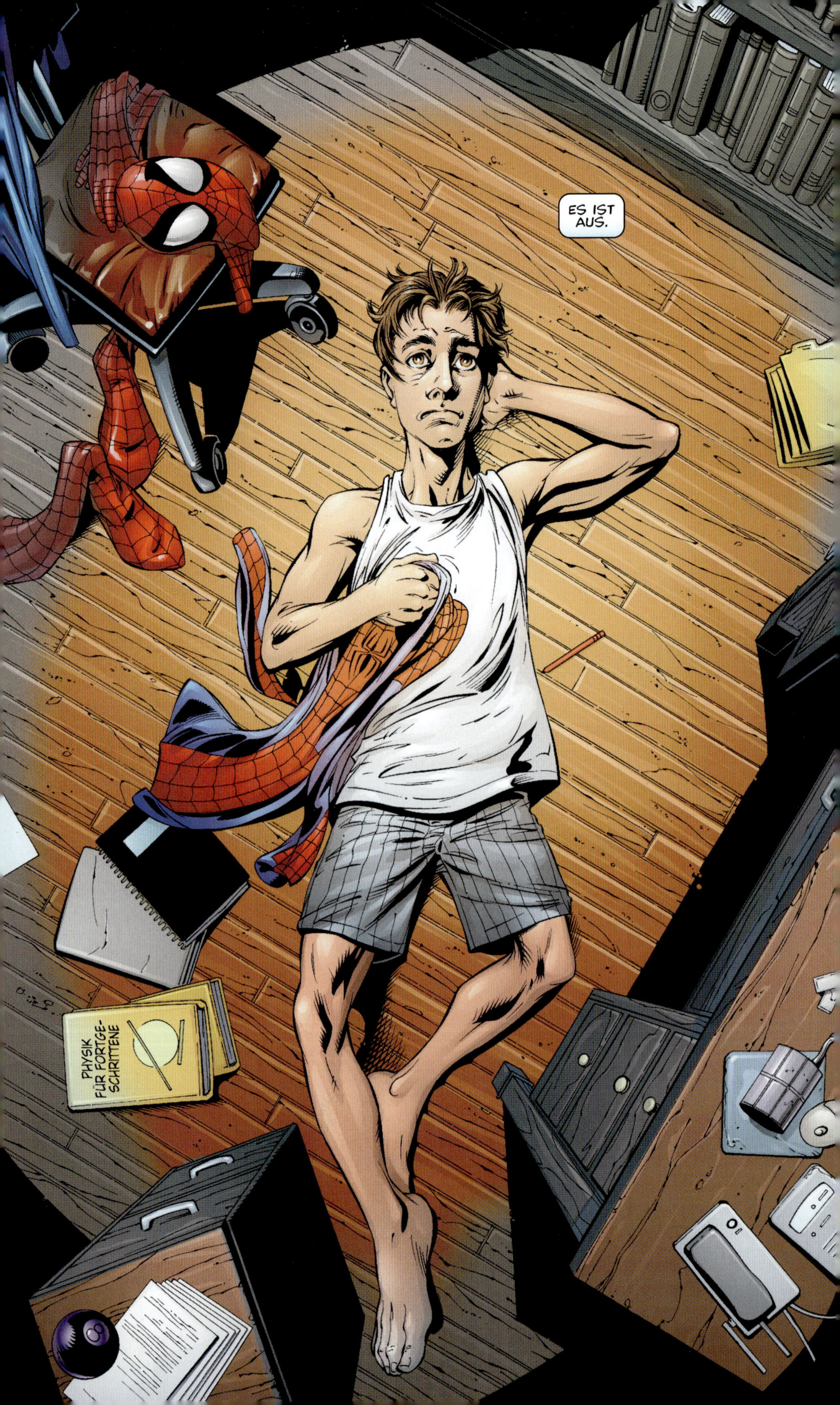
ES IST AUS.
PHYSIK FÜR FORTGE-SCHRITTENE

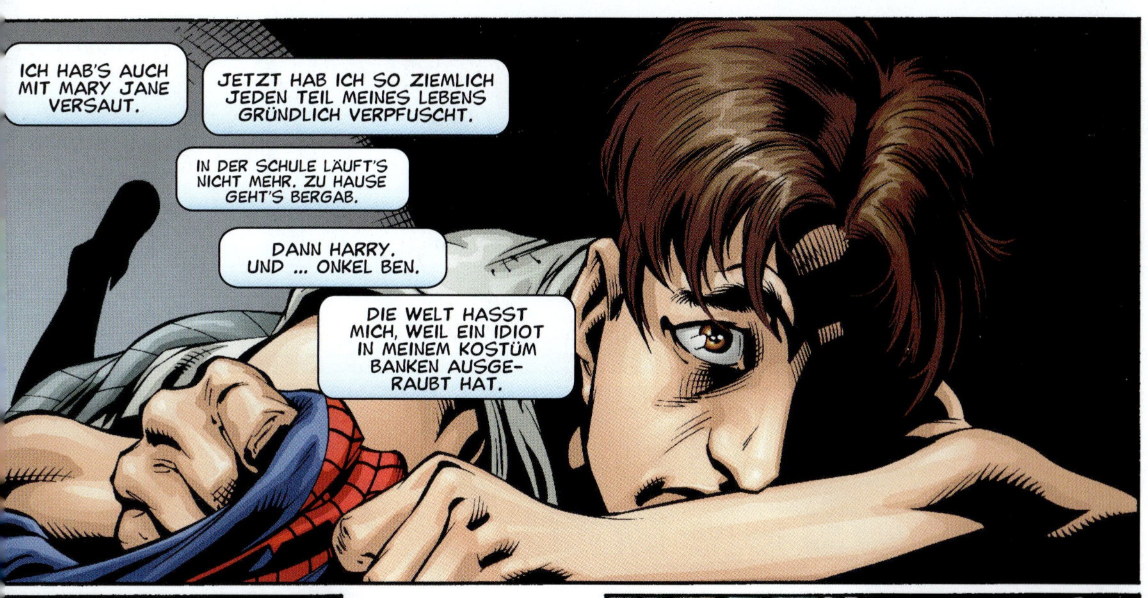
ICH HAB'S AUCH MIT MARY JANE VERSAUT.
JETZT HAB ICH SO ZIEMLICH JEDEN TEIL MEINES LEBENS GRÜNDLICH VERPFUSCHT.
IN DER SCHULE LÄUFT'S NICHT MEHR. ZU HAUSE GEHT'S BERGAB.
DANN HARRY. UND ... ONKEL BEN.
DIE WELT HASST MICH, WEIL EIN IDIOT IN MEINEM KOSTÜM BANKEN AUSGE-RAUBT HAT.

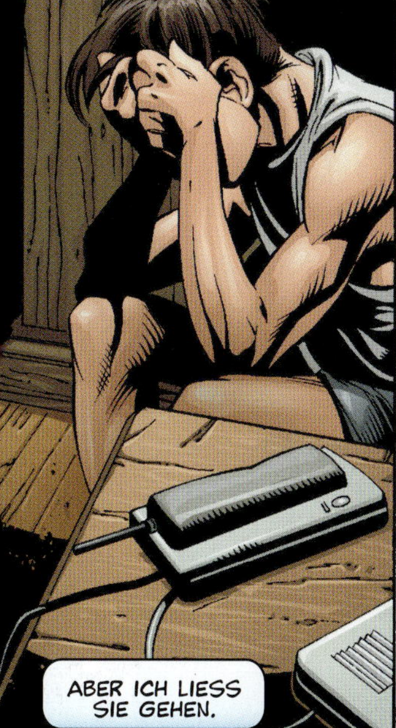
UND NUN WILL DER EINZIGE MENSCH, DER MICH KENNT ... WIRKLICH **KENNT** ... NICHTS MEHR MIT MIR ZU TUN HABEN.
UND DAS SCHLIMME DA-RAN IST ... ALLES, WAS MJ GESAGT HAT ... **STIMMT!**
ICH HÄTTE IHR SAGEN SOLLEN: „DU HAST RECHT, MJ! KOMM ZURÜCK, WIR KRIEGEN DAS SCHON IRGENDWIE HIN!"
ABER ICH LIESS SIE GEHEN.

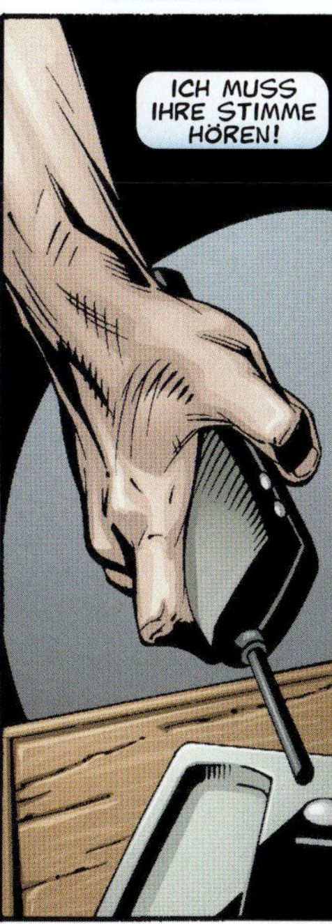
ICH RUF SIE AN!
ICH MUSS IHRE STIMME HÖREN!

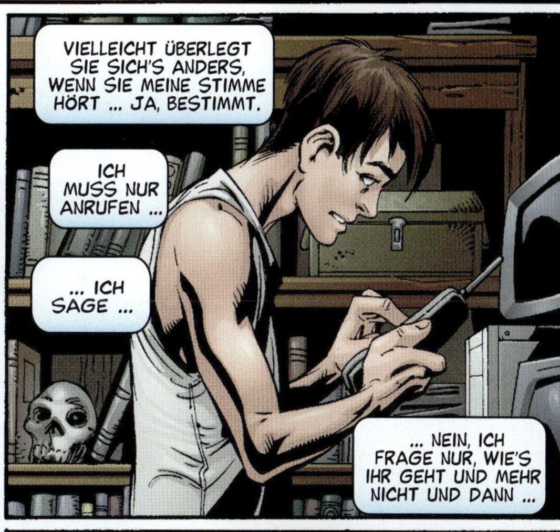
VIELLEICHT ÜBERLEGT SIE SICH'S ANDERS, WENN SIE MEINE STIMME HÖRT ... JA, BESTIMMT.
ICH MUSS NUR ANRUFEN ...
... ICH SAGE ...
... NEIN, ICH FRAGE NUR, WIE'S IHR GEHT UND MEHR NICHT UND DANN ...

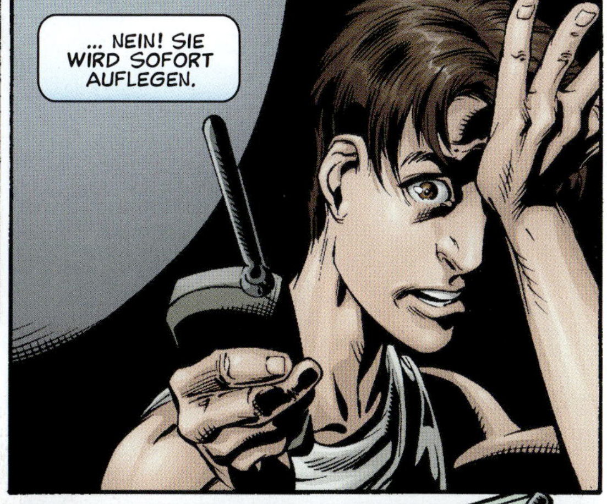
... NEIN! SIE WIRD SOFORT AUFLEGEN.

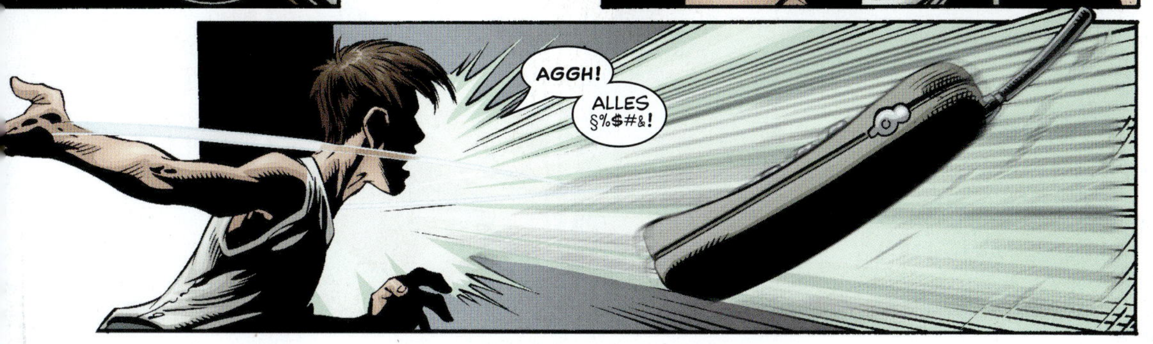
AGGH!
ALLES §%$#&!

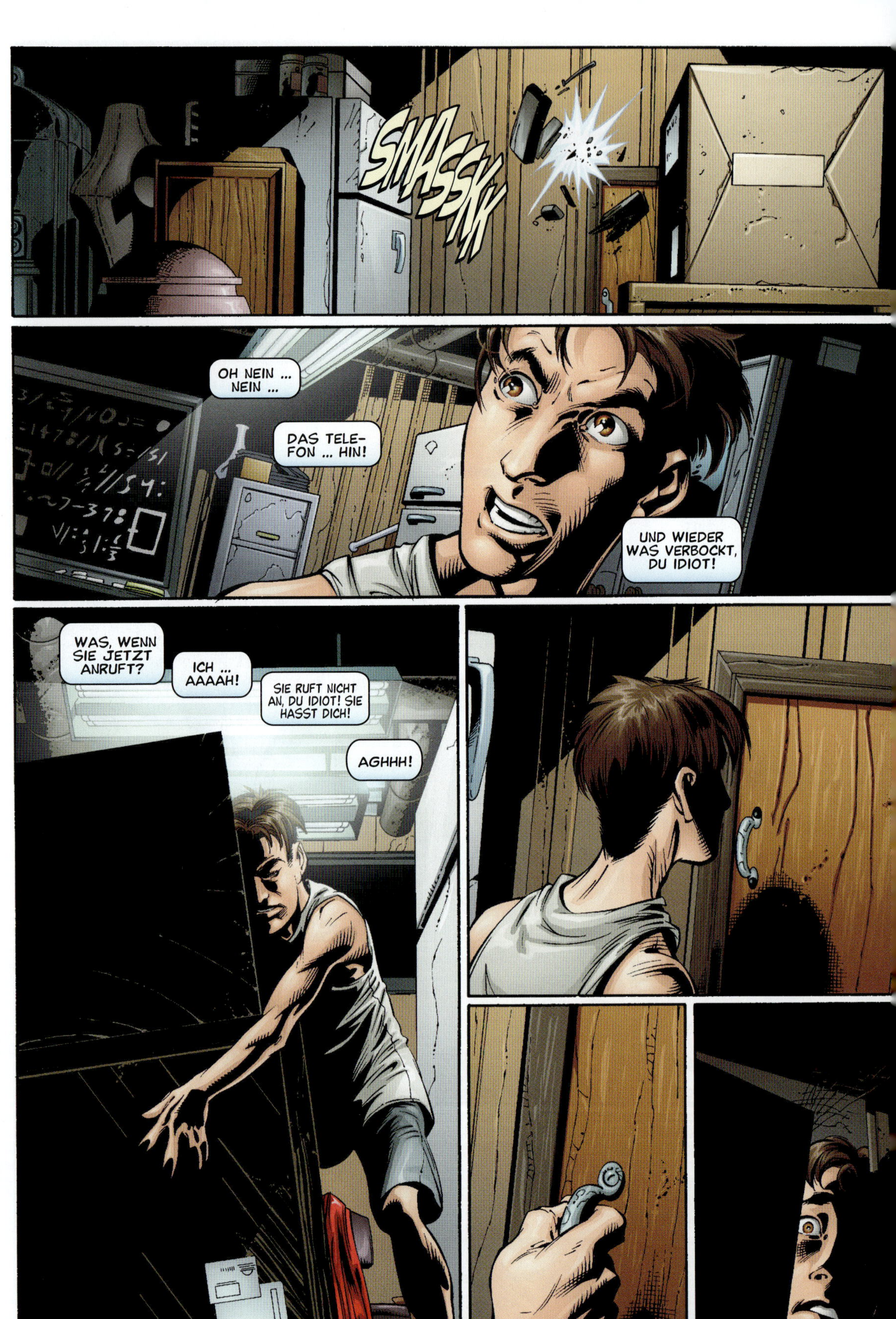
SMASSKK
OH NEIN ... NEIN ...
DAS TELEFON ... HIN!
UND WIEDER WAS VERBOCKT, DU IDIOT!
WAS, WENN SIE JETZT ANRUFT?
ICH ... AAAAH!
SIE RUFT NICHT AN, DU IDIOT! SIE HASST DICH!
AGHHH!

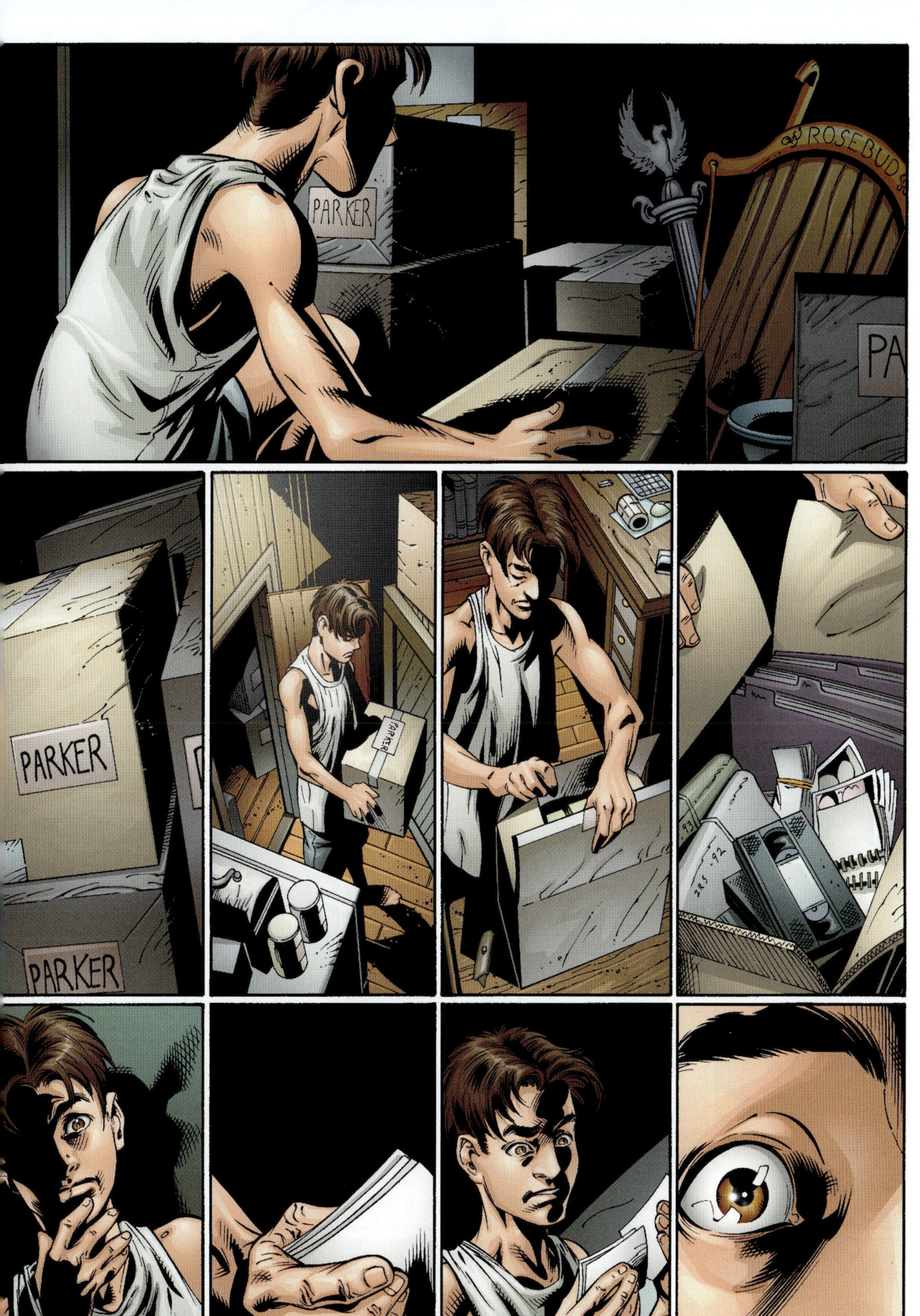
ROSEBUD
PARKER
PARKER
PARKER
PARKER

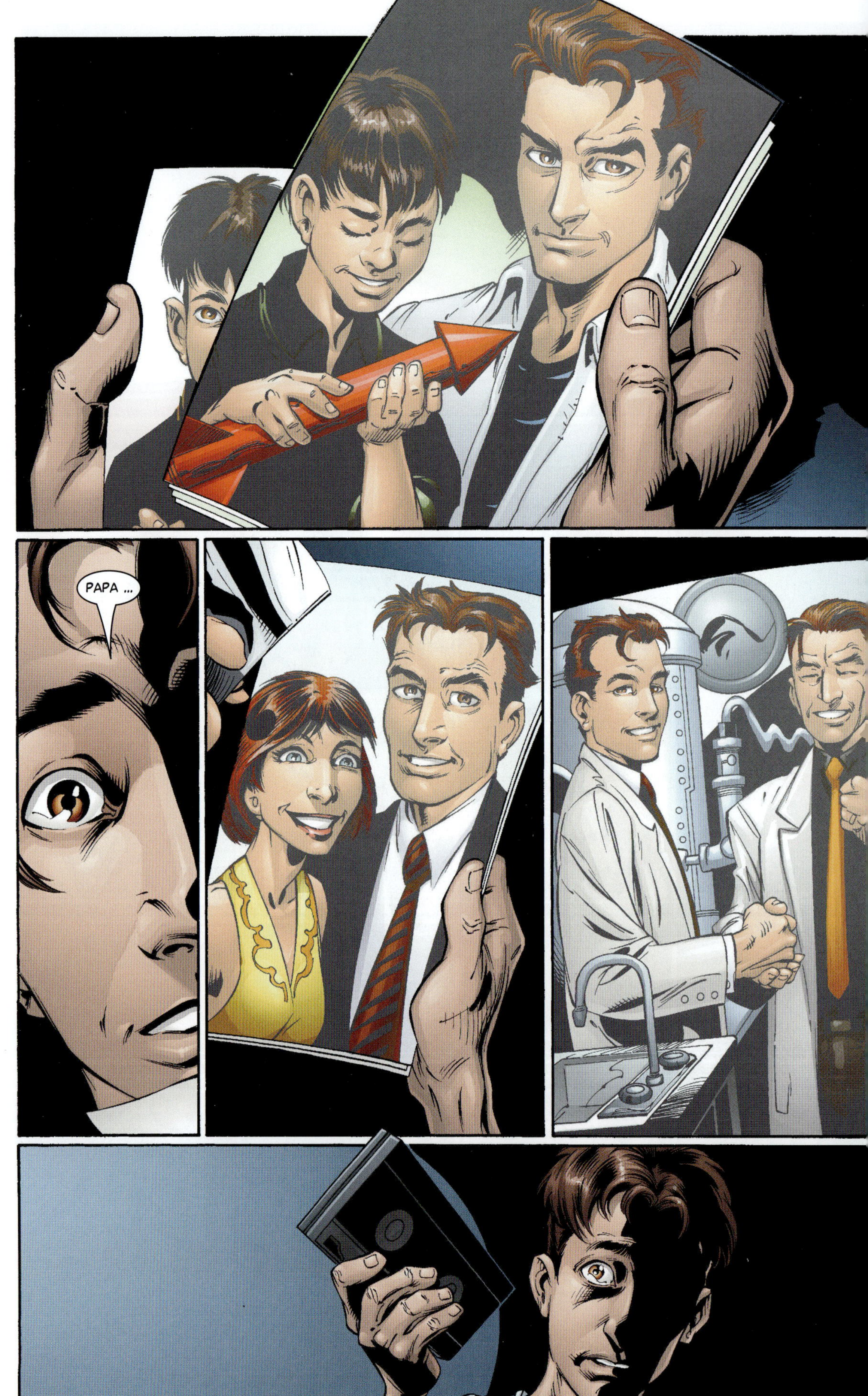
PAPA ...

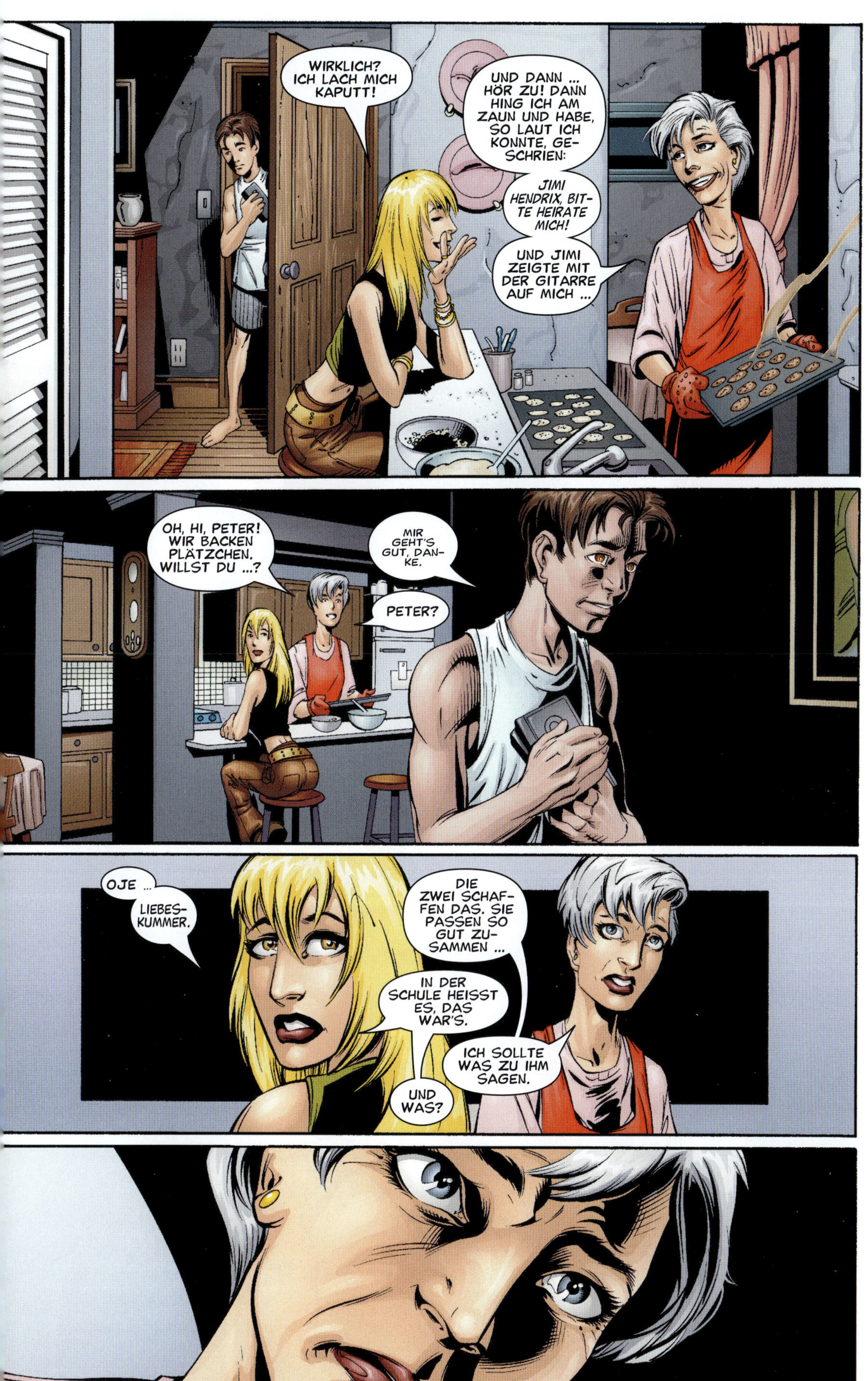
WIRKLICH? ICH LACH MICH KAPUTT!
UND DANN ... HÖR ZU! DANN HING ICH AM ZAUN UND HABE, SO LAUT ICH KONNTE, GESCHRIEN:
JIMI HENDRIX, BITTE HEIRATE MICH!
UND JIMI ZEIGTE MIT DER GITARRE AUF MICH ...
OH, HI, PETER! WIR BACKEN PLÄTZCHEN. WILLST DU ...?
MIR GEHT'S GUT, DANKE.
PETER?
OJE ...
LIEBESKUMMER.
DIE ZWEI SCHAFFEN DAS. SIE PASSEN SO GUT ZUSAMMEN ...
IN DER SCHULE HEISST ES, DAS WAR'S.
UND WAS?
ICH SOLLTE WAS ZU IHM SAGEN.

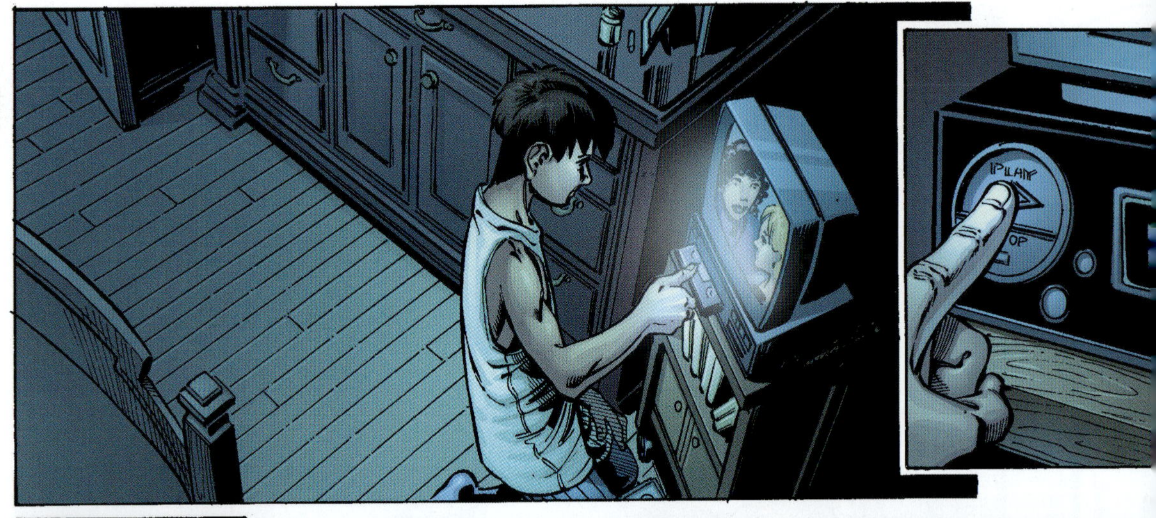
PLAY

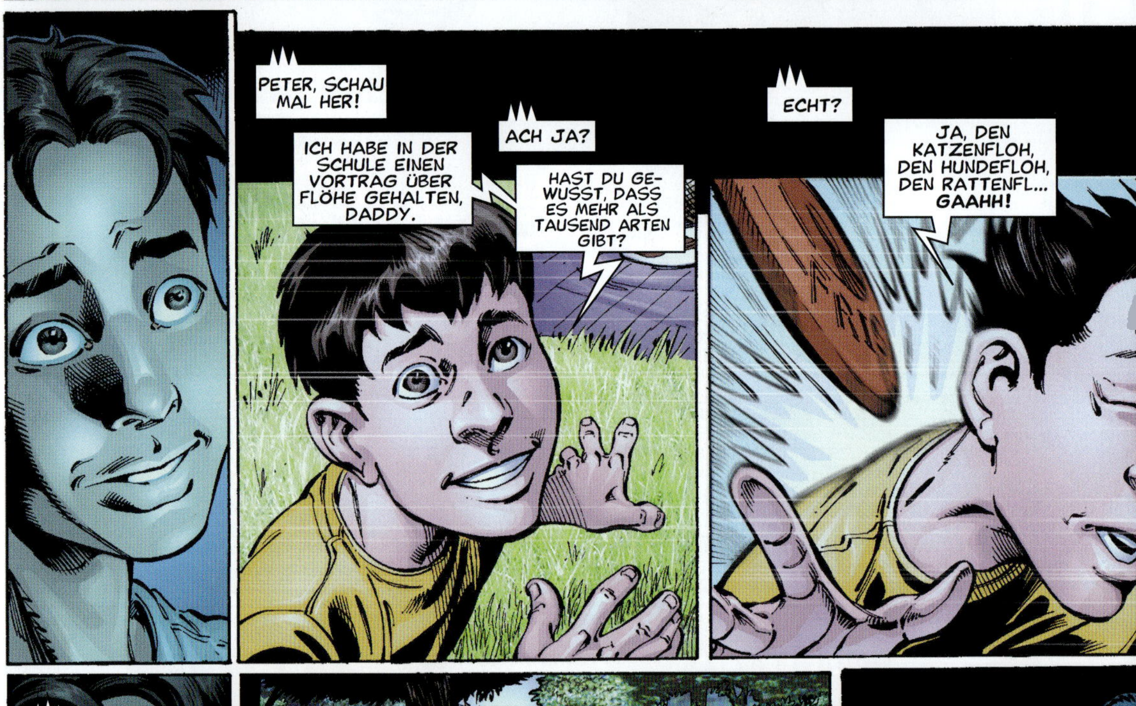
PETER, SCHAU MAL HER!
ICH HABE IN DER SCHULE EINEN VORTRAG ÜBER FLÖHE GEHALTEN, DADDY.
ACH JA?
HAST DU GEWUSST, DASS ES MEHR ALS TAUSEND ARTEN GIBT?
ECHT?
JA, DEN KATZENFLOH, DEN HUNDEFLOH, DEN RATTENFL... GAAHH!

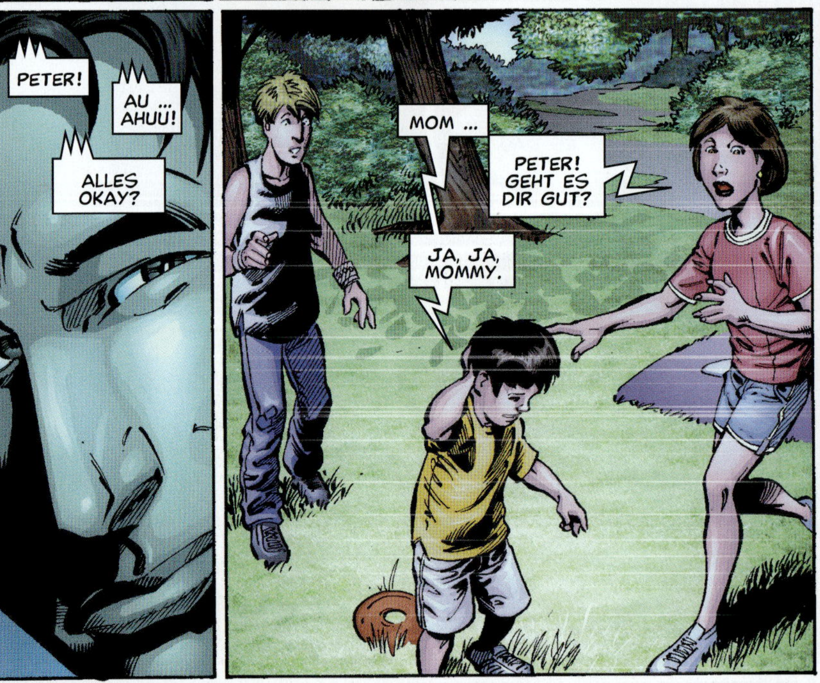
PETER!
AU ... AHUU!
ALLES OKAY?
MOM ...
PETER! GEHT ES DIR GUT?
JA, JA, MOMMY.

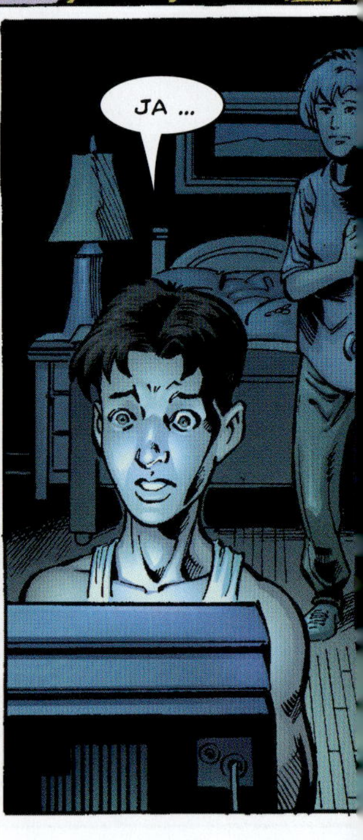
JA ...

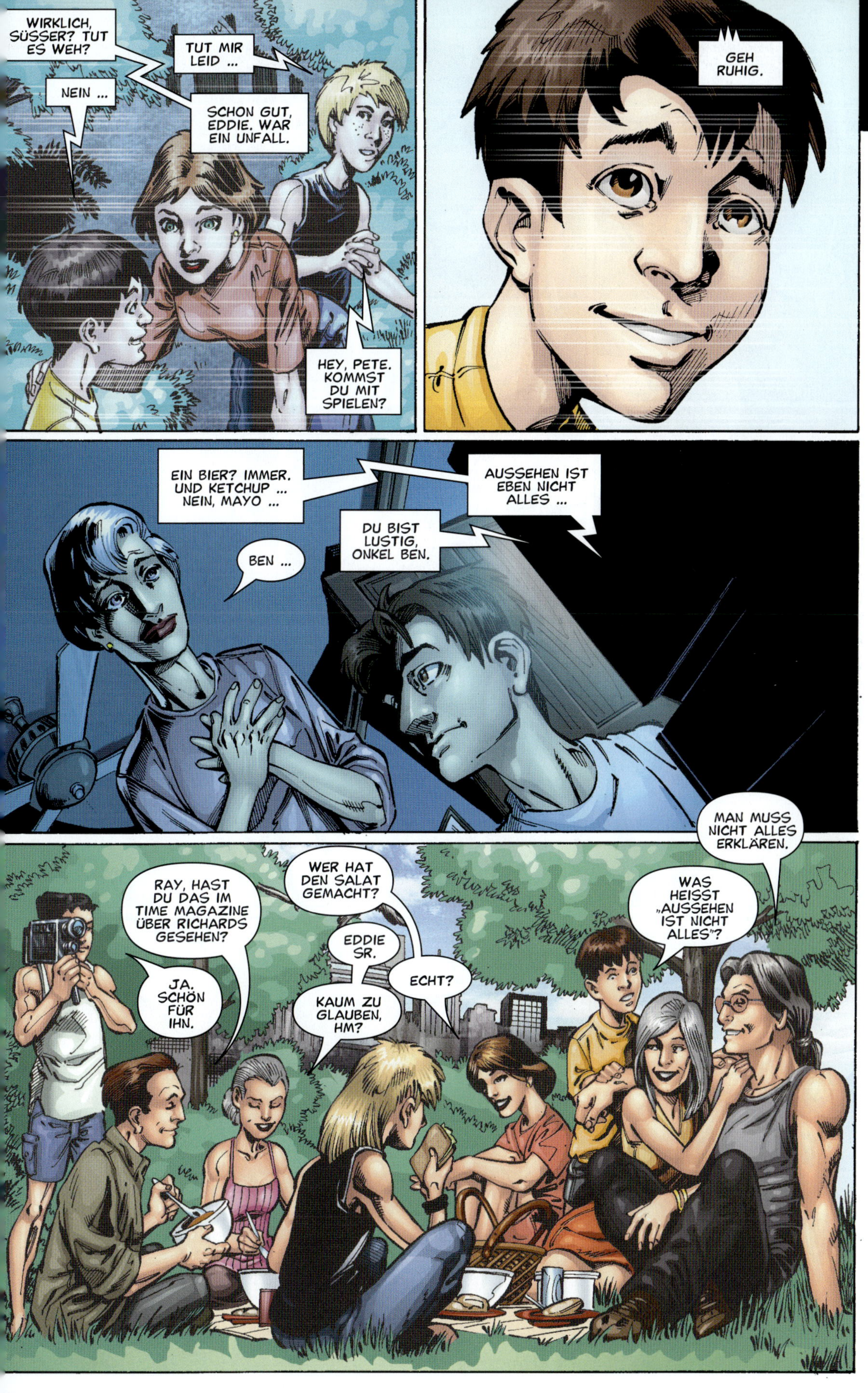
WIRKLICH, SÜSSER? TUT ES WEH?
NEIN ...
TUT MIR LEID ...
SCHON GUT, EDDIE. WAR EIN UNFALL.
HEY, PETE. KOMMST DU MIT SPIELEN?
GEH RUHIG.
EIN BIER? IMMER. UND KETCHUP ... NEIN, MAYO ...
AUSSEHEN IST EBEN NICHT ALLES ...
DU BIST LUSTIG, ONKEL BEN.
BEN ...
RAY, HAST DU DAS IM TIME MAGAZINE ÜBER RICHARDS GESEHEN?
JA. SCHÖN FÜR IHN.
WER HAT DEN SALAT GEMACHT?
EDDIE SR.
ECHT?
KAUM ZU GLAUBEN, HM?
WAS HEISST „AUSSEHEN IST NICHT ALLES"?
MAN MUSS NICHT ALLES ERKLÄREN.

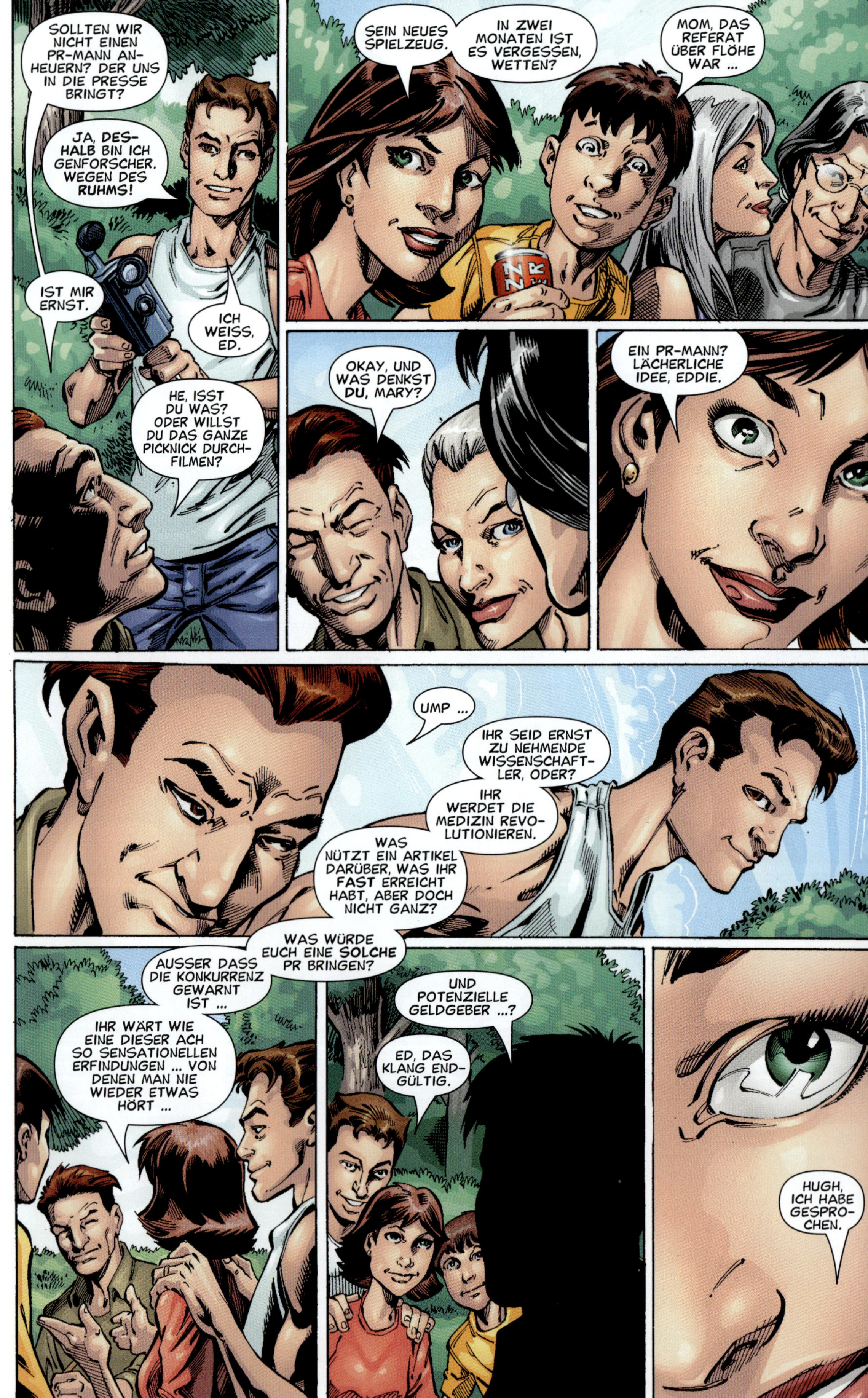
SOLLTEN WIR NICHT EINEN PR-MANN ANHEUERN? DER UNS IN DIE PRESSE BRINGT?
JA, DESHALB BIN ICH GENFORSCHER. WEGEN DES RUHMS!
IST MIR ERNST.
ICH WEISS, ED.
HE, ISST DU WAS? ODER WILLST DU DAS GANZE PICKNICK DURCHFILMEN?
SEIN NEUES SPIELZEUG.
IN ZWEI MONATEN IST ES VERGESSEN, WETTEN?
MOM, DAS REFERAT ÜBER FLÖHE WAR ...
OKAY, UND WAS DENKST DU, MARY?
EIN PR-MANN? LÄCHERLICHE IDEE, EDDIE.
UMP ...
IHR SEID ERNST ZU NEHMENDE WISSENSCHAFTLER, ODER?
IHR WERDET DIE MEDIZIN REVOLUTIONIEREN.
WAS NÜTZT EIN ARTIKEL DARÜBER, WAS IHR FAST ERREICHT HABT, ABER DOCH NICHT GANZ?
WAS WÜRDE EUCH EINE SOLCHE PR BRINGEN?
AUSSER DASS DIE KONKURRENZ GEWARNT IST ...
IHR WÄRT WIE EINE DIESER ACH SO SENSATIONELLEN ERFINDUNGEN ... VON DENEN MAN NIE WIEDER ETWAS HÖRT ...
UND POTENZIELLE GELDGEBER ...?
ED, DAS KLANG ENDGÜLTIG.
HUGH, ICH HABE GESPROCHEN.

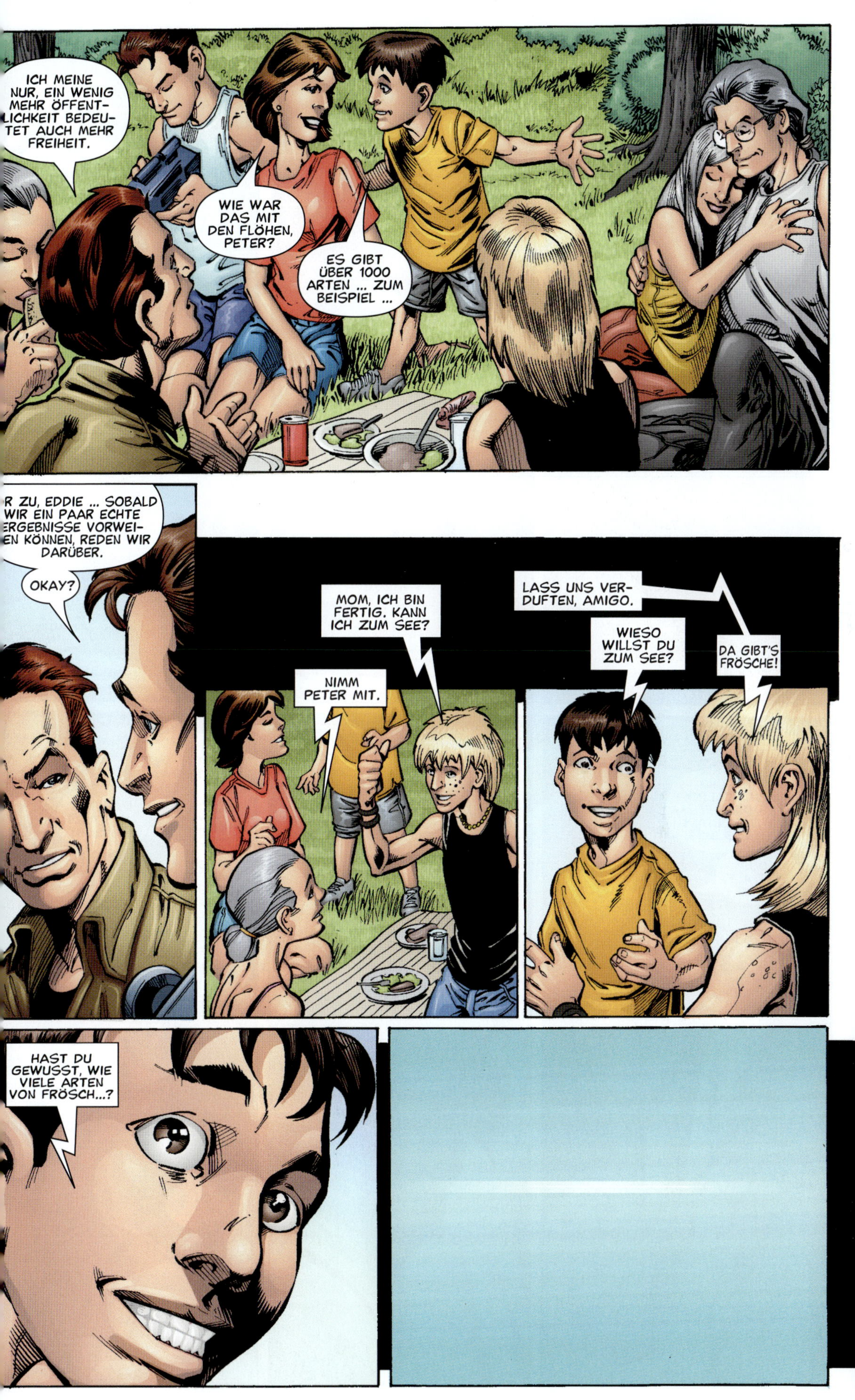
ICH MEINE NUR, EIN WENIG MEHR ÖFFENTLICHKEIT BEDEUTET AUCH MEHR FREIHEIT.
WIE WAR DAS MIT DEN FLÖHEN, PETER?
ES GIBT ÜBER 1000 ARTEN ... ZUM BEISPIEL ...
R ZU, EDDIE ... SOBALD WIR EIN PAAR ECHTE ERGEBNISSE VORWEIEN KÖNNEN, REDEN WIR DARÜBER.
OKAY?
MOM, ICH BIN FERTIG. KANN ICH ZUM SEE?
NIMM PETER MIT.
LASS UNS VERDUFTEN, AMIGO.
WIESO WILLST DU ZUM SEE?
DA GIBT'S FRÖSCHE!
HAST DU GEWUSST, WIE VIELE ARTEN VON FRÖSCH...?

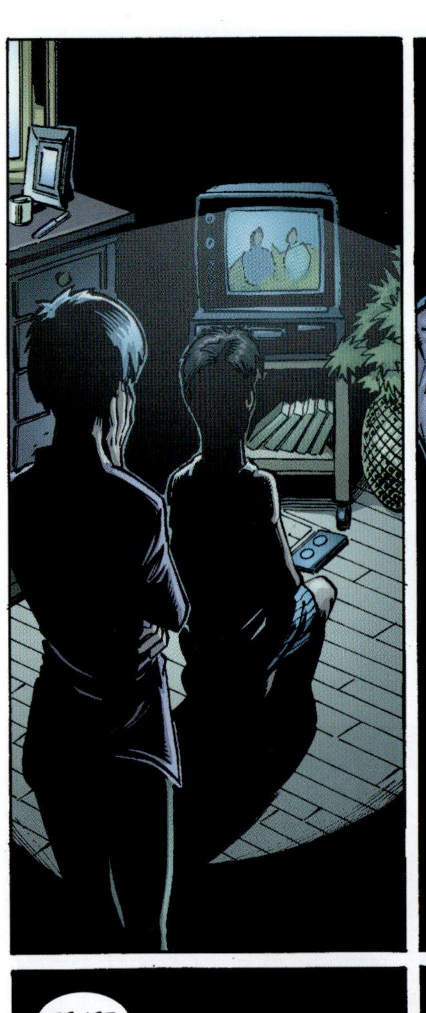
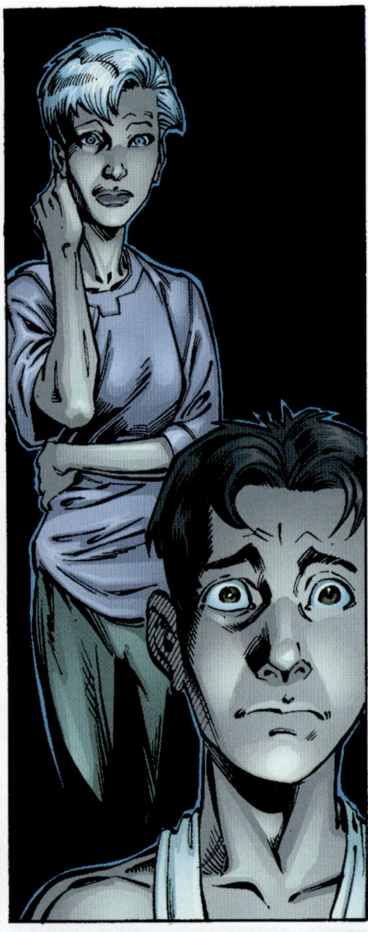
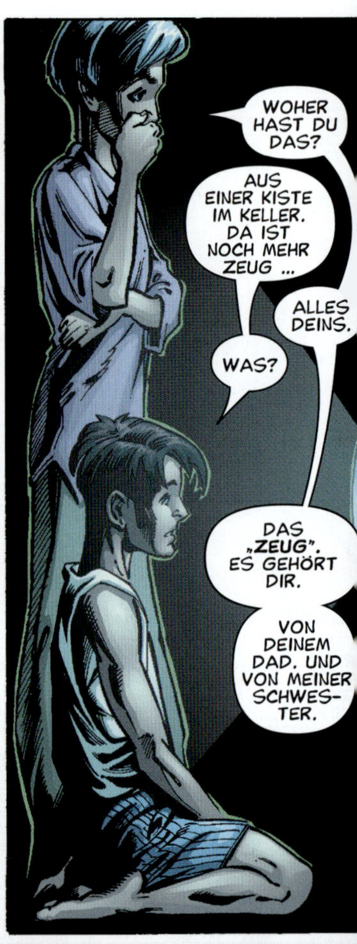
WOHER HAST DU DAS?
AUS EINER KISTE IM KELLER. DA IST NOCH MEHR ZEUG ...
WAS?
ALLES DEINS.
DAS „ZEUG". ES GEHÖRT DIR.
VON DEINEM DAD. UND VON MEINER SCHWES-TER.
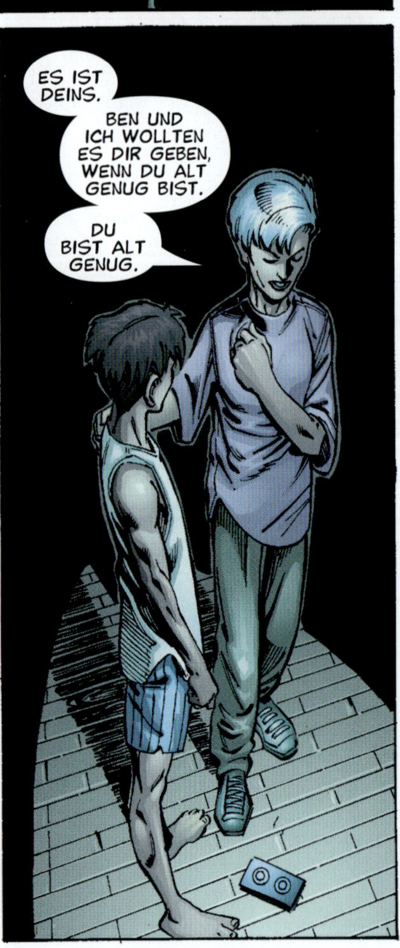
ES IST DEINS.
BEN UND ICH WOLLTEN ES DIR GEBEN, WENN DU ALT GENUG BIST.
DU BIST ALT GENUG.
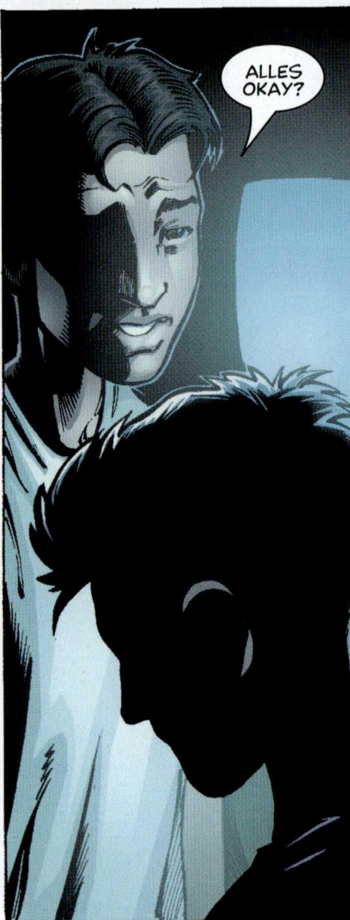
ALLES OKAY?
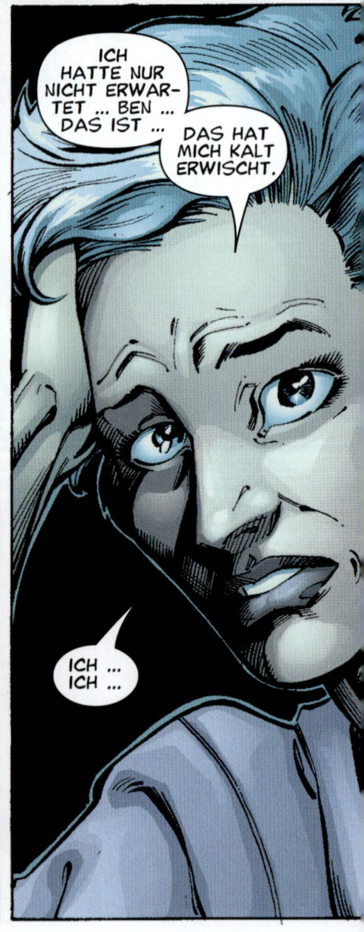
ICH HATTE NUR NICHT ERWAR-TET ... BEN ... DAS IST ...
DAS HAT MICH KALT ERWISCHT.
ICH ... ICH ...

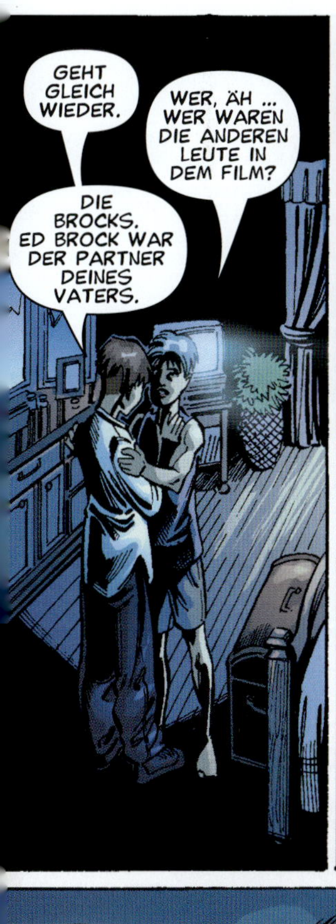
GEHT GLEICH WIEDER.
DIE BROCKS. ED BROCK WAR DER PARTNER DEINES VATERS.
WER, ÄH ... WER WAREN DIE ANDEREN LEUTE IN DEM FILM?

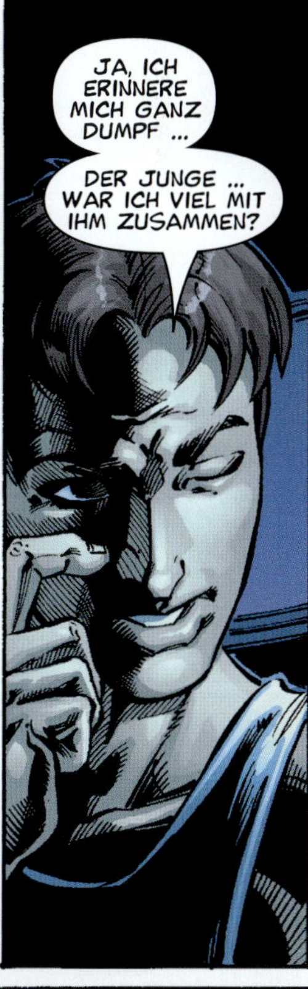
JA, ICH ERINNERE MICH GANZ DUMPF ...
DER JUNGE ... WAR ICH VIEL MIT IHM ZUSAMMEN?

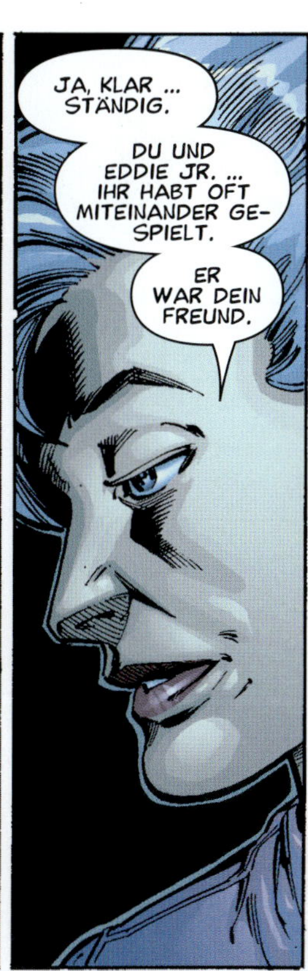
JA, KLAR ... STÄNDIG.
DU UND EDDIE JR. ... IHR HABT OFT MITEINANDER GE-SPIELT.
ER WAR DEIN FREUND.

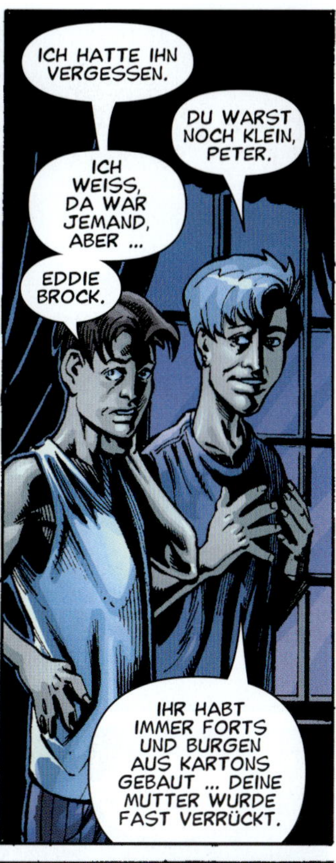
ICH HATTE IHN VERGESSEN.
ICH WEISS, DA WAR JEMAND, ABER ...
EDDIE BROCK.
DU WARST NOCH KLEIN, PETER.
IHR HABT IMMER FORTS UND BURGEN AUS KARTONS GEBAUT ... DEINE MUTTER WURDE FAST VERRÜCKT.

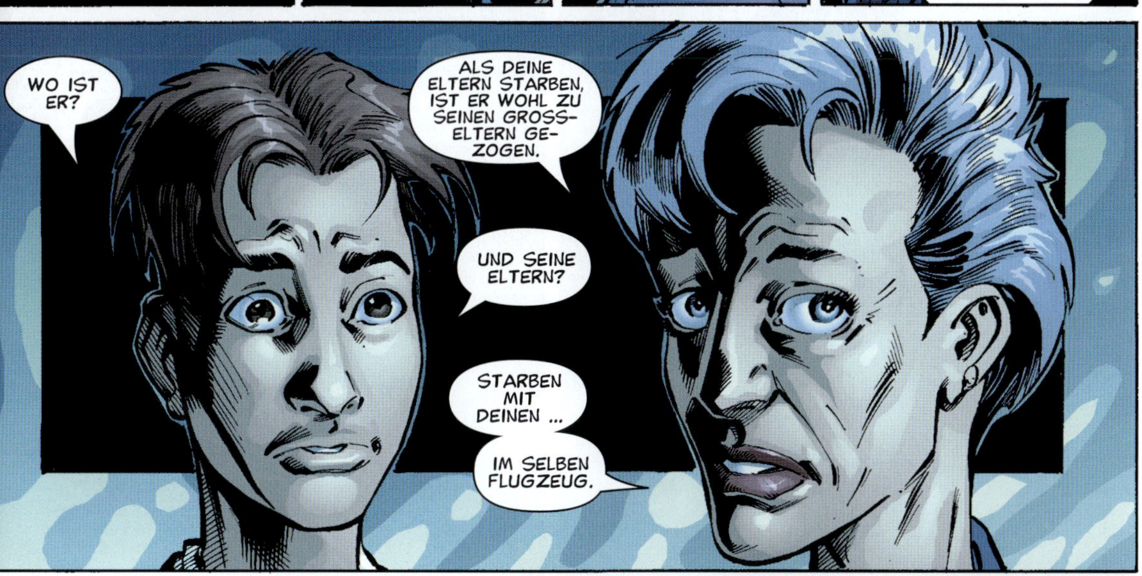
WO IST ER?
ALS DEINE ELTERN STARBEN, IST ER WOHL ZU SEINEN GROSS-ELTERN GE-ZOGEN.
UND SEINE ELTERN?
STARBEN MIT DEINEN ...
IM SELBEN FLUGZEUG.

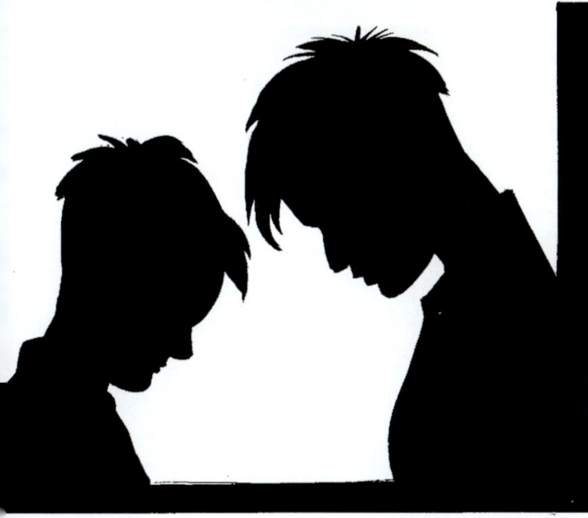

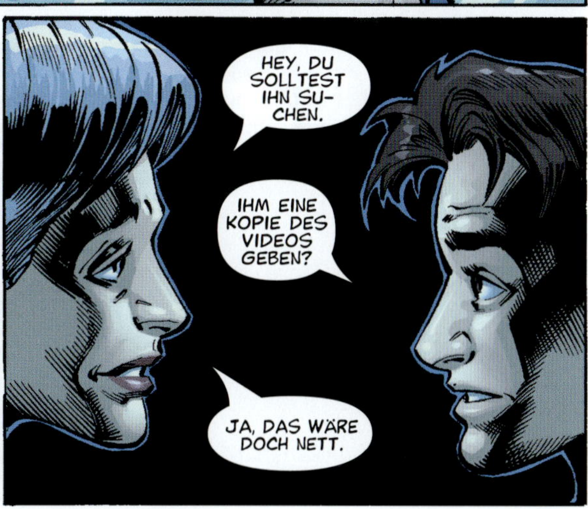
HEY, DU SOLLTEST IHN SU-CHEN.
IHM EINE KOPIE DES VIDEOS GEBEN?
JA, DAS WÄRE DOCH NETT.

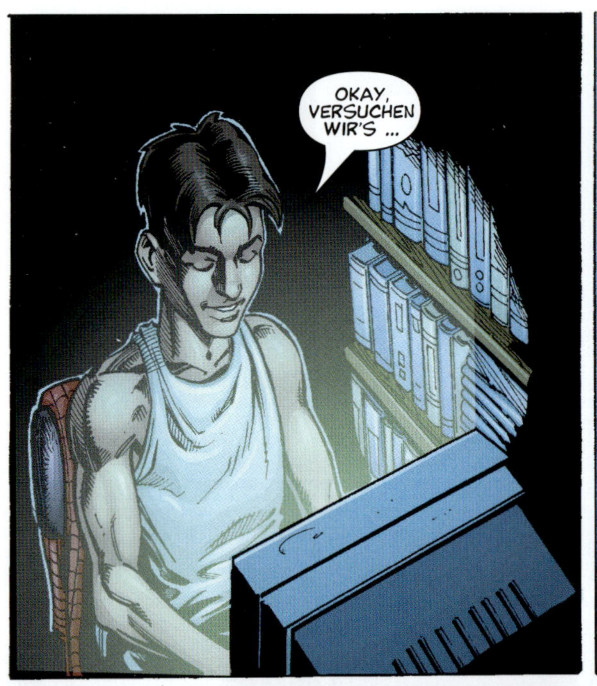

INTERNET WHITE PAGES

Search found 1 result:

Eddie Brock

44 Tony Stark Building
Empire State University
NYC 97214

1-212-578-0808

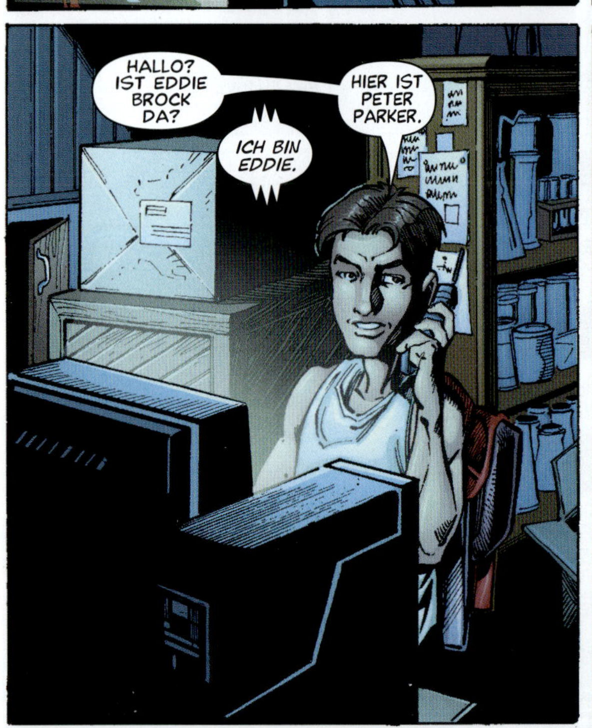

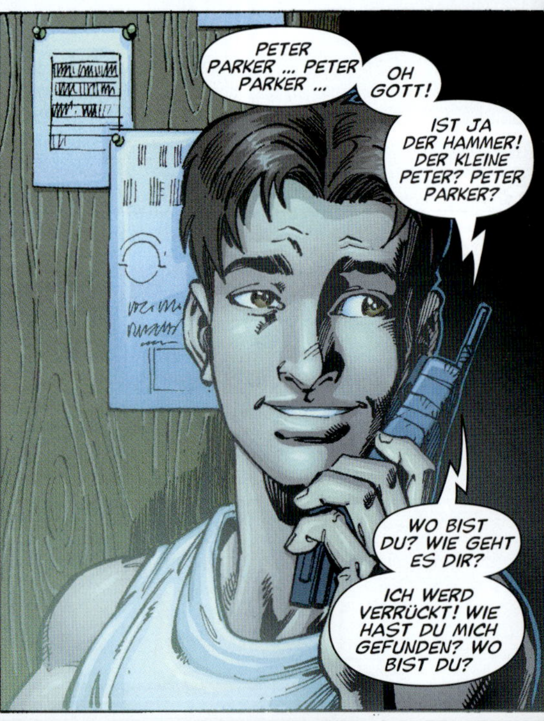

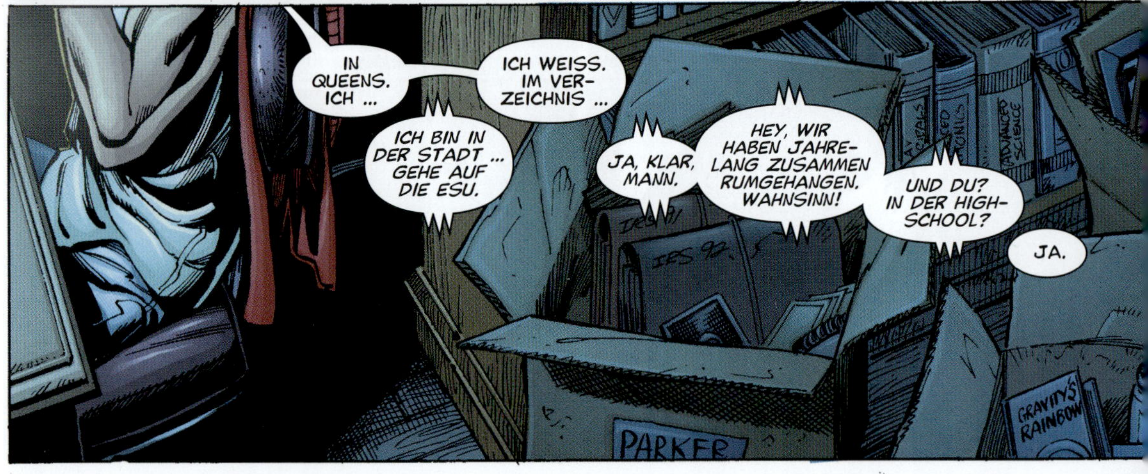

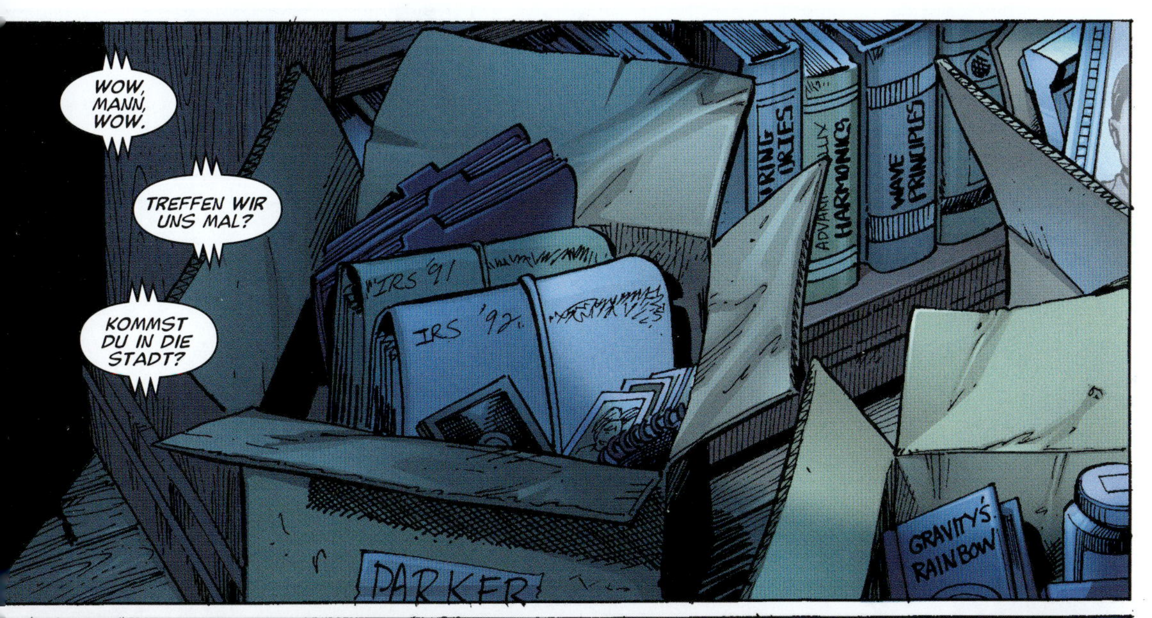
WOW, MANN, WOW.
TREFFEN WIR UNS MAL?
KOMMST DU IN DIE STADT?
IRS '91
IRS '92
WAVE PRINCIPLES
HARMONICS
GRAVITY'S RAINBOW
PARKER

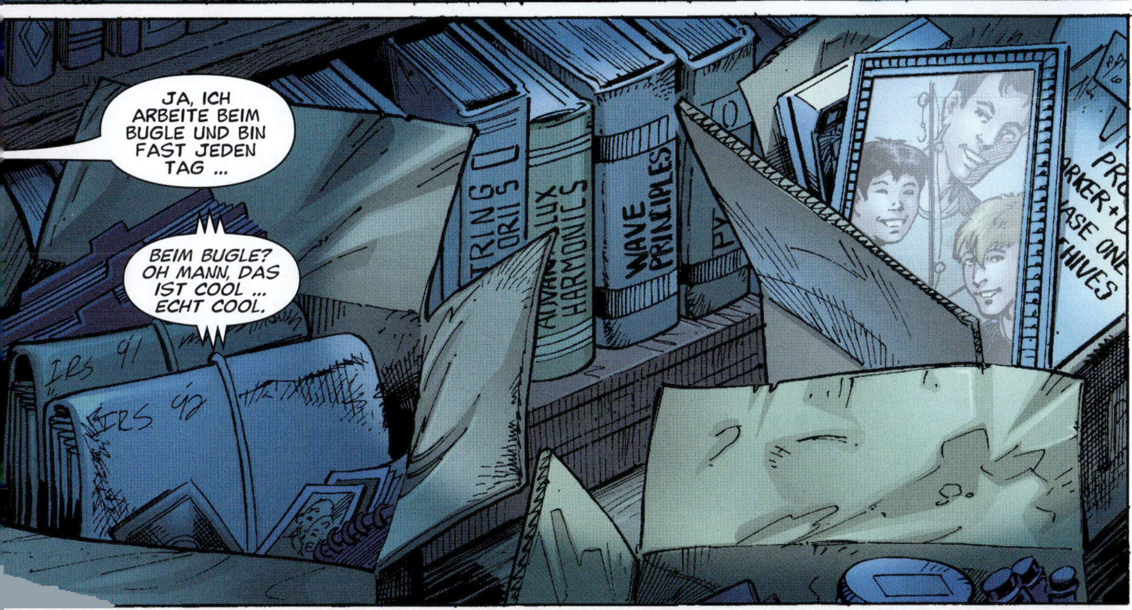
JA, ICH ARBEITE BEIM BUGLE UND BIN FAST JEDEN TAG ...
BEIM BUGLE? OH MANN, DAS IST COOL ... ECHT COOL.
IRS '91
IRS '92
WAVE PRINCIPLES
HARMONICS

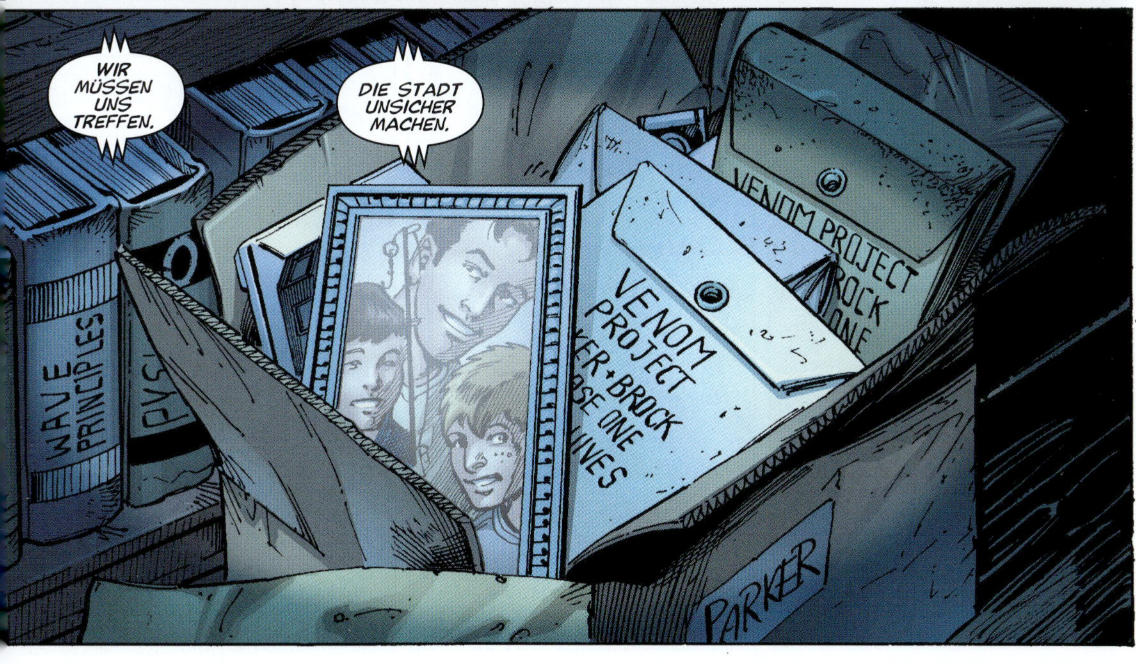
WIR MÜSSEN UNS TREFFEN.
DIE STADT UNSICHER MACHEN.
VENOM PROJECT
WAVE PRINCIPLES
PARKER

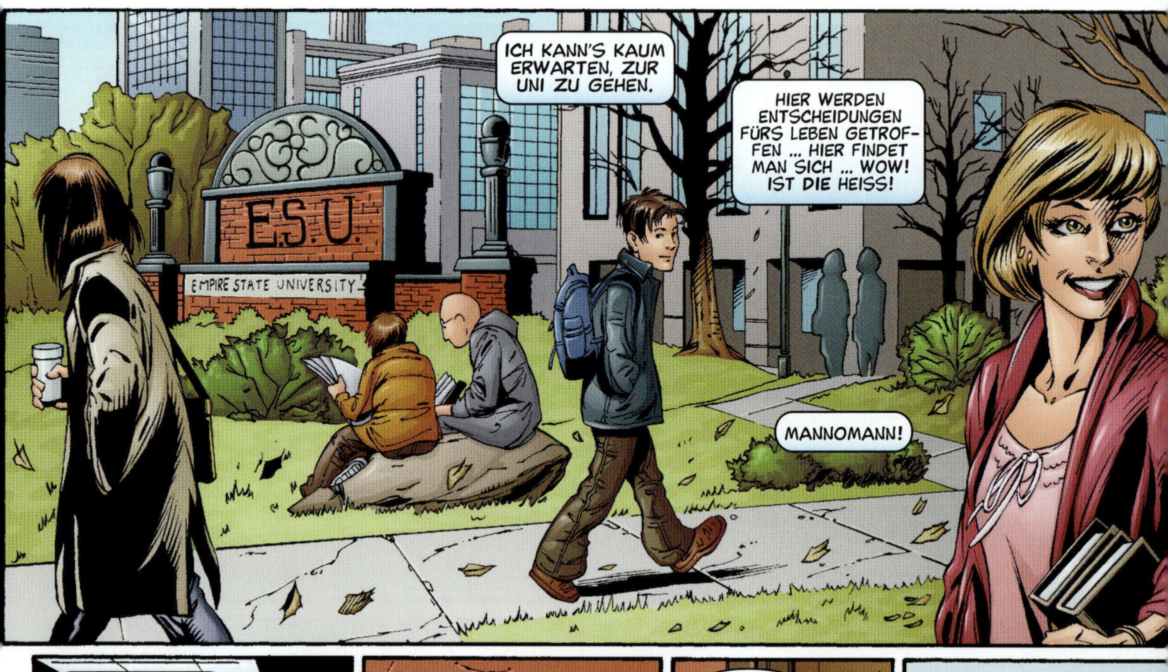
ICH KANN'S KAUM ERWARTEN, ZUR UNI ZU GEHEN.
HIER WERDEN ENTSCHEIDUNGEN FÜRS LEBEN GETROFFEN ... HIER FINDET MAN SICH ... WOW! IST DIE HEISS!
MANNOMANN!
E.S.U
EMPIRE STATE UNIVERSITY

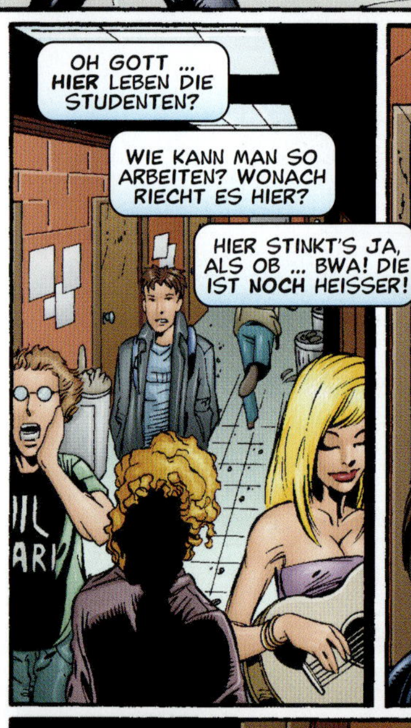
OH GOTT ... HIER LEBEN DIE STUDENTEN?
WIE KANN MAN SO ARBEITEN? WONACH RIECHT ES HIER?
HIER STINKT'S JA, ALS OB ... BWA! DIE IST NOCH HEISSER!

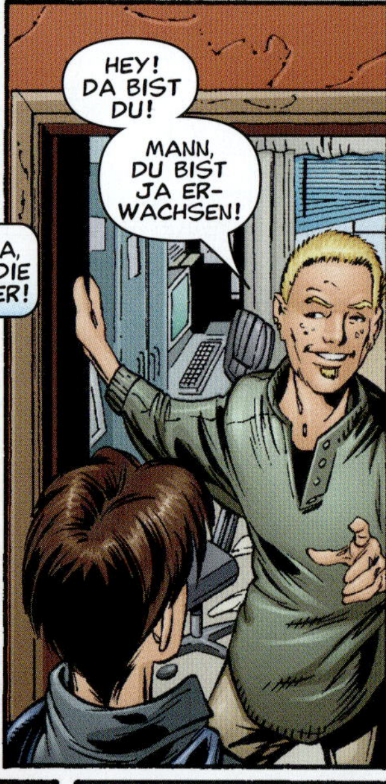
HEY! DA BIST DU!
MANN, DU BIST JA ERWACHSEN!

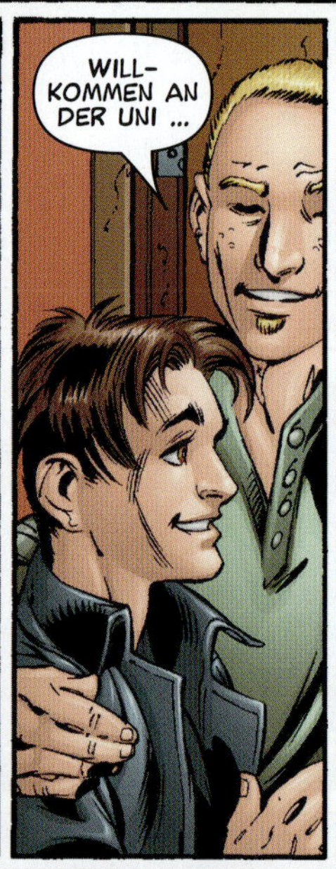
WILLKOMMEN AN DER UNI ...

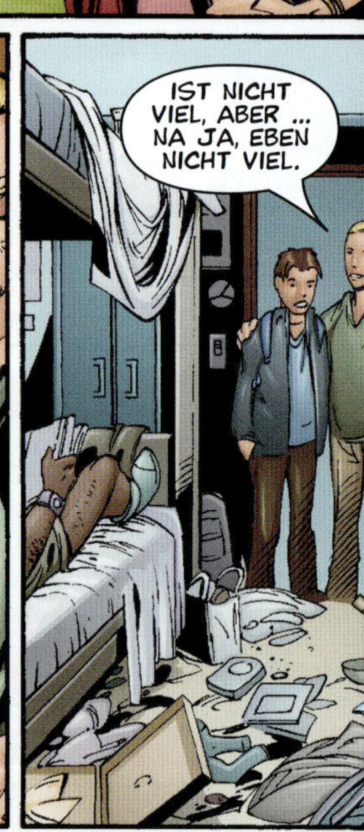
IST NICHT VIEL, ABER ... NA JA, EBEN NICHT VIEL.

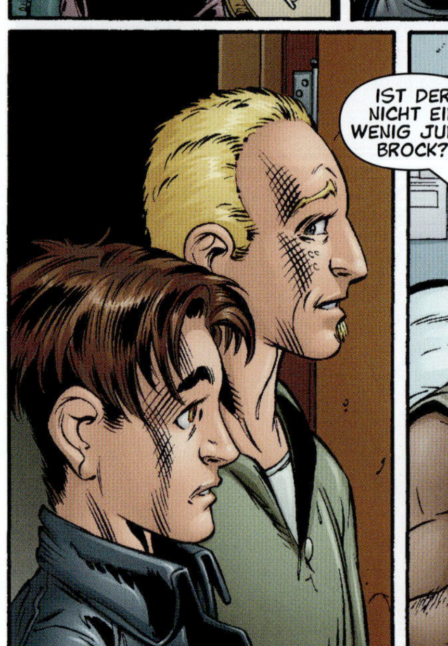

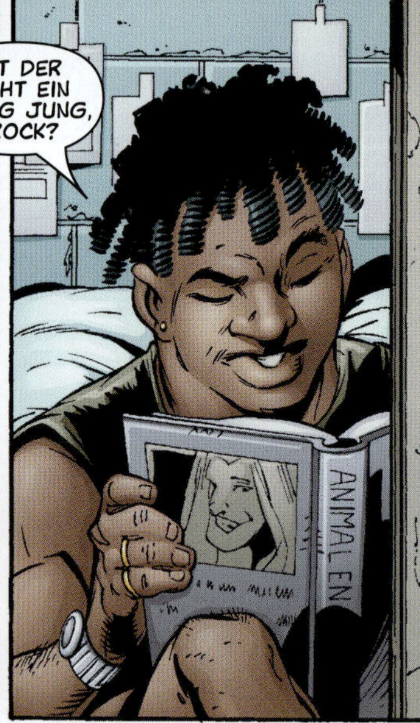
IST DER NICHT EIN WENIG JUNG, BROCK?
ANIMALEN

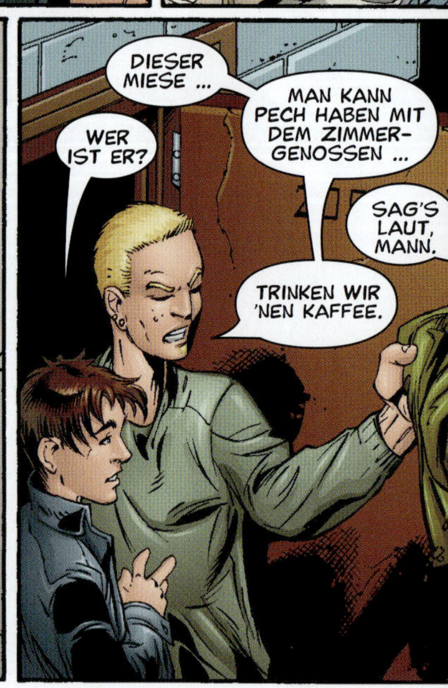
DIESER MIESE ...
WER IST ER?
MAN KANN PECH HABEN MIT DEM ZIMMERGENOSSEN ...
SAG'S LAUT, MANN.
TRINKEN WIR 'NEN KAFFEE.

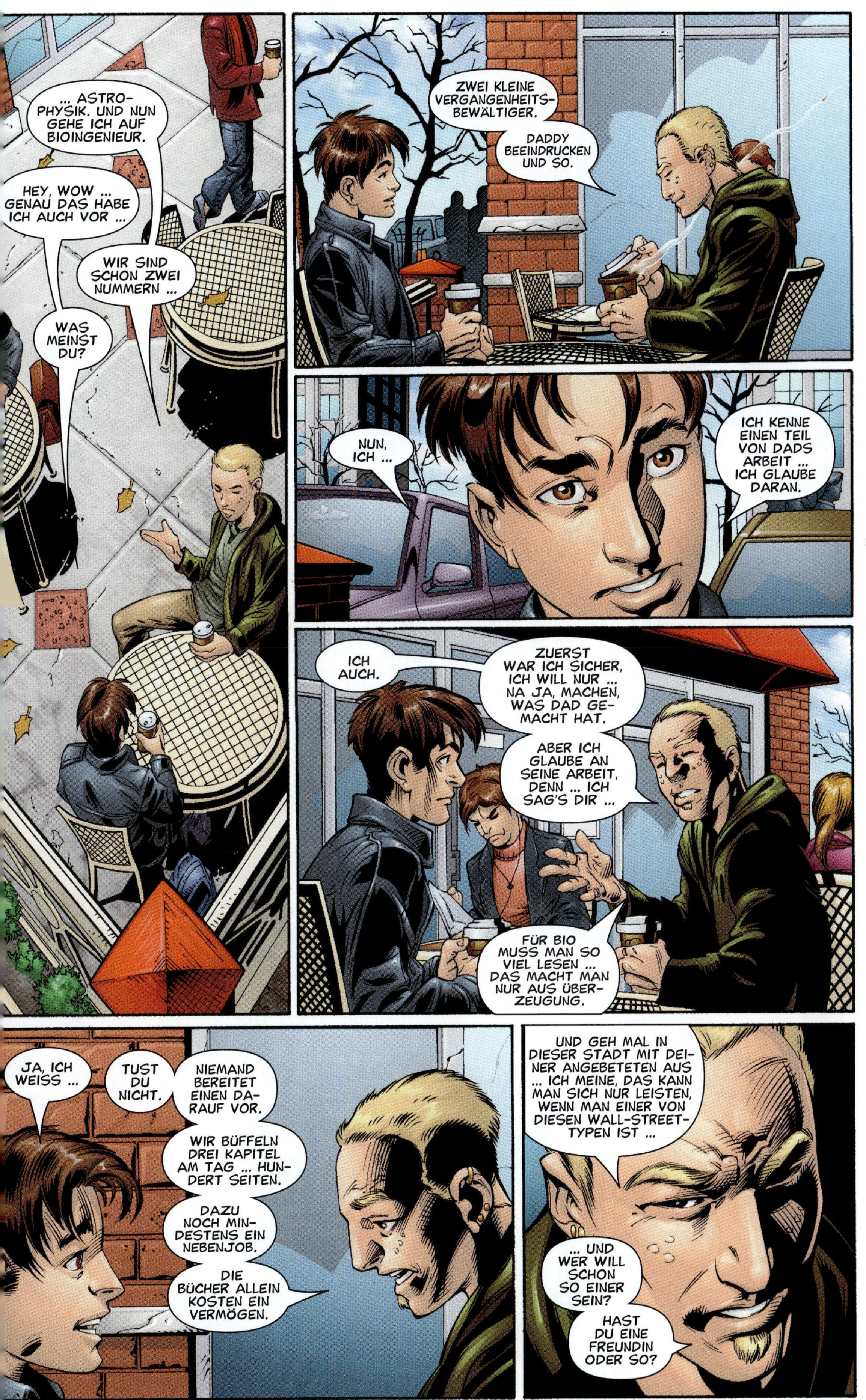
... ASTRO-PHYSIK. UND NUN GEHE ICH AUF BIOINGENIEUR.
HEY, WOW ... GENAU DAS HABE ICH AUCH VOR ...
WIR SIND SCHON ZWEI NUMMERN ...
WAS MEINST DU?
ZWEI KLEINE VERGANGENHEITS-BEWÄLTIGER.
DADDY BEEINDRUCKEN UND SO.
NUN, ICH ...
ICH KENNE EINEN TEIL VON DADS ARBEIT ... ICH GLAUBE DARAN.
ICH AUCH.
ZUERST WAR ICH SICHER, ICH WILL NUR ... NA JA, MACHEN, WAS DAD GE-MACHT HAT.
ABER ICH GLAUBE AN SEINE ARBEIT, DENN ... ICH SAG'S DIR ...
FÜR BIO MUSS MAN SO VIEL LESEN ... DAS MACHT MAN NUR AUS ÜBER-ZEUGUNG.
JA, ICH WEISS ...
TUST DU NICHT.
NIEMAND BEREITET EINEN DA-RAUF VOR.
WIR BÜFFELN DREI KAPITEL AM TAG ... HUN-DERT SEITEN.
DAZU NOCH MIN-DESTENS EIN NEBENJOB.
DIE BÜCHER ALLEIN KOSTEN EIN VERMÖGEN.
UND GEH MAL IN DIESER STADT MIT DEI-NER ANGEBETETEN AUS ... ICH MEINE, DAS KANN MAN SICH NUR LEISTEN, WENN MAN EINER VON DIESEN WALL-STREET-TYPEN IST ...
... UND WER WILL SCHON SO EINER SEIN?
HAST DU EINE FREUNDIN ODER SO?

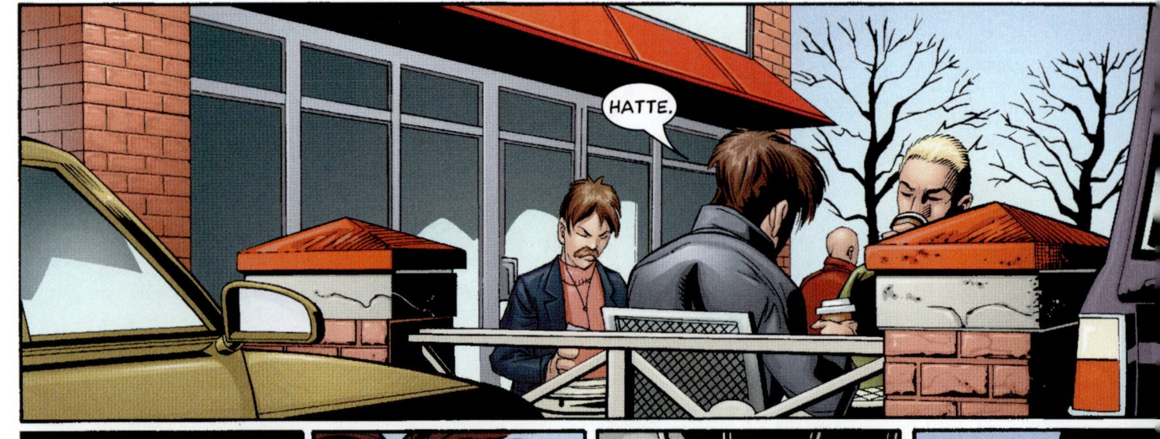
HATTE.
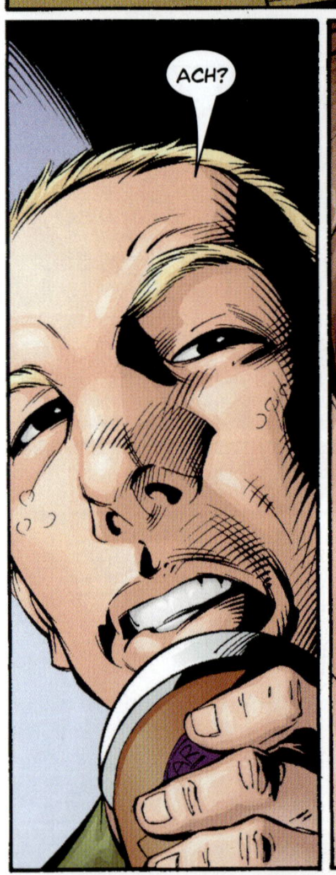
ACH?
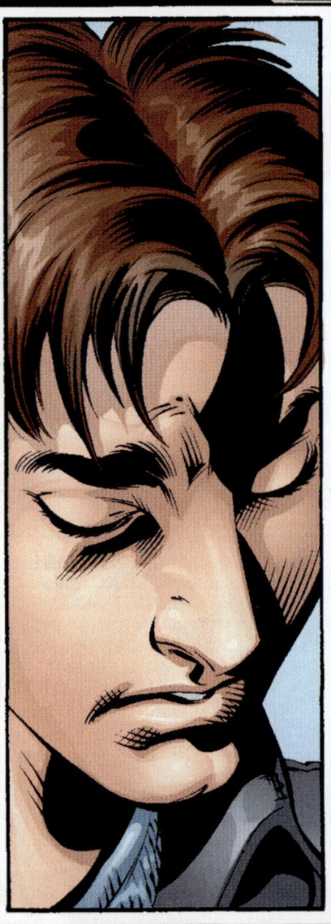
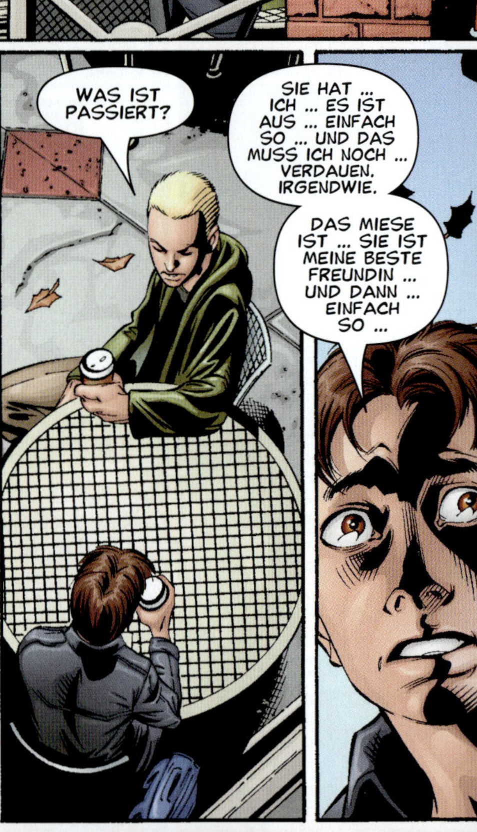
WAS IST PASSIERT?
SIE HAT ... ICH ... ES IST AUS ... EINFACH SO ... UND DAS MUSS ICH NOCH ... VERDAUEN. IRGENDWIE.
DAS MIESE IST ... SIE IST MEINE BESTE FREUNDIN ... UND DANN ... EINFACH SO ...
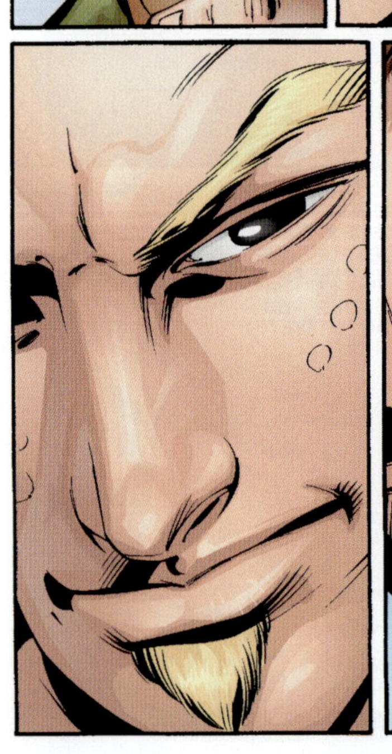
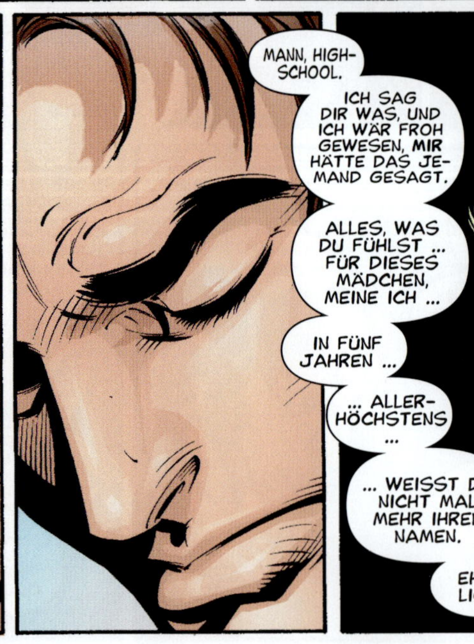
MANN, HIGH-SCHOOL.
ICH SAG DIR WAS, UND ICH WÄR FROH GEWESEN, MIR HÄTTE DAS JE-MAND GESAGT.
ALLES, WAS DU FÜHLST ... FÜR DIESES MÄDCHEN, MEINE ICH ...
IN FÜNF JAHREN ...
... ALLER-HÖCHSTENS ...
... WEISST DU NICHT MAL MEHR IHREN NAMEN.
EHR-LICH.

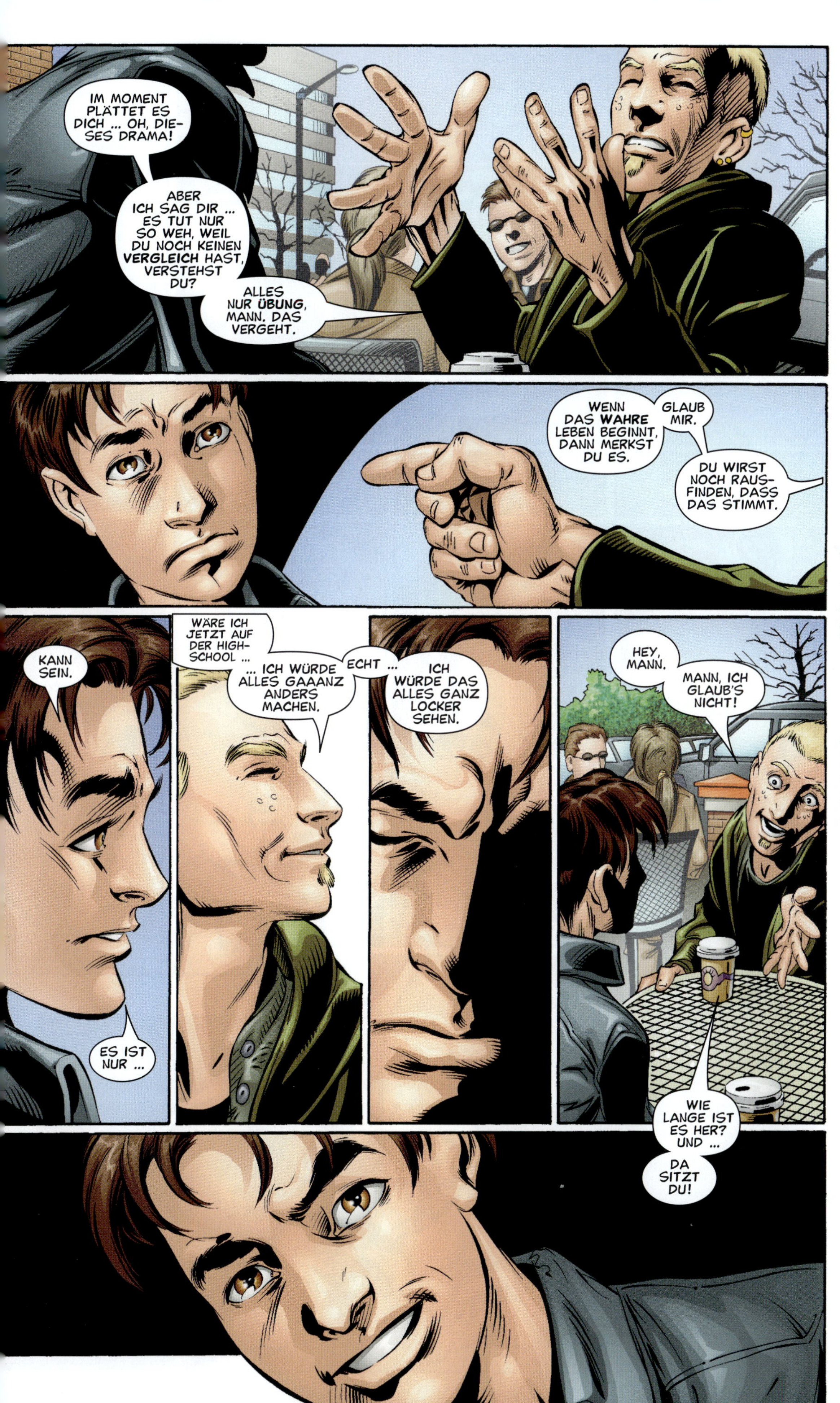
IM MOMENT PLÄTTET ES DICH ... OH, DIESES DRAMA!
ABER ICH SAG DIR ... ES TUT NUR SO WEH, WEIL DU NOCH KEINEN VERGLEICH HAST, VERSTEHST DU?
ALLES NUR ÜBUNG, MANN. DAS VERGEHT.
WENN DAS WAHRE LEBEN BEGINNT, DANN MERKST DU ES.
GLAUB MIR.
DU WIRST NOCH RAUSFINDEN, DASS DAS STIMMT.
KANN SEIN.
ES IST NUR ...
WÄRE ICH JETZT AUF DER HIGH-SCHOOL ...
... ICH WÜRDE ALLES GAAANZ ANDERS MACHEN.
ECHT ...
ICH WÜRDE DAS ALLES GANZ LOCKER SEHEN.
HEY, MANN.
MANN, ICH GLAUB'S NICHT!
WIE LANGE IST ES HER? UND ...
DA SITZT DU!

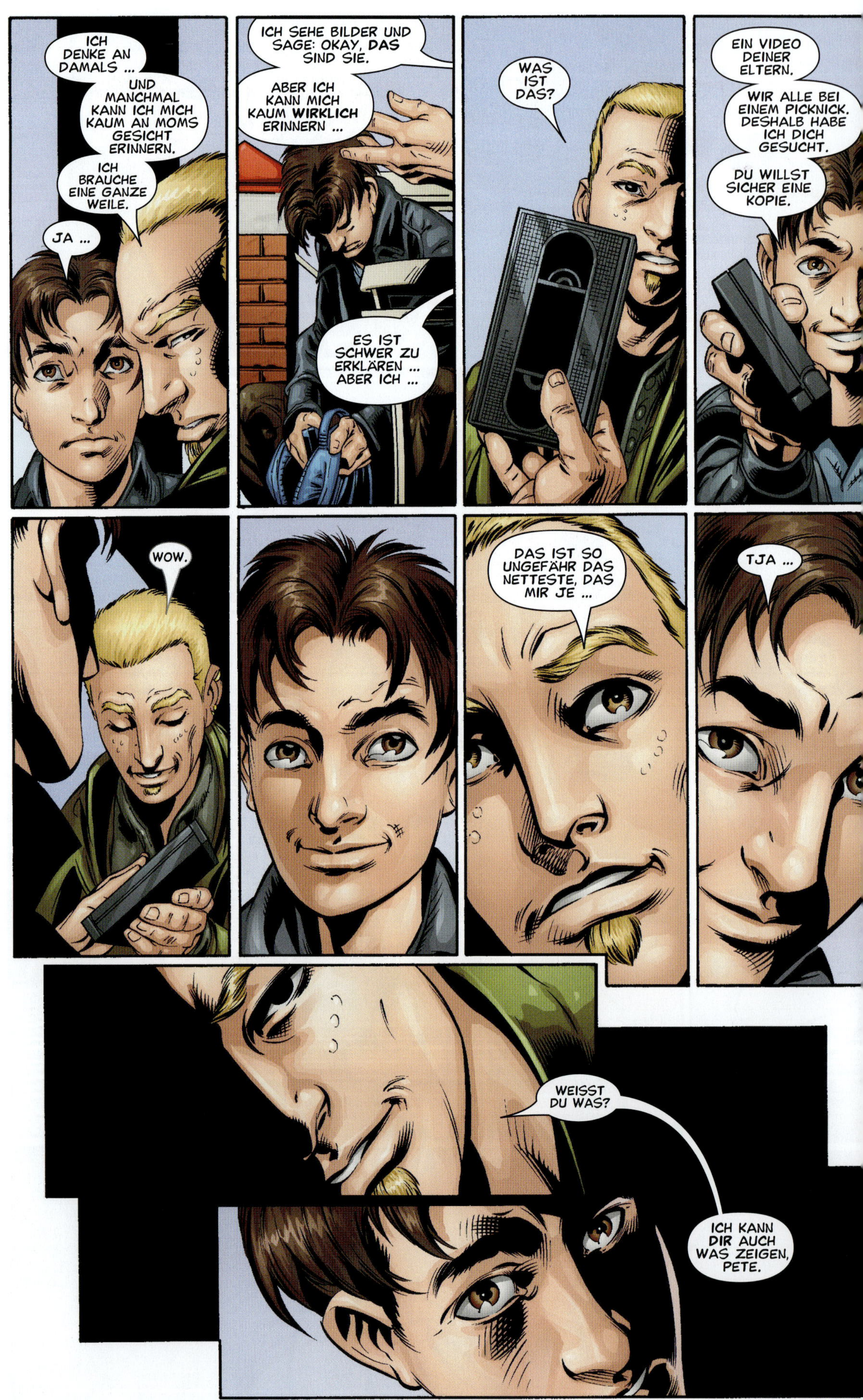
ICH DENKE AN DAMALS ...
UND MANCHMAL KANN ICH MICH KAUM AN MOMS GESICHT ERINNERN.
ICH BRAUCHE EINE GANZE WEILE.
JA ...
ICH SEHE BILDER UND SAGE: OKAY, DAS SIND SIE.
ABER ICH KANN MICH KAUM WIRKLICH ERINNERN ...
ES IST SCHWER ZU ERKLÄREN ... ABER ICH ...
WAS IST DAS?
EIN VIDEO DEINER ELTERN.
WIR ALLE BEI EINEM PICKNICK. DESHALB HABE ICH DICH GESUCHT.
DU WILLST SICHER EINE KOPIE.
WOW.
DAS IST SO UNGEFÄHR DAS NETTESTE, DAS MIR JE ...
TJA ...
WEISST DU WAS?
ICH KANN DIR AUCH WAS ZEIGEN, PETE.

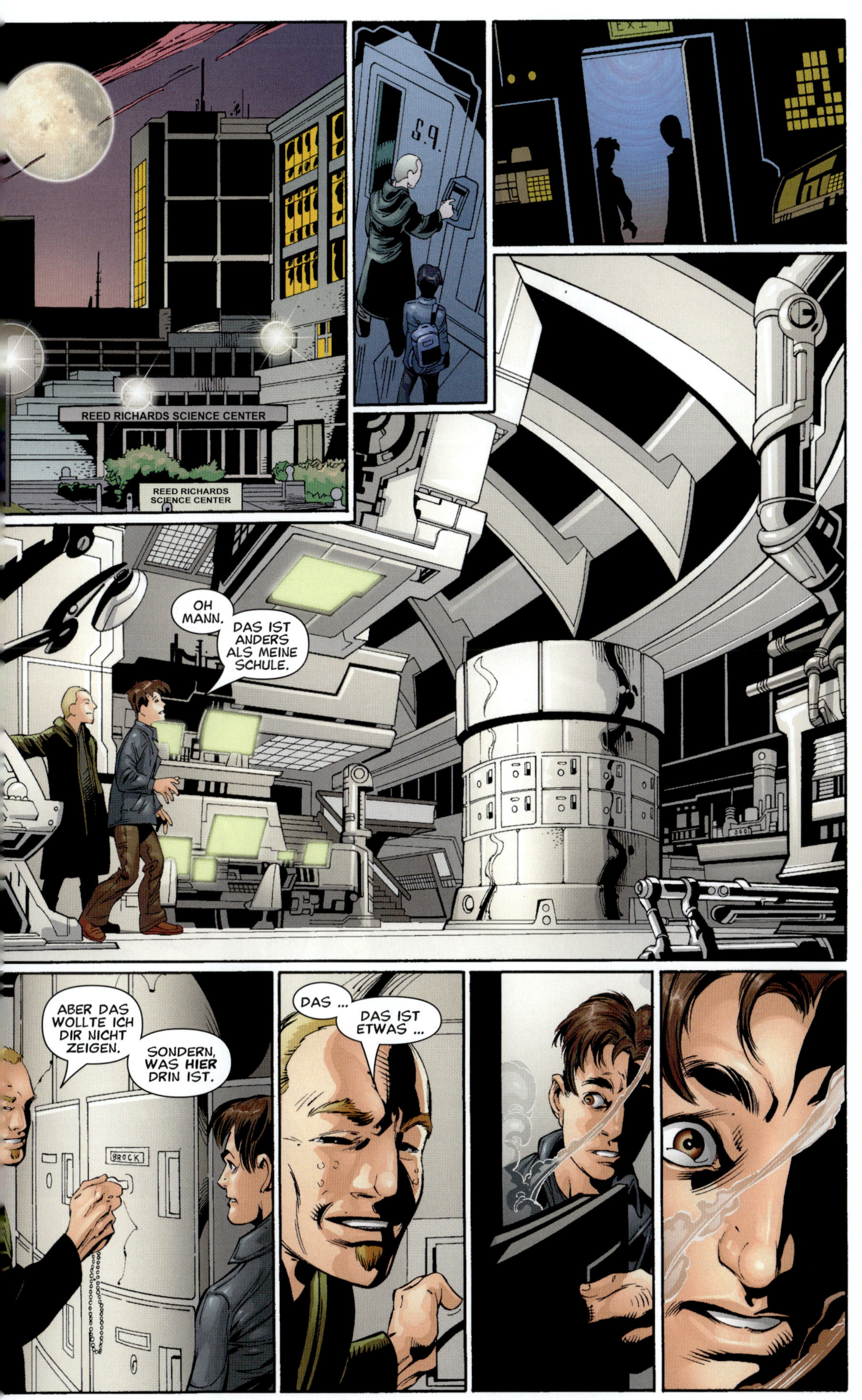
REED RICHARDS SCIENCE CENTER
REED RICHARDS SCIENCE CENTER
OH MANN.
DAS IST ANDERS ALS MEINE SCHULE.
ABER DAS WOLLTE ICH DIR NICHT ZEIGEN.
SONDERN, WAS **HIER** DRIN IST.
BROCK
DAS ...
DAS IST ETWAS ...

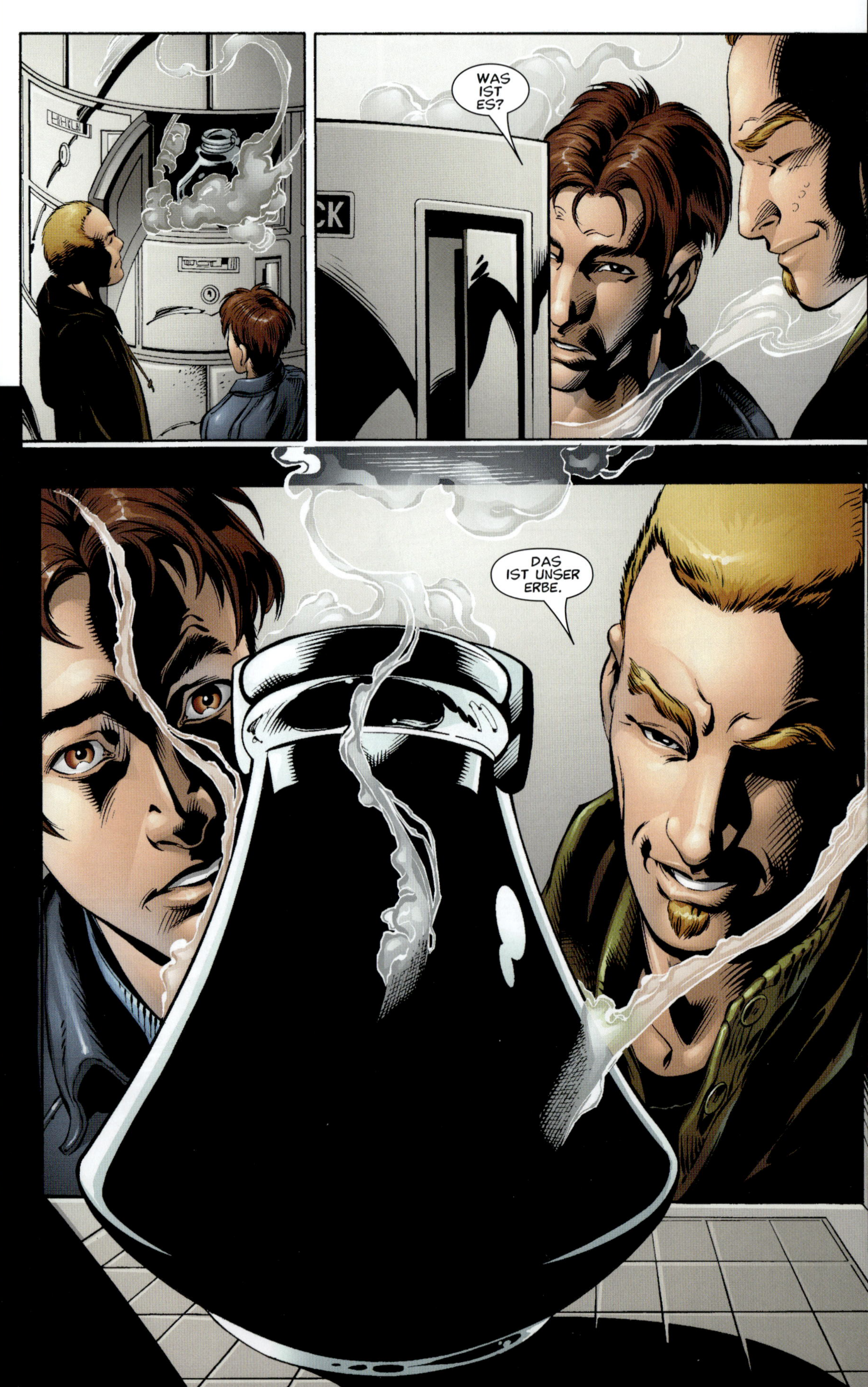
WAS IST ES?
DAS IST UNSER ERBE.

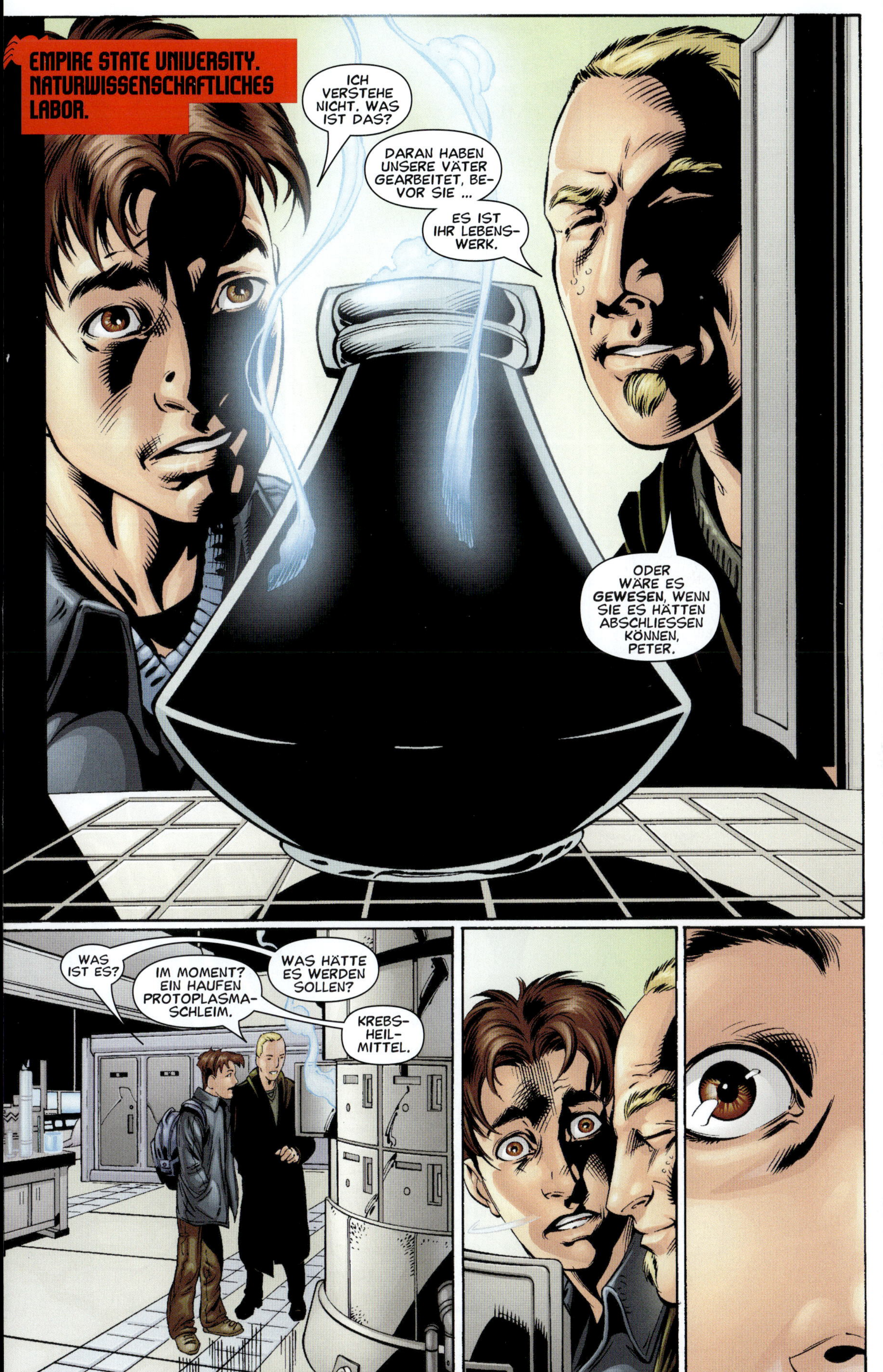
EMPIRE STATE UNIVERSITY. NATURWISSENSCHAFTLICHES LABOR.
ICH VERSTEHE NICHT. WAS IST DAS?
DARAN HABEN UNSERE VÄTER GEARBEITET, BEVOR SIE ...
ES IST IHR LEBENSWERK.
ODER WÄRE ES GEWESEN, WENN SIE ES HÄTTEN ABSCHLIESSEN KÖNNEN, PETER.
WAS IST ES?
IM MOMENT? EIN HAUFEN PROTOPLASMASCHLEIM.
WAS HÄTTE ES WERDEN SOLLEN?
KREBSHEILMITTEL.

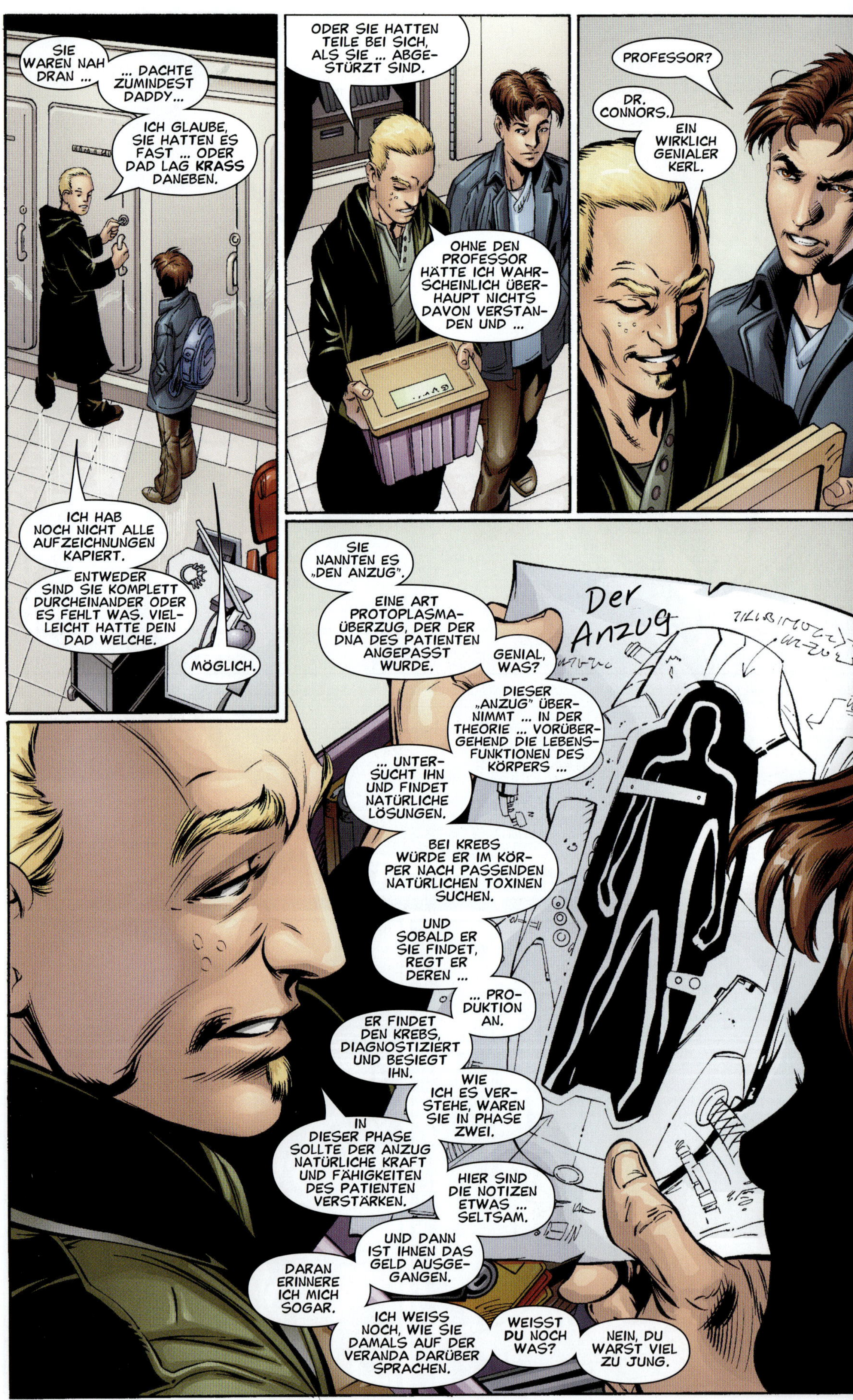
SIE WAREN NAH DRAN ...
... DACHTE ZUMINDEST DADDY...
ICH GLAUBE, SIE HATTEN ES FAST ... ODER DAD LAG **KRASS** DANEBEN.
ODER SIE HATTEN TEILE BEI SICH, ALS SIE ... ABGESTÜRZT SIND.
OHNE DEN PROFESSOR HÄTTE ICH WAHRSCHEINLICH ÜBERHAUPT NICHTS DAVON VERSTANDEN UND ...
PROFESSOR?
DR. CONNORS.
EIN WIRKLICH GENIALER KERL.
ICH HAB NOCH NICHT ALLE AUFZEICHNUNGEN KAPIERT.
ENTWEDER SIND SIE KOMPLETT DURCHEINANDER ODER ES FEHLT WAS. VIELLEICHT HATTE DEIN DAD WELCHE.
MÖGLICH.
SIE NANNTEN ES „DEN ANZUG".
Der Anzug
EINE ART PROTOPLASMAÜBERZUG, DER DER DNA DES PATIENTEN ANGEPASST WURDE.
GENIAL, WAS?
DIESER „ANZUG" ÜBERNIMMT ... IN DER THEORIE ... VORÜBERGEHEND DIE LEBENSFUNKTIONEN DES KÖRPERS ...
... UNTERSUCHT IHN UND FINDET NATÜRLICHE LÖSUNGEN.
BEI KREBS WÜRDE ER IM KÖRPER NACH PASSENDEN NATÜRLICHEN TOXINEN SUCHEN.
UND SOBALD ER SIE FINDET, REGT ER DEREN ...
... PRODUKTION AN.
ER FINDET DEN KREBS, DIAGNOSTIZIERT UND BESIEGT IHN.
WIE ICH ES VERSTEHE, WAREN SIE IN PHASE ZWEI.
IN DIESER PHASE SOLLTE DER ANZUG NATÜRLICHE KRAFT UND FÄHIGKEITEN DES PATIENTEN VERSTÄRKEN.
HIER SIND DIE NOTIZEN ETWAS ... SELTSAM.
UND DANN IST IHNEN DAS GELD AUSGEGANGEN.
DARAN ERINNERE ICH MICH SOGAR.
ICH WEISS NOCH, WIE SIE DAMALS AUF DER VERANDA DARÜBER SPRACHEN.
WEISST **DU** NOCH WAS?
NEIN, DU WARST VIEL ZU JUNG.

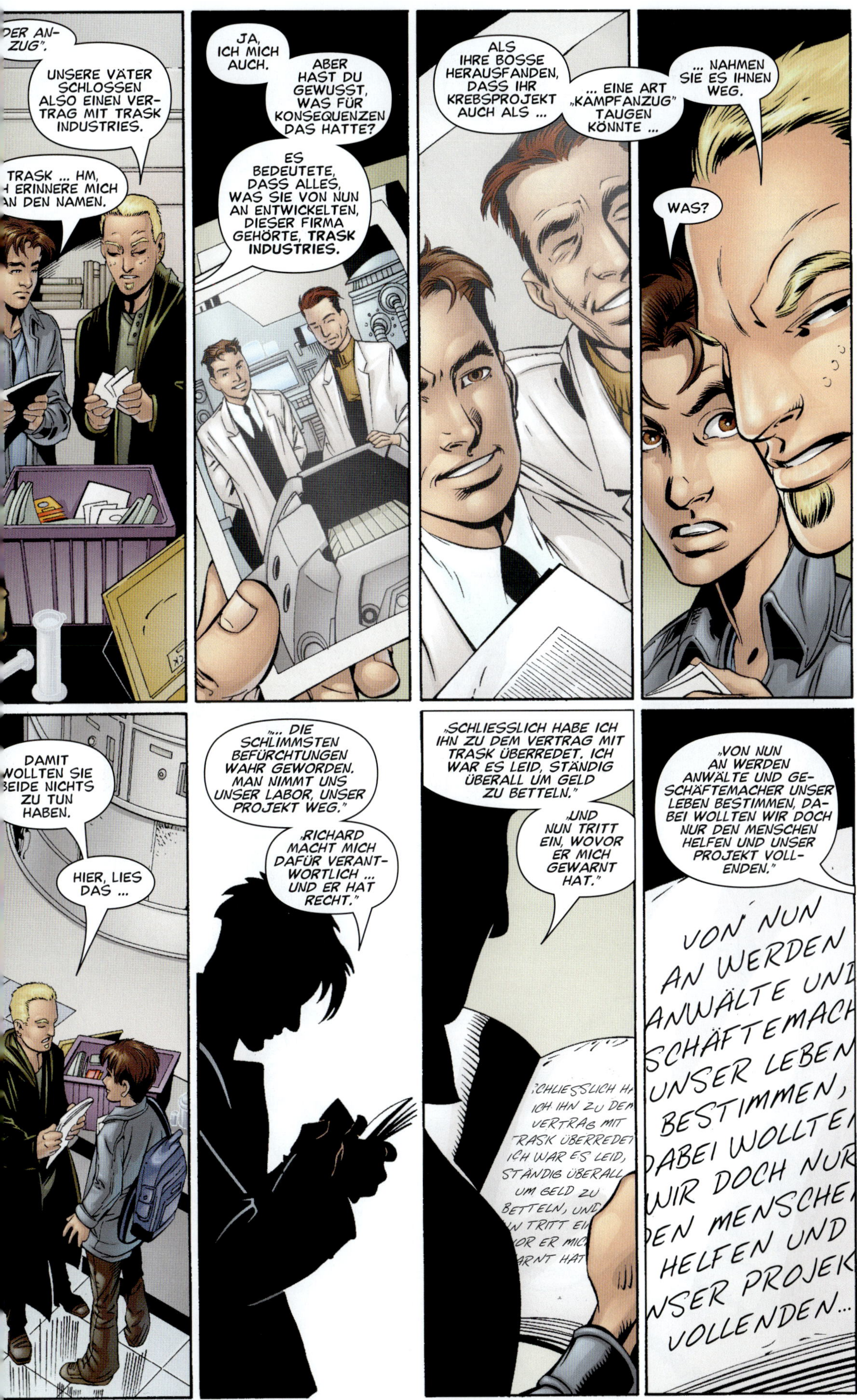
DER ANZUG".
UNSERE VÄTER SCHLOSSEN ALSO EINEN VERTRAG MIT TRASK INDUSTRIES.
TRASK ... HM, ICH ERINNERE MICH AN DEN NAMEN.
JA, ICH MICH AUCH.
ABER HAST DU GEWUSST, WAS FÜR KONSEQUENZEN DAS HATTE?
ES BEDEUTETE, DASS ALLES, WAS SIE VON NUN AN ENTWICKELTEN, DIESER FIRMA GEHÖRTE, TRASK INDUSTRIES.
ALS IHRE BOSSE HERAUSFANDEN, DASS IHR KREBSPROJEKT AUCH ALS ...
... EINE ART „KAMPFANZUG" TAUGEN KÖNNTE ...
... NAHMEN SIE ES IHNEN WEG.
WAS?
DAMIT WOLLTEN SIE BEIDE NICHTS ZU TUN HABEN.
HIER, LIES DAS ...
„... DIE SCHLIMMSTEN BEFÜRCHTUNGEN WAHR GEWORDEN. MAN NIMMT UNS UNSER LABOR, UNSER PROJEKT WEG."
„RICHARD MACHT MICH DAFÜR VERANTWORTLICH ... UND ER HAT RECHT."
„SCHLIESSLICH HABE ICH IHN ZU DEM VERTRAG MIT TRASK ÜBERREDET. ICH WAR ES LEID, STÄNDIG ÜBERALL UM GELD ZU BETTELN."
„UND NUN TRITT EIN, WOVOR ER MICH GEWARNT HAT."
„VON NUN AN WERDEN ANWÄLTE UND GESCHÄFTEMACHER UNSER LEBEN BESTIMMEN, DABEI WOLLTEN WIR DOCH NUR DEN MENSCHEN HELFEN UND UNSER PROJEKT VOLLENDEN."
VON NUN AN WERDEN ANWÄLTE UND GESCHÄFTEMACH UNSER LEBEN BESTIMMEN, DABEI WOLLTEN WIR DOCH NUR DEN MENSCHEN HELFEN UND UNSER PROJEK VOLLENDEN...

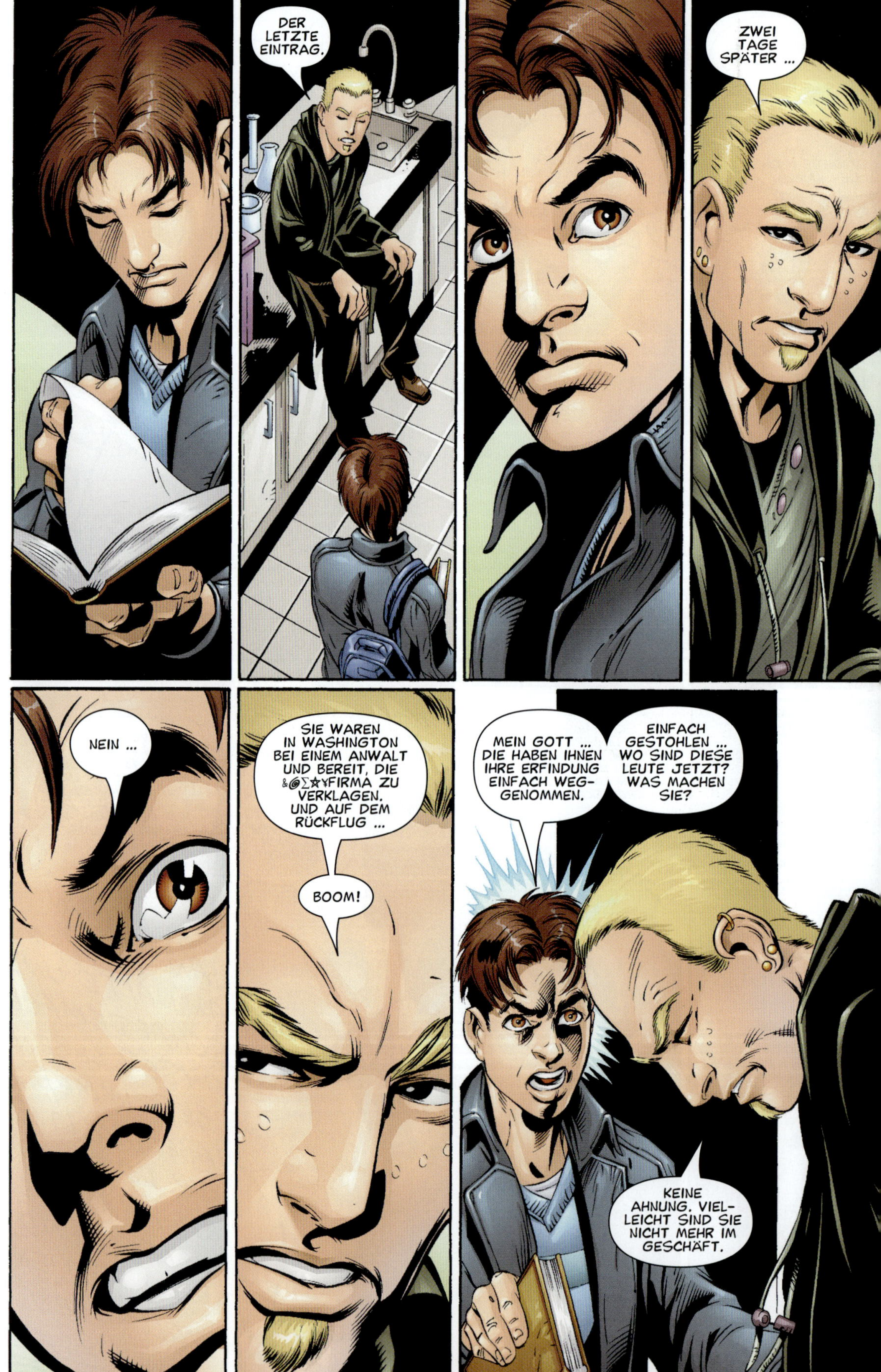
DER LETZTE EINTRAG.
ZWEI TAGE SPÄTER ...
NEIN ...
SIE WAREN IN WASHINGTON BEI EINEM ANWALT UND BEREIT, DIE &@∑☆¥FIRMA ZU VERKLAGEN. UND AUF DEM RÜCKFLUG ...
BOOM!
MEIN GOTT ... DIE HABEN IHNEN IHRE ERFINDUNG EINFACH WEG-GENOMMEN.
EINFACH GESTOHLEN ... WO SIND DIESE LEUTE JETZT? WAS MACHEN SIE?
KEINE AHNUNG. VIEL-LEICHT SIND SIE NICHT MEHR IM GESCHÄFT.

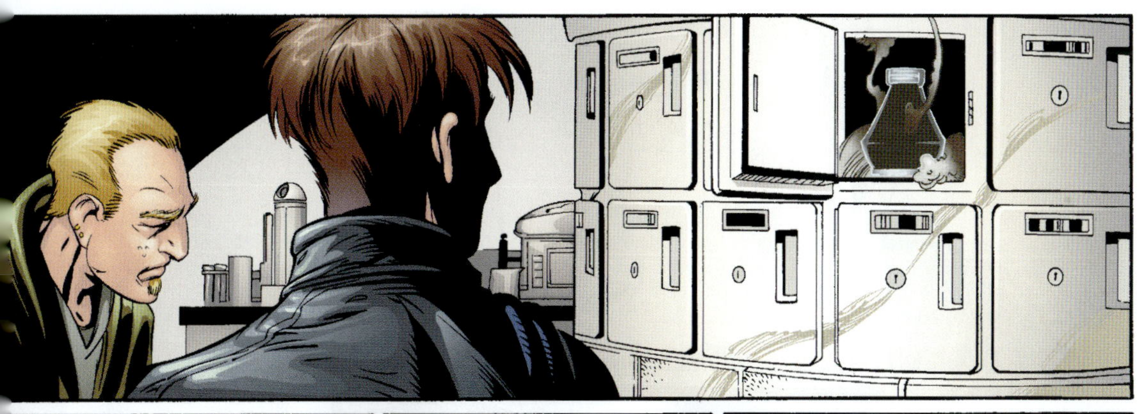

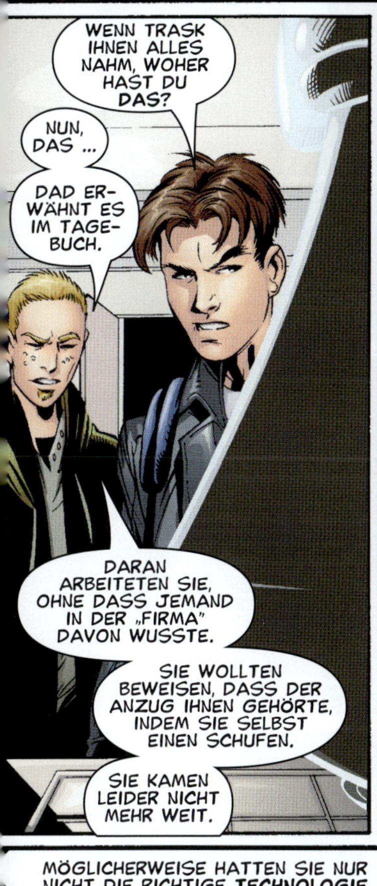

WENN TRASK IHNEN ALLES NAHM, WOHER HAST DU DAS?
NUN, DAS ...
DAD ERWÄHNT ES IM TAGEBUCH.
DARAN ARBEITETEN SIE, OHNE DASS JEMAND IN DER „FIRMA" DAVON WUSSTE.
SIE WOLLTEN BEWEISEN, DASS DER ANZUG IHNEN GEHÖRTE, INDEM SIE SELBST EINEN SCHUFEN.
SIE KAMEN LEIDER NICHT MEHR WEIT.

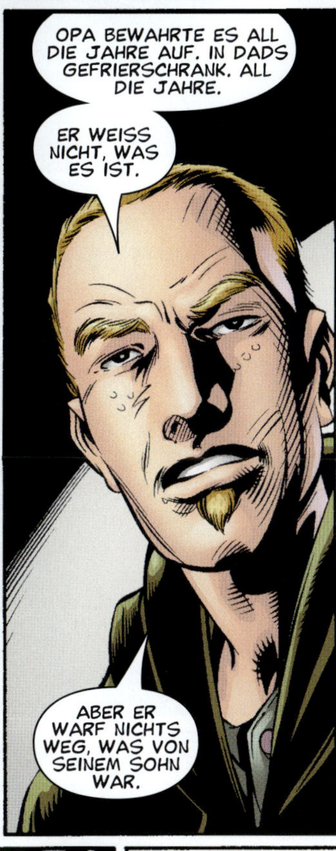

OPA BEWAHRTE ES ALL DIE JAHRE AUF. IN DADS GEFRIERSCHRANK. ALL DIE JAHRE.
ER WEISS NICHT, WAS ES IST.
ABER ER WARF NICHTS WEG, WAS VON SEINEM SOHN WAR.

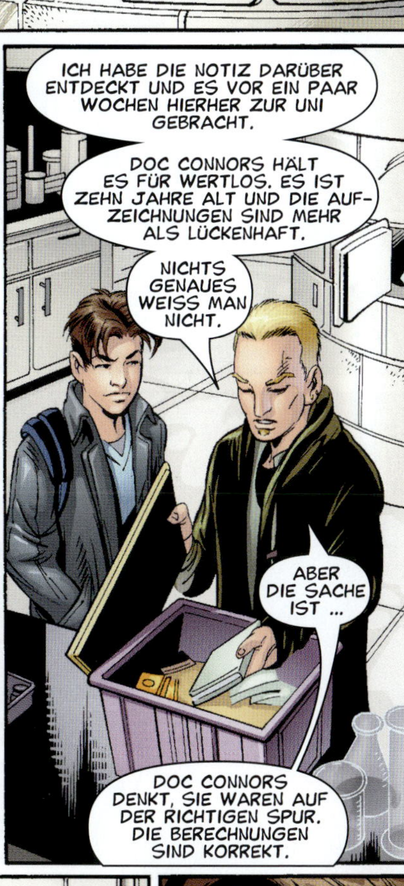

ICH HABE DIE NOTIZ DARÜBER ENTDECKT UND ES VOR EIN PAAR WOCHEN HIERHER ZUR UNI GEBRACHT.
DOC CONNORS HÄLT ES FÜR WERTLOS. ES IST ZEHN JAHRE ALT UND DIE AUFZEICHNUNGEN SIND MEHR ALS LÜCKENHAFT.
NICHTS GENAUES WEISS MAN NICHT.
ABER DIE SACHE IST ...
DOC CONNORS DENKT, SIE WAREN AUF DER RICHTIGEN SPUR. DIE BERECHNUNGEN SIND KORREKT.

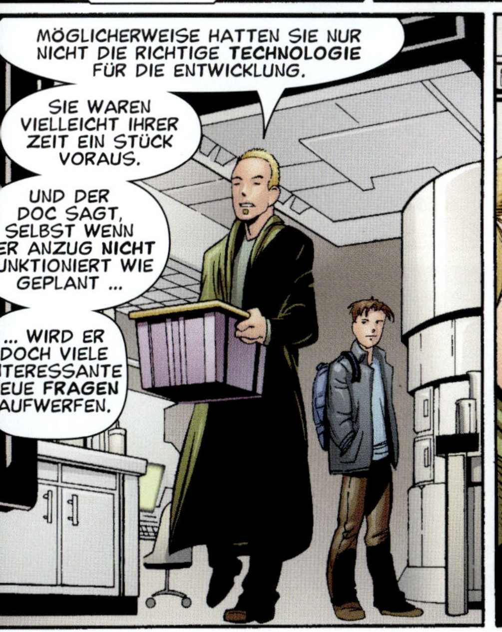

MÖGLICHERWEISE HATTEN SIE NUR NICHT DIE RICHTIGE TECHNOLOGIE FÜR DIE ENTWICKLUNG.
SIE WAREN VIELLEICHT IHRER ZEIT EIN STÜCK VORAUS.
UND DER DOC SAGT, SELBST WENN ER ANZUG NICHT UNKTIONIERT WIE GEPLANT ...
... WIRD ER DOCH VIELE NTERESSANTE IEUE FRAGEN AUFWERFEN.

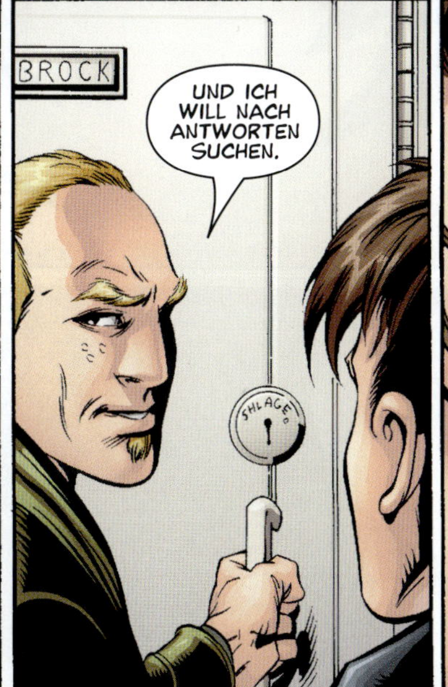

BROCK
UND ICH WILL NACH ANTWORTEN SUCHEN.

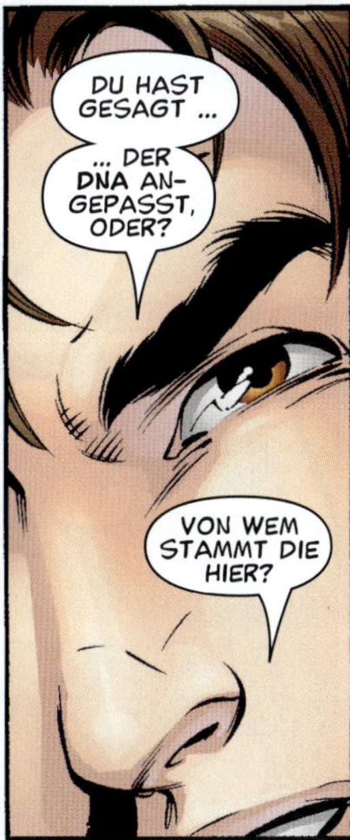

DU HAST GESAGT ...
... DER DNA ANGEPASST, ODER?
VON WEM STAMMT DIE HIER?

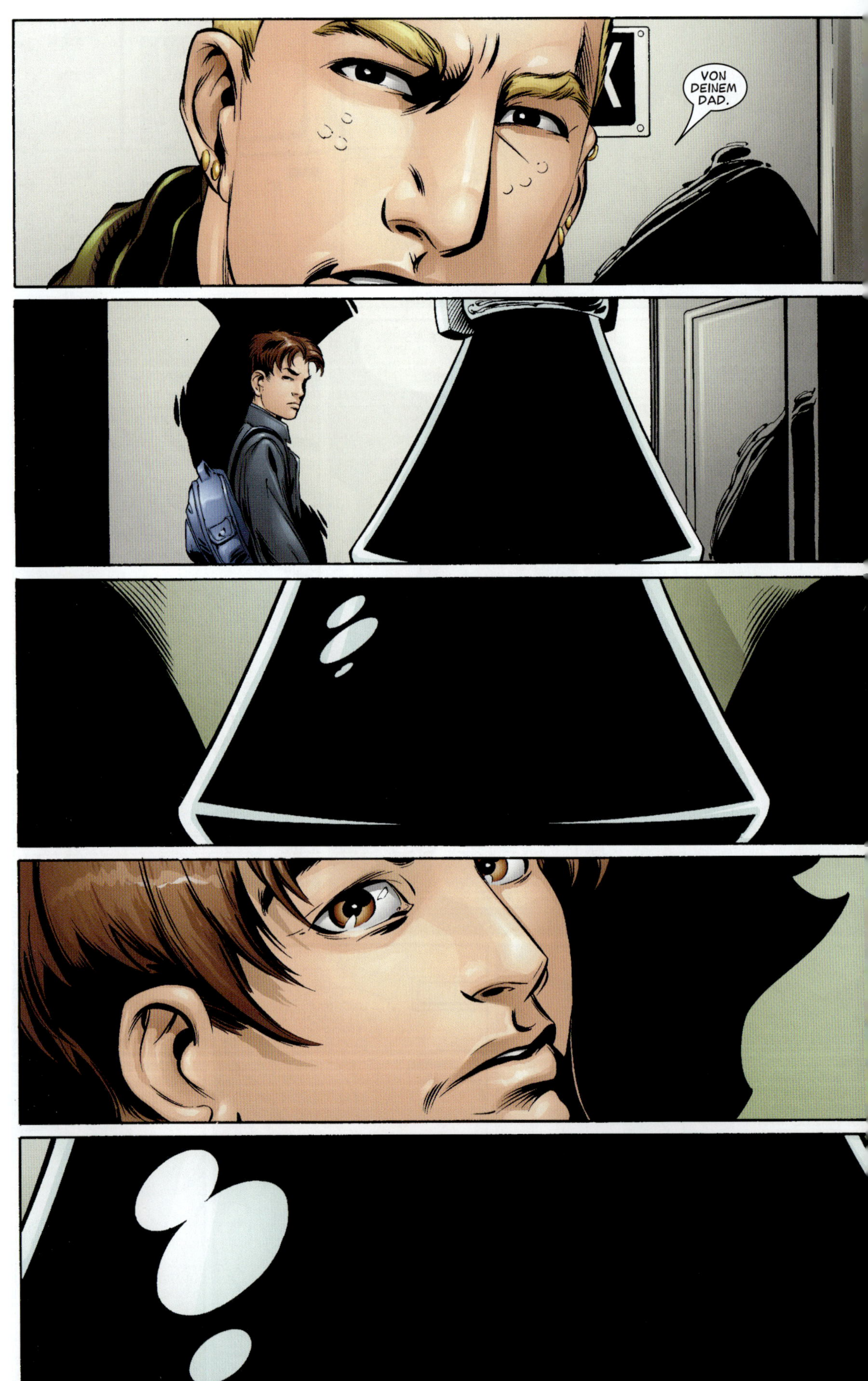
VON DEINEM DAD.

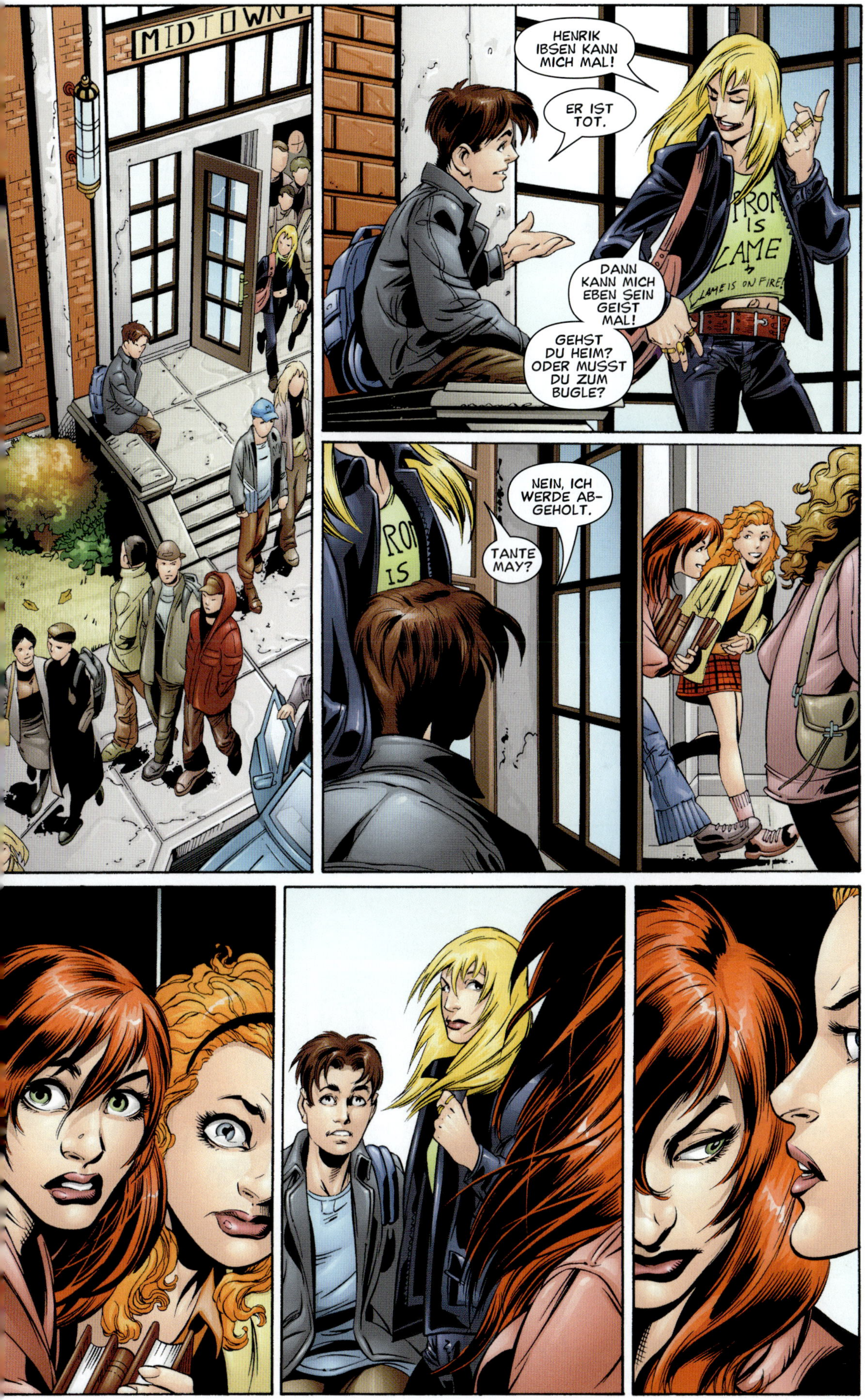

MIDTOWN

HENRIK IBSEN KANN MICH MAL!

ER IST TOT.

DANN KANN MICH EBEN SEIN GEIST MAL!

GEHST DU HEIM? ODER MUSST DU ZUM BUGLE?

NEIN, ICH WERDE ABGEHOLT.

TANTE MAY?

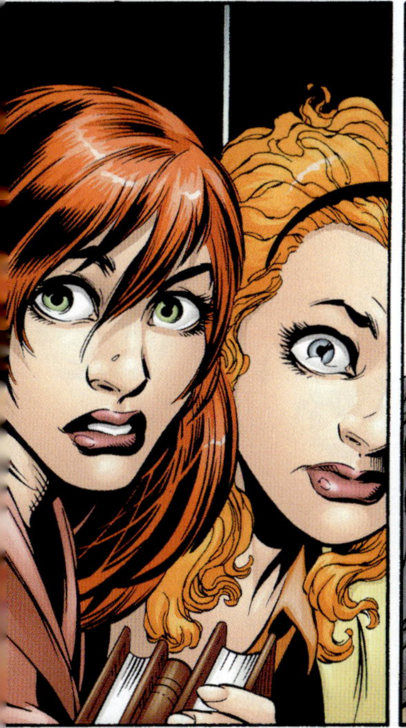

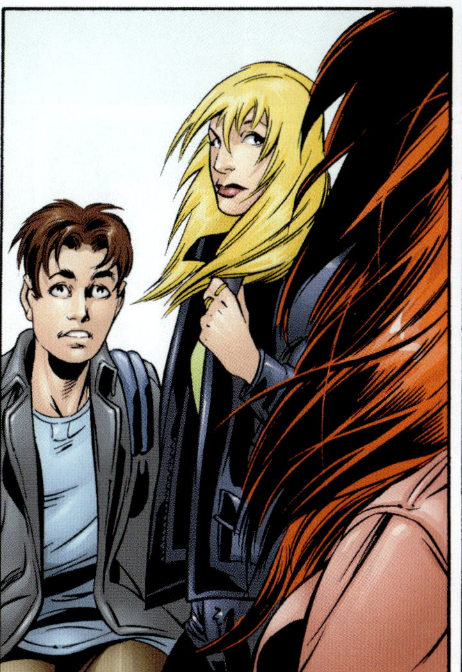

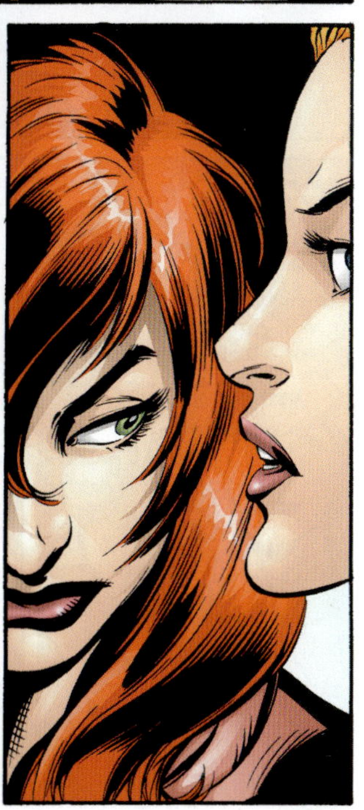

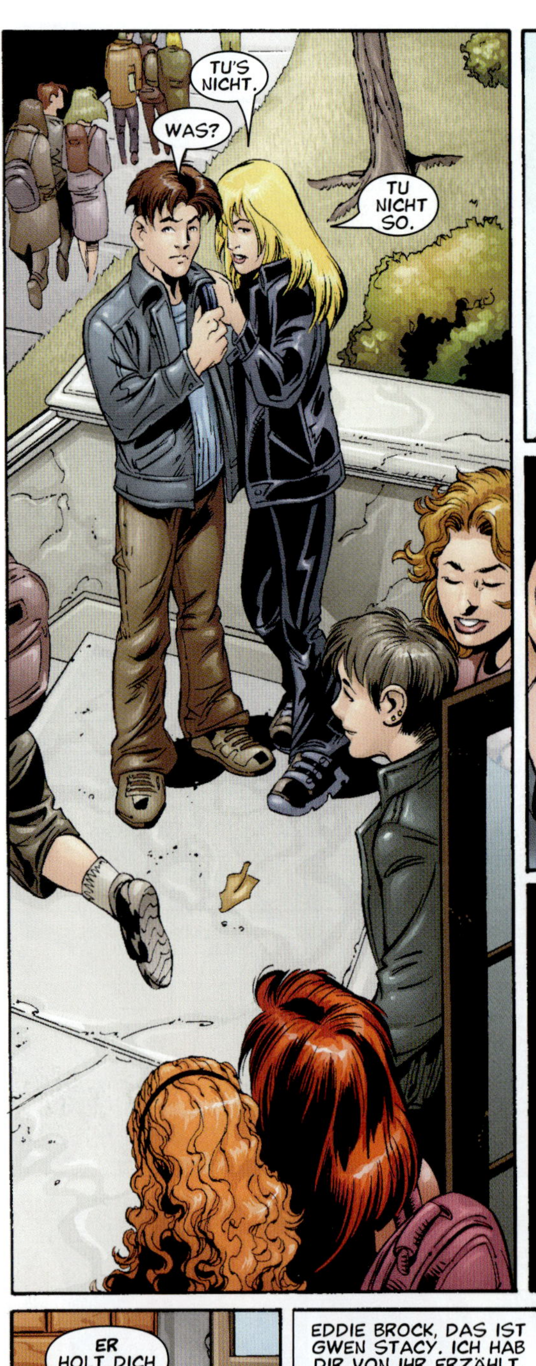
TU'S NICHT.
WAS?
TU NICHT SO.

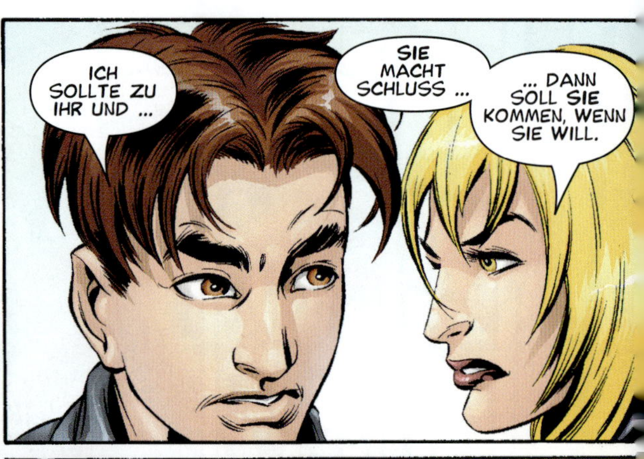
ICH SOLLTE ZU IHR UND ...
SIE MACHT SCHLUSS ...
... DANN SOLL SIE KOMMEN, WENN SIE WILL.

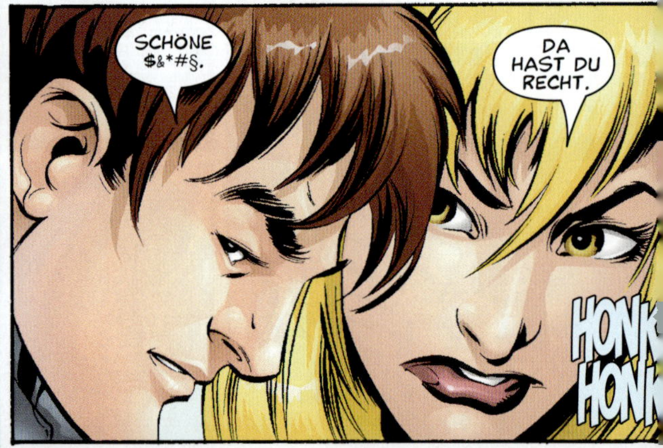
SCHÖNE $&*#§.
DA HAST DU RECHT.
HONK HONK

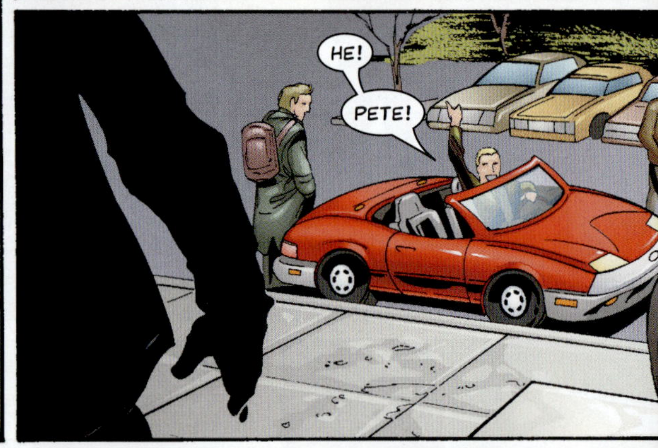
HE!
PETE!

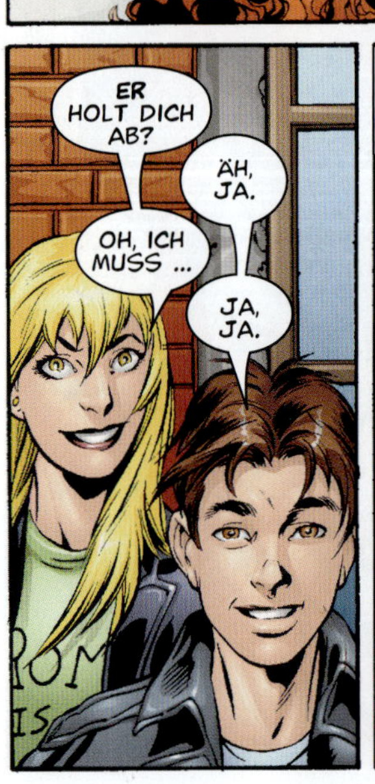
ER HOLT DICH AB?
ÄH, JA.
OH, ICH MUSS ...
JA, JA.

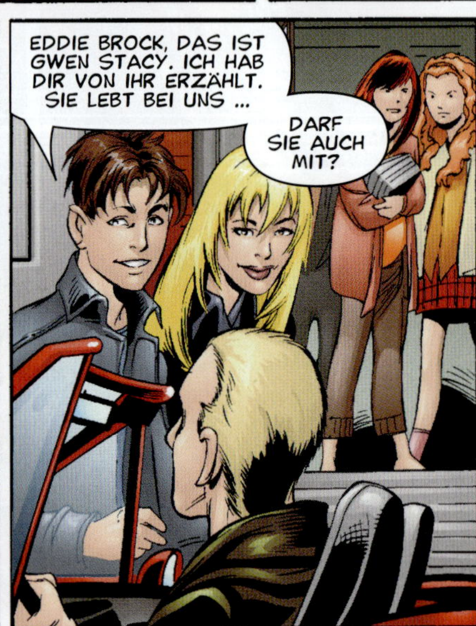
EDDIE BROCK, DAS IST GWEN STACY. ICH HAB DIR VON IHR ERZÄHLT. SIE LEBT BEI UNS ...
DARF SIE AUCH MIT?

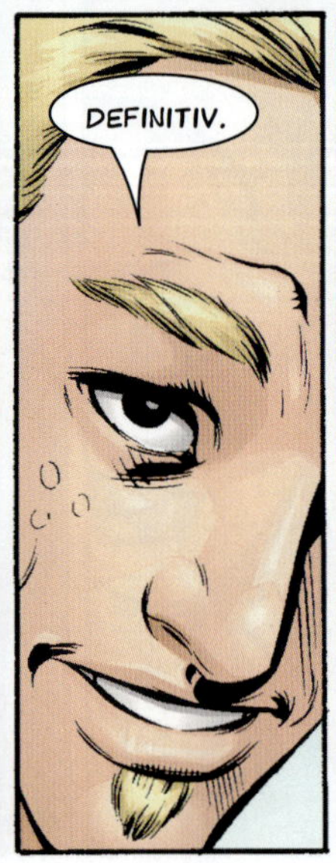
DEFINITIV.

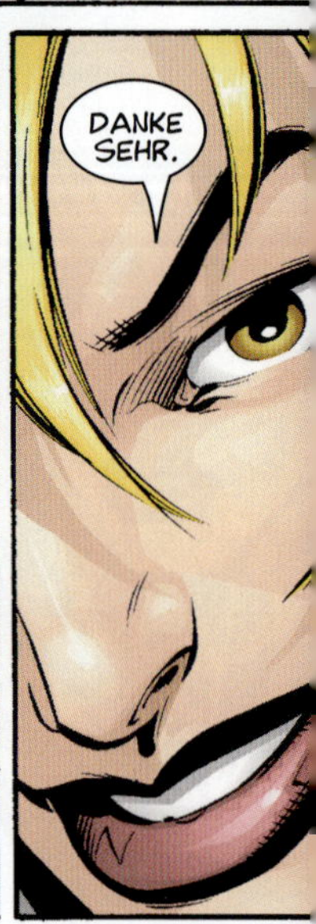
DANKE SEHR.

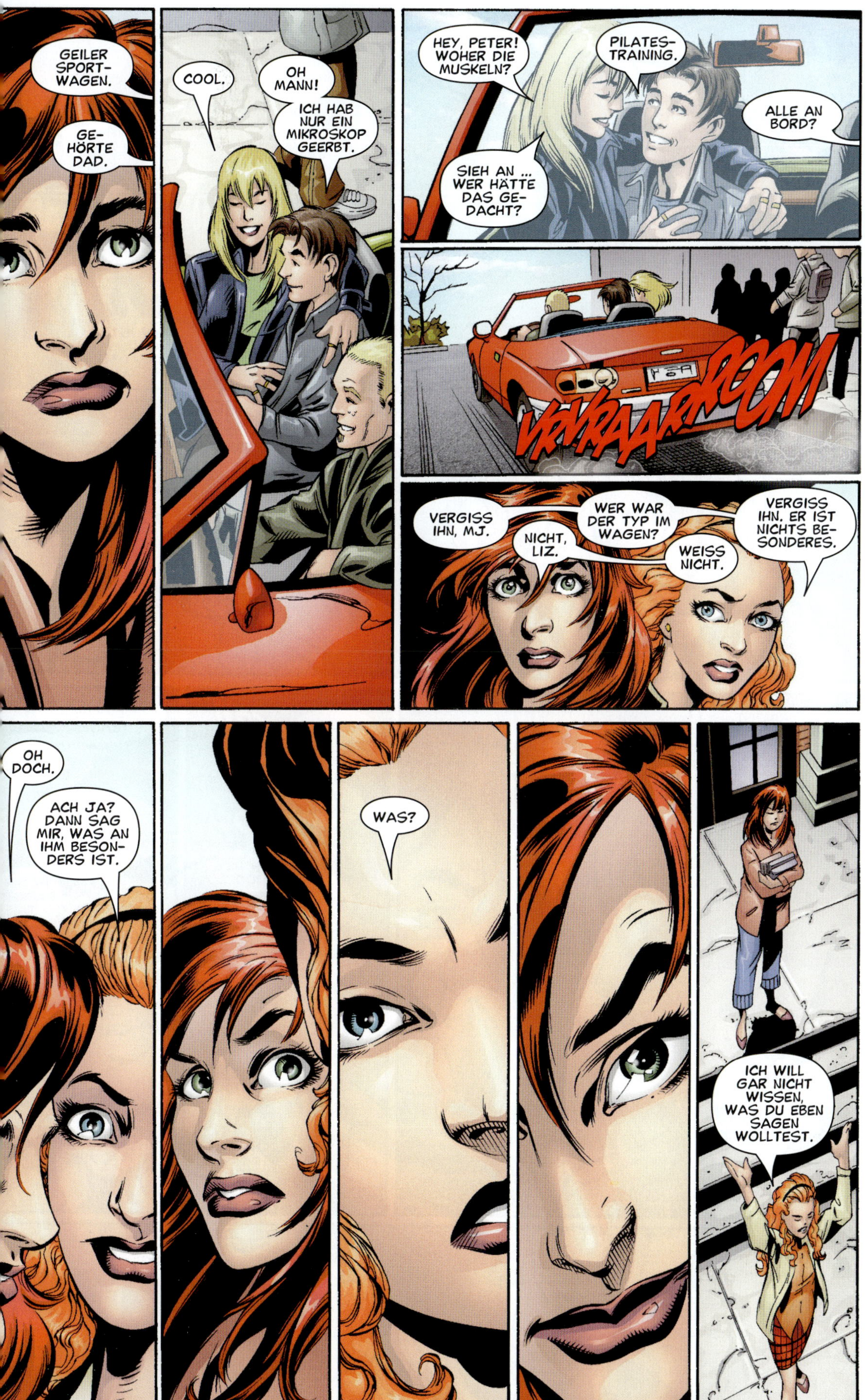
GEILER SPORT-WAGEN.
GE-HÖRTE DAD.
COOL.
OH MANN! ICH HAB NUR EIN MIKROSKOP GEERBT.
HEY, PETER! WOHER DIE MUSKELN?
PILATES-TRAINING.
SIEH AN ... WER HÄTTE DAS GE-DACHT?
ALLE AN BORD?
VRVRAAARROOM
VERGISS IHN, MJ.
WER WAR DER TYP IM WAGEN?
VERGISS IHN. ER IST NICHTS BE-SONDERES.
NICHT, LIZ.
WEISS NICHT.
OH DOCH.
ACH JA? DANN SAG MIR, WAS AN IHM BESON-DERS IST.
WAS?
ICH WILL GAR NICHT WISSEN, WAS DU EBEN SAGEN WOLLTEST.

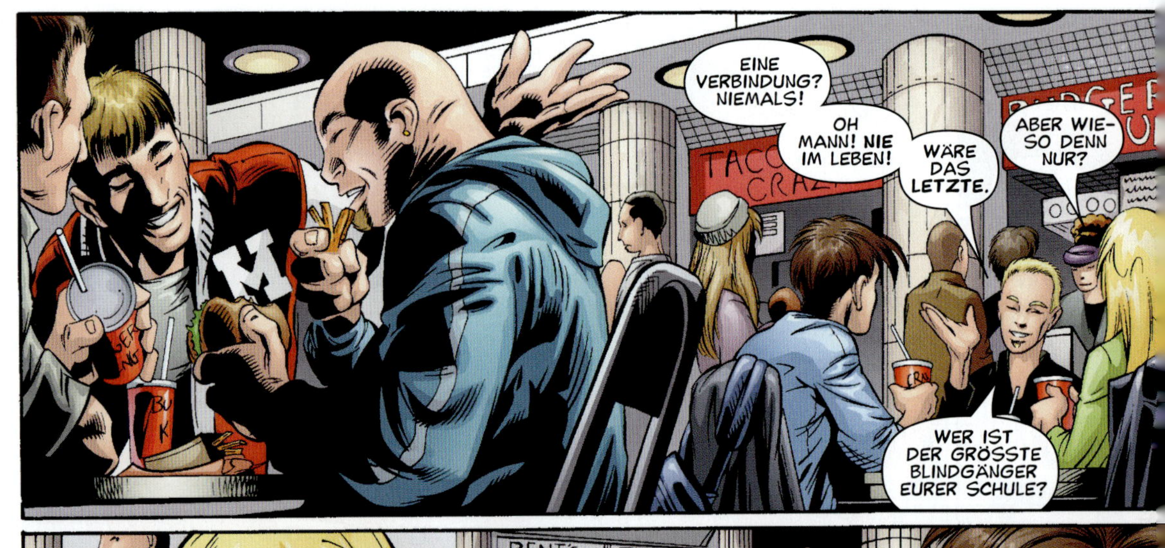

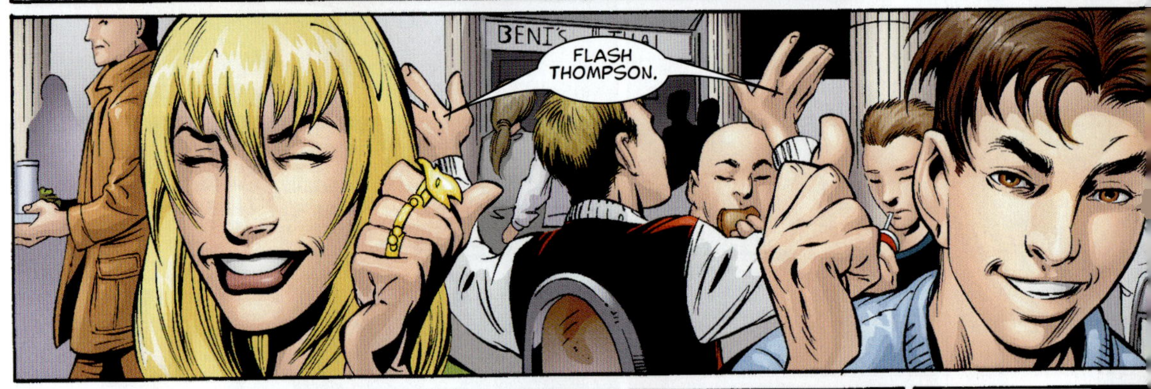

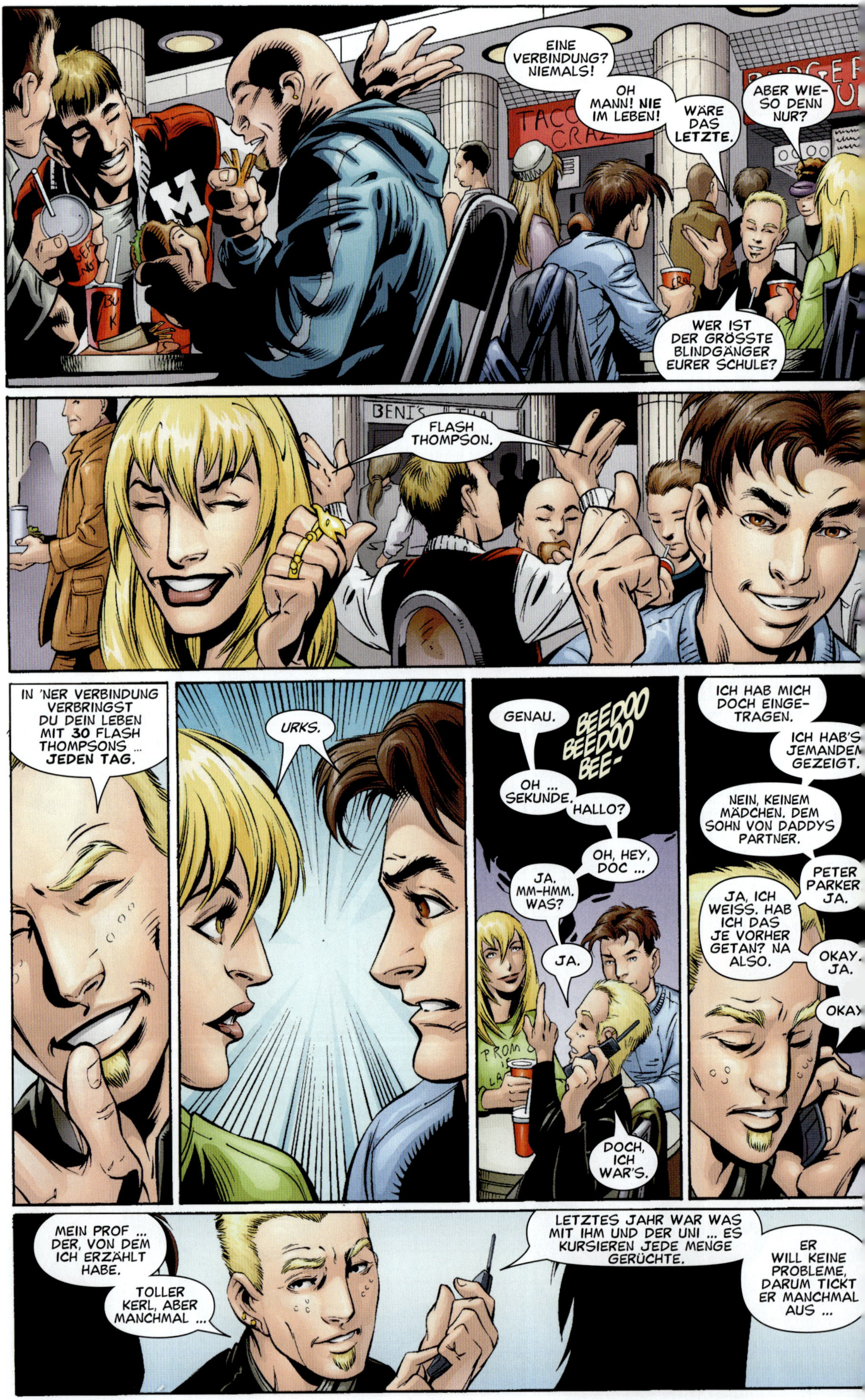

IN 'NER VERBINDUNG VERBRINGST DU DEIN LEBEN MIT 30 FLASH THOMPSONS ... JEDEN TAG.

URKS.

GENAU.

BEEDOO BEEDOO BEE-

OH ... SEKUNDE.

HALLO?

OH, HEY, DOC ...

JA. MM-HMM. WAS?

JA.

DOCH, ICH WAR'S.

ICH HAB MICH DOCH EINGE- TRAGEN.

ICH HAB'S JEMANDEM GEZEIGT.

NEIN, KEINEM MÄDCHEN. DEM SOHN VON DADDYS PARTNER.

PETER PARKER. JA.

JA, ICH WEISS. HAB ICH DAS JE VORHER GETAN? NA ALSO.

OKAY. JA.

OKAY.

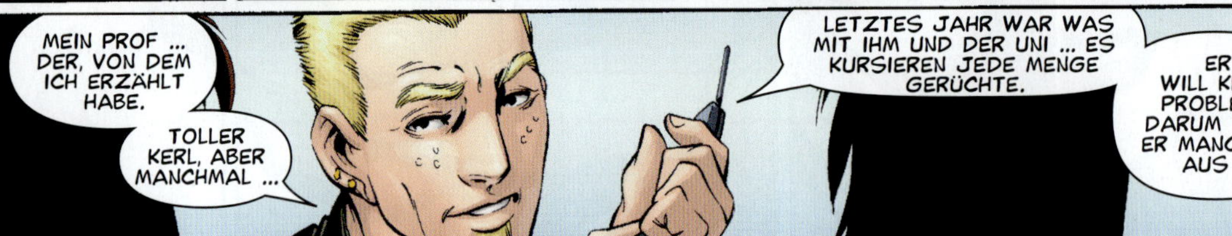

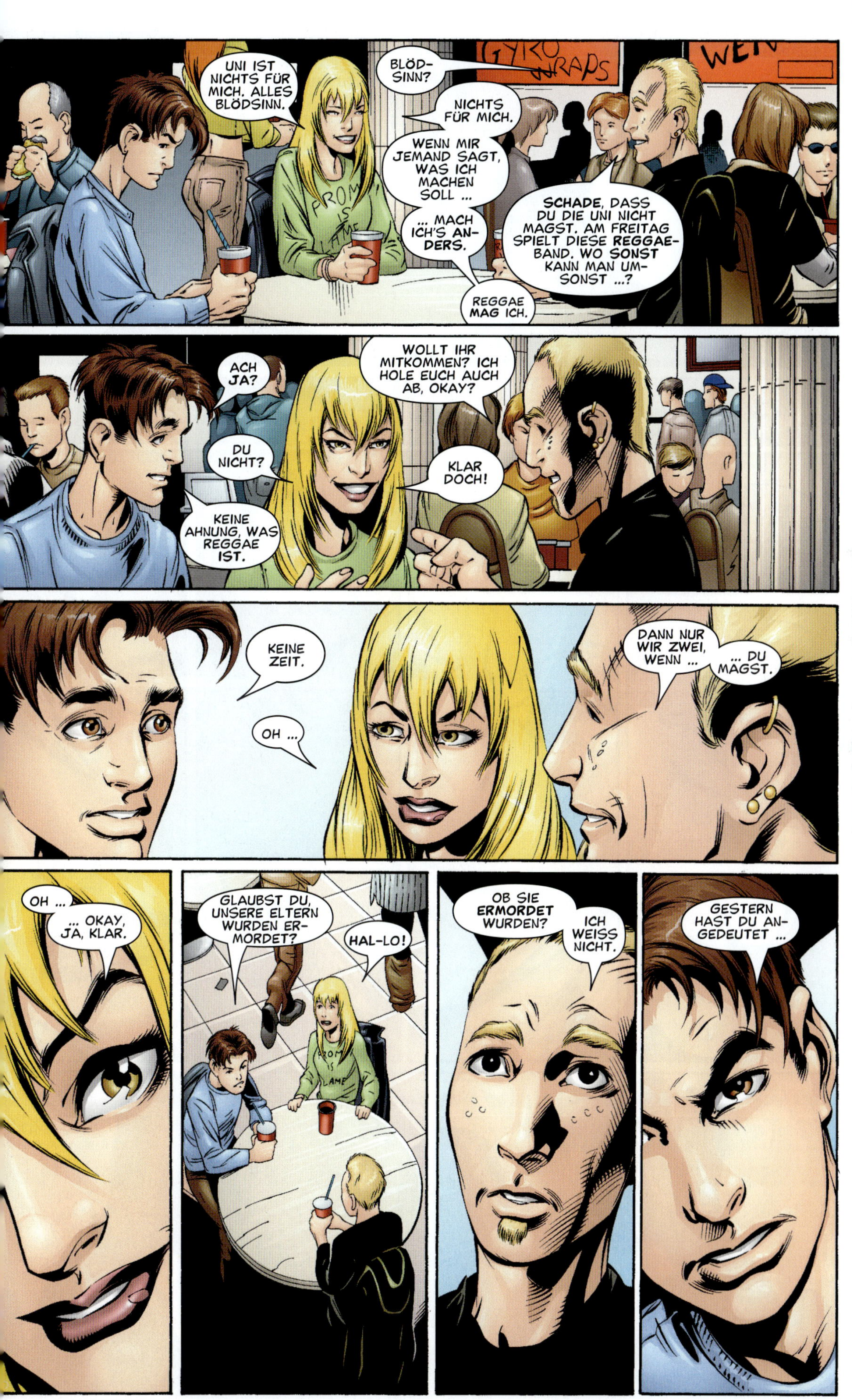

UNI IST NICHTS FÜR MICH. ALLES BLÖDSINN.
BLÖD-SINN?
NICHTS FÜR MICH.
WENN MIR JEMAND SAGT, WAS ICH MACHEN SOLL ...
... MACH ICH'S ANDERS.
REGGAE MAG ICH.
SCHADE, DASS DU DIE UNI NICHT MAGST. AM FREITAG SPIELT DIESE REGGAE-BAND. WO SONST KANN MAN UMSONST ...?
WOLLT IHR MITKOMMEN? ICH HOLE EUCH AUCH AB, OKAY?
ACH JA?
DU NICHT?
KLAR DOCH!
KEINE AHNUNG, WAS REGGAE IST.
KEINE ZEIT.
OH ...
DANN NUR WIR ZWEI, WENN ...
... DU MAGST.
OH ...
... OKAY, JA, KLAR.
GLAUBST DU, UNSERE ELTERN WURDEN ERMORDET?
HAL-LO!
OB SIE ERMORDET WURDEN?
ICH WEISS NICHT.
GESTERN HAST DU ANGEDEUTET ...

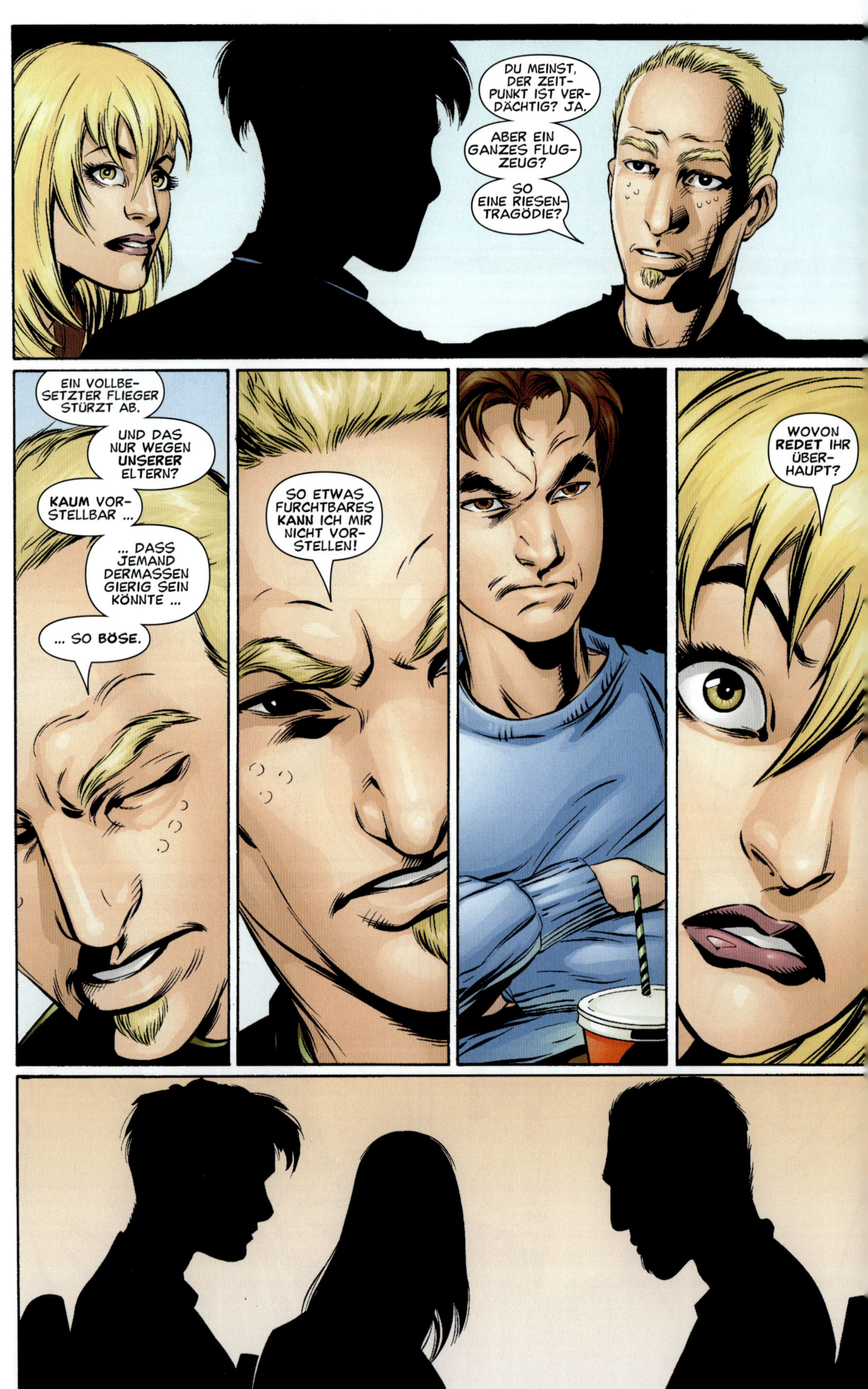
DU MEINST, DER ZEITPUNKT IST VERDÄCHTIG? JA.
ABER EIN GANZES FLUGZEUG?
SO EINE RIESENTRAGÖDIE?
EIN VOLLBESETZTER FLIEGER STÜRZT AB.
UND DAS NUR WEGEN UNSERER ELTERN?
KAUM VORSTELLBAR ...
... DASS JEMAND DERMASSEN GIERIG SEIN KÖNNTE ...
... SO BÖSE.
SO ETWAS FURCHTBARES KANN ICH MIR NICHT VORSTELLEN!
WOVON REDET IHR ÜBERHAUPT?

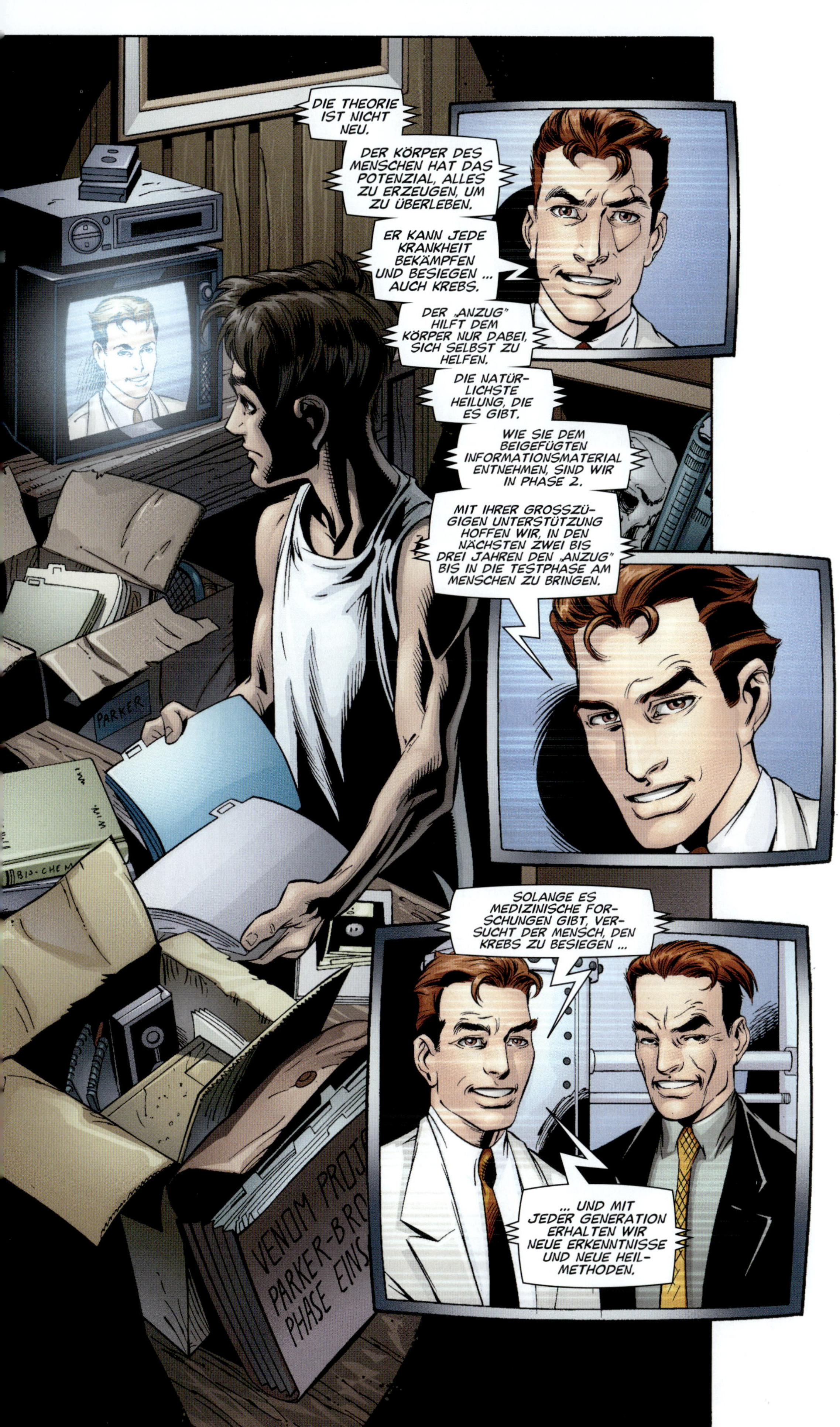
DIE THEORIE IST NICHT NEU.
DER KÖRPER DES MENSCHEN HAT DAS POTENZIAL, ALLES ZU ERZEUGEN, UM ZU ÜBERLEBEN.
ER KANN JEDE KRANKHEIT BEKÄMPFEN UND BESIEGEN ... AUCH KREBS.
DER „ANZUG" HILFT DEM KÖRPER NUR DABEI, SICH SELBST ZU HELFEN.
DIE NATÜRLICHSTE HEILUNG, DIE ES GIBT.
WIE SIE DEM BEIGEFÜGTEN INFORMATIONSMATERIAL ENTNEHMEN, SIND WIR IN PHASE 2.
MIT IHRER GROSSZÜGIGEN UNTERSTÜTZUNG HOFFEN WIR, IN DEN NÄCHSTEN ZWEI BIS DREI JAHREN DEN „ANZUG" BIS IN DIE TESTPHASE AM MENSCHEN ZU BRINGEN.
PARKER
BIO-CHEM
SOLANGE ES MEDIZINISCHE FORSCHUNGEN GIBT, VERSUCHT DER MENSCH, DEN KREBS ZU BESIEGEN ...
... UND MIT JEDER GENERATION ERHALTEN WIR NEUE ERKENNTNISSE UND NEUE HEILMETHODEN.

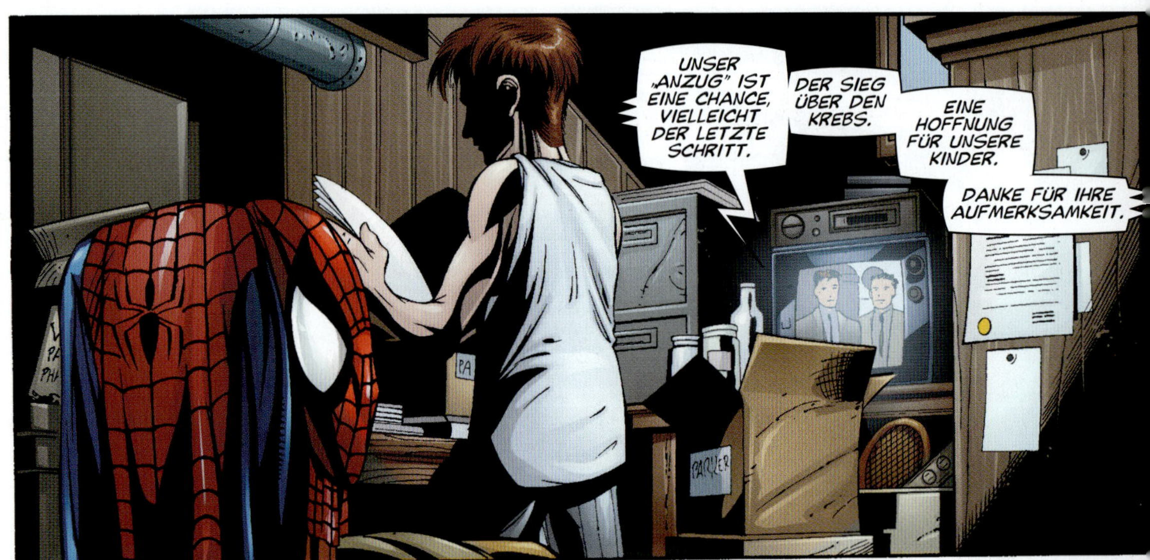
UNSER „ANZUG" IST EINE CHANCE, VIELLEICHT DER LETZTE SCHRITT.
DER SIEG ÜBER DEN KREBS.
EINE HOFFNUNG FÜR UNSERE KINDER.
DANKE FÜR IHRE AUFMERKSAMKEIT.

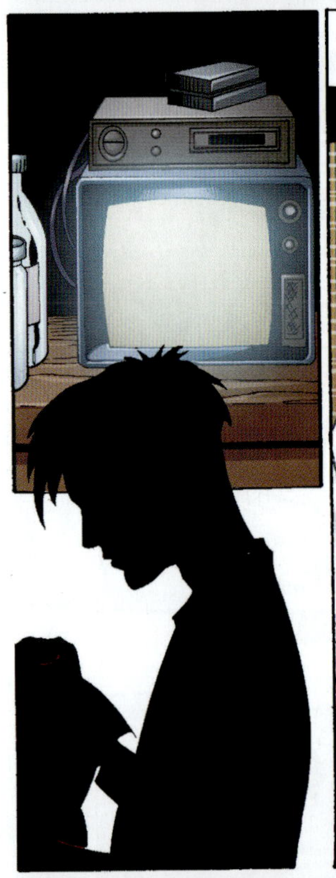

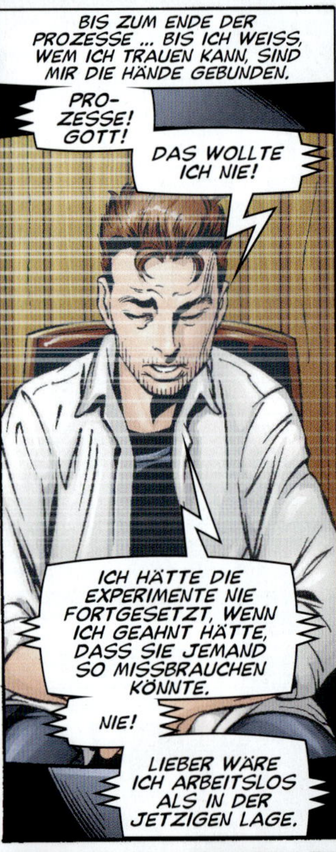
BIS ZUM ENDE DER PROZESSE ... BIS ICH WEISS, WEM ICH TRAUEN KANN, SIND MIR DIE HÄNDE GEBUNDEN.
PROZESSE! GOTT!
DAS WOLLTE ICH NIE!
ICH HÄTTE DIE EXPERIMENTE NIE FORTGESETZT, WENN ICH GEAHNT HÄTTE, DASS SIE JEMAND SO MISSBRAUCHEN KÖNNTE.
NIE!
LIEBER WÄRE ICH ARBEITSLOS ALS IN DER JETZIGEN LAGE.

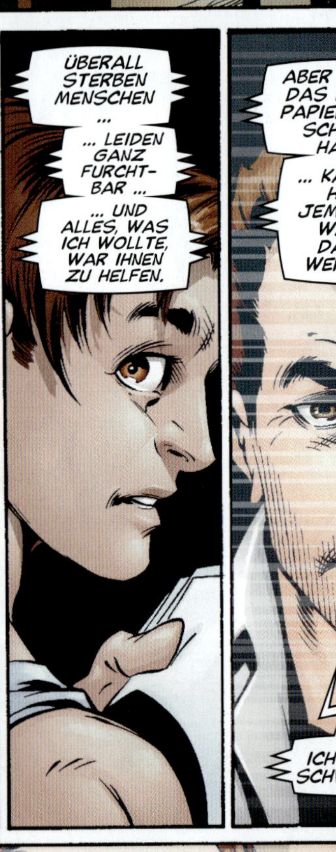
ÜBERALL STERBEN MENSCHEN ...
... LEIDEN GANZ FURCHTBAR ...
... UND ALLES, WAS ICH WOLLTE, WAR IHNEN ZU HELFEN.
ABER WEIL ICH DAS FALSCHE PAPIER UNTERSCHRIEBEN HABE ...
... KANN ICH WEDER HELFEN NOCH JEMANDEM SAGEN, WAS ICH HABE, DAMIT ER MEIN WERK VOLLENDET.
ICH MUSS SCHWEIGEN.

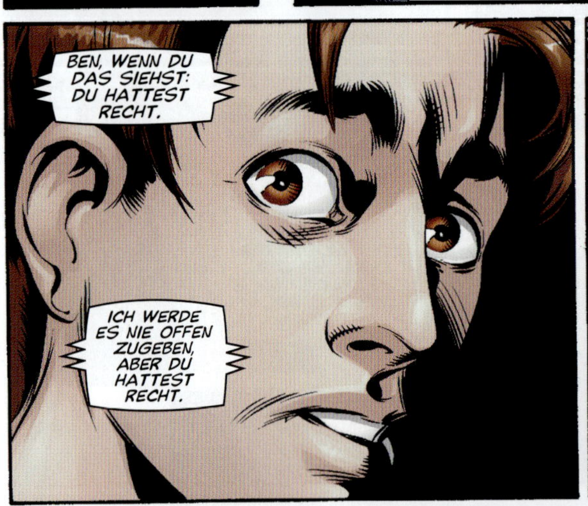
BEN, WENN DU DAS SIEHST: DU HATTEST RECHT.
ICH WERDE ES NIE OFFEN ZUGEBEN, ABER DU HATTEST RECHT.

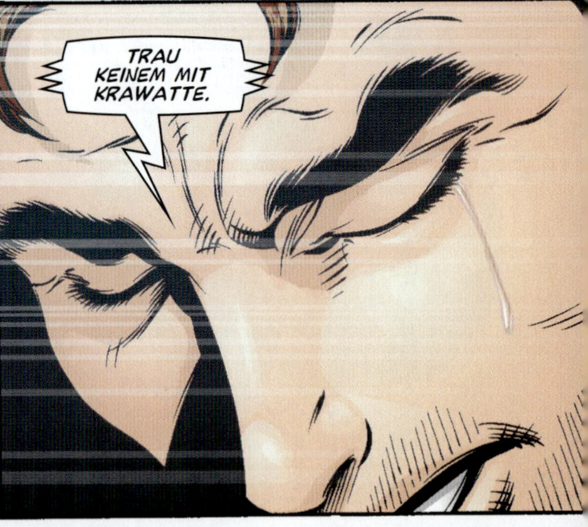
TRAU KEINEM MIT KRAWATTE.

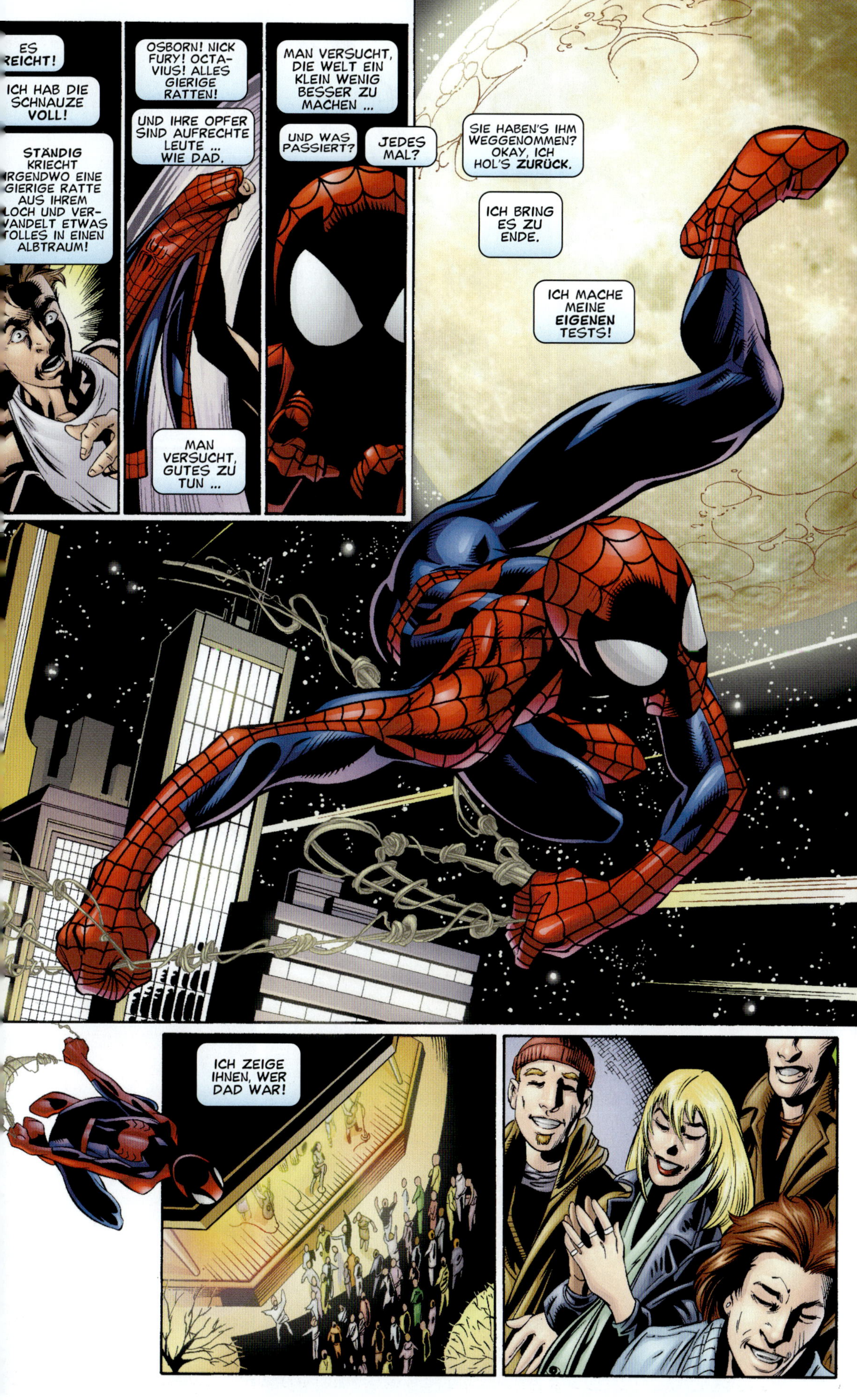
ES REICHT!
ICH HAB DIE SCHNAUZE VOLL!
STÄNDIG KRIECHT IRGENDWO EINE GIERIGE RATTE AUS IHREM LOCH UND VERWANDELT ETWAS TOLLES IN EINEN ALBTRAUM!
OSBORN! NICK FURY! OCTAVIUS! ALLES GIERIGE RATTEN!
UND IHRE OPFER SIND AUFRECHTE LEUTE ... WIE DAD.
MAN VERSUCHT, GUTES ZU TUN ...
MAN VERSUCHT, DIE WELT EIN KLEIN WENIG BESSER ZU MACHEN ...
UND WAS PASSIERT?
JEDES MAL?
SIE HABEN'S IHM WEGGENOMMEN? OKAY, ICH HOL'S **ZURÜCK**.
ICH BRING ES ZU ENDE.
ICH MACHE MEINE **EIGENEN** TESTS!
ICH ZEIGE IHNEN, WER DAD WAR!

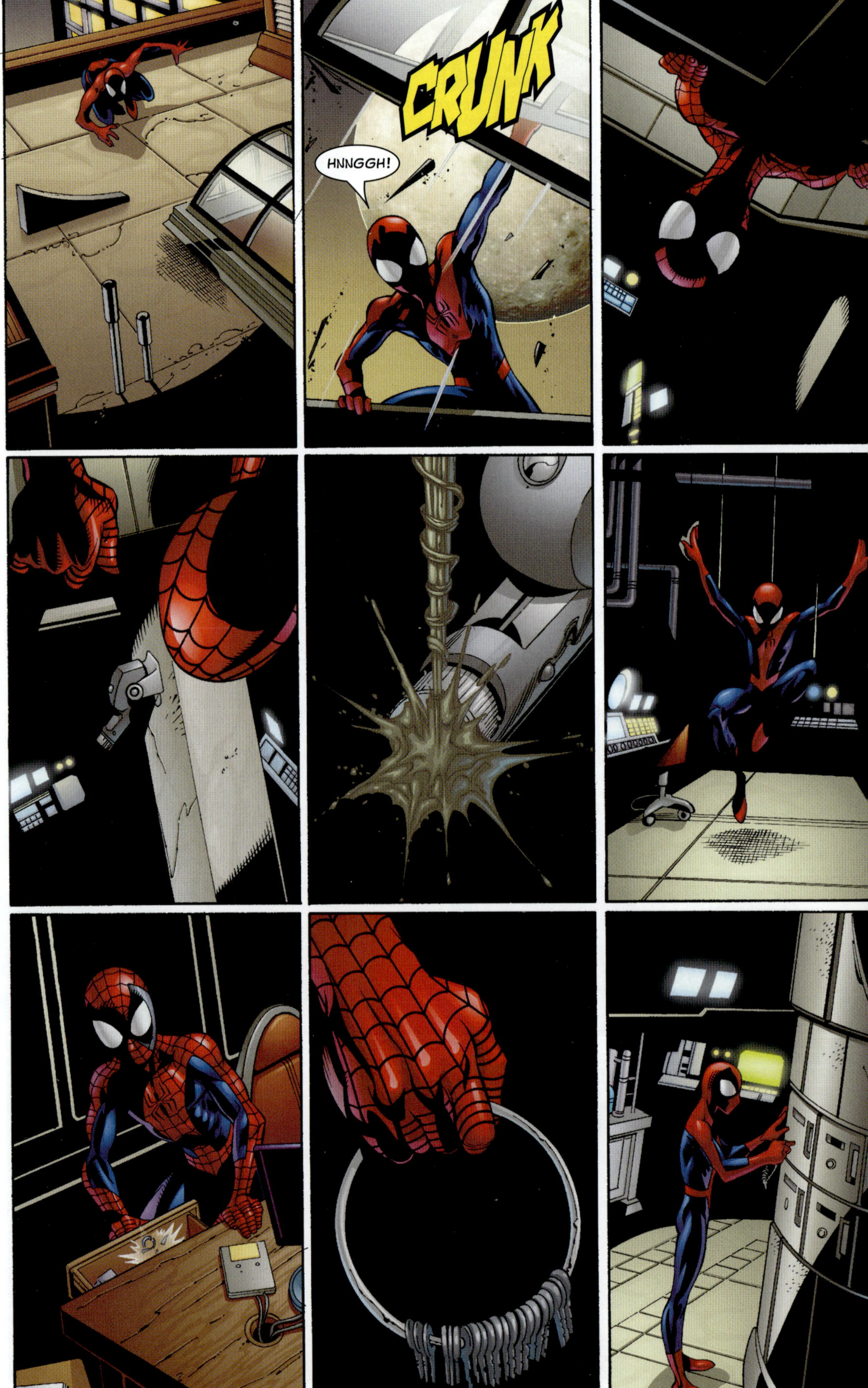
CRUNK
HNNGGH!

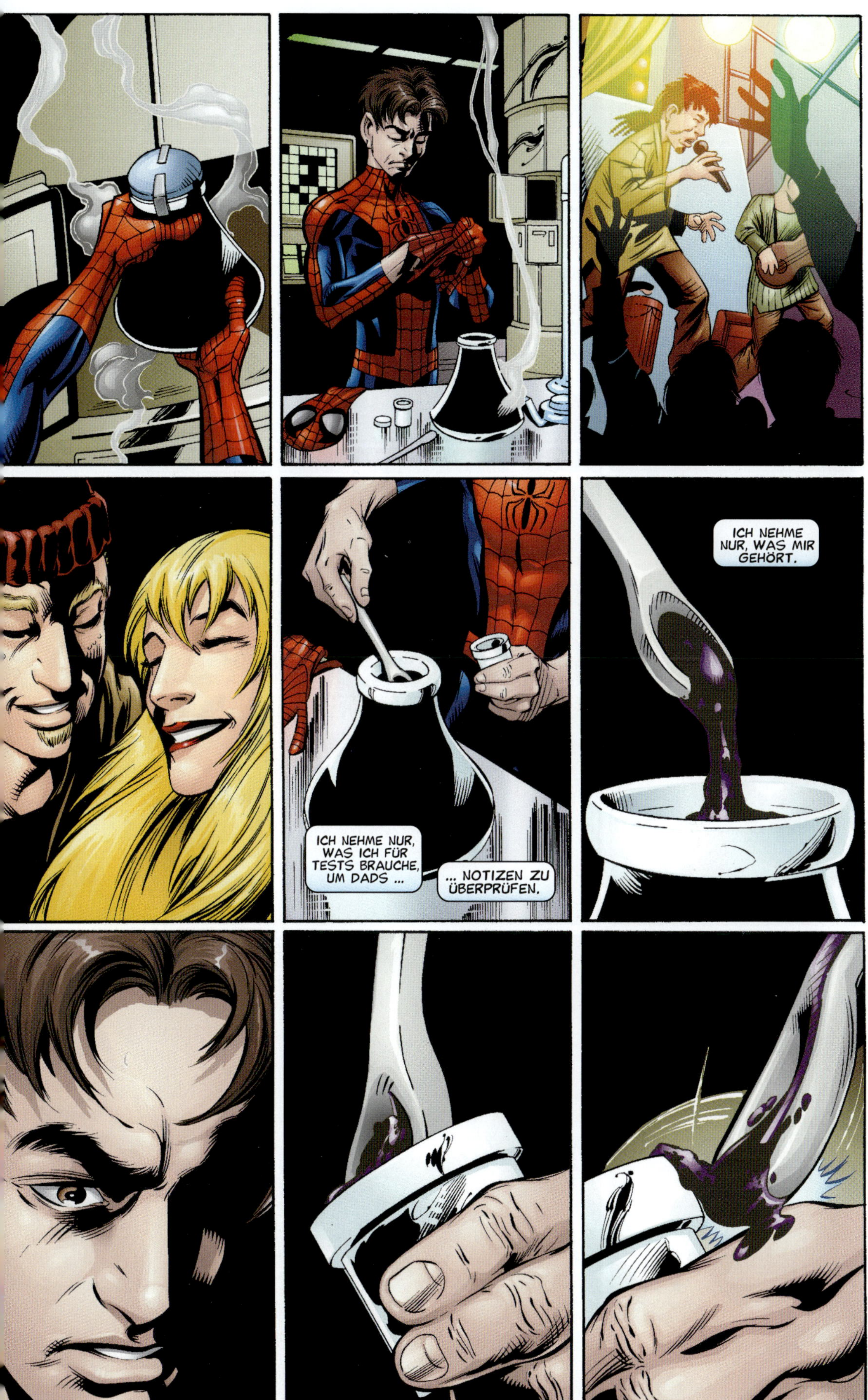
ICH NEHME NUR, WAS ICH FÜR TESTS BRAUCHE, UM DADS ...
... NOTIZEN ZU ÜBERPRÜFEN.
ICH NEHME NUR, WAS MIR GEHÖRT.

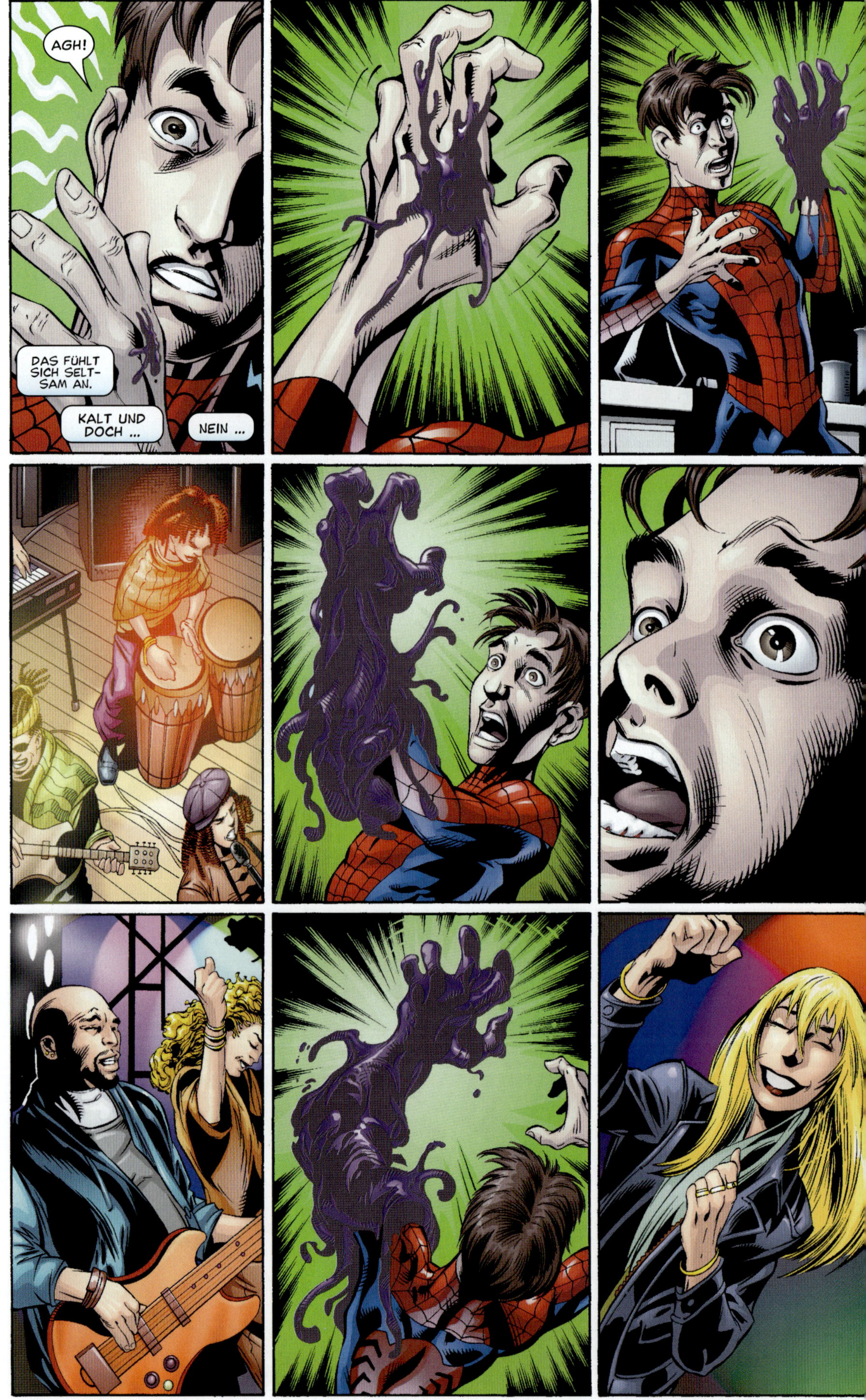
AGH!
DAS FÜHLT SICH SELT-SAM AN.
KALT UND DOCH ...
NEIN ...

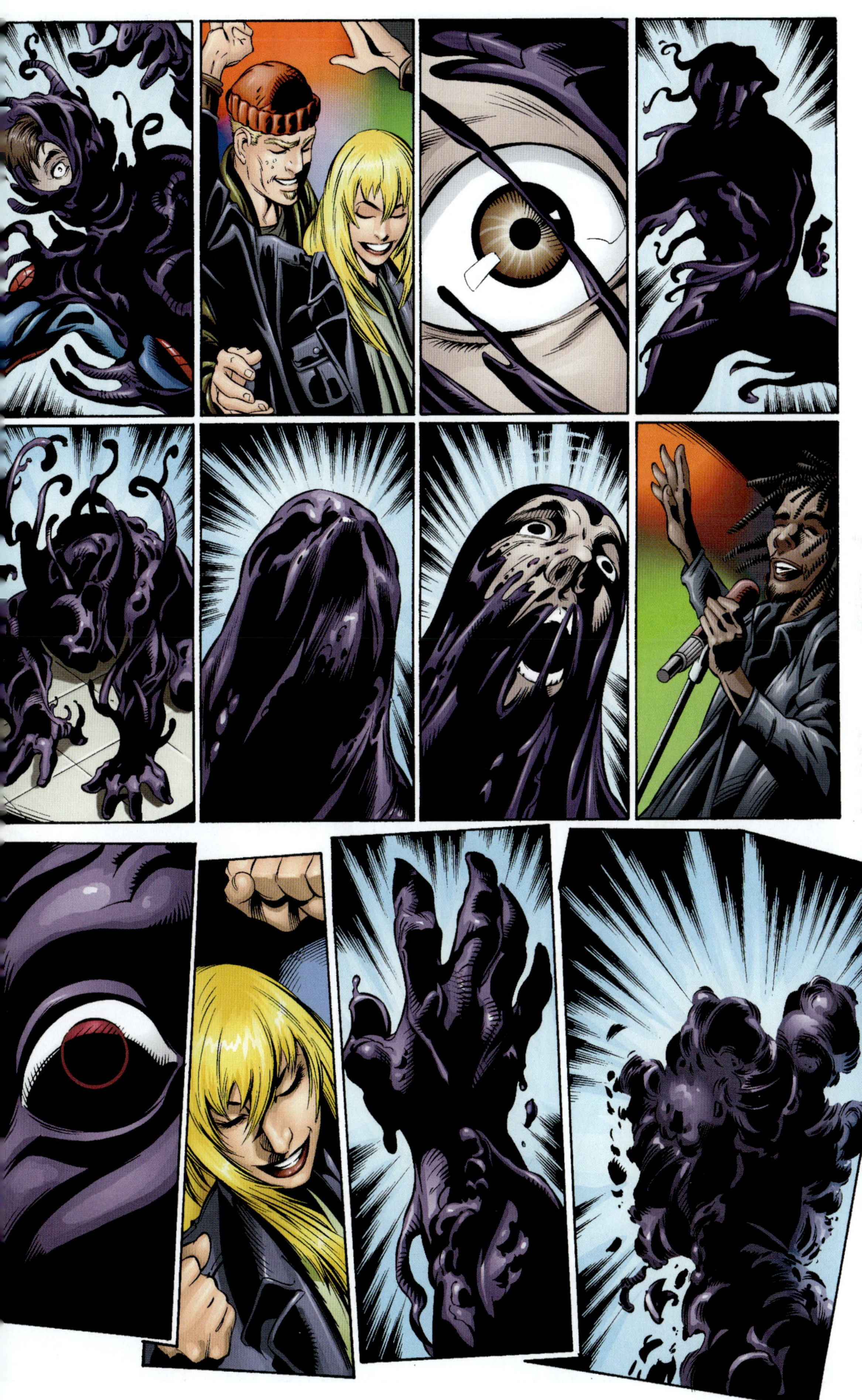

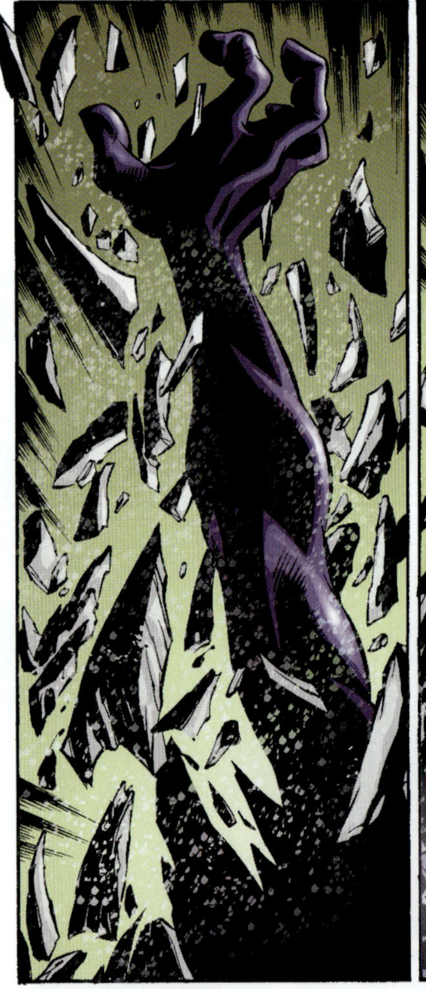

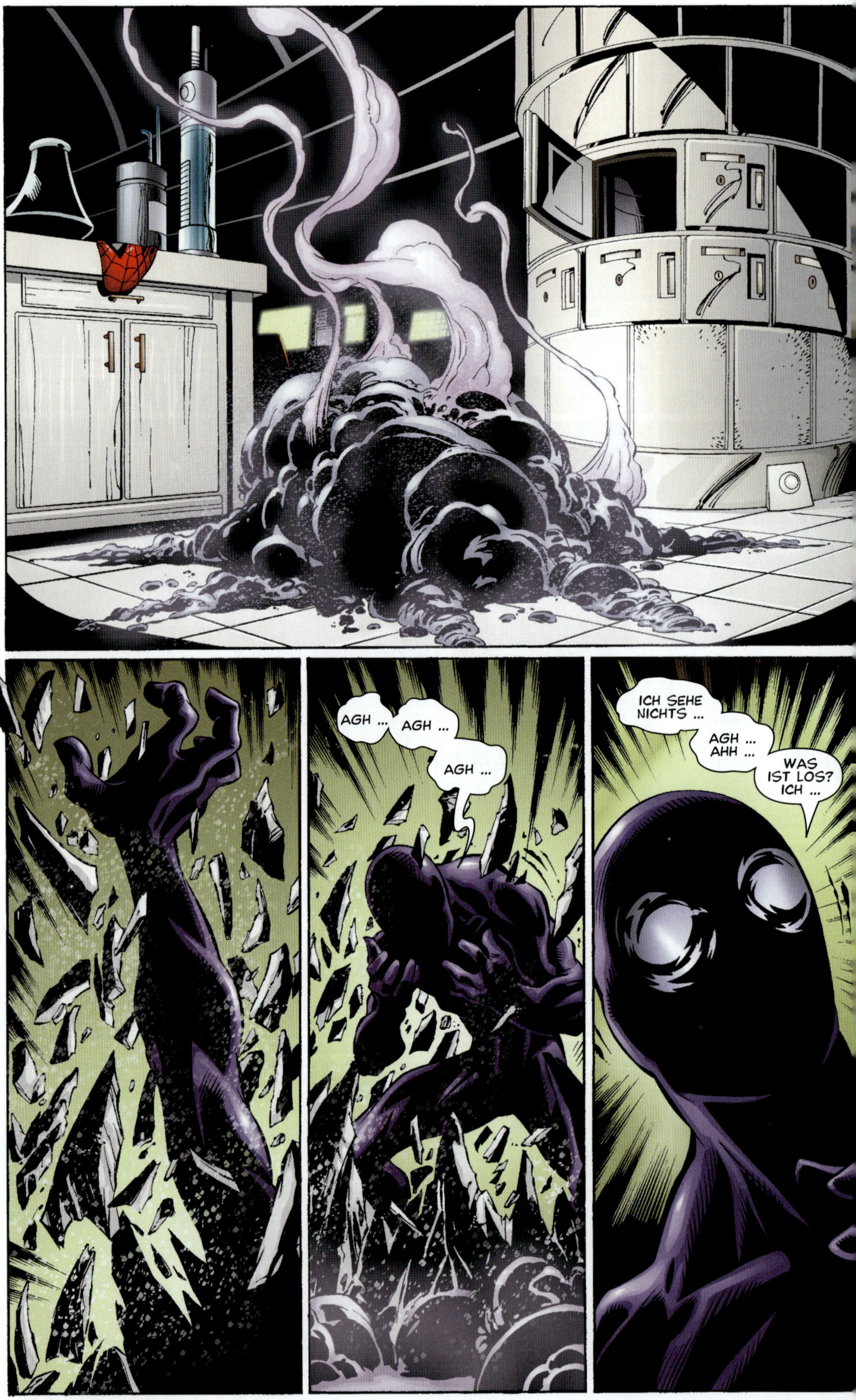

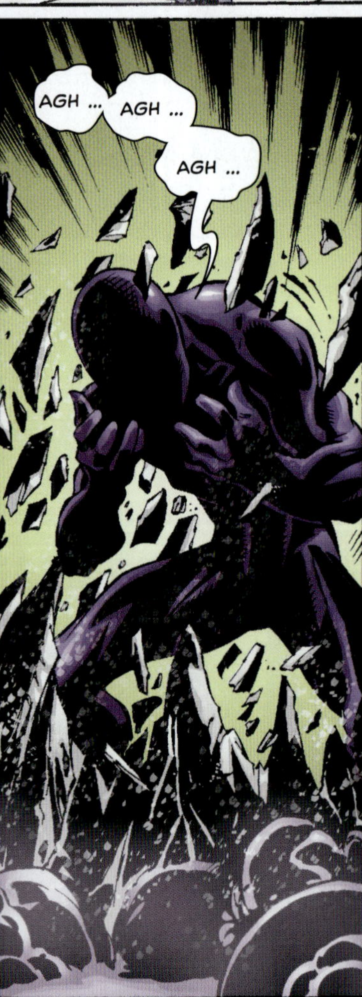
AGH ...
AGH ...
AGH ...

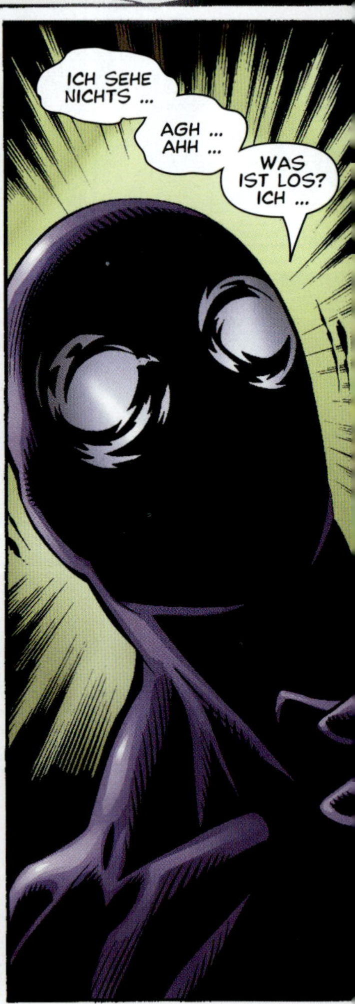
ICH SEHE NICHTS ...
AGH ... AHH ...
WAS IST LOS? ICH ...

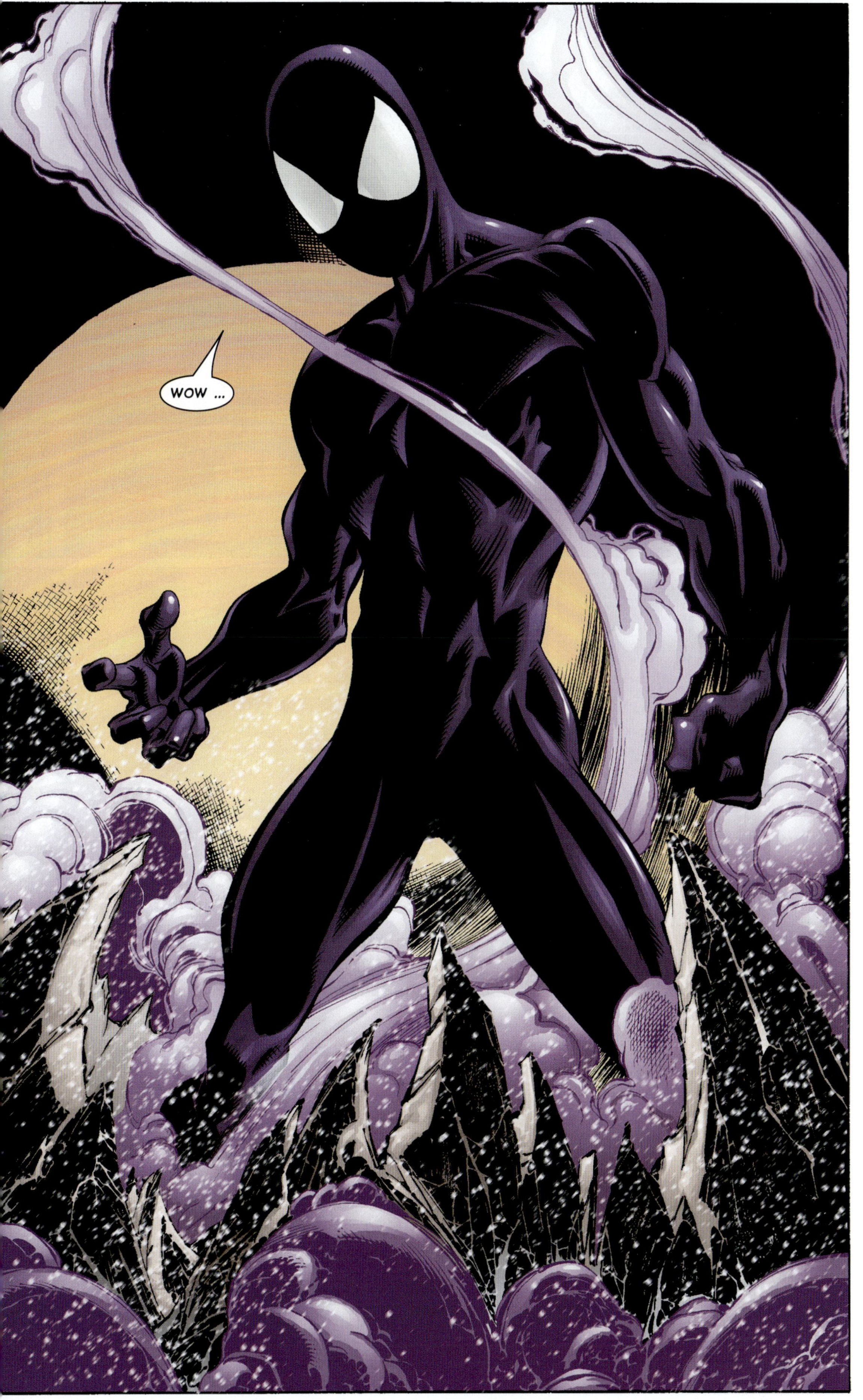
WOW ...

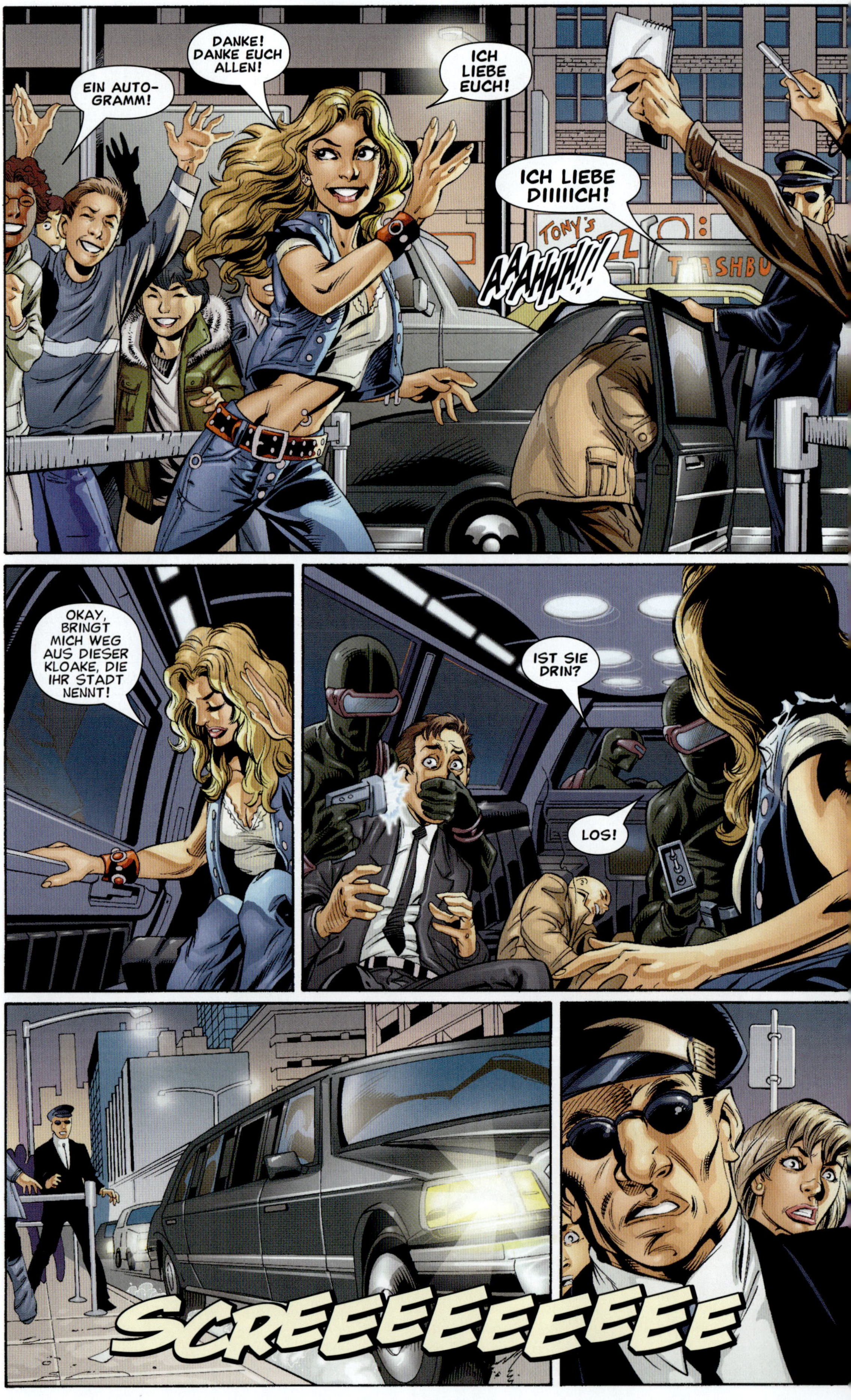

EIN AUTO-GRAMM!
DANKE! DANKE EUCH ALLEN!
ICH LIEBE EUCH!
ICH LIEBE DIIIICH!
AAAHHH!!!

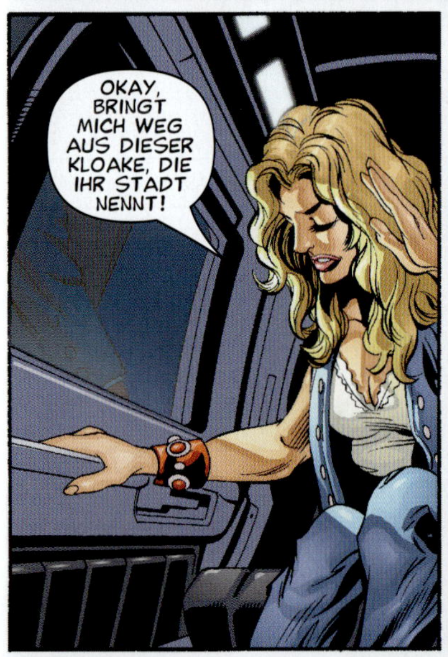
OKAY, BRINGT MICH WEG AUS DIESER KLOAKE, DIE IHR STADT NENNT!

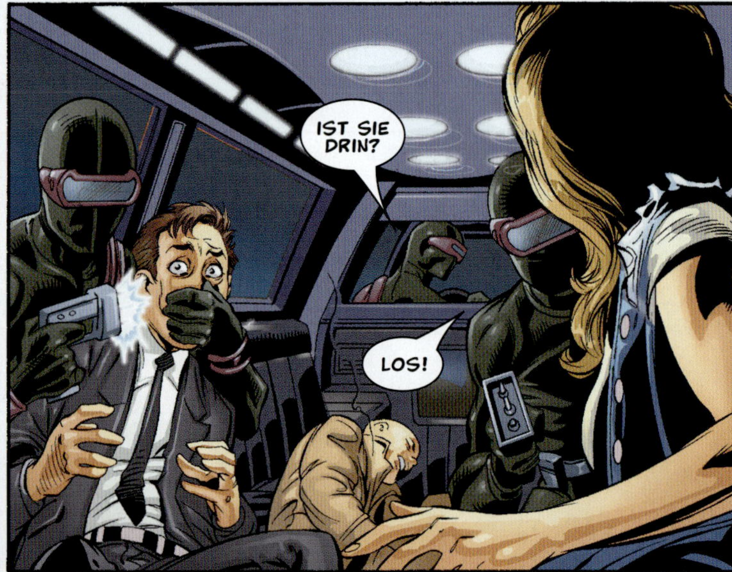
IST SIE DRIN?
LOS!

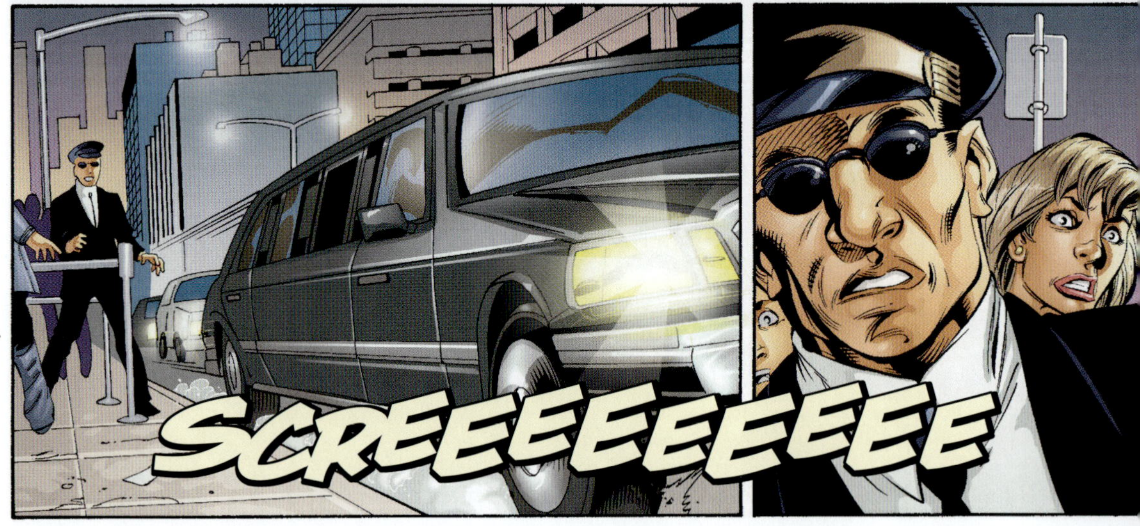
SCREEEEEEEEE

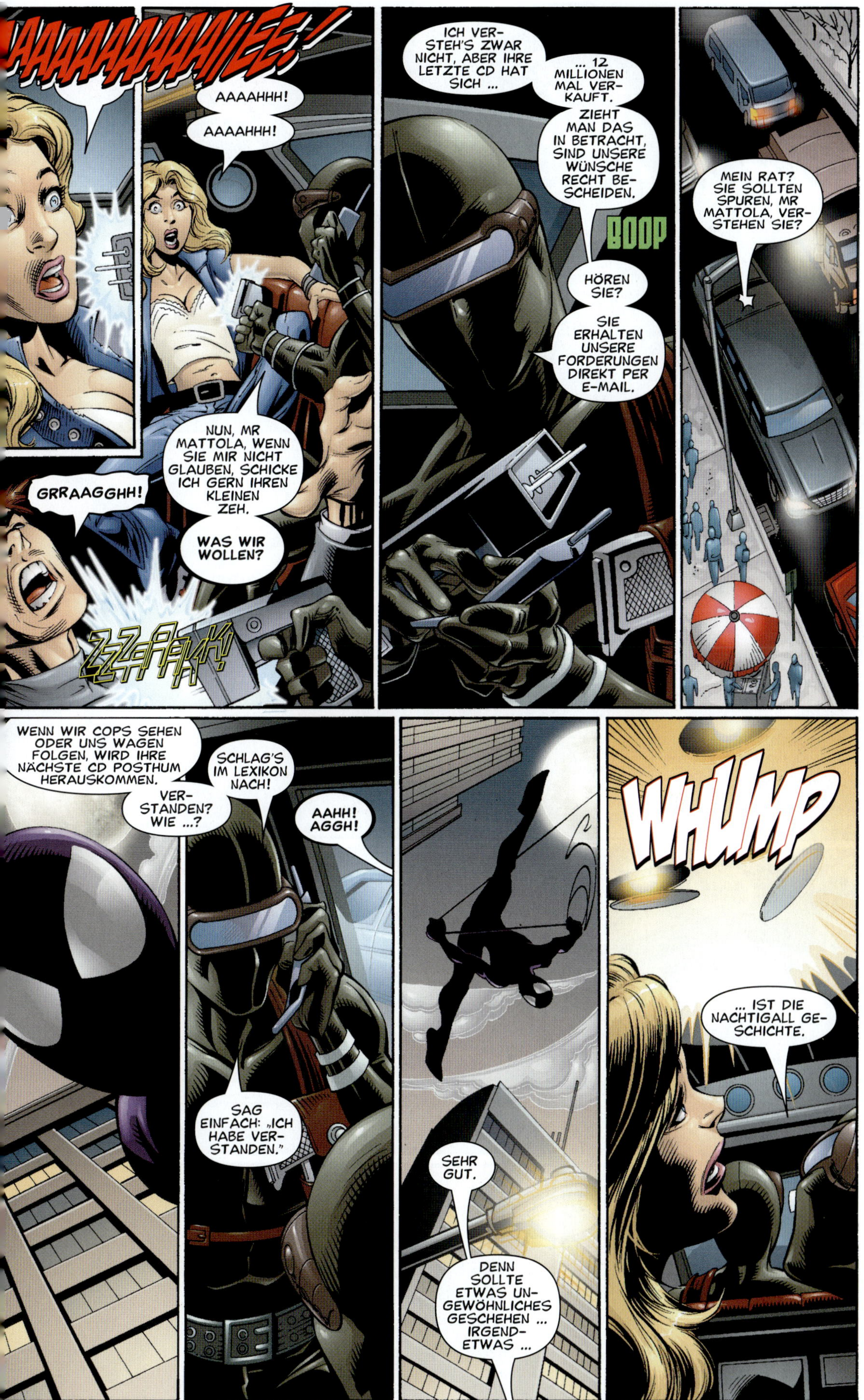
AAAAAAAAAAIIEE!
AAAAHHH!
AAAAHHH!
ICH VERSTEH'S ZWAR NICHT, ABER IHRE LETZTE CD HAT SICH ...
... 12 MILLIONEN MAL VERKAUFT.
ZIEHT MAN DAS IN BETRACHT, SIND UNSERE WÜNSCHE RECHT BESCHEIDEN.
BOOP
HÖREN SIE?
SIE ERHALTEN UNSERE FORDERUNGEN DIREKT PER E-MAIL.
MEIN RAT? SIE SOLLTEN SPUREN, MR MATTOLA, VERSTEHEN SIE?
NUN, MR MATTOLA, WENN SIE MIR NICHT GLAUBEN, SCHICKE ICH GERN IHREN KLEINEN ZEH.
GRRAAGGHH!
WAS WIR WOLLEN?
ZZZEHAKK!
WENN WIR COPS SEHEN ODER UNS WAGEN FOLGEN, WIRD IHRE NÄCHSTE CD POSTHUM HERAUSKOMMEN.
VERSTANDEN? WIE ...?
SCHLAG'S IM LEXIKON NACH!
AAHH! AGGH!
SAG EINFACH: „ICH HABE VERSTANDEN."
SEHR GUT.
DENN SOLLTE ETWAS UNGEWÖHNLICHES GESCHEHEN ... IRGENDETWAS ...
WHUMP
... IST DIE NACHTIGALL GESCHICHTE.

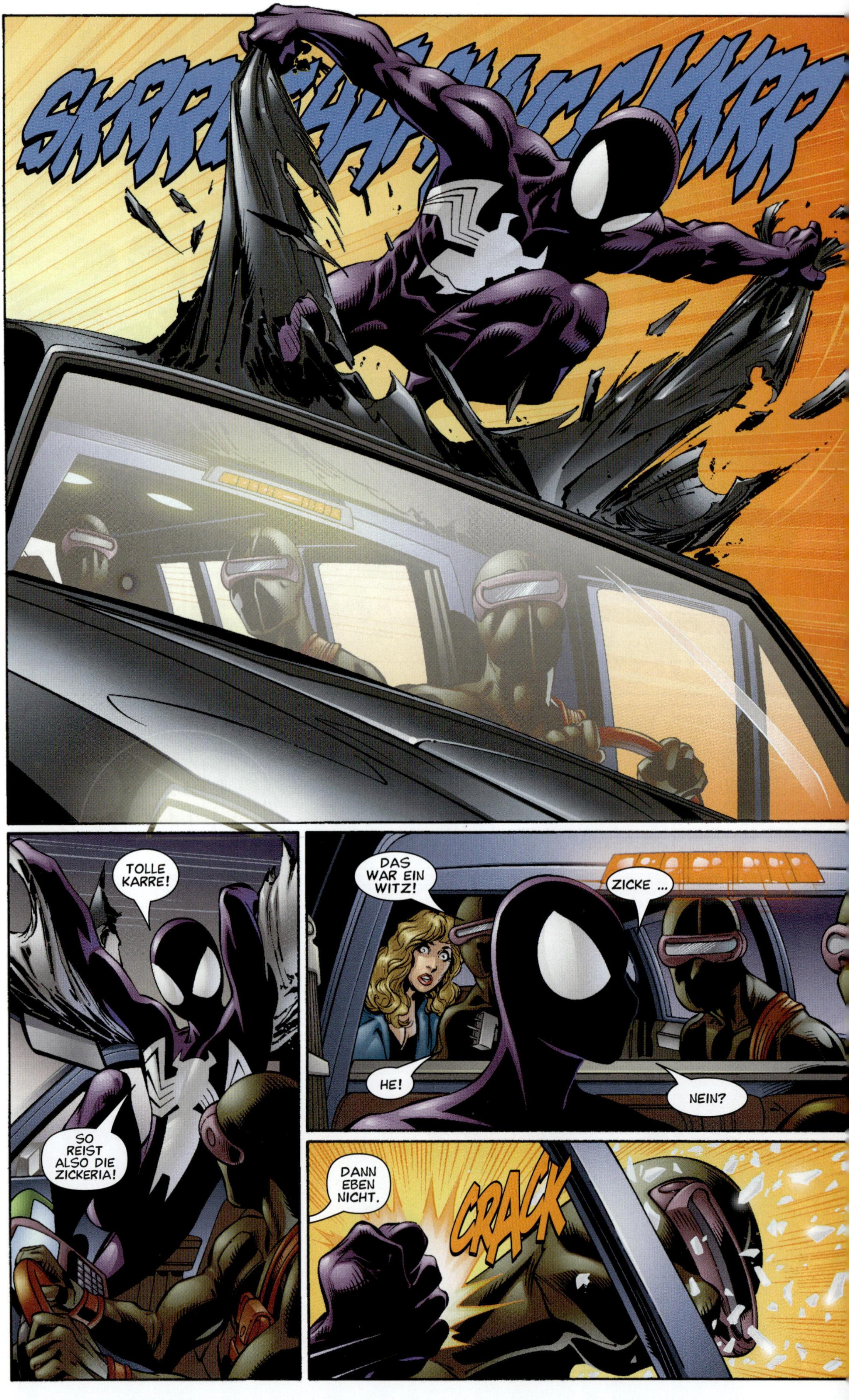

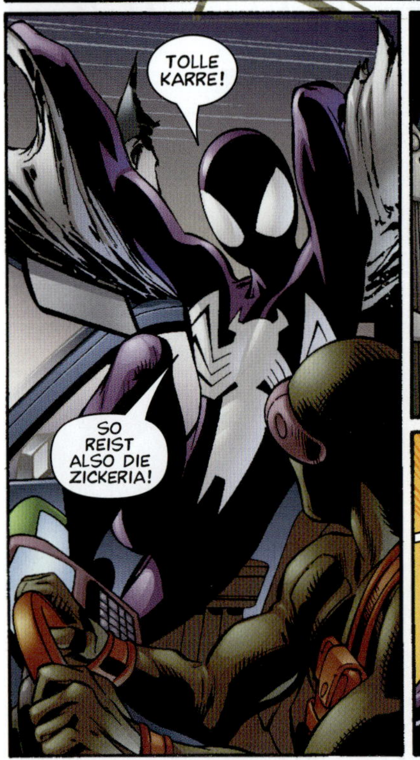
TOLLE KARRE!
SO REIST ALSO DIE ZICKERIA!

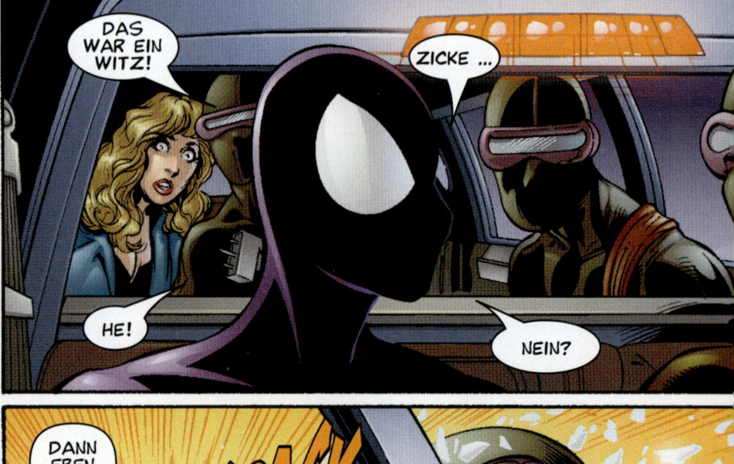
DAS WAR EIN WITZ!
ZICKE ...
HE!
NEIN?

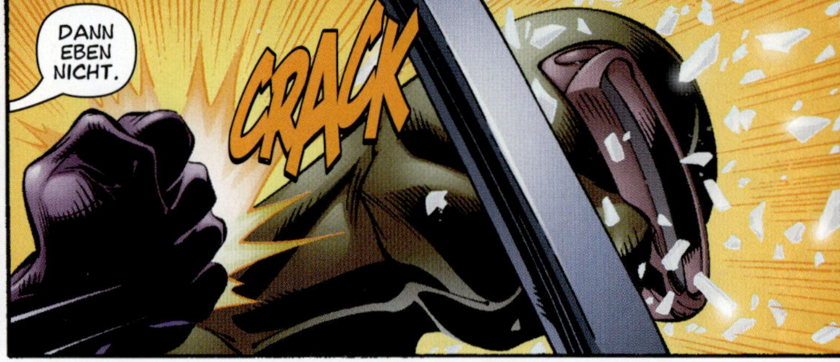
DANN EBEN NICHT.
CRACK

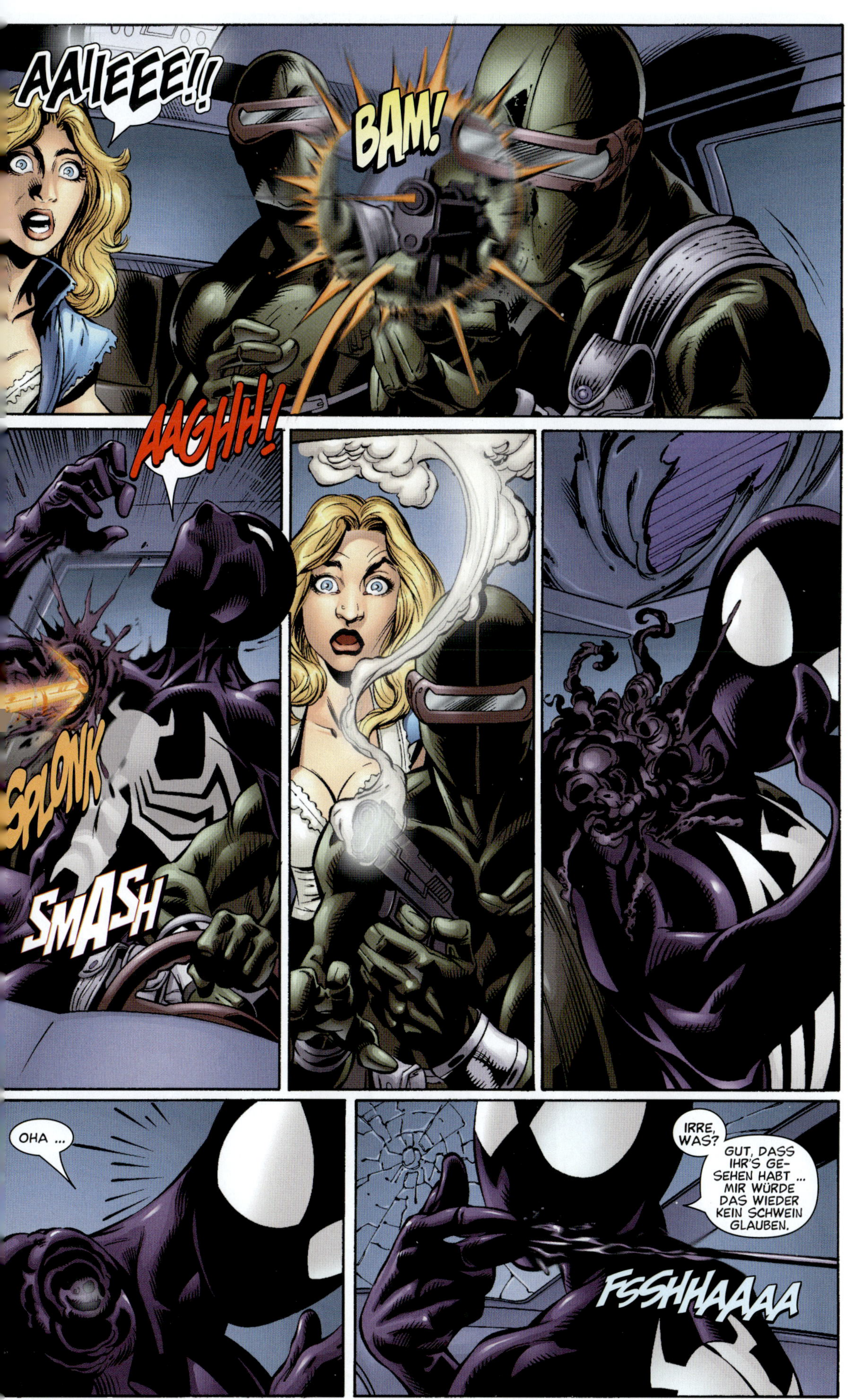
AAIIEEE!!
BAM!
AAGHH!
SPLONK
SMASH
OHA ...
IRRE, WAS?
GUT, DASS IHR'S GESEHEN HABT ... MIR WÜRDE DAS WIEDER KEIN SCHWEIN GLAUBEN.
FSSHHAAAA

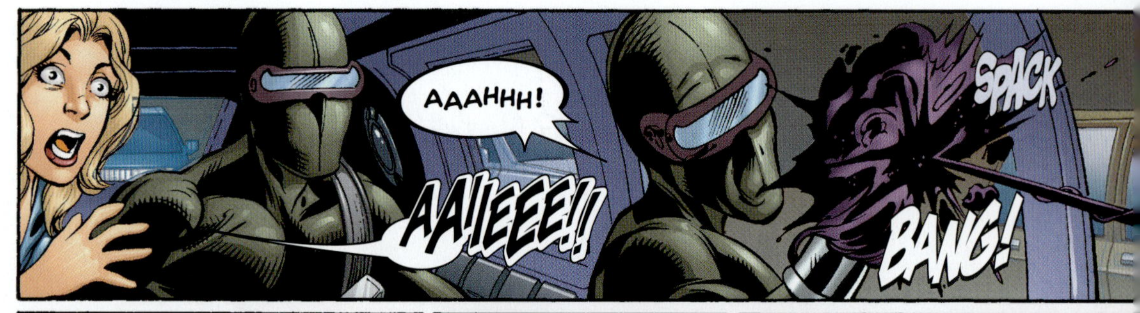
AAAHHH!
AAIIEEE!!
SPACK
BANG!

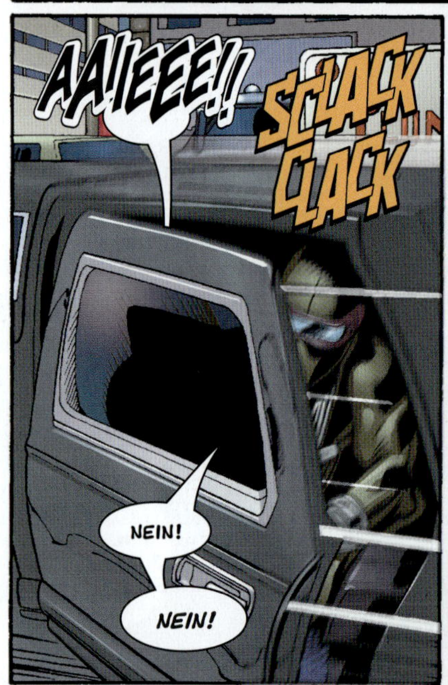
AAIIEEE!!
SCLACK
CLACK
NEIN!
NEIN!

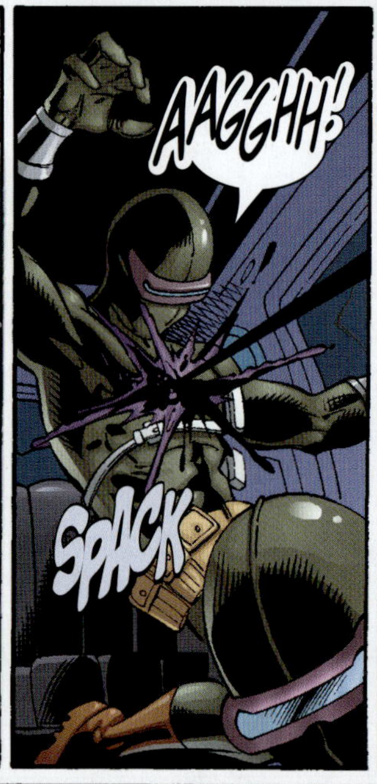
AAGGHH!
SPACK

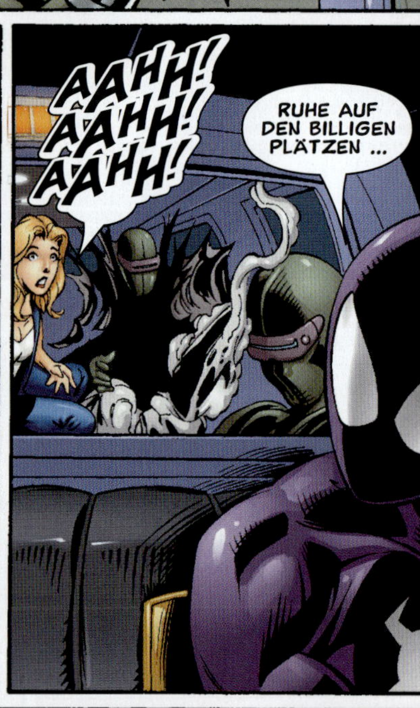
AAHH!
AAHH!
AAHH!
RUHE AUF DEN BILLIGEN PLÄTZEN ...

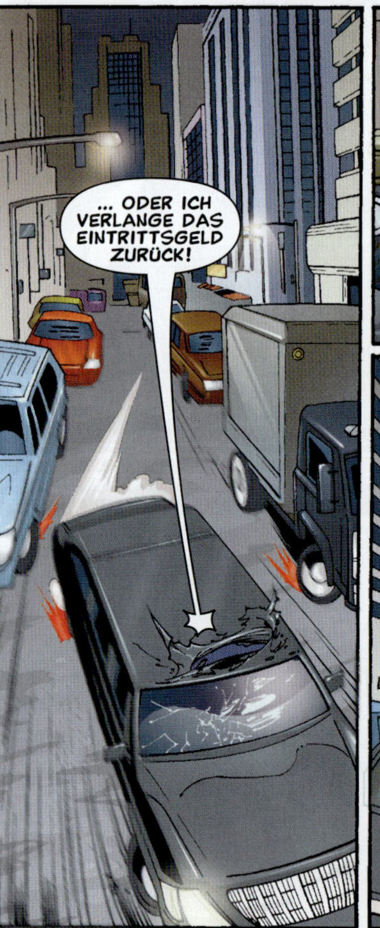
... ODER ICH VERLANGE DAS EINTRITTSGELD ZURÜCK!

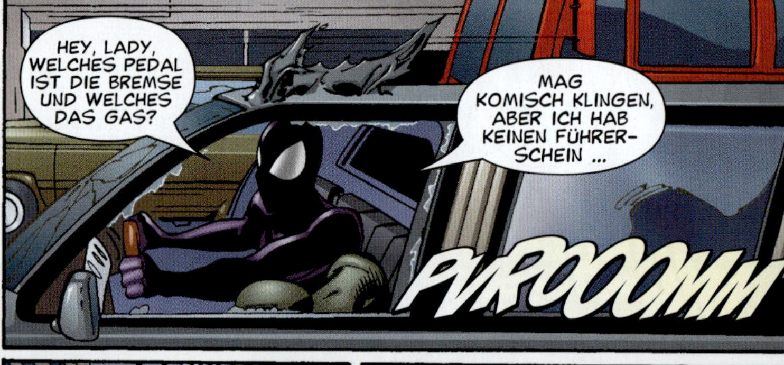
HEY, LADY, WELCHES PEDAL IST DIE BREMSE UND WELCHES DAS GAS?
MAG KOMISCH KLINGEN, ABER ICH HAB KEINEN FÜHRER-SCHEIN ...
PVROOOMM

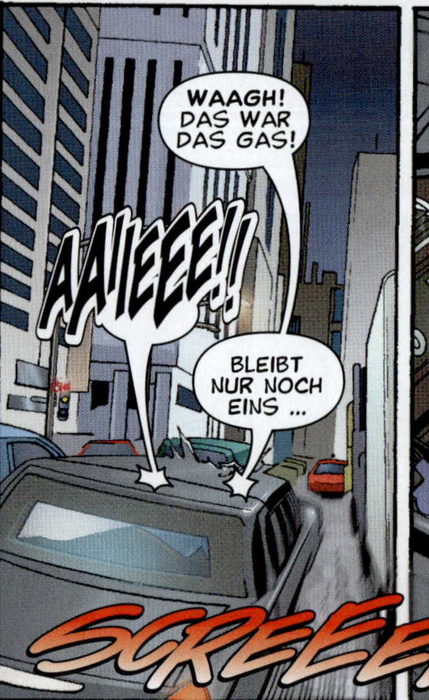
WAAGH! DAS WAR DAS GAS!
AAIIEEE!!
BLEIBT NUR NOCH EINS ...
SCREEEEEE

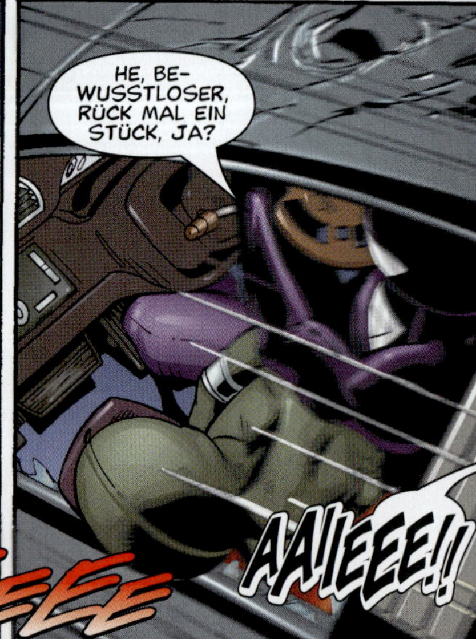
HE, BE-WUSSTLOSER, RÜCK MAL EIN STÜCK, JA?
AAIIEEE!!

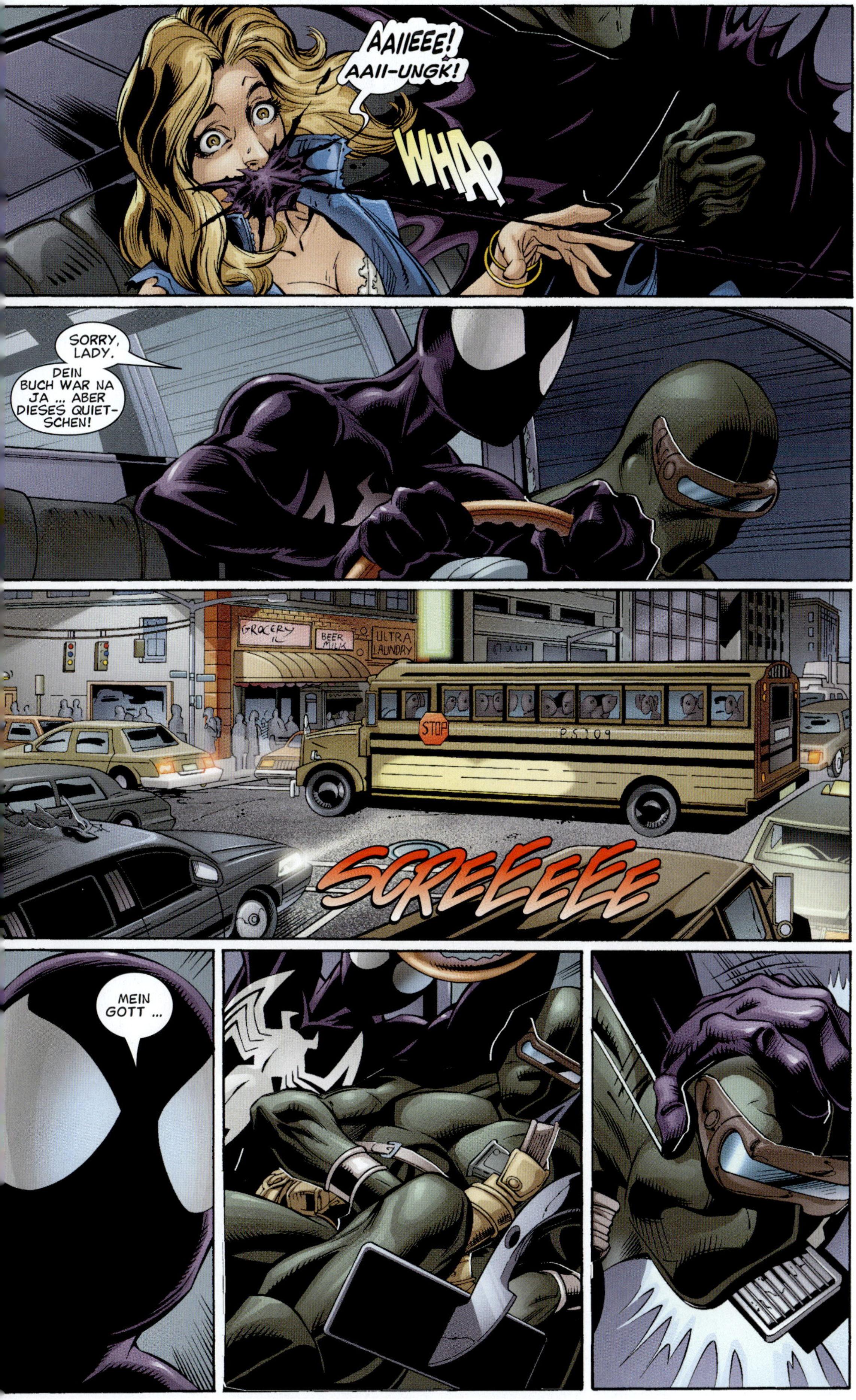

AAIIEEE!
AAII-UNGK!
WHAP

SORRY, LADY.
DEIN BUCH WAR NA JA ... ABER DIESES QUIET-SCHEN!

GROCERY
BEER MILK
ULTRA LAUNDRY
STOP
P.S.109
SCREEEEEE

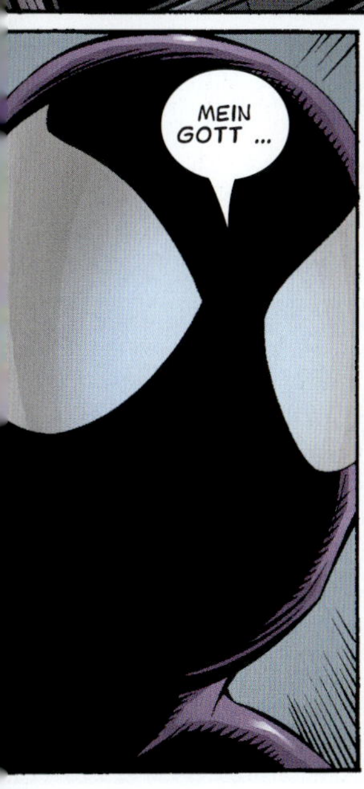

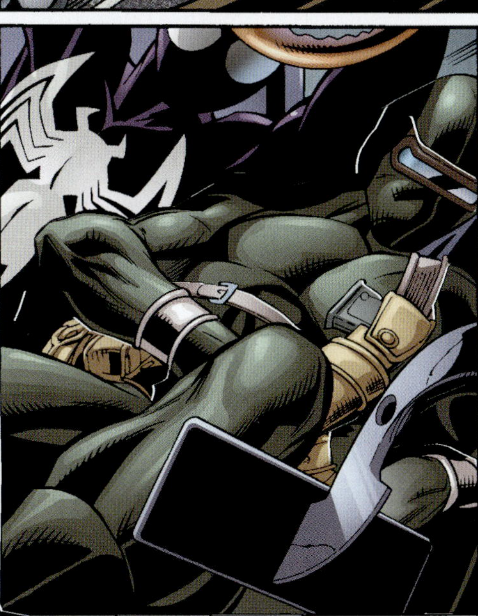

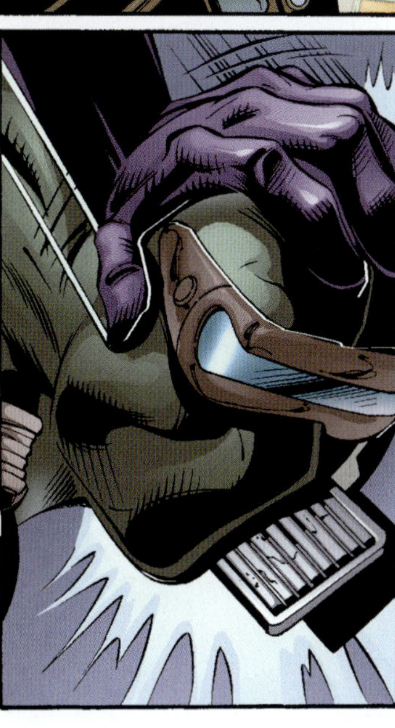

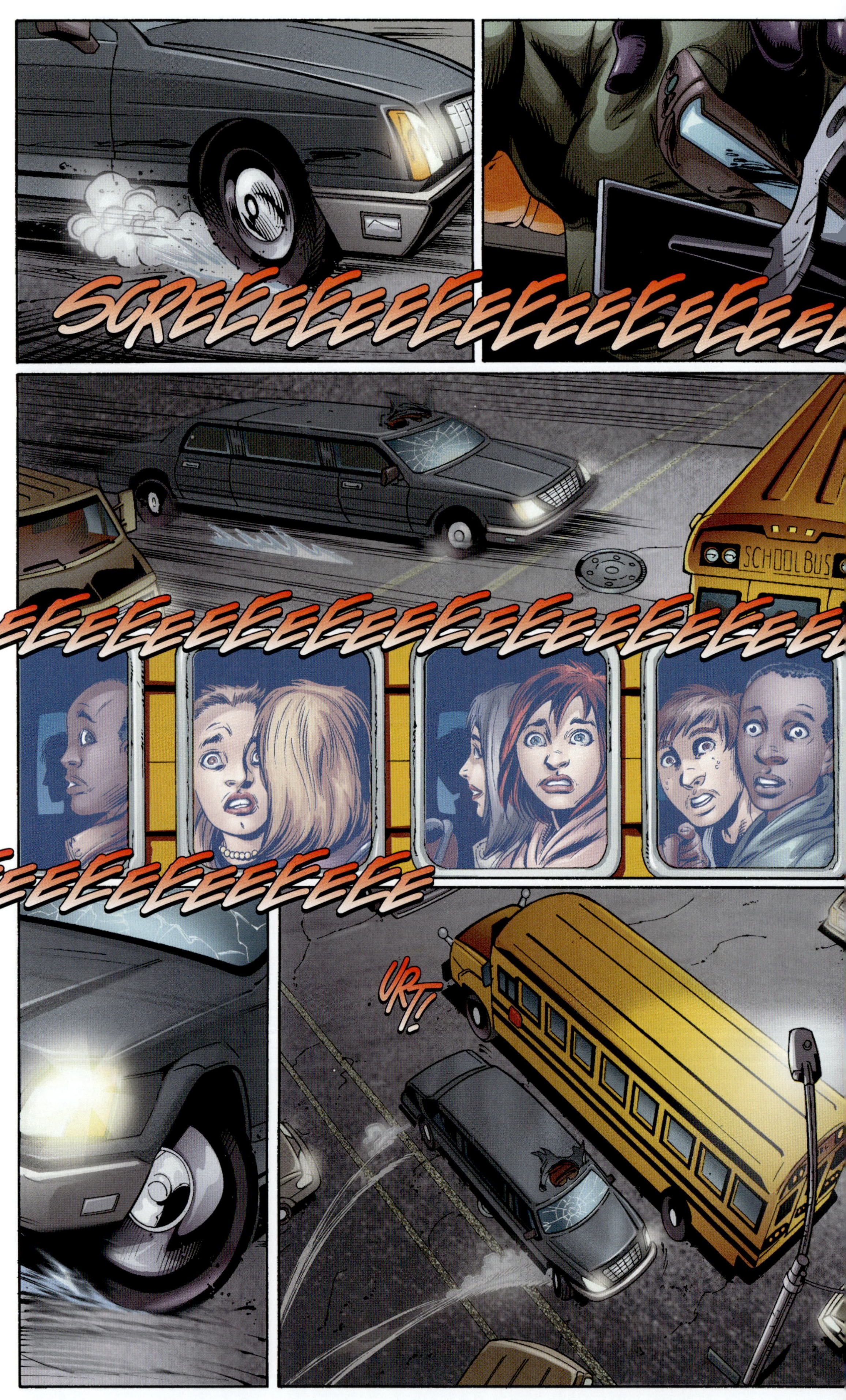

SCREEEEEEEEEEEEEEEEEE
EEEEEEEEEEEEEEEEEEEEEEE
SCHOOL BUS
EEEEEEEEEEEEE
URT!!

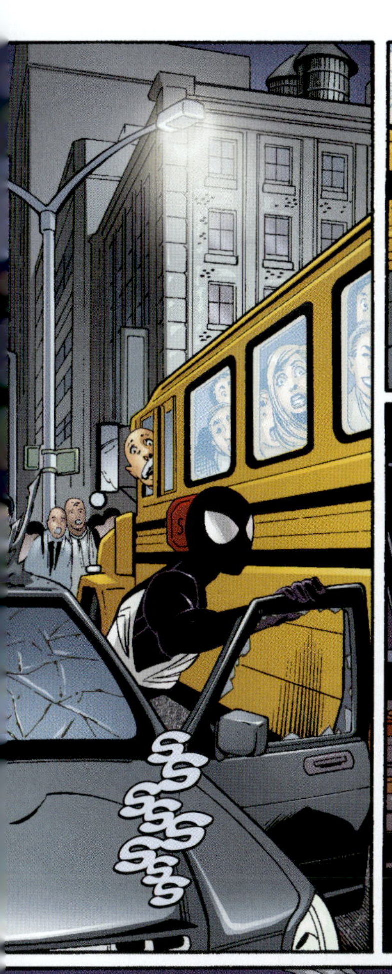

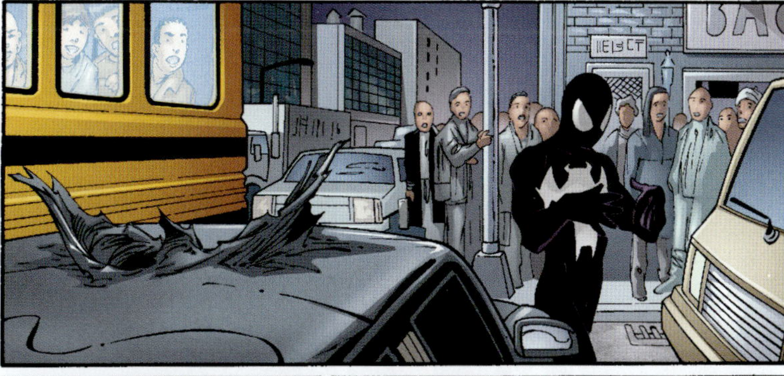

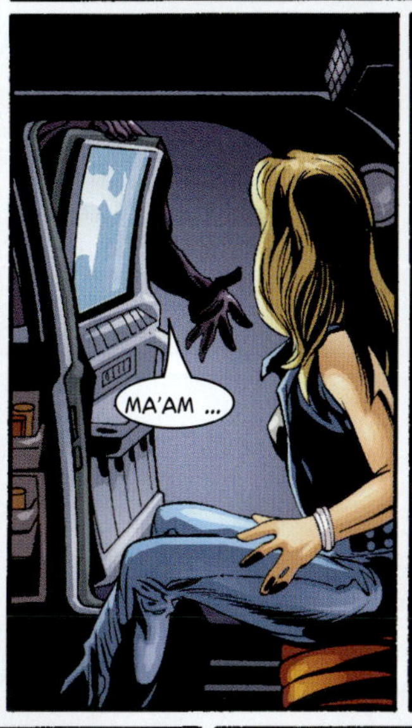
MA'AM ...

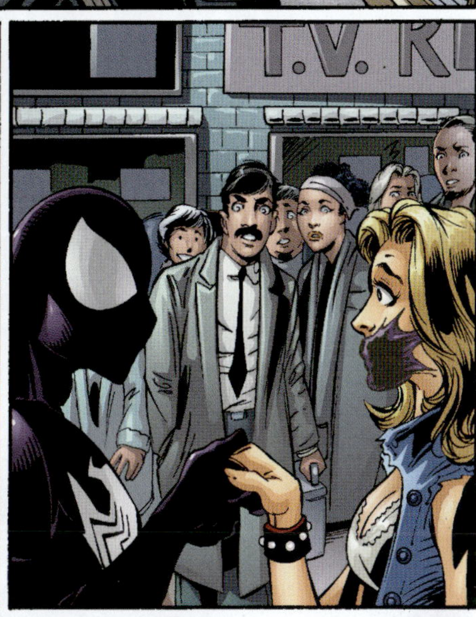
T.V. R

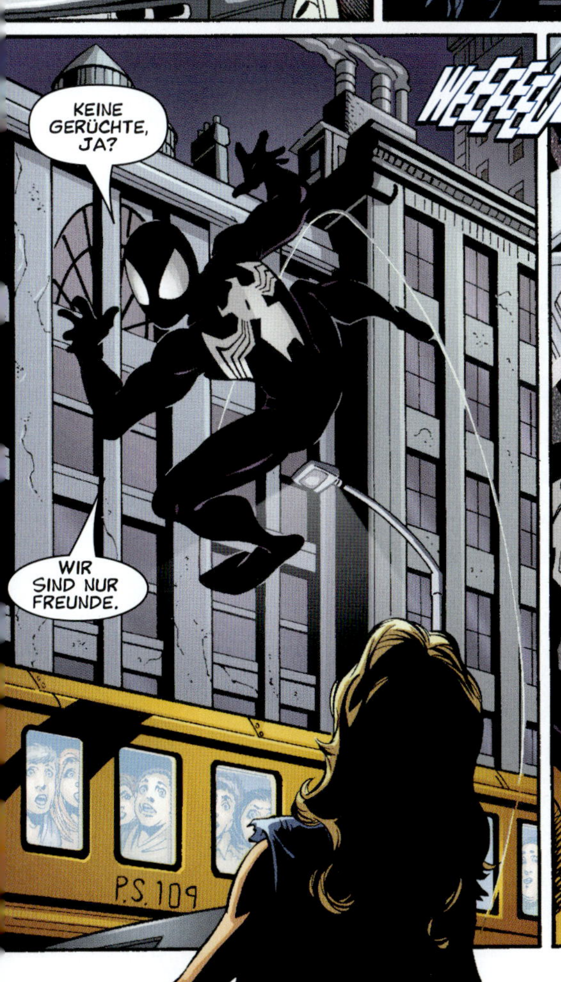
KEINE GERÜCHTE, JA?
WIR SIND NUR FREUNDE.
P.S. 109

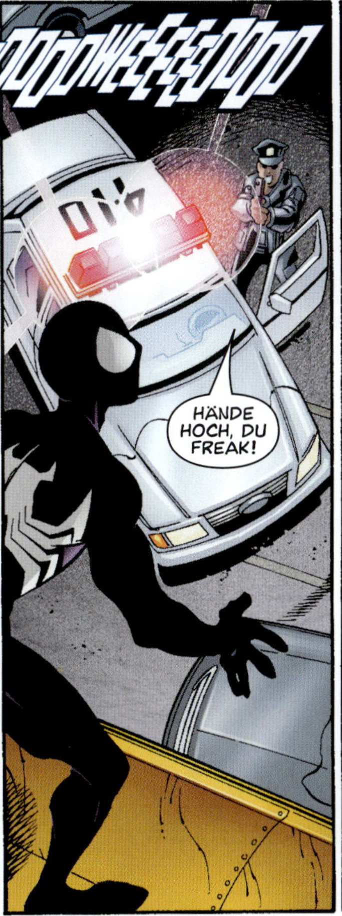
WEEEEEOOOOWEEEEEOOOO
HÄNDE HOCH, DU FREAK!

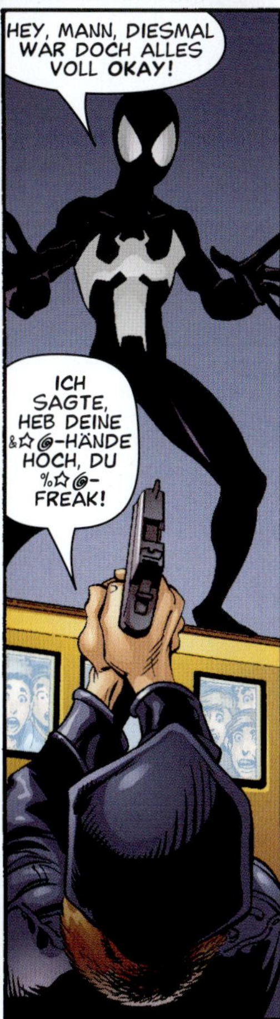
HEY, MANN, DIESMAL WAR DOCH ALLES VOLL **OKAY**!
ICH SAGTE, HEB DEINE &☆@-HÄNDE HOCH, DU %☆@-FREAK!

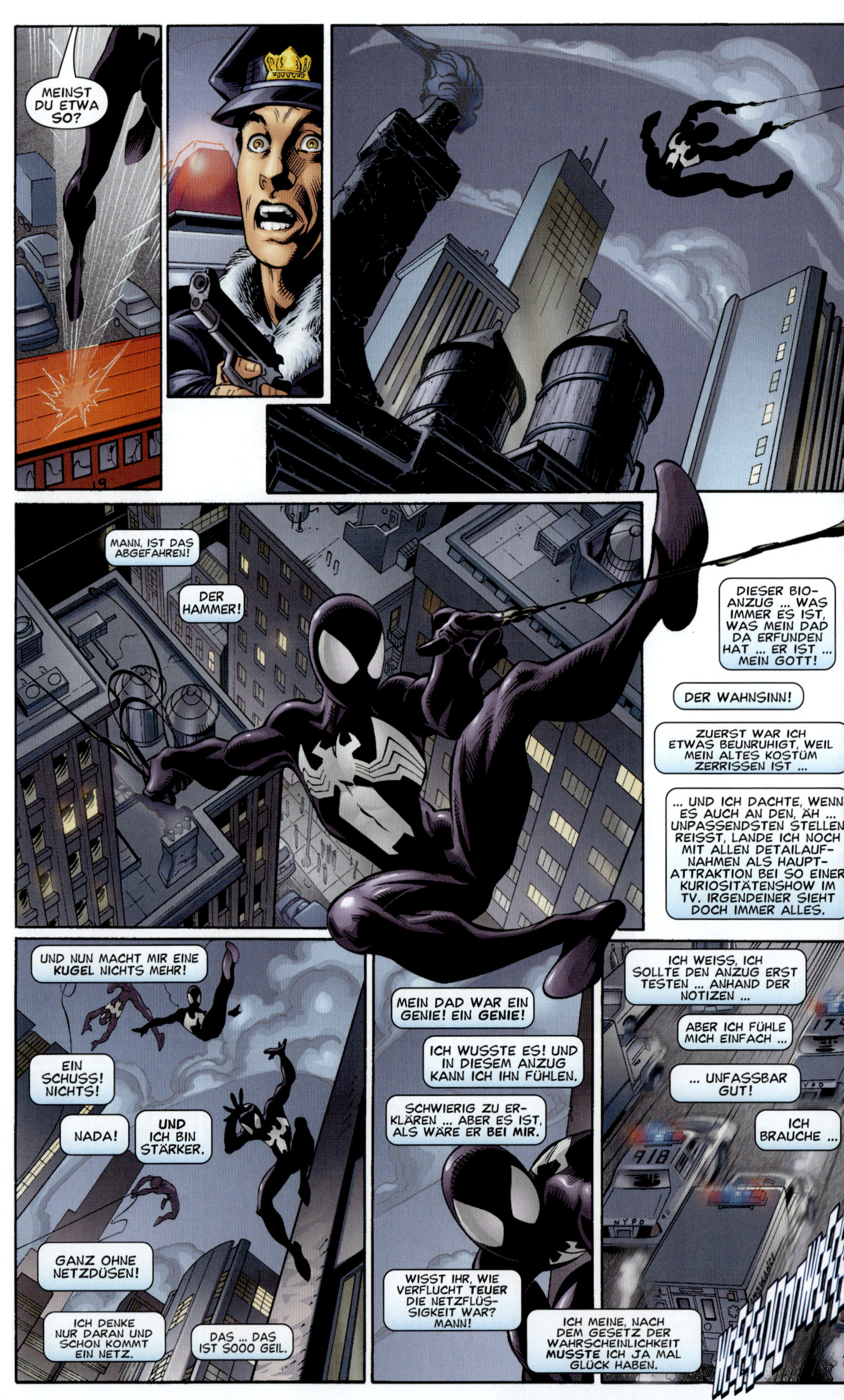
MEINST DU ETWA SO?
MANN, IST DAS ABGEFAHREN!
DER HAMMER!
DIESER BIO-ANZUG ... WAS IMMER ES IST, WAS MEIN DAD DA ERFUNDEN HAT ... ER IST ... MEIN GOTT!
DER WAHNSINN!
ZUERST WAR ICH ETWAS BEUNRUHIGT, WEIL MEIN ALTES KOSTÜM ZERRISSEN IST ...
... UND ICH DACHTE, WENN ES AUCH AN DEN, ÄH ... UNPASSENDSTEN STELLEN REISST, LANDE ICH NOCH MIT ALLEN DETAILAUFNAHMEN ALS HAUPTATTRAKTION BEI SO EINER KURIOSITÄTENSHOW IM TV. IRGENDEINER SIEHT DOCH IMMER ALLES.
UND NUN MACHT MIR EINE KUGEL NICHTS MEHR!
EIN SCHUSS! NICHTS!
NADA!
UND ICH BIN STÄRKER.
GANZ OHNE NETZDÜSEN!
ICH DENKE NUR DARAN UND SCHON KOMMT EIN NETZ.
DAS ... DAS IST SOOO GEIL.
MEIN DAD WAR EIN GENIE! EIN GENIE!
ICH WUSSTE ES! UND IN DIESEM ANZUG KANN ICH IHN FÜHLEN.
SCHWIERIG ZU ERKLÄREN ... ABER ES IST, ALS WÄRE ER BEI MIR.
WISST IHR, WIE VERFLUCHT TEUER DIE NETZFLÜSSIGKEIT WAR? MANN!
ICH MEINE, NACH DEM GESETZ DER WAHRSCHEINLICHKEIT MUSSTE ICH JA MAL GLÜCK HABEN.
ICH WEISS, ICH SOLLTE DEN ANZUG ERST TESTEN ... ANHAND DER NOTIZEN ...
ABER ICH FÜHLE MICH EINFACH ...
... UNFASSBAR GUT!
ICH BRAUCHE ...
918
NYPD
WEEEEOOOWEEEE

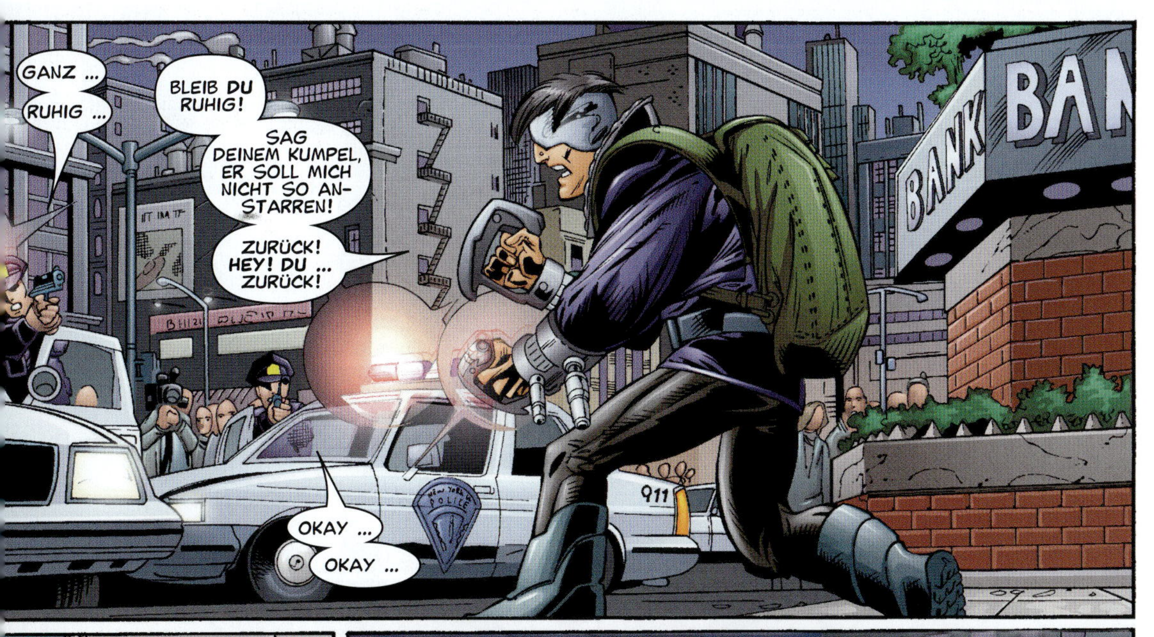
GANZ ...
RUHIG ...
BLEIB DU RUHIG!
SAG DEINEM KUMPEL, ER SOLL MICH NICHT SO AN-STARREN!
ZURÜCK! HEY! DU ... ZURÜCK!
OKAY ...
OKAY ...

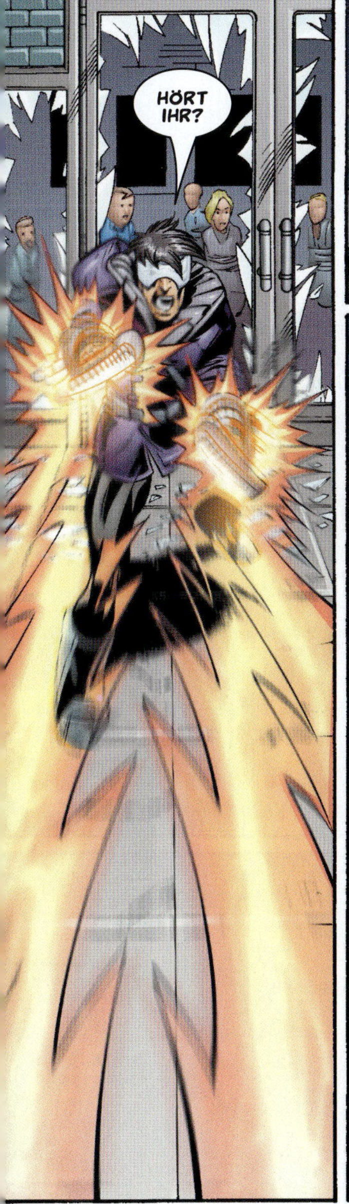
HÖRT IHR?

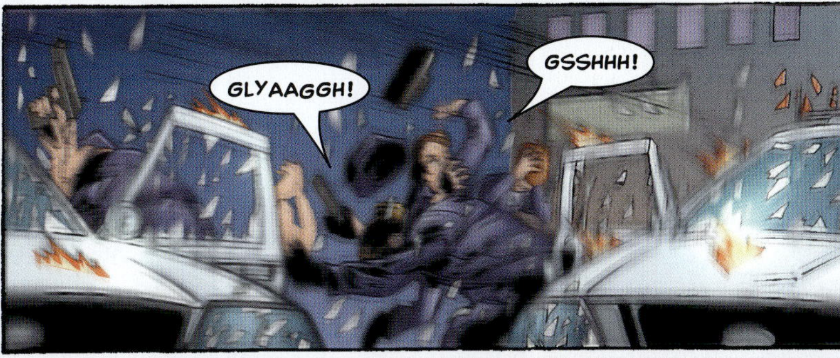
GLYAAGGH!
GSSHHH!

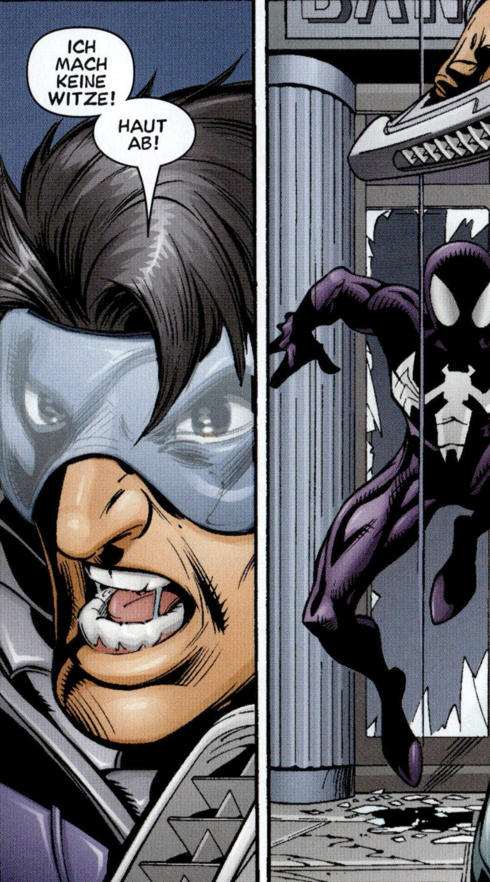
ICH MACH KEINE WITZE!
HAUT AB!
DU MACHST KEINE WITZE?

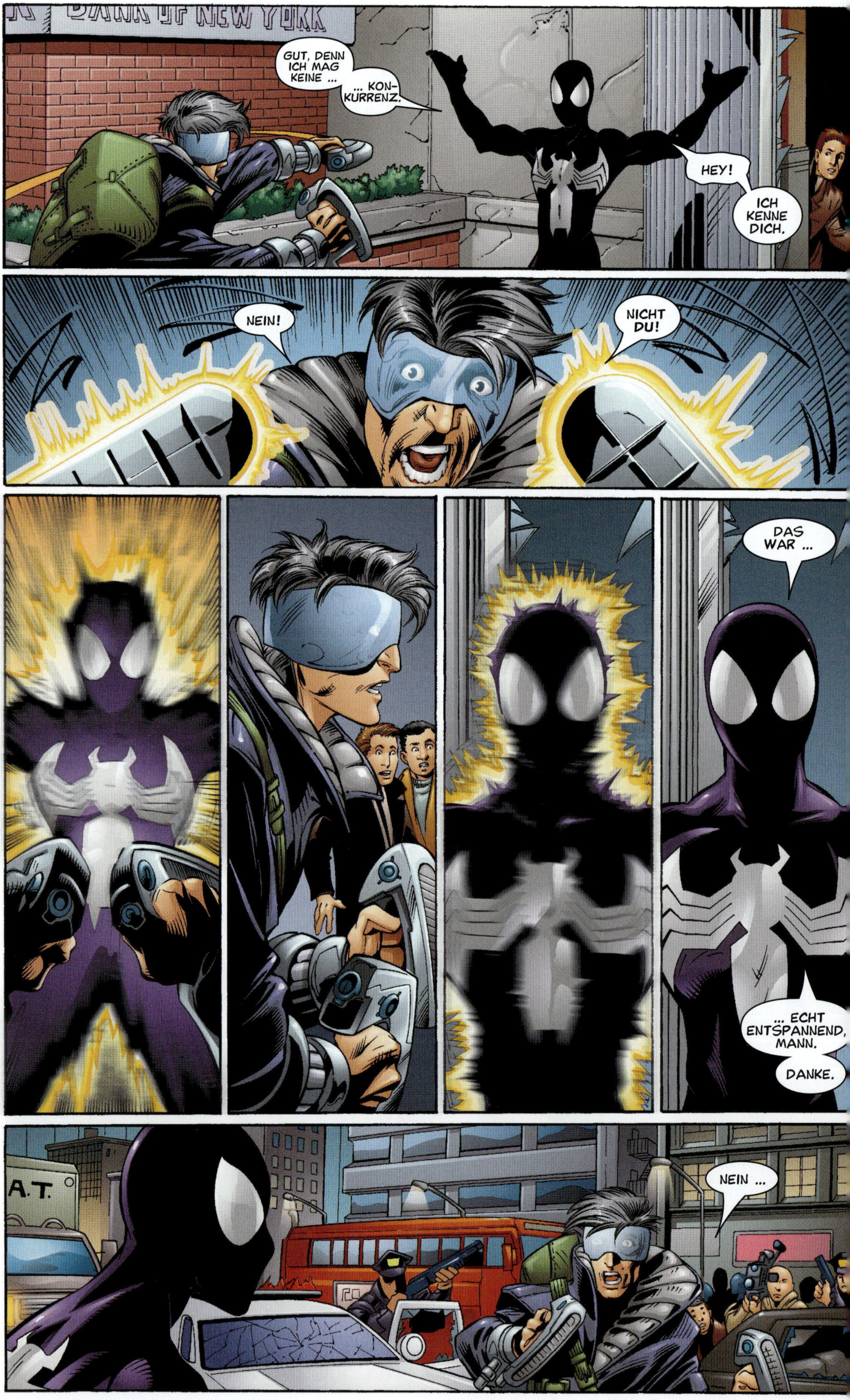

GUT, DENN ICH MAG KEINE ...
... KONKURRENZ.
HEY!
ICH KENNE DICH.

NEIN!
NICHT DU!

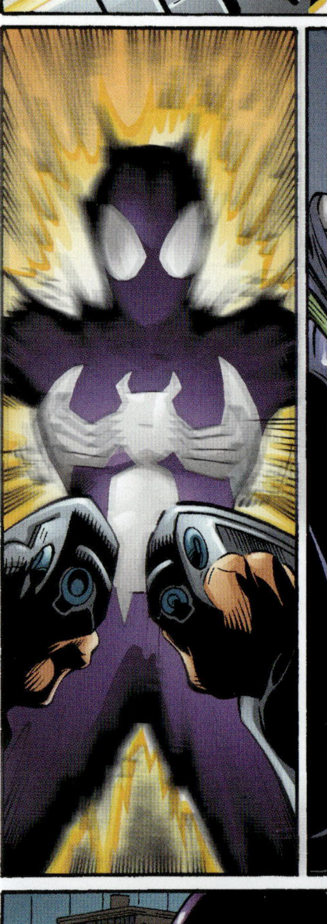

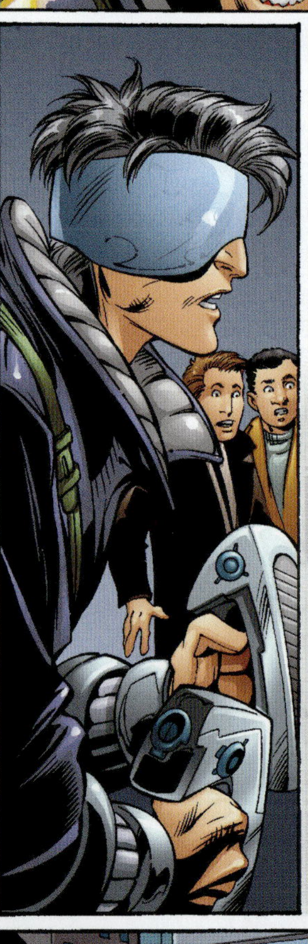

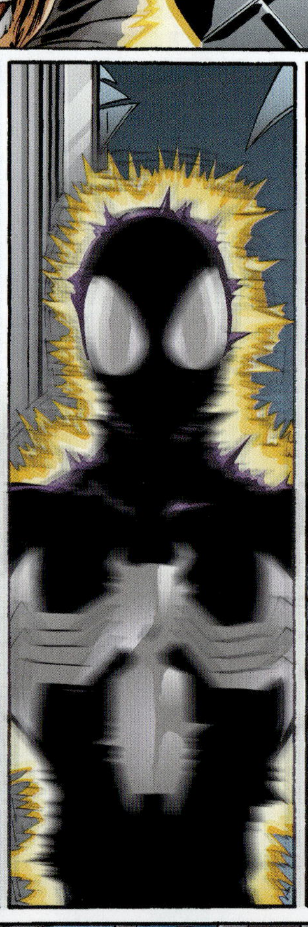

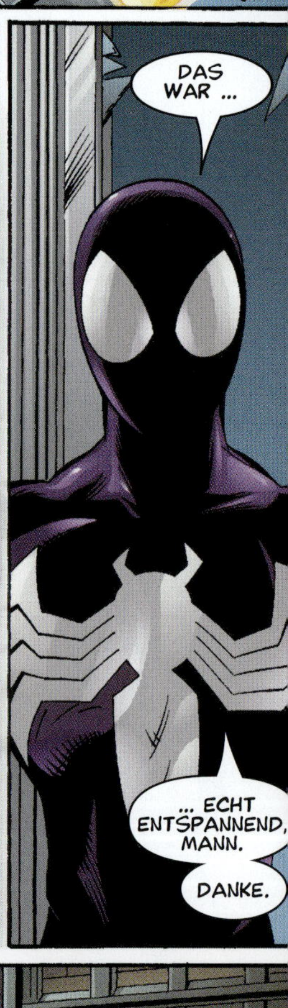

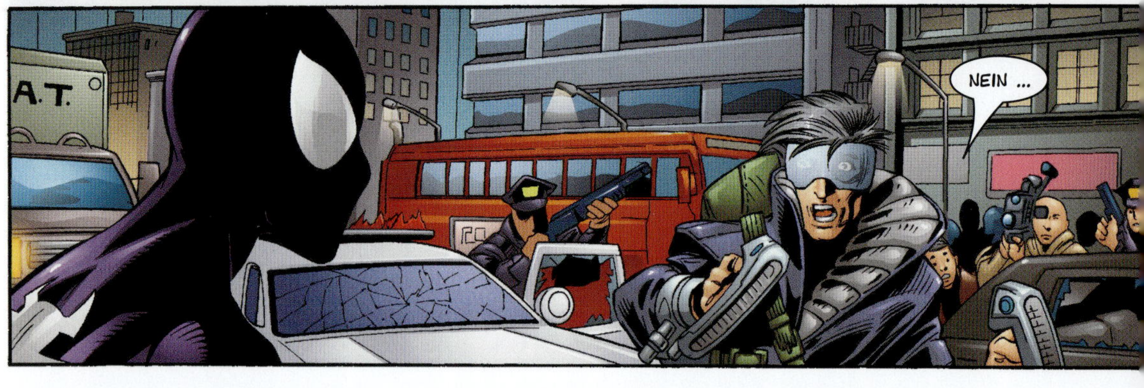

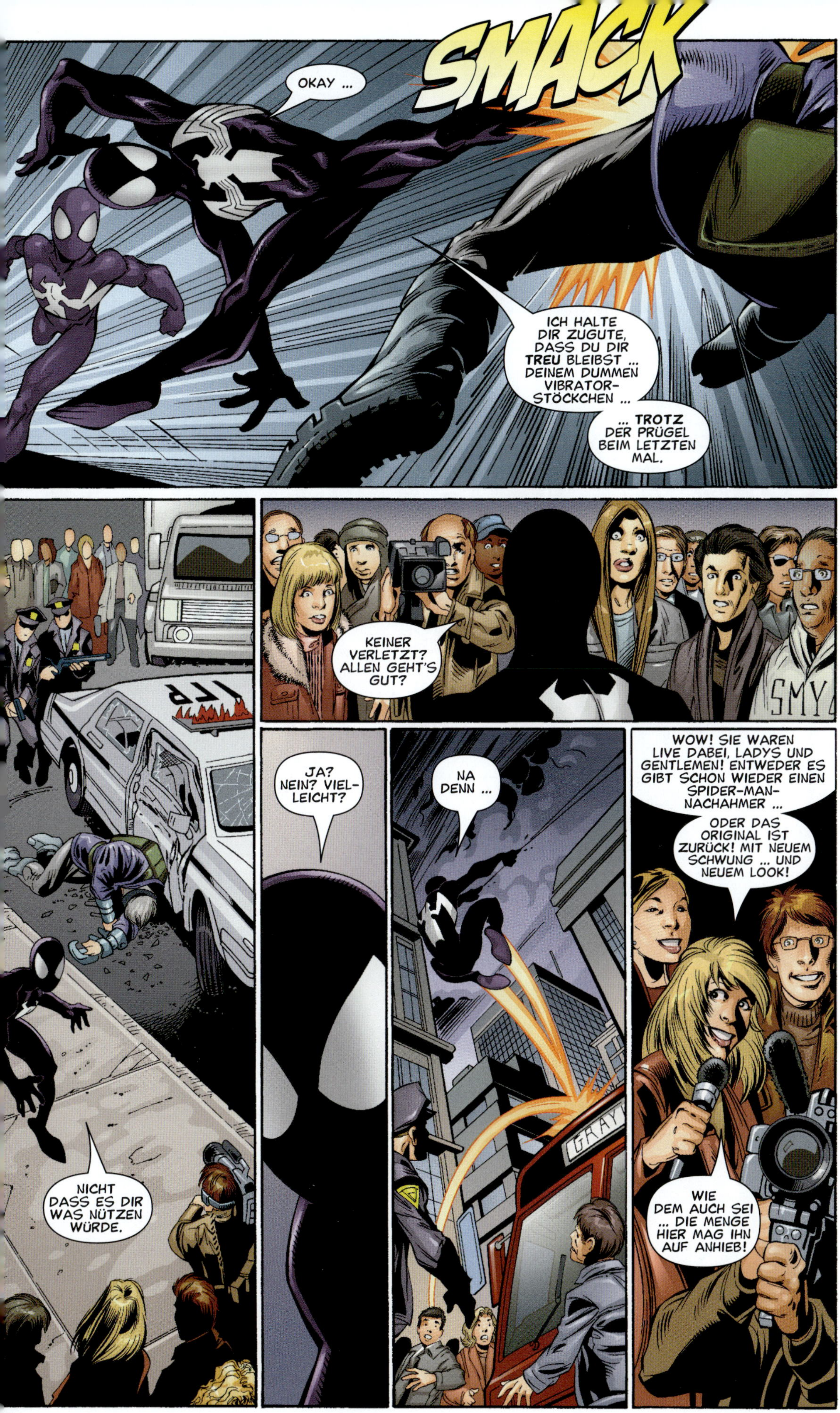

SMACK

OKAY ...

ICH HALTE DIR ZUGUTE, DASS DU DIR **TREU** BLEIBST ... DEINEM DUMMEN VIBRATOR-STÖCKCHEN ...

... **TROTZ** DER PRÜGEL BEIM LETZTEN MAL.

NICHT DASS ES DIR WAS NÜTZEN WÜRDE.

KEINER VERLETZT? ALLEN GEHT'S GUT?

JA? NEIN? VIEL-LEICHT?

NA DENN ...

WOW! SIE WAREN LIVE DABEI, LADYS UND GENTLEMEN! ENTWEDER ES GIBT SCHON WIEDER EINEN SPIDER-MAN-NACHAHMER ...

ODER DAS ORIGINAL IST ZURÜCK! MIT NEUEM SCHWUNG ... UND NEUEM LOOK!

WIE DEM AUCH SEI ... DIE MENGE HIER MAG IHN AUF ANHIEB!

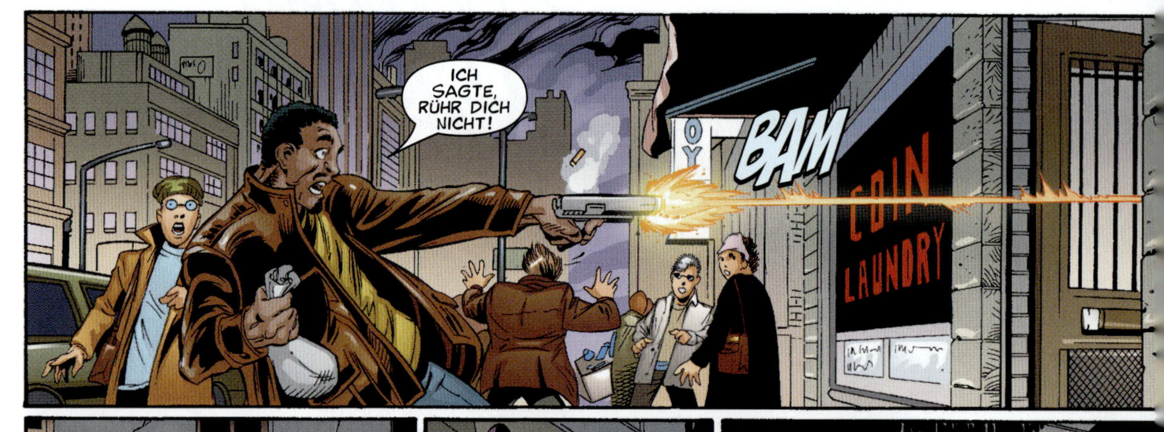
ICH SAGTE, RÜHR DICH NICHT!
BAM
COIN LAUNDRY

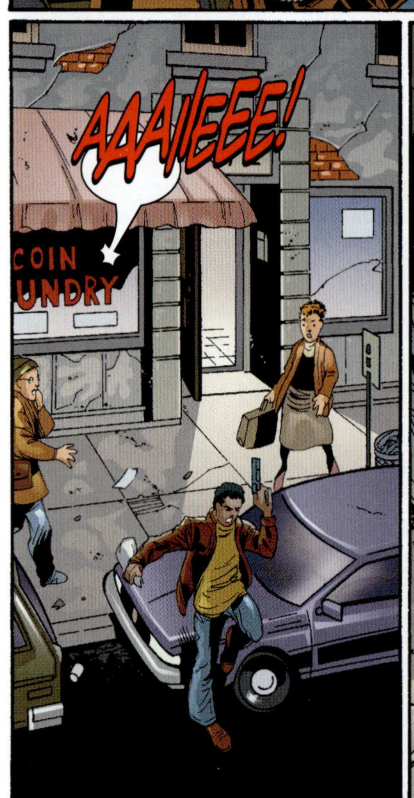
AAAIIEEE!
COIN LAUNDRY

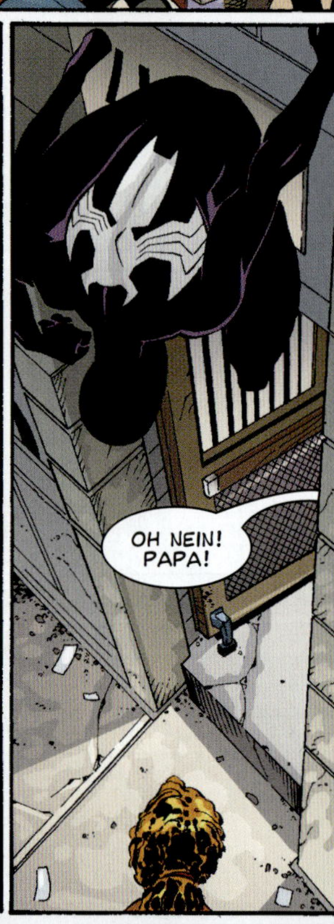
OH NEIN! PAPA!

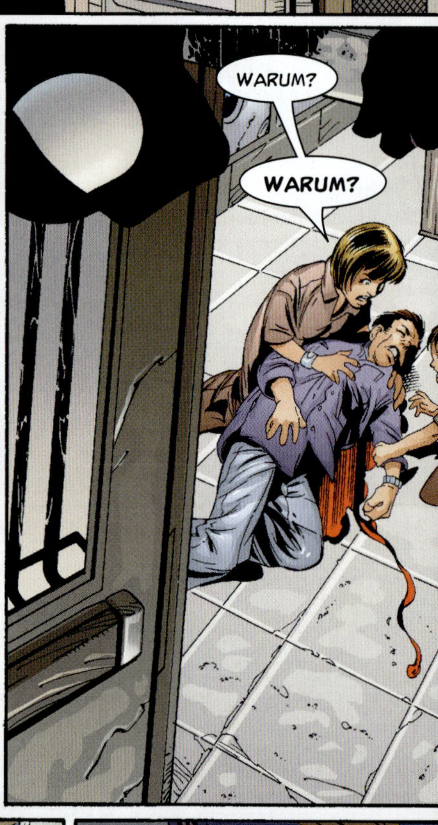
WARUM?
WARUM?

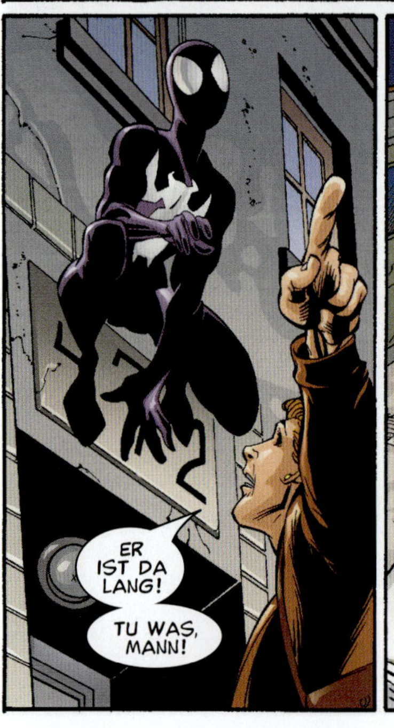
ER IST DA LANG!
TU WAS, MANN!

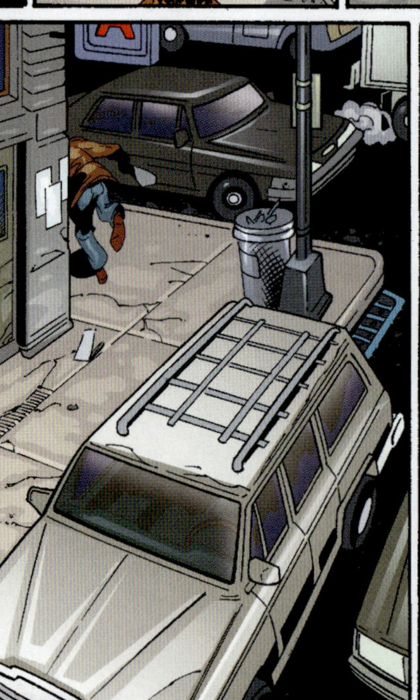

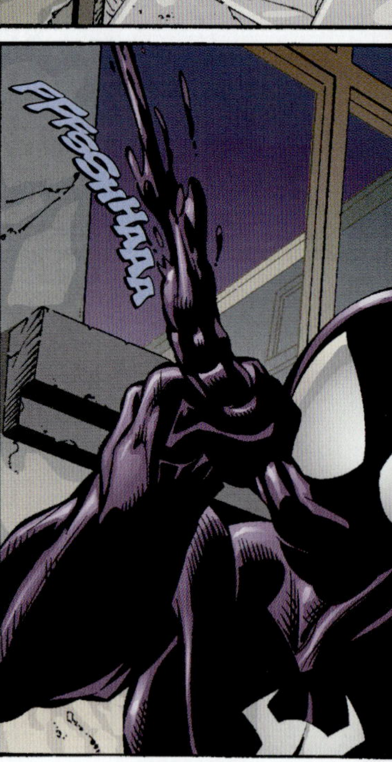
FFSSHHAAA

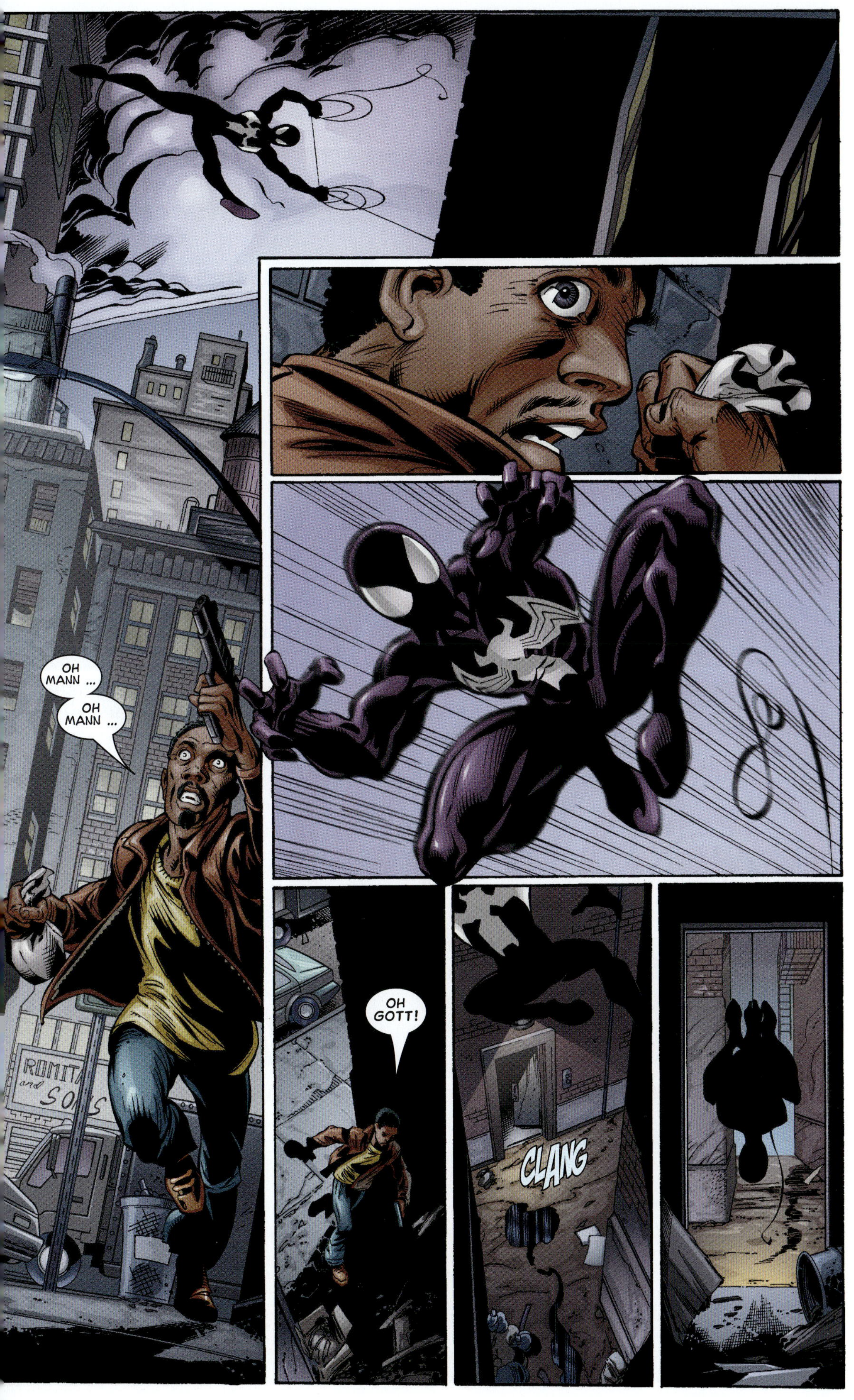
OH MANN ...
OH MANN ...
OH GOTT!
CLANG
ROMITA and SONS

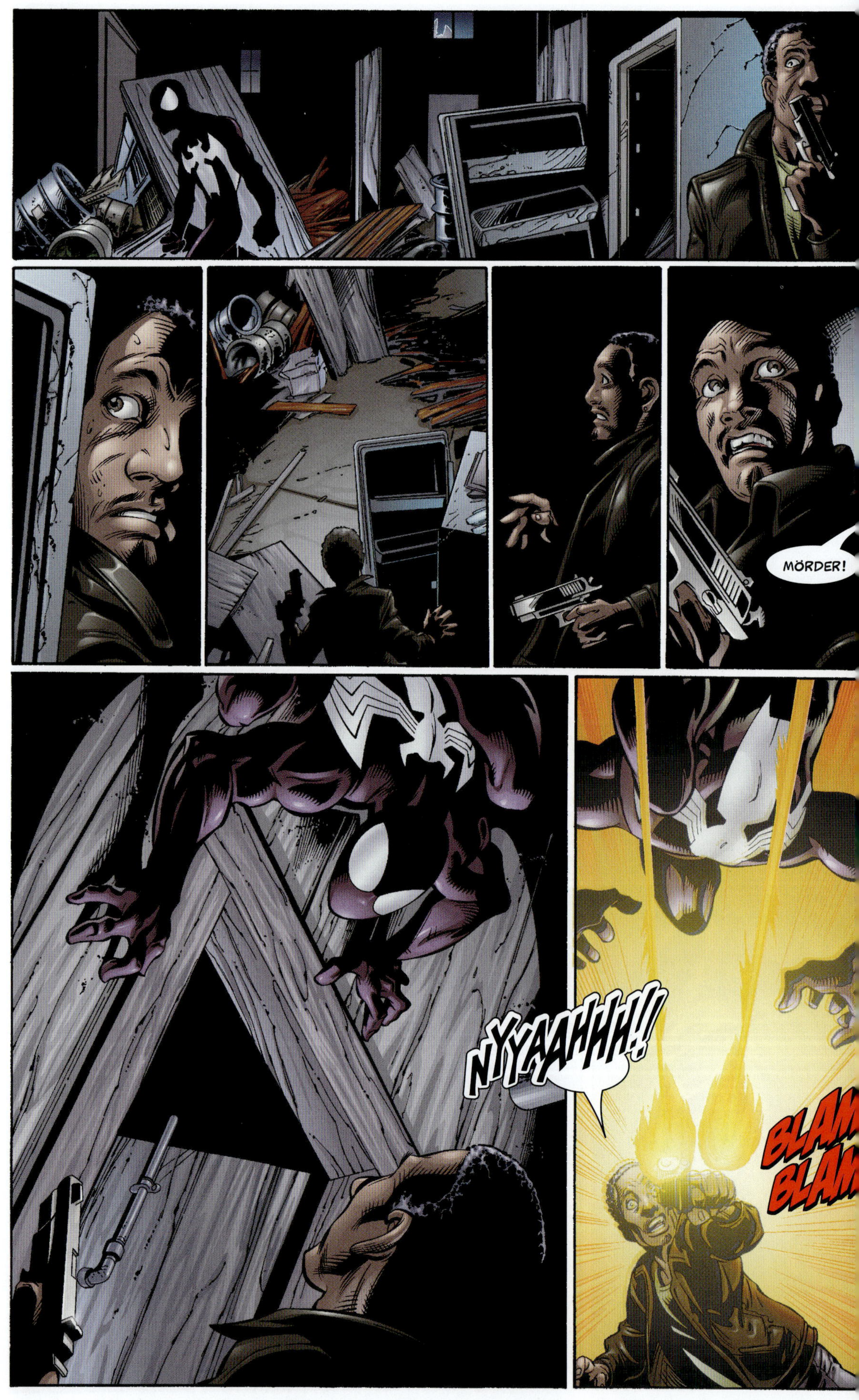
MÖRDER!
NYYAAHHH!!
BLAM
BLAM

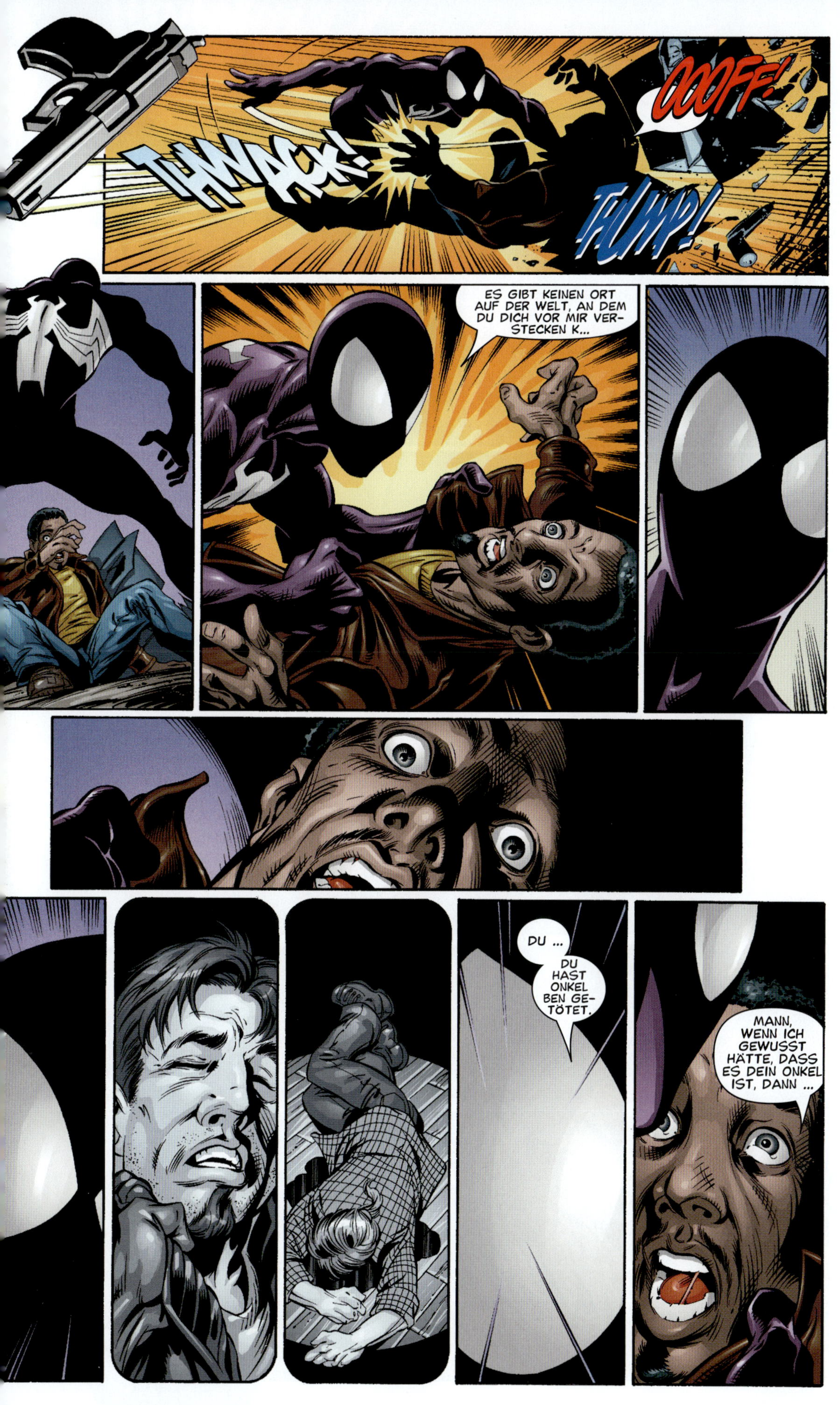
THWACK!
OOOFF!
THUMP!
ES GIBT KEINEN ORT AUF DER WELT, AN DEM DU DICH VOR MIR VERSTECKEN K...
DU ...
DU HAST ONKEL BEN GETÖTET.
MANN, WENN ICH GEWUSST HÄTTE, DASS ES DEIN ONKEL IST, DANN ...

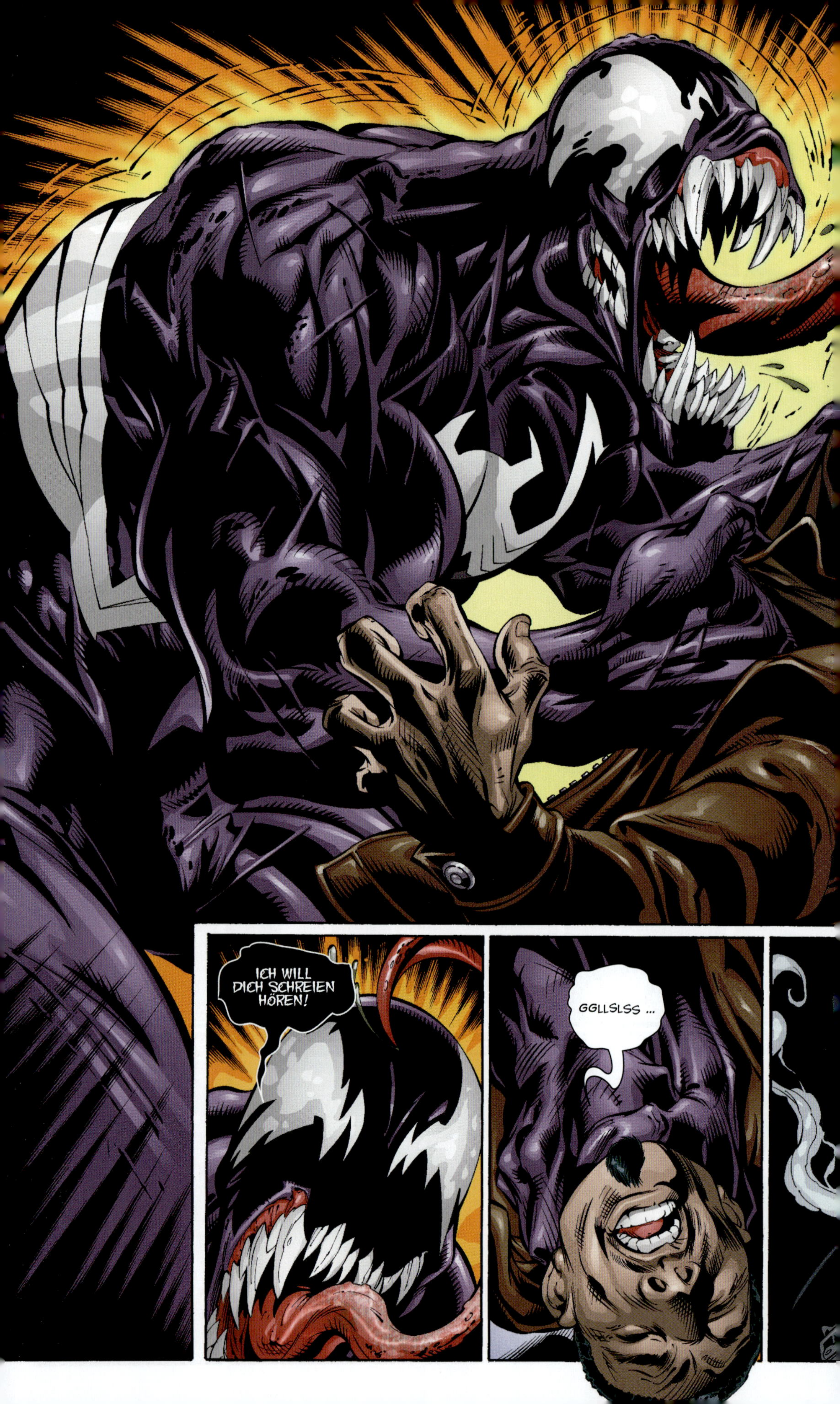
ICH WILL DICH SCHREIEN HÖREN!
GGLLSLSS ...

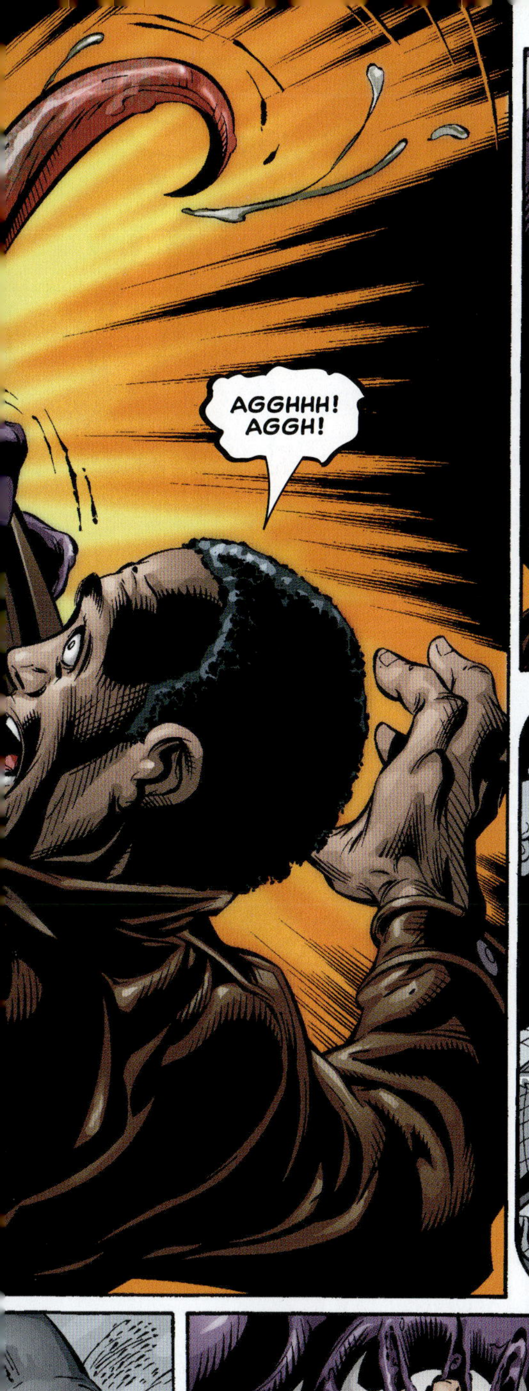
AGGHHH!
AGGH!

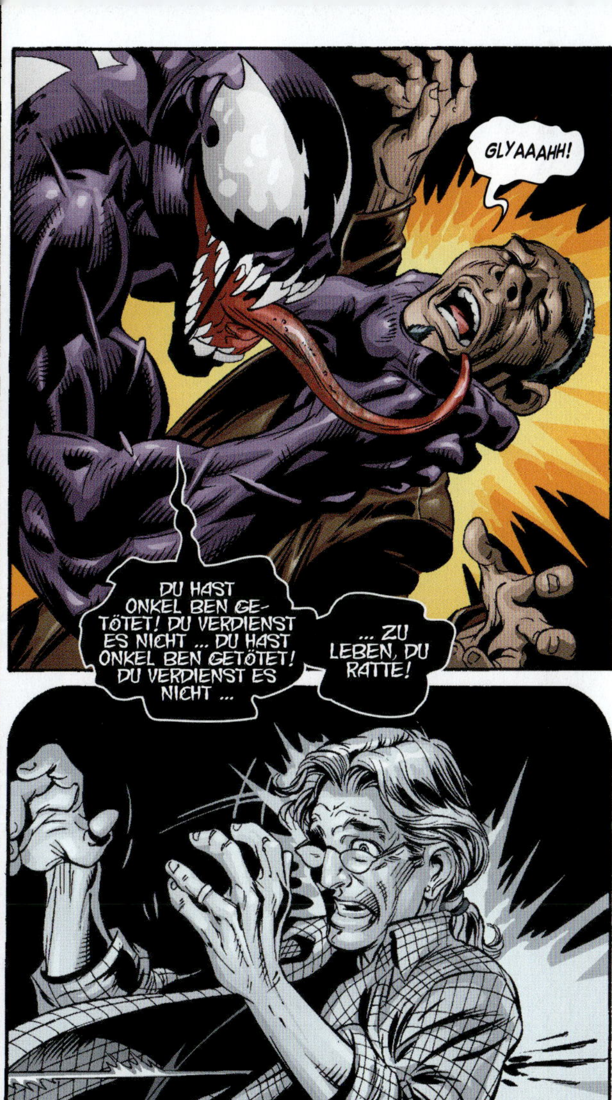
GLYAAAHH!
DU HAST ONKEL BEN GETÖTET! DU VERDIENST ES NICHT ... DU HAST ONKEL BEN GETÖTET! DU VERDIENST ES NICHT ...
... ZU LEBEN, DU RATTE!

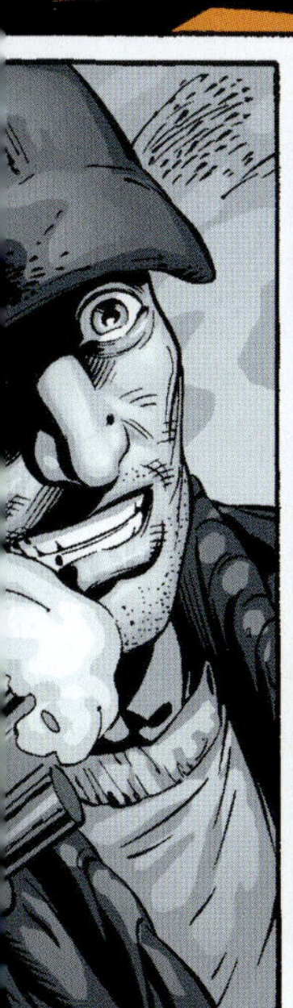

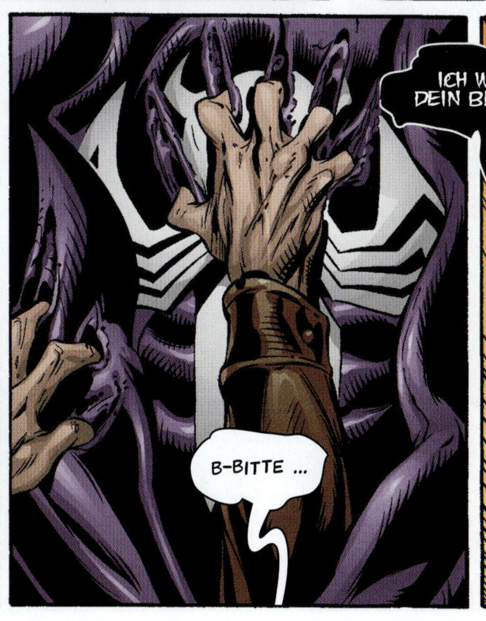
B-BITTE ...
ICH WILL DEIN BLUT ...

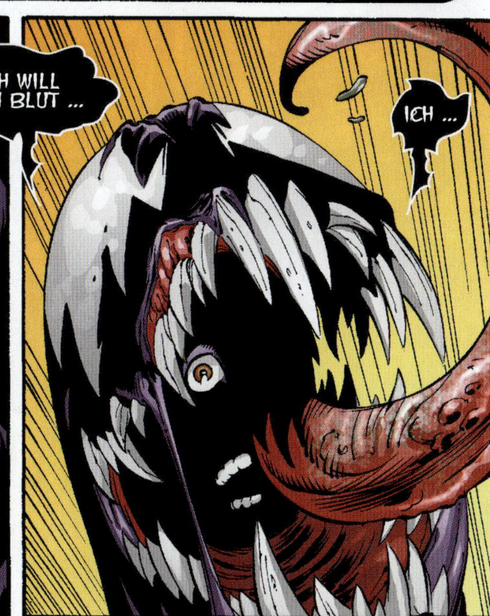
ICH ...

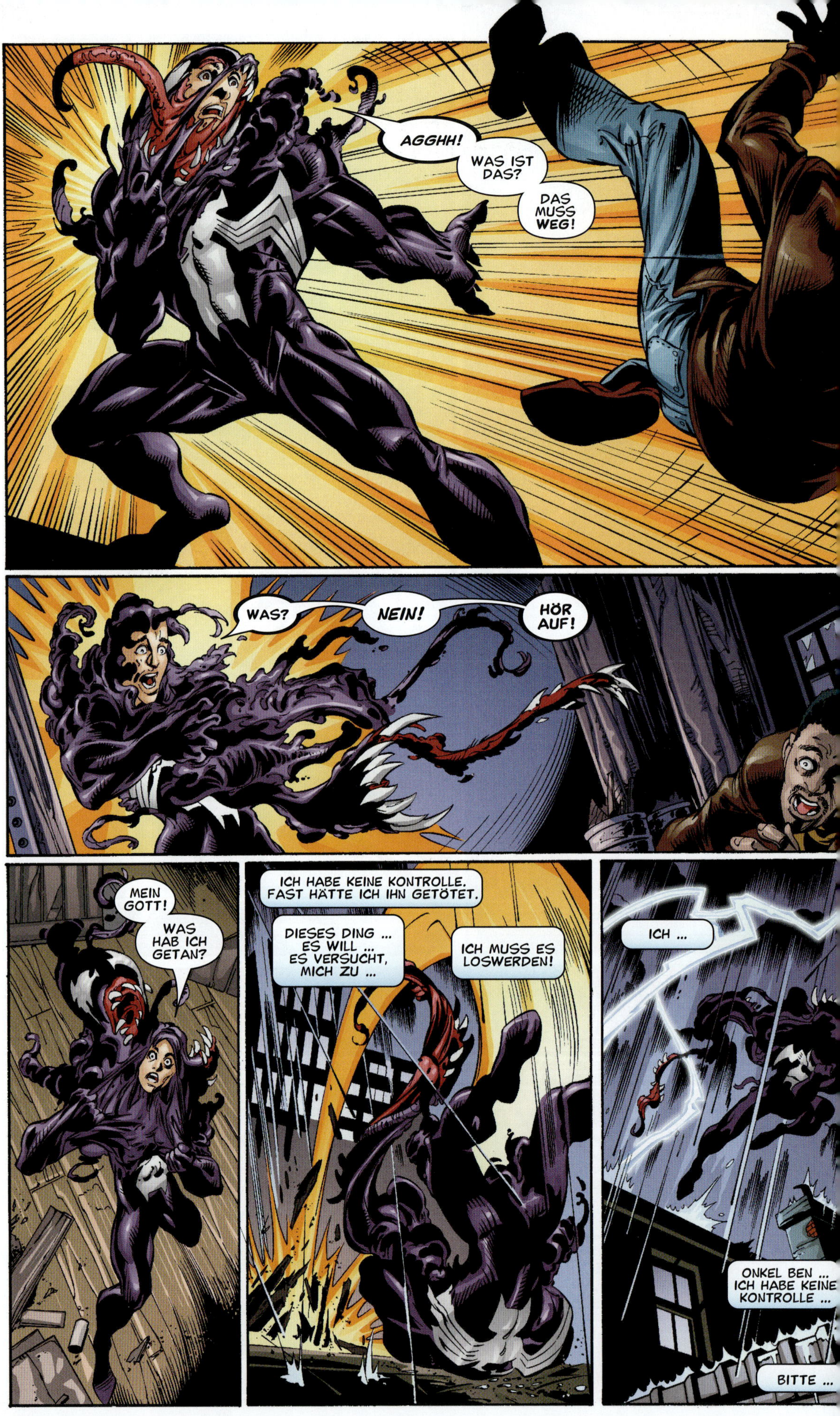

AGGHH!
WAS IST DAS?
DAS MUSS WEG!

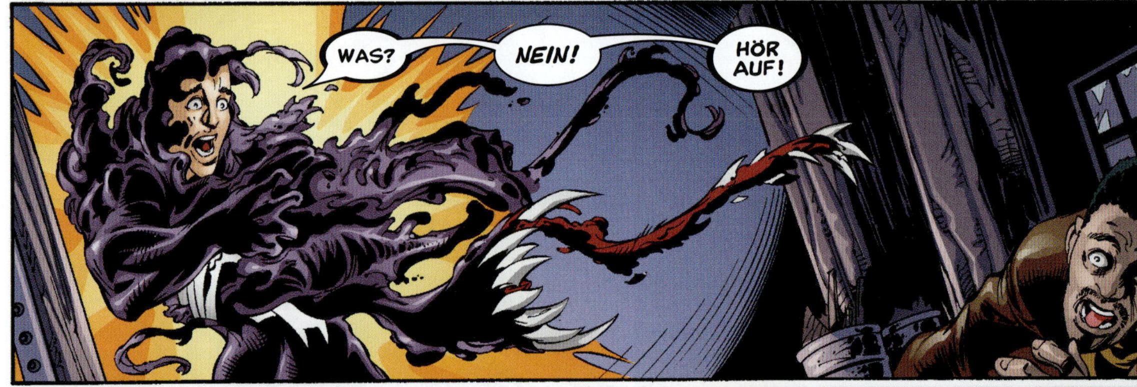

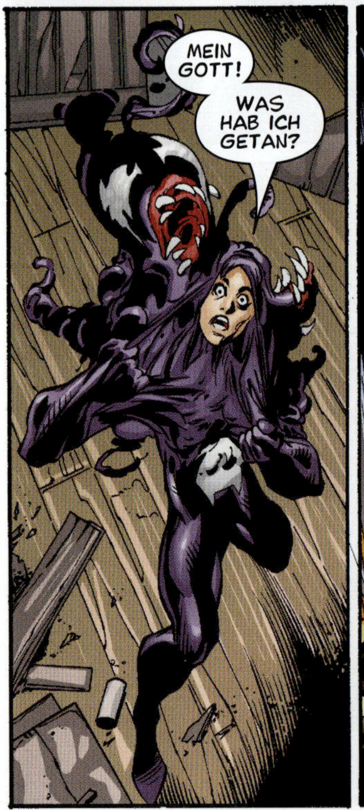

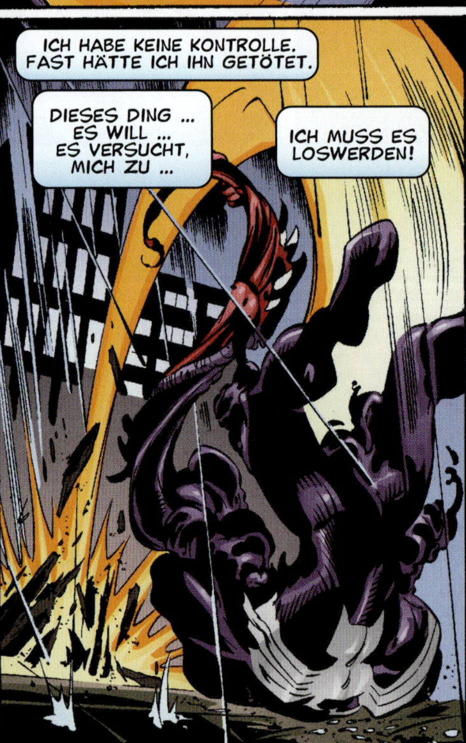

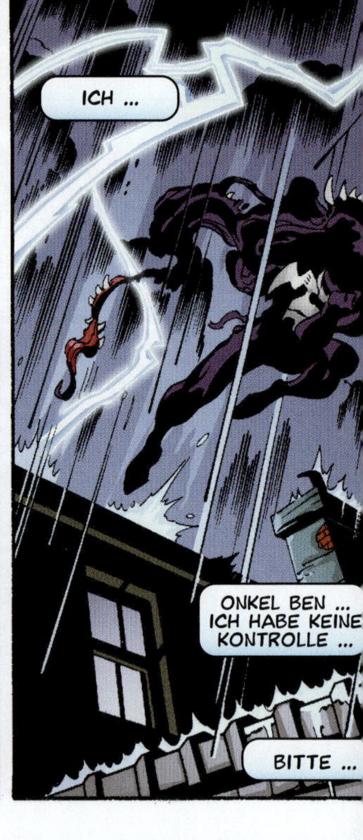

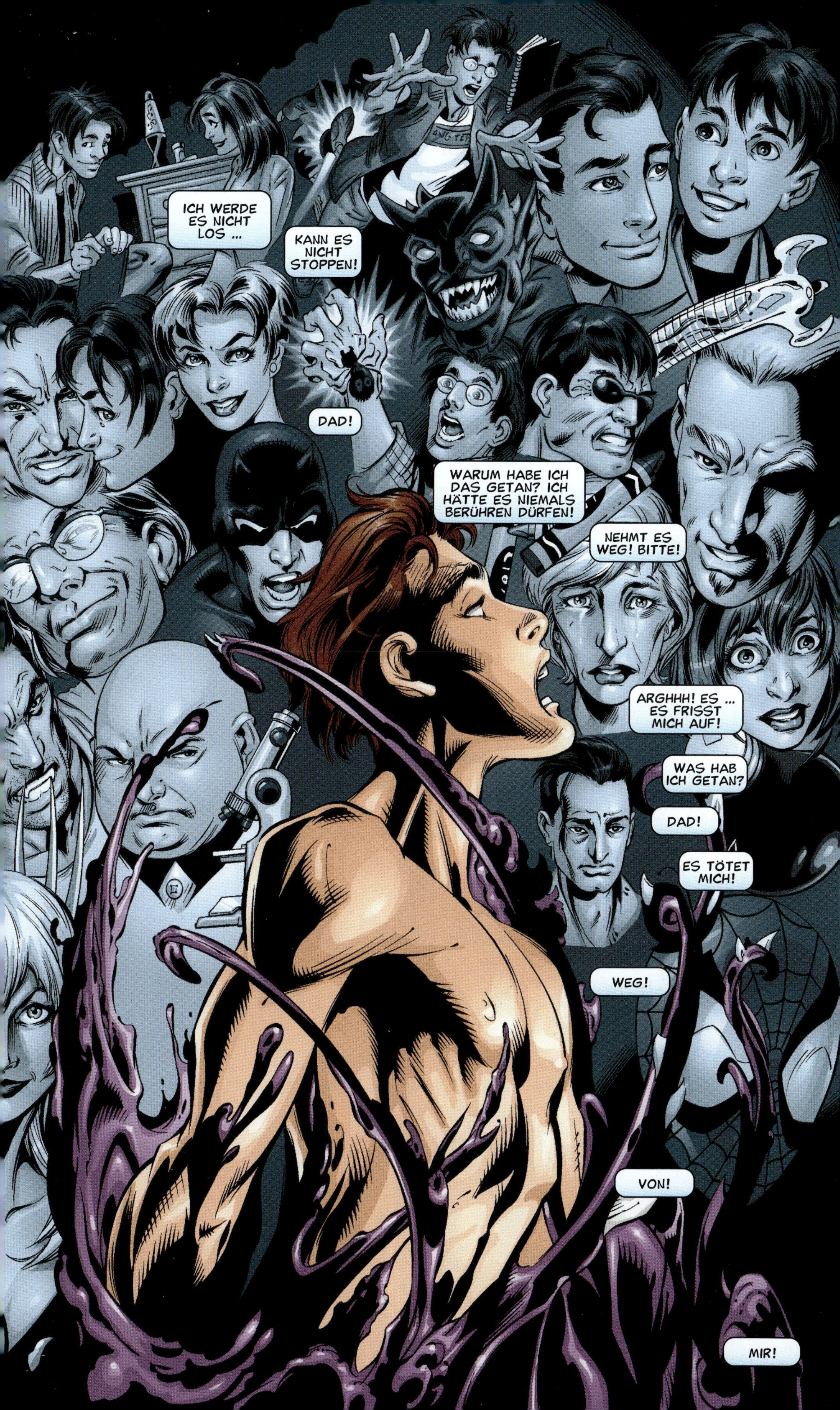
ICH WERDE ES NICHT LOS ...
KANN ES NICHT STOPPEN!
DAD!
WARUM HABE ICH DAS GETAN? ICH HÄTTE ES NIEMALS BERÜHREN DÜRFEN!
NEHMT ES WEG! BITTE!
ARGHHH! ES ... ES FRISST MICH AUF!
WAS HAB ICH GETAN?
DAD!
ES TÖTET MICH!
WEG!
VON!
MIR!

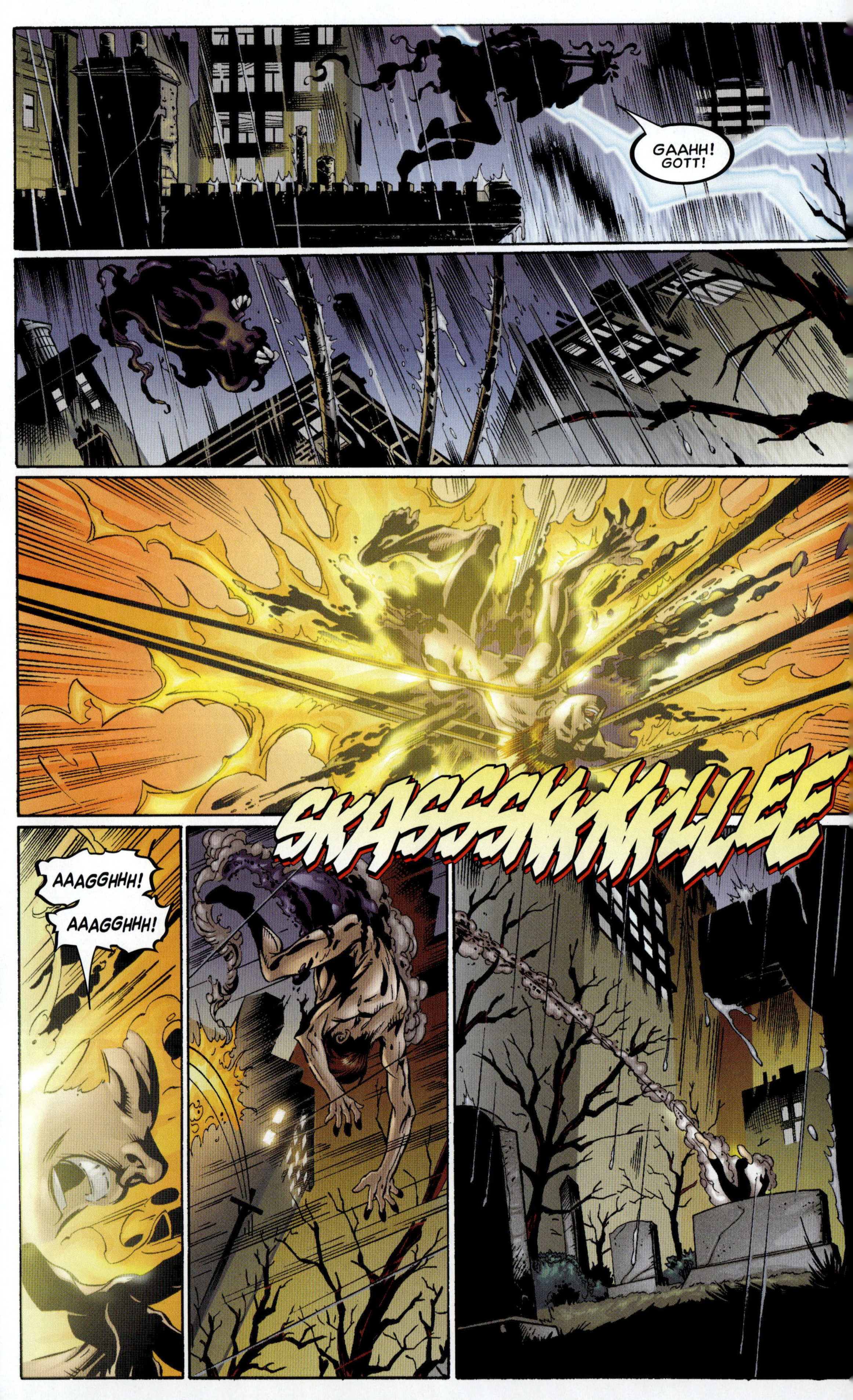
GAAHH! GOTT!
SKASSSKKKKLLEE
AAAGGHHH!
AAAGGHHH!

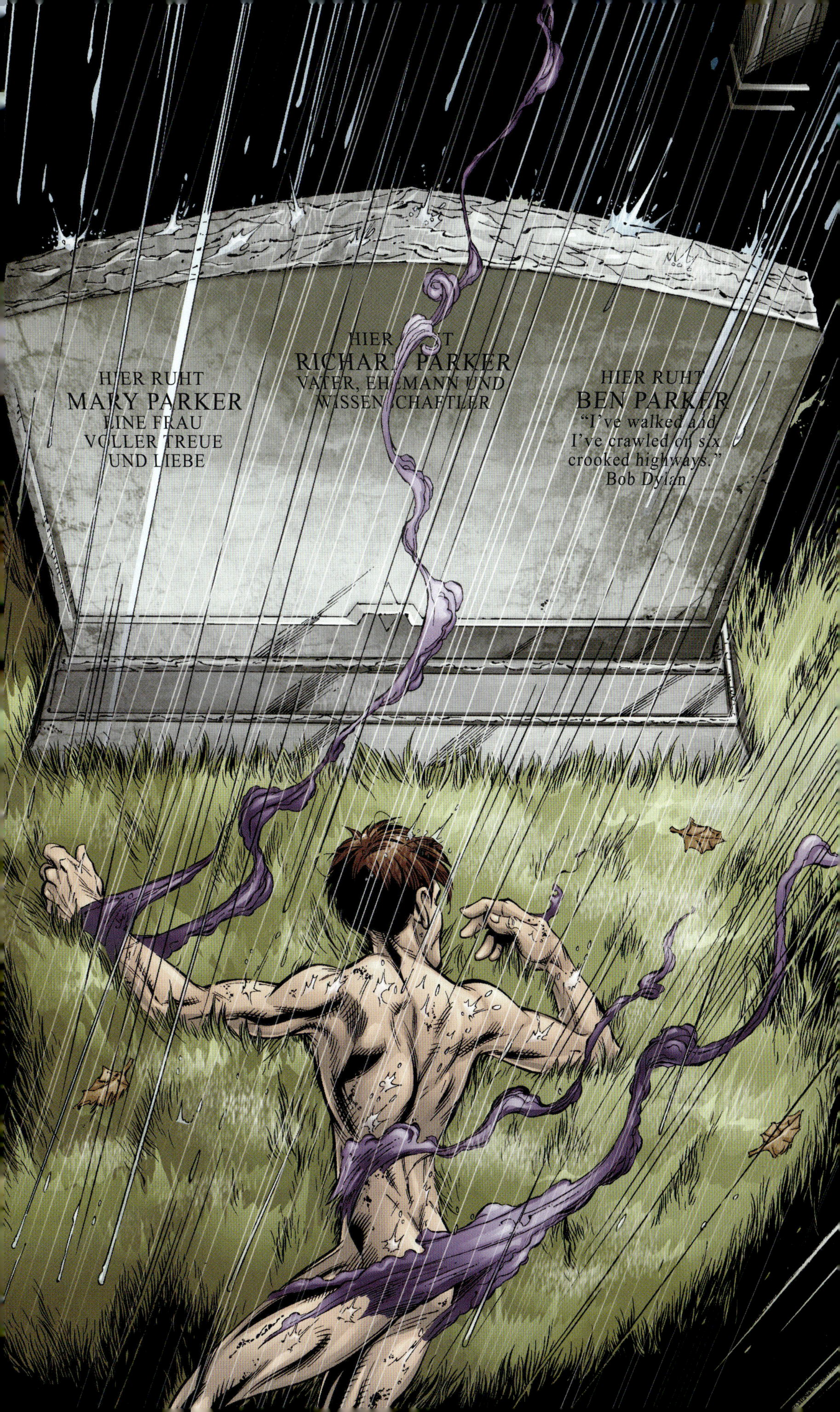
HIER RUHT
MARY PARKER
EINE FRAU
VOLLER TREUE
UND LIEBE
HIER RUHT
BEN PARKER
"I've walked and
I've crawled on six
crooked highways."
Bob Dylan

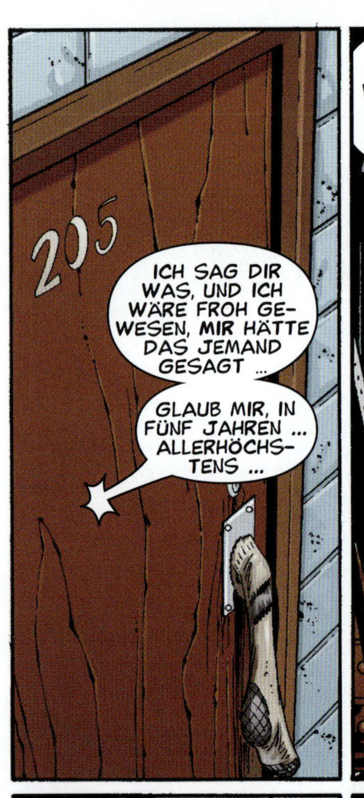
205
ICH SAG DIR WAS, UND ICH WÄRE FROH GEWESEN, MIR HÄTTE DAS JEMAND GESAGT ...
GLAUB MIR, IN FÜNF JAHREN ... ALLERHÖCHSTENS ...

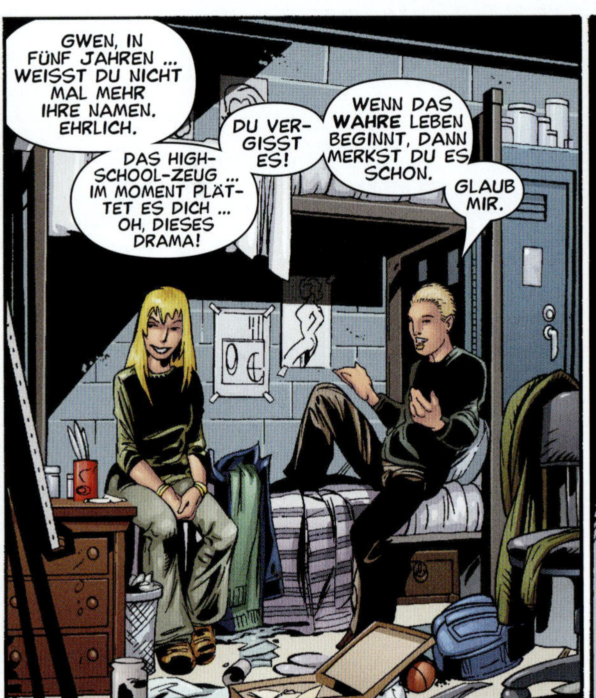
GWEN, IN FÜNF JAHREN ... WEISST DU NICHT MAL MEHR IHRE NAMEN. EHRLICH.
DAS HIGH-SCHOOL-ZEUG ... IM MOMENT PLÄTTET ES DICH ... OH, DIESES DRAMA!
DU VERGISST ES!
WENN DAS WAHRE LEBEN BEGINNT, DANN MERKST DU ES SCHON.
GLAUB MIR.

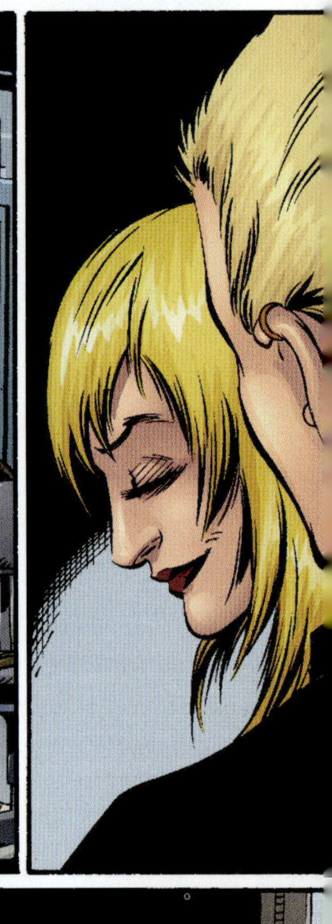

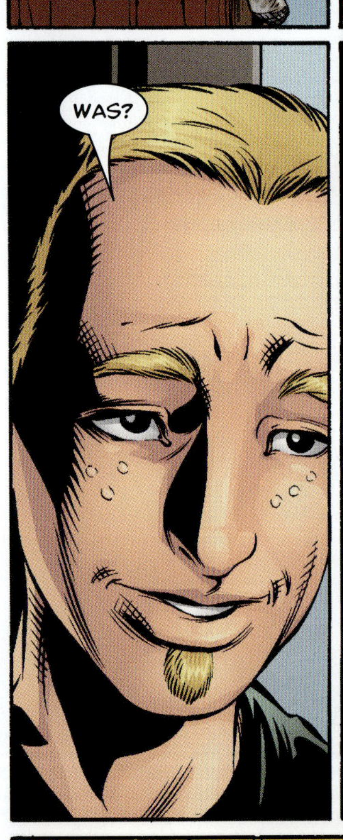
WAS?

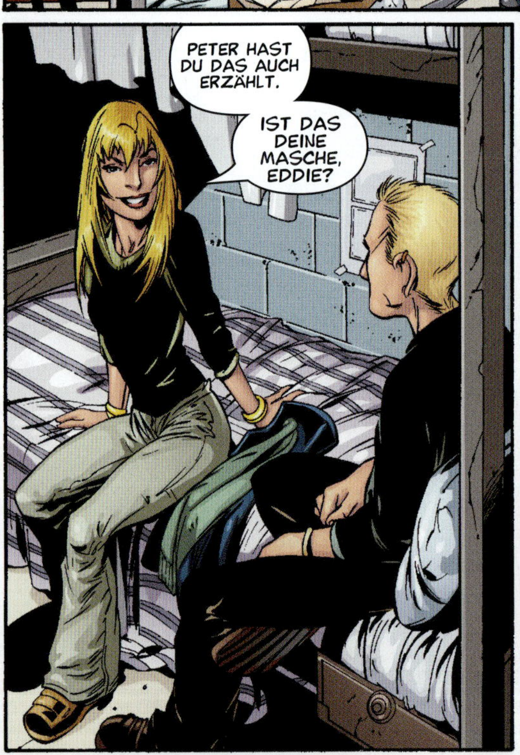
PETER HAST DU DAS AUCH ERZÄHLT.
IST DAS DEINE MASCHE, EDDIE?

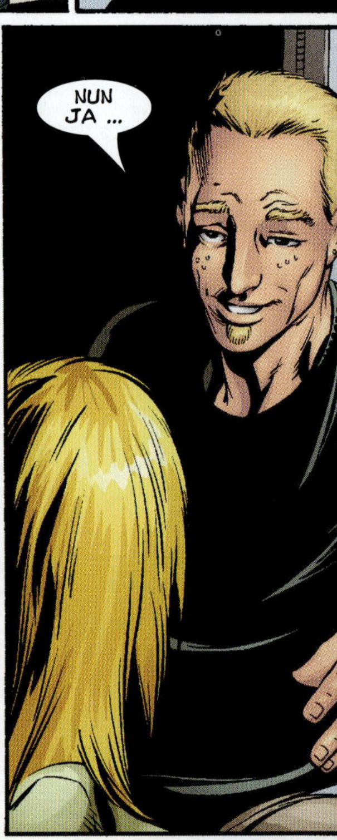
NUN JA ...

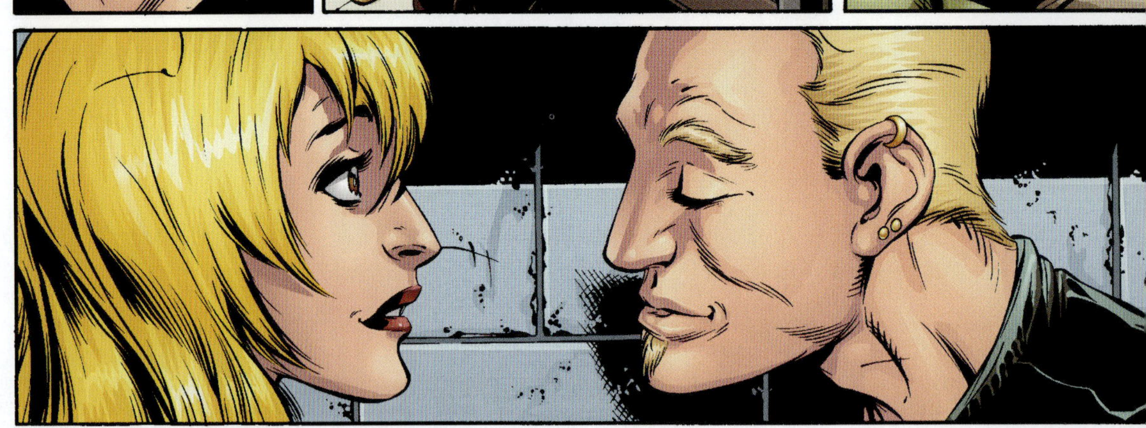

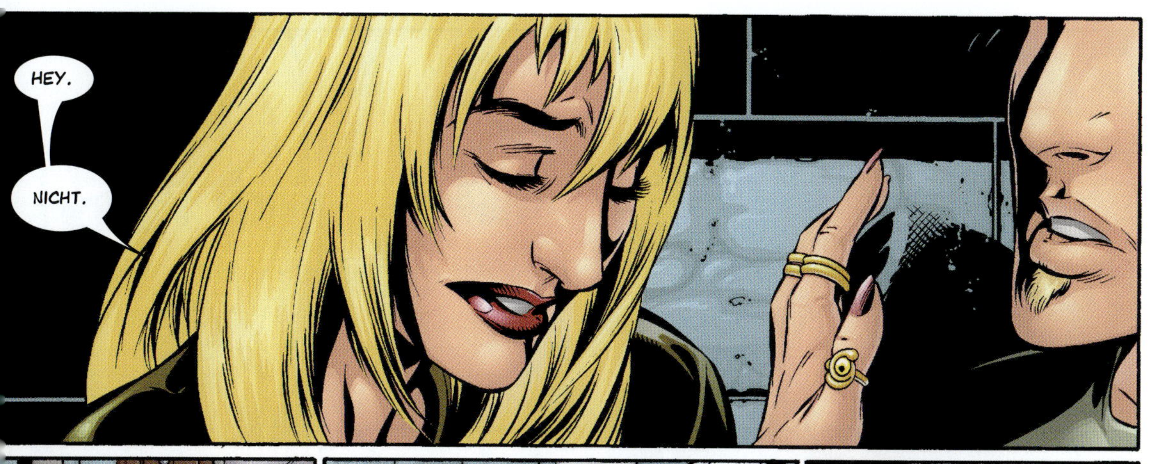
HEY.
NICHT.

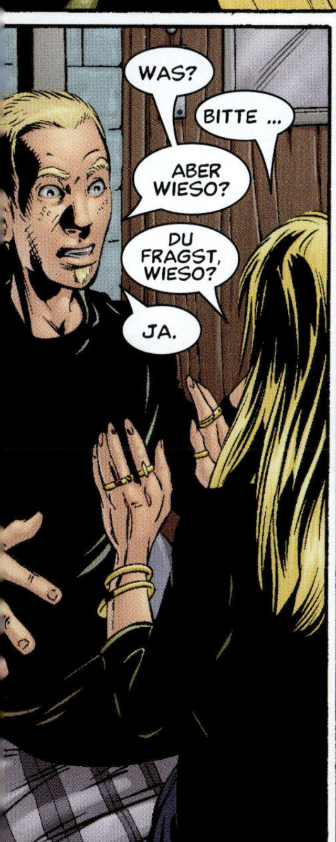
WAS?
BITTE ...
ABER WIESO?
DU FRAGST, WIESO?
JA.

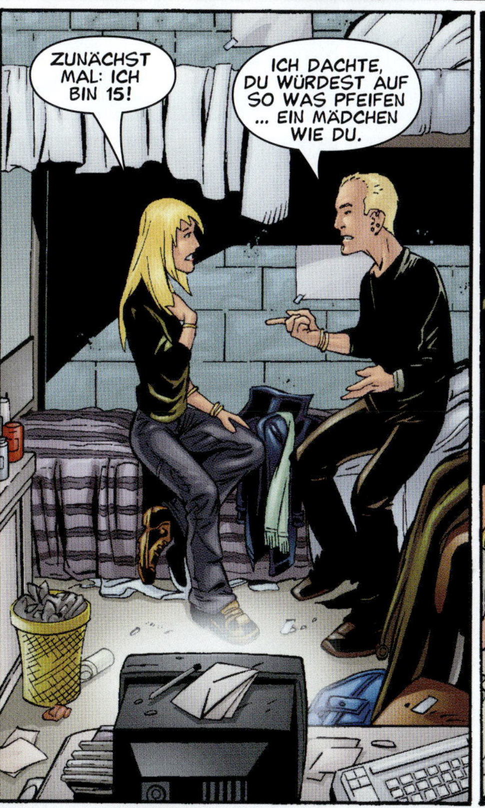
ZUNÄCHST MAL: ICH BIN 15!
ICH DACHTE, DU WÜRDEST AUF SO WAS PFEIFEN ... EIN MÄDCHEN WIE DU.

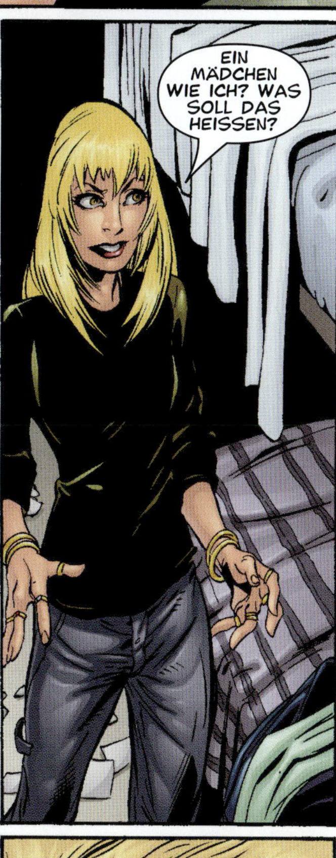
EIN MÄDCHEN WIE ICH? WAS SOLL DAS HEISSEN?

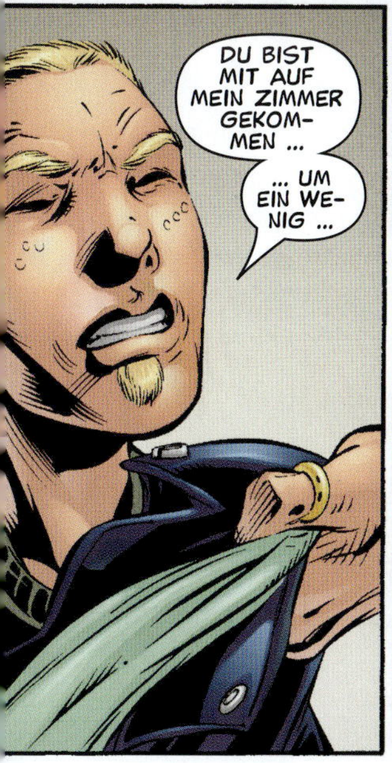
DU BIST MIT AUF MEIN ZIMMER GEKOM-MEN ...
... UM EIN WE-NIG ...

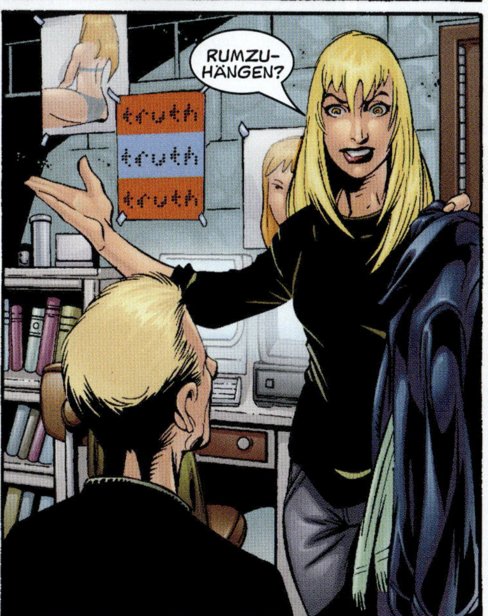
RUMZU-HÄNGEN?
truth
truth
truth

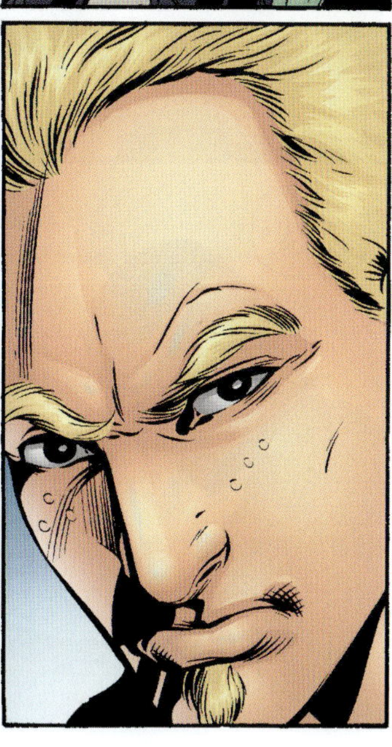

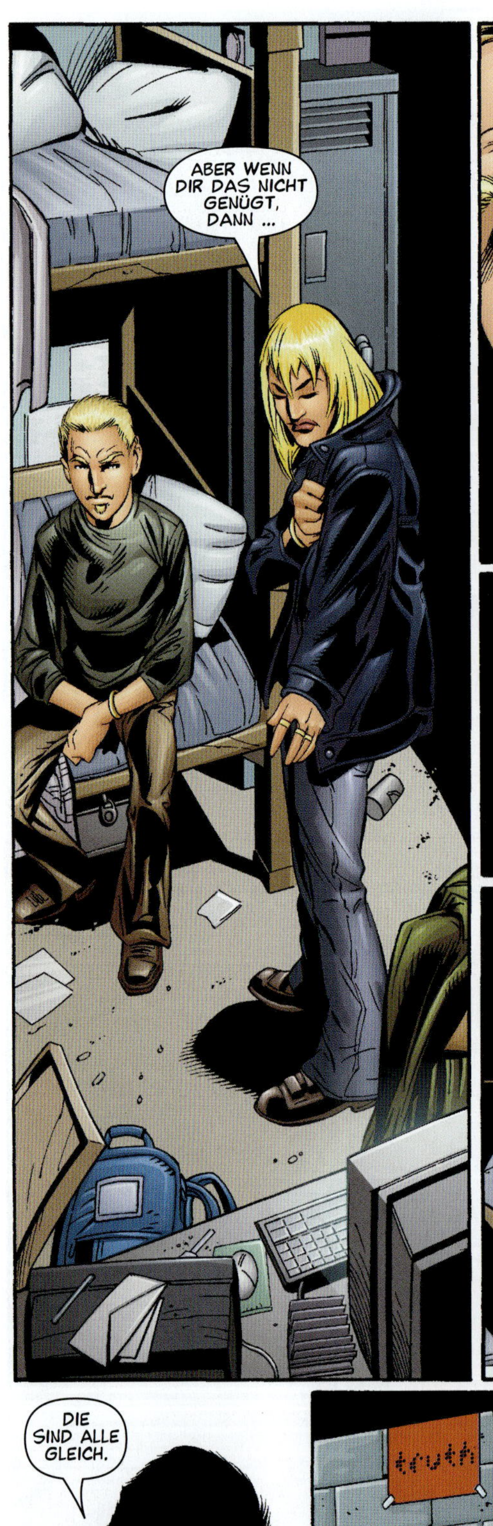
ABER WENN DIR DAS NICHT GENÜGT, DANN ...

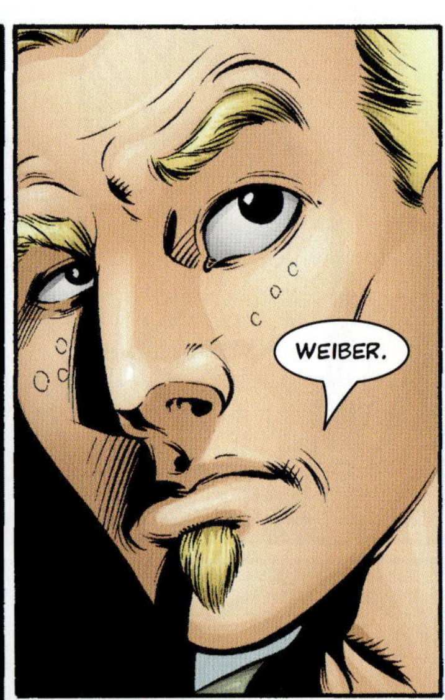
WEIBER.

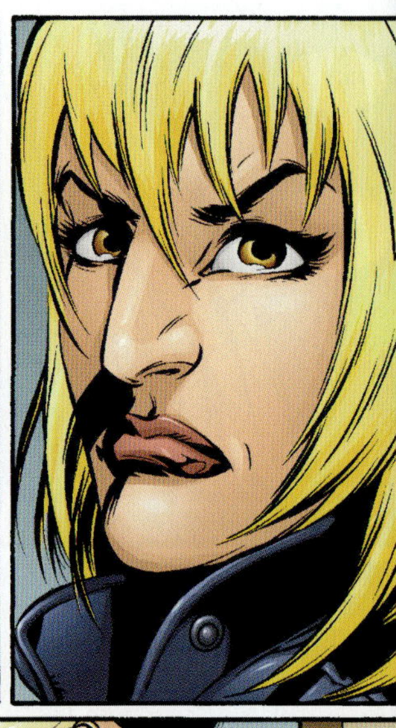

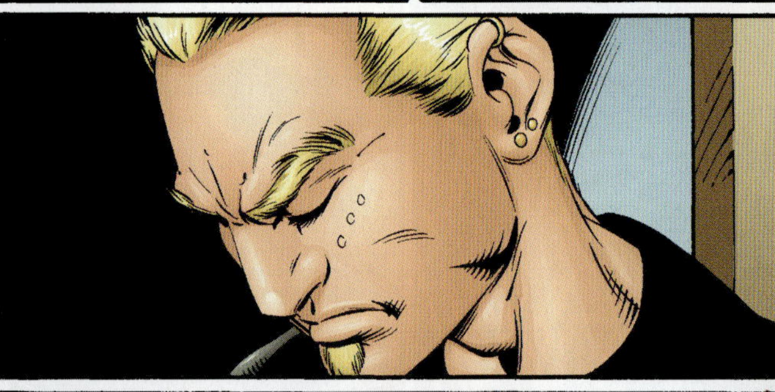

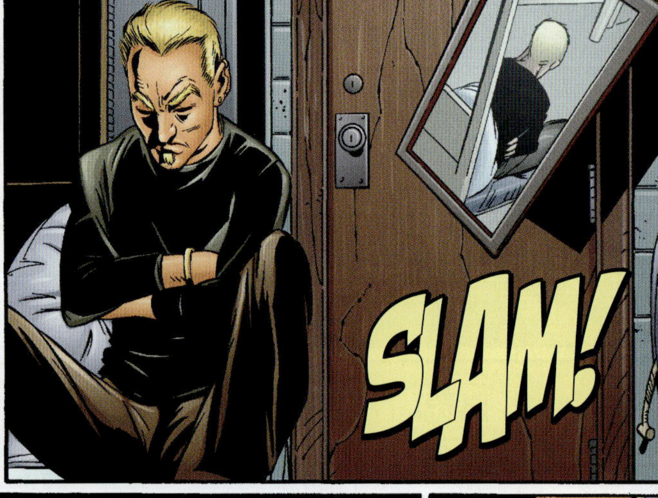
SLAM!

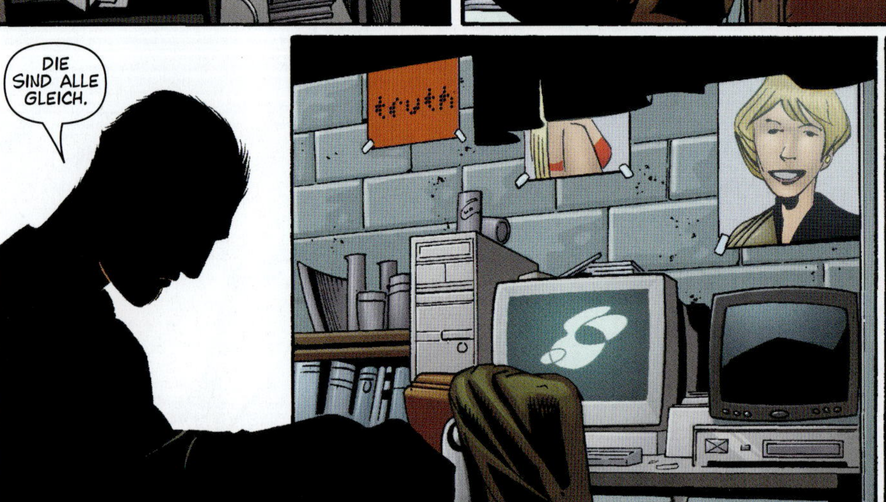
DIE SIND ALLE GLEICH.
truth

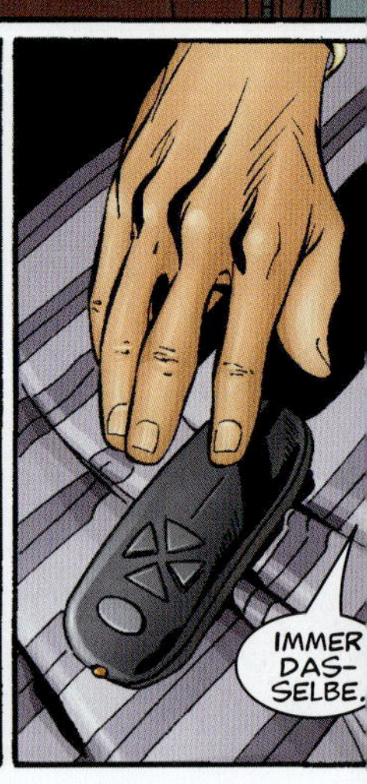
IMMER DAS-SELBE.

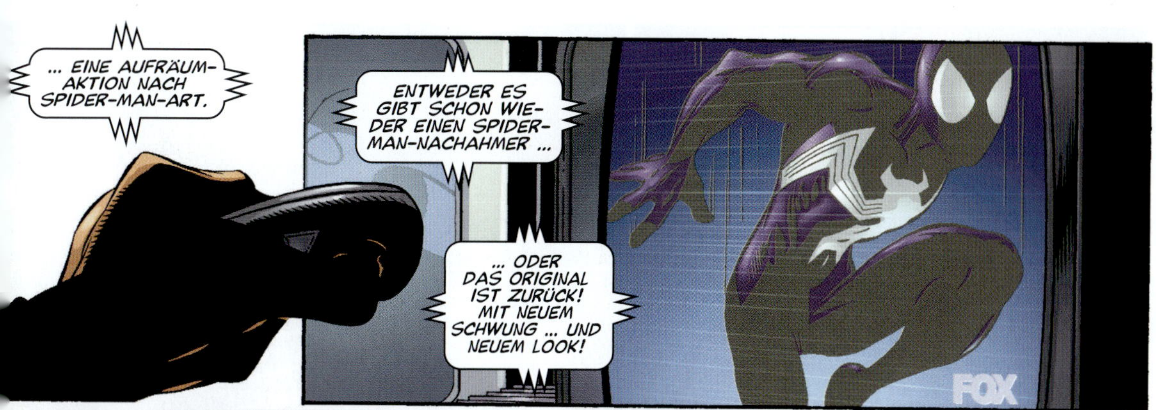
... EINE AUFRÄUM-AKTION NACH SPIDER-MAN-ART.
ENTWEDER ES GIBT SCHON WIEDER EINEN SPIDER-MAN-NACHAHMER ...
... ODER DAS ORIGINAL IST ZURÜCK! MIT NEUEM SCHWUNG ... UND NEUEM LOOK!
FOX

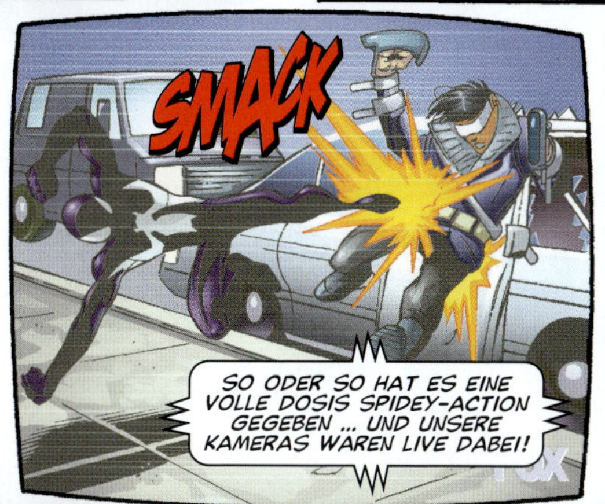
SMACK
SO ODER SO HAT ES EINE VOLLE DOSIS SPIDEY-ACTION GEGEBEN ... UND UNSERE KAMERAS WAREN LIVE DABEI!
FOX

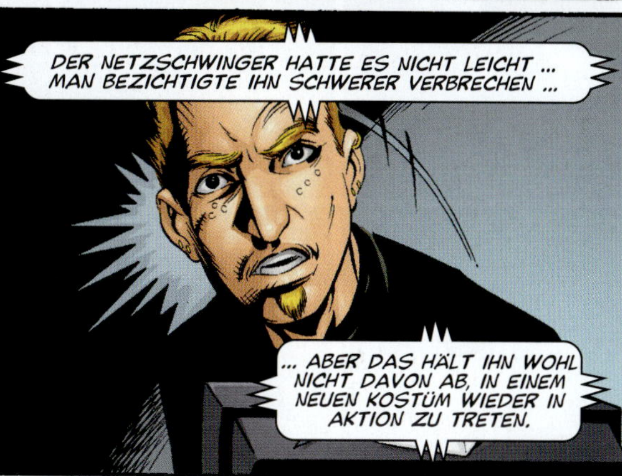
DER NETZSCHWINGER HATTE ES NICHT LEICHT ... MAN BEZICHTIGTE IHN SCHWERER VERBRECHEN ...
... ABER DAS HÄLT IHN WOHL NICHT DAVON AB, IN EINEM NEUEN KOSTÜM WIEDER IN AKTION ZU TRETEN.

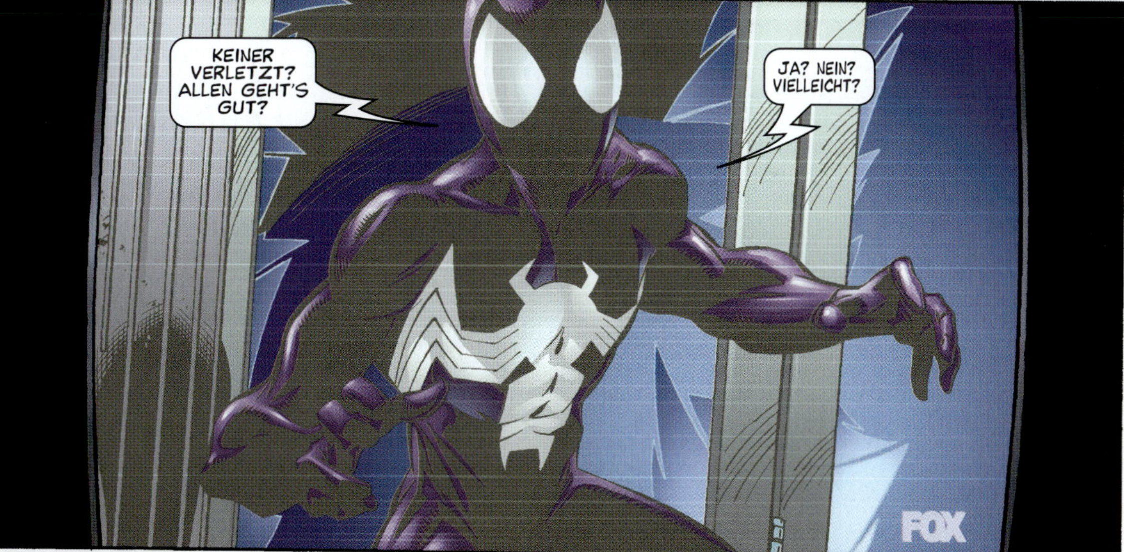
KEINER VERLETZT? ALLEN GEHT'S GUT?
JA? NEIN? VIELLEICHT?
FOX

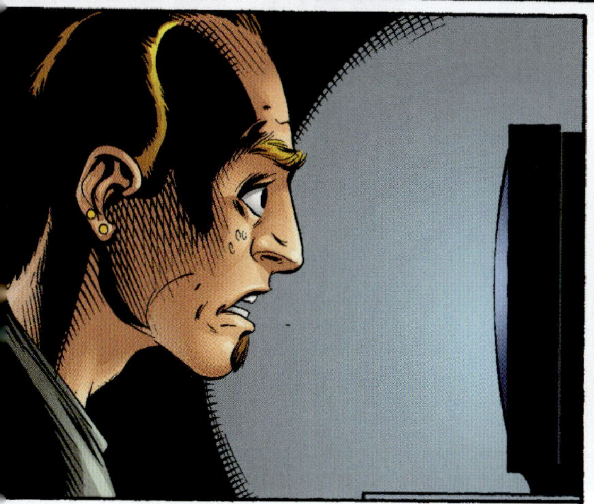

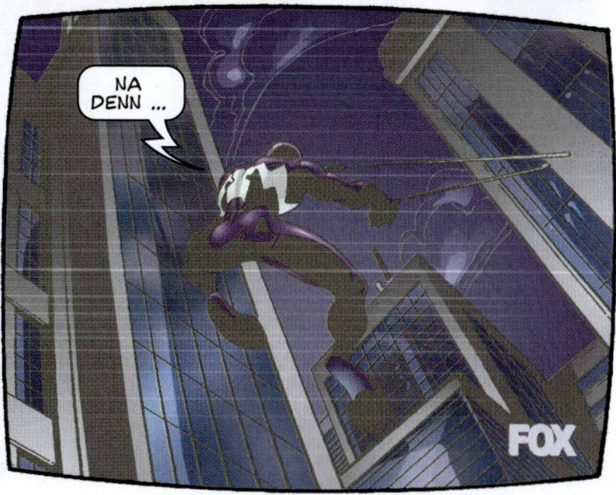
NA DENN ...
FOX

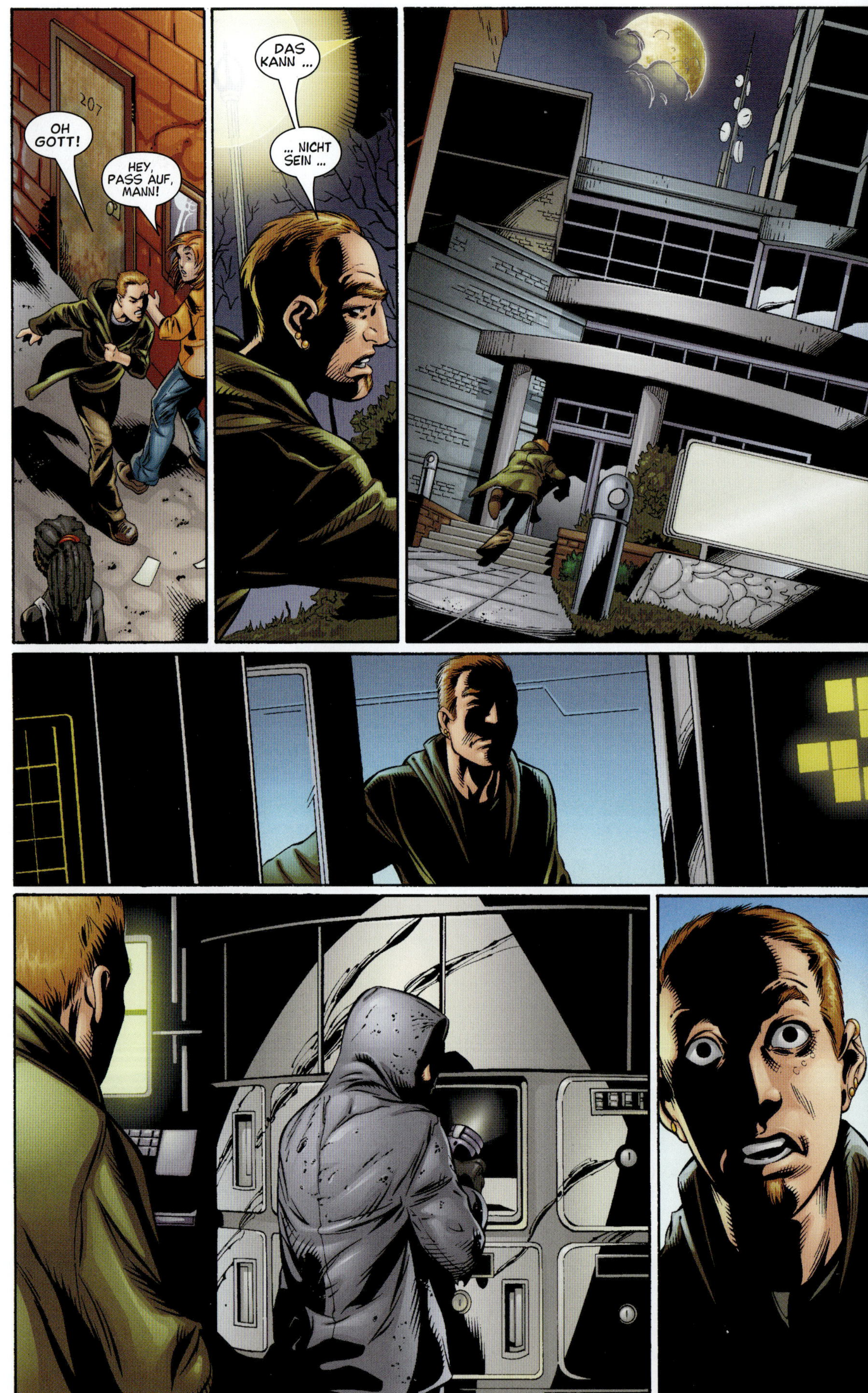
OH GOTT!
HEY, PASS AUF, MANN!
DAS KANN ...
... NICHT SEIN ...

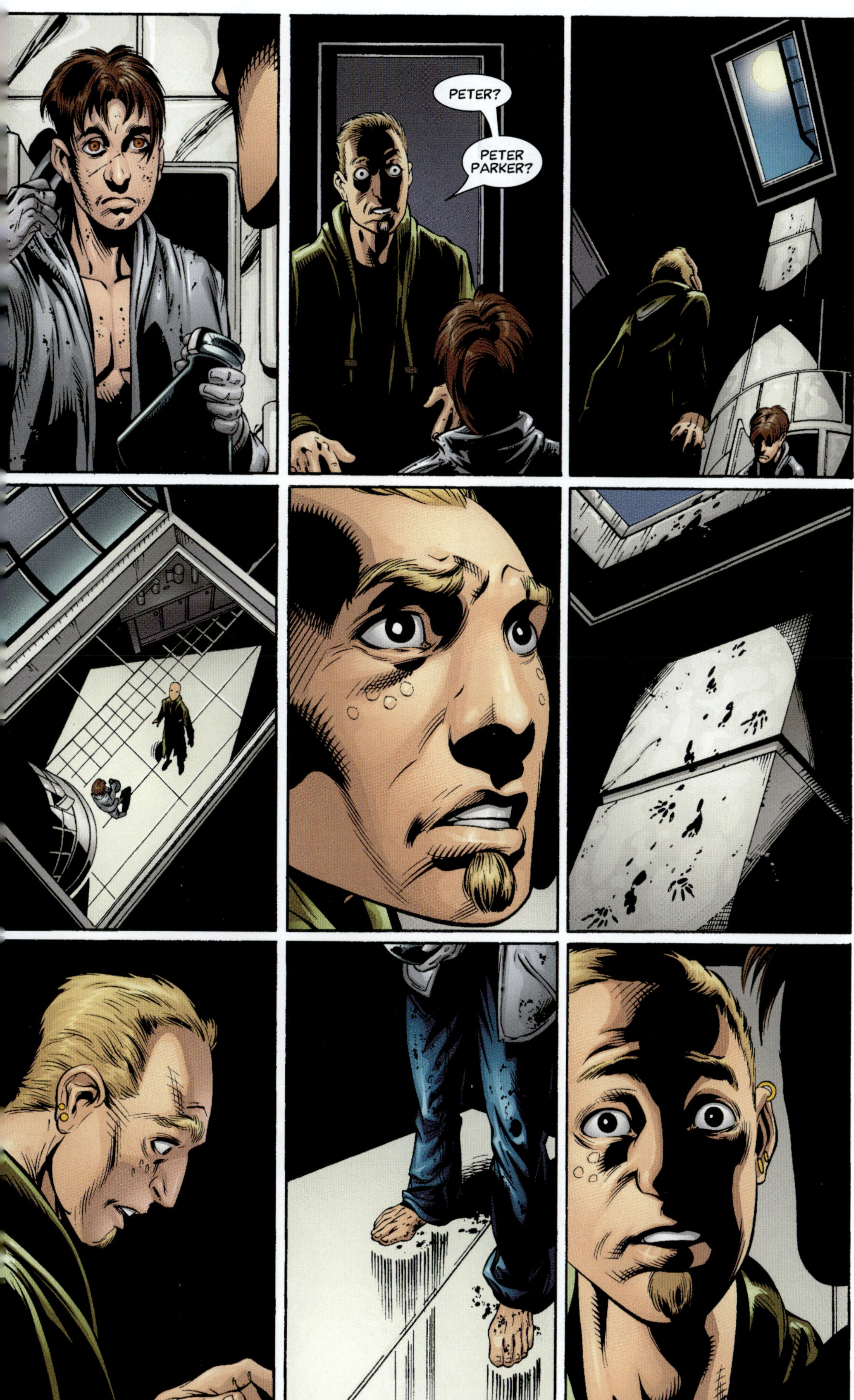
PETER?
PETER PARKER?

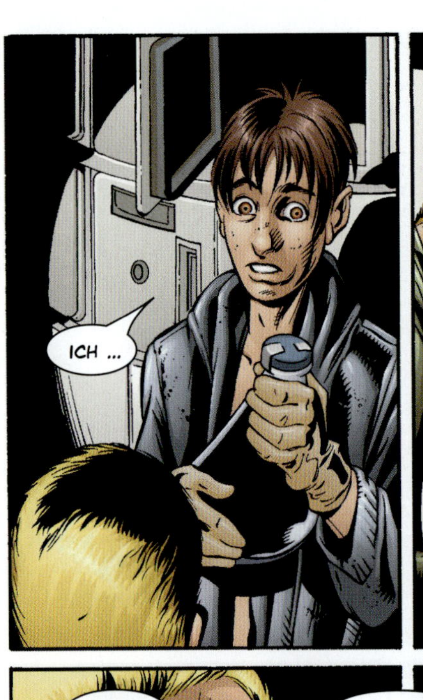
ICH ...

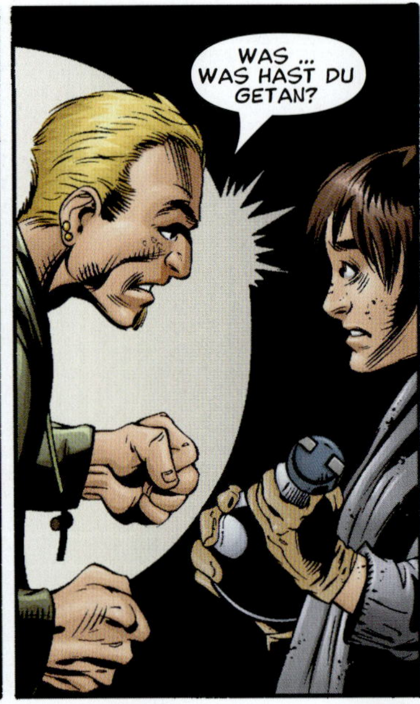
WAS ... WAS HAST DU GETAN?

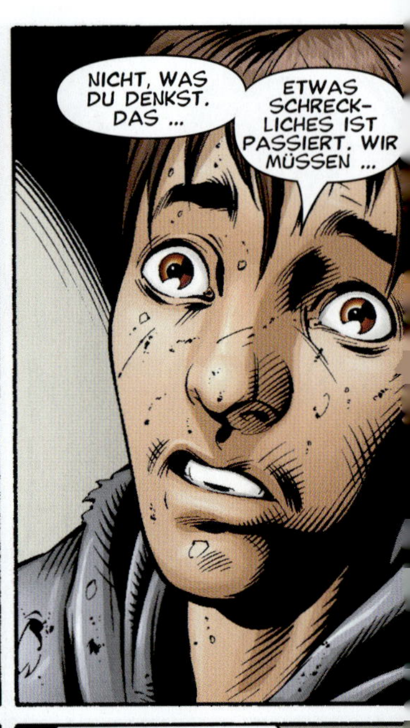
NICHT, WAS DU DENKST. DAS ...
ETWAS SCHRECK-LICHES IST PASSIERT. WIR MÜSSEN ...

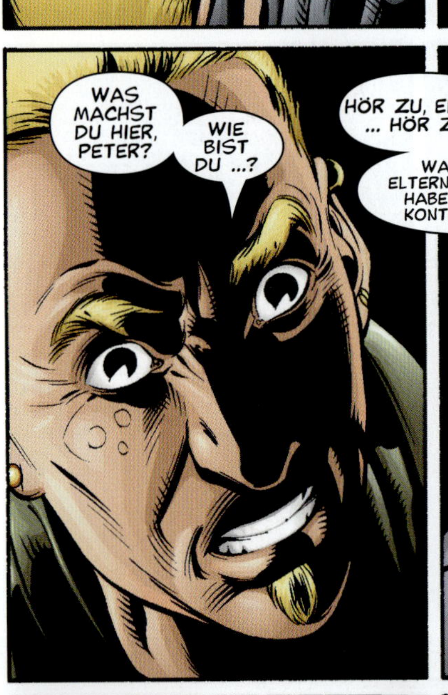
WAS MACHST DU HIER, PETER?
WIE BIST DU ...?

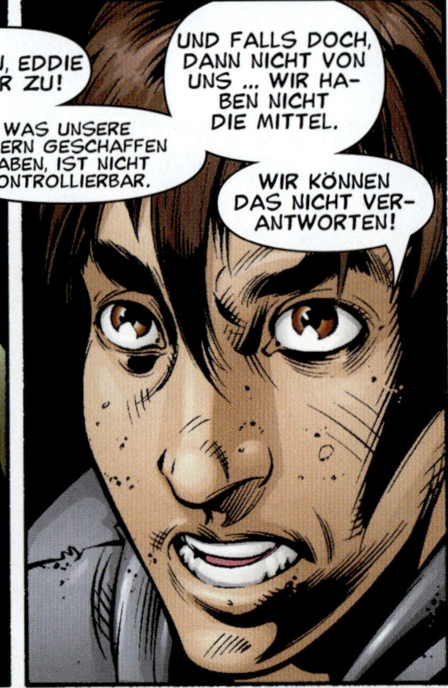
HÖR ZU, EDDIE ... HÖR ZU!
WAS UNSERE ELTERN GESCHAFFEN HABEN, IST NICHT KONTROLLIERBAR.
UND FALLS DOCH, DANN NICHT VON UNS ... WIR HA-BEN NICHT DIE MITTEL.
WIR KÖNNEN DAS NICHT VER-ANTWORTEN!

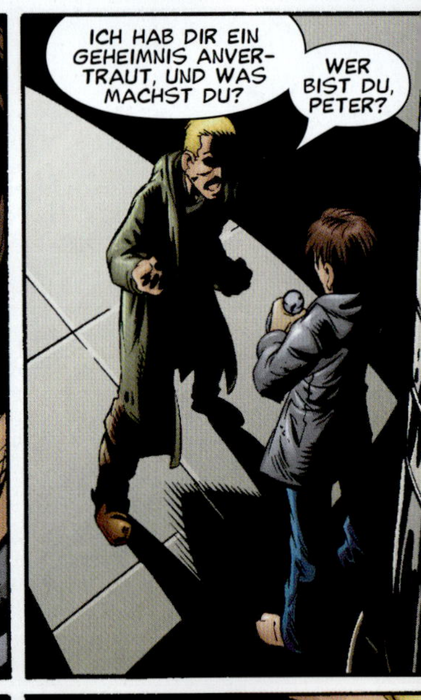
ICH HAB DIR EIN GEHEIMNIS ANVER-TRAUT, UND WAS MACHST DU?
WER BIST DU, PETER?

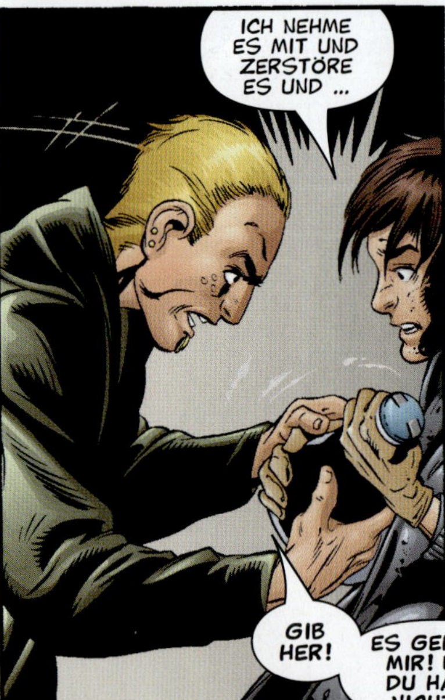
ICH NEHME ES MIT UND ZERSTÖRE ES UND ...
GIB HER!
ES GEHÖRT MIR! UND DU HAST NICHT ...

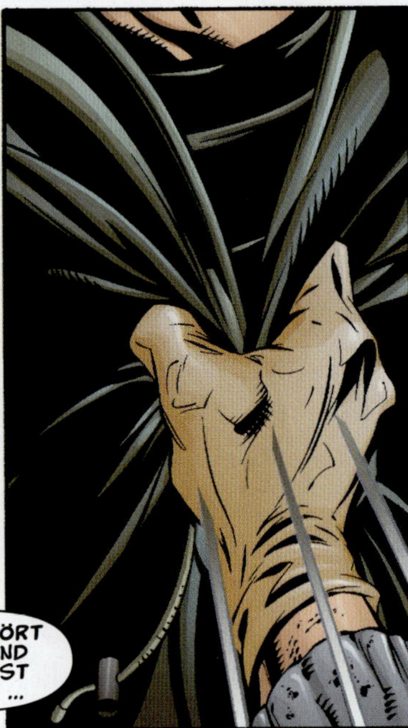

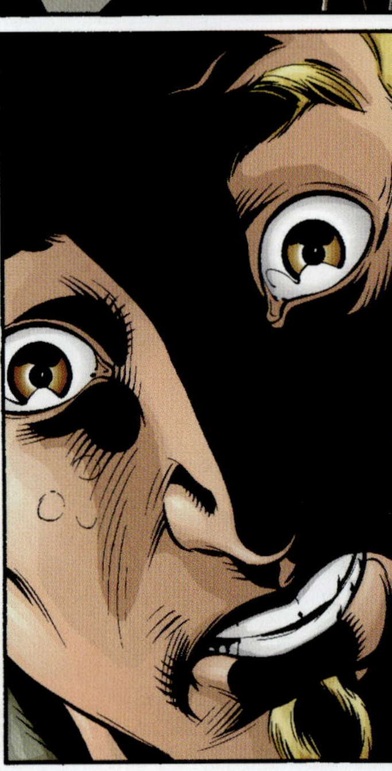

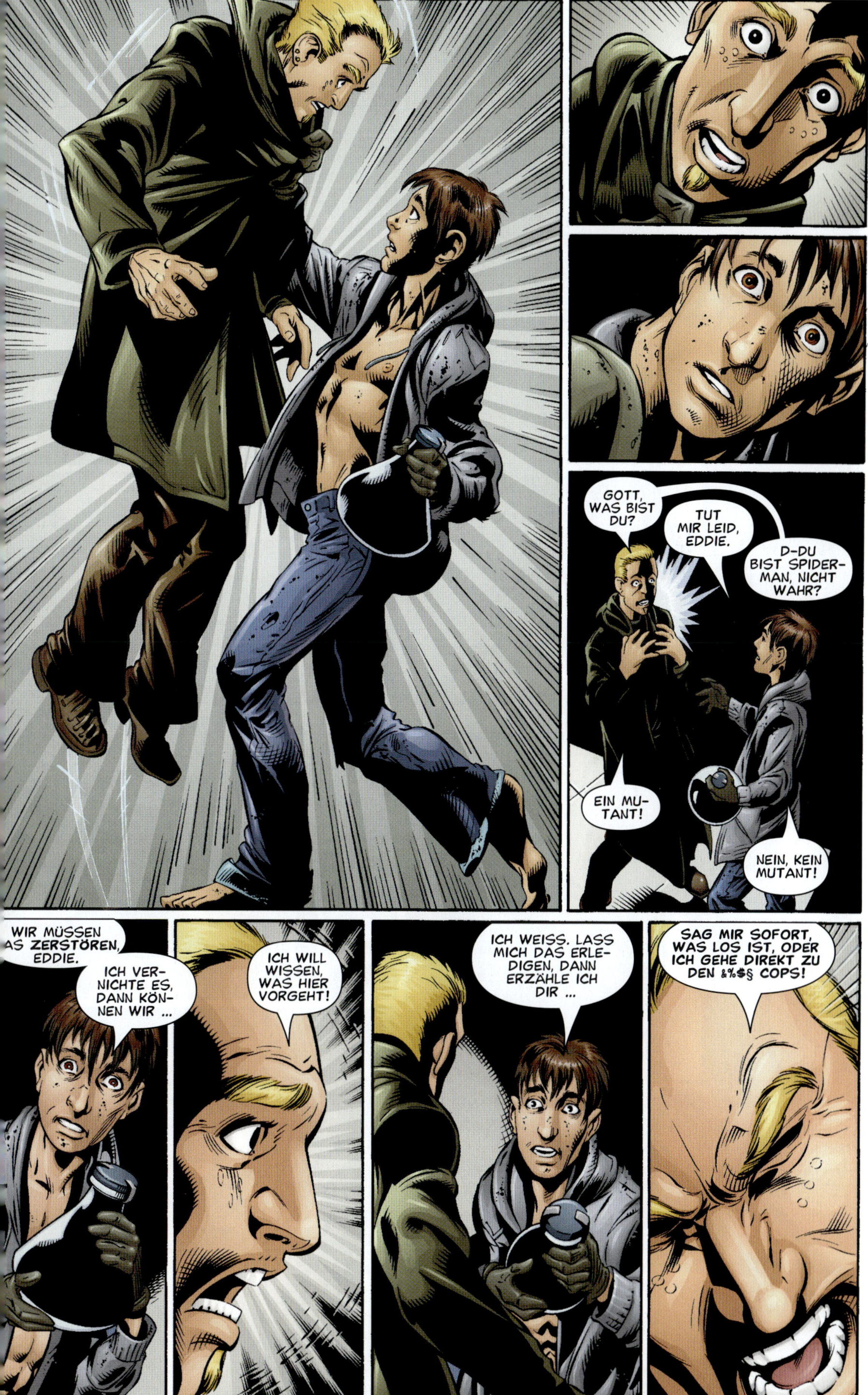
GOTT, WAS BIST DU?
TUT MIR LEID, EDDIE.
D-DU BIST SPIDER-MAN, NICHT WAHR?
EIN MUTANT!
NEIN, KEIN MUTANT!
WIR MÜSSEN AS ZERSTÖREN, EDDIE.
ICH VERNICHTE ES, DANN KÖNNEN WIR ...
ICH WILL WISSEN, WAS HIER VORGEHT!
ICH WEISS. LASS MICH DAS ERLEDIGEN, DANN ERZÄHLE ICH DIR ...
SAG MIR SOFORT, WAS LOS IST, ODER ICH GEHE DIREKT ZU DEN &%$§ COPS!

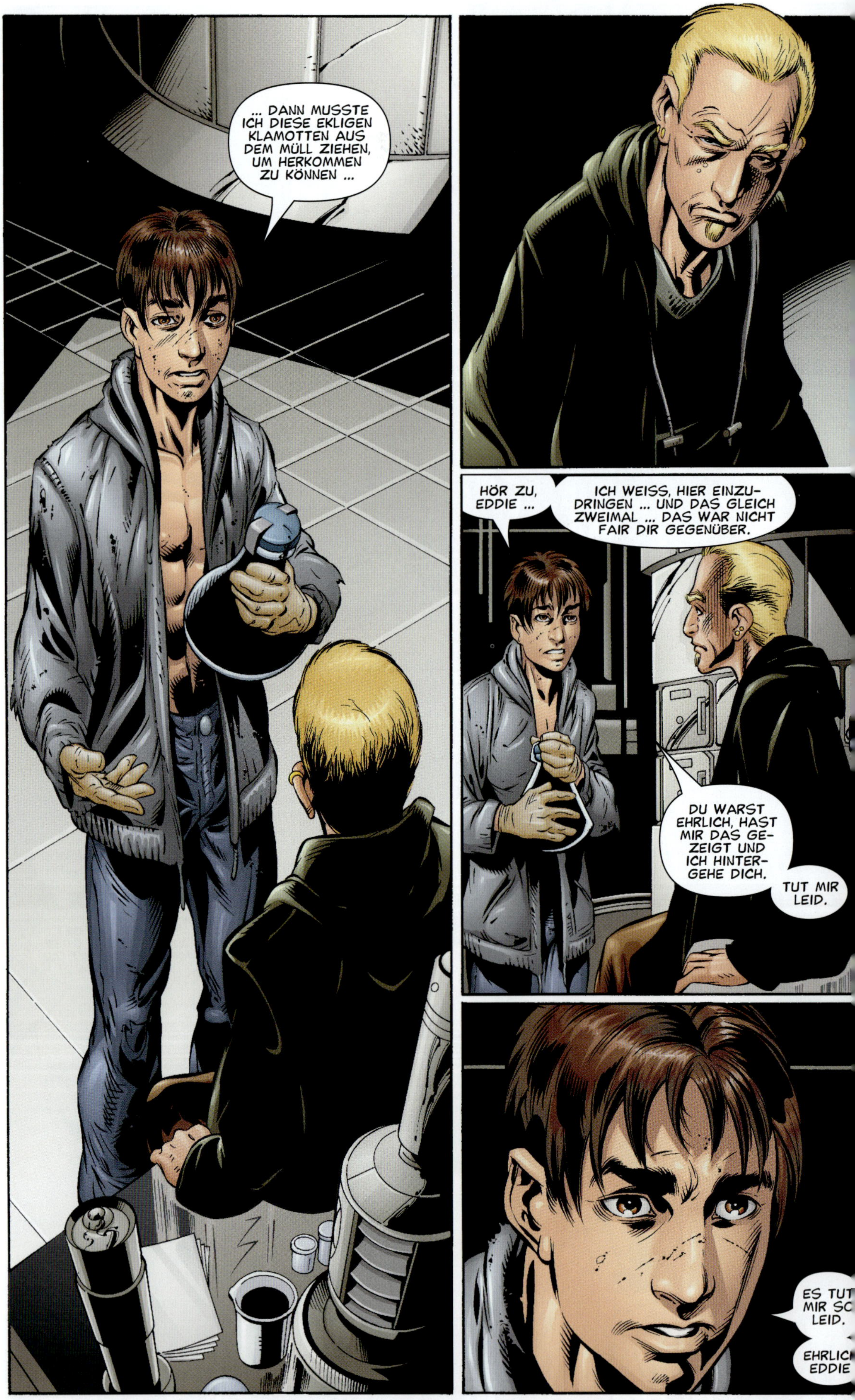

... DANN MUSSTE ICH DIESE EKLIGEN KLAMOTTEN AUS DEM MÜLL ZIEHEN, UM HERKOMMEN ZU KÖNNEN ...

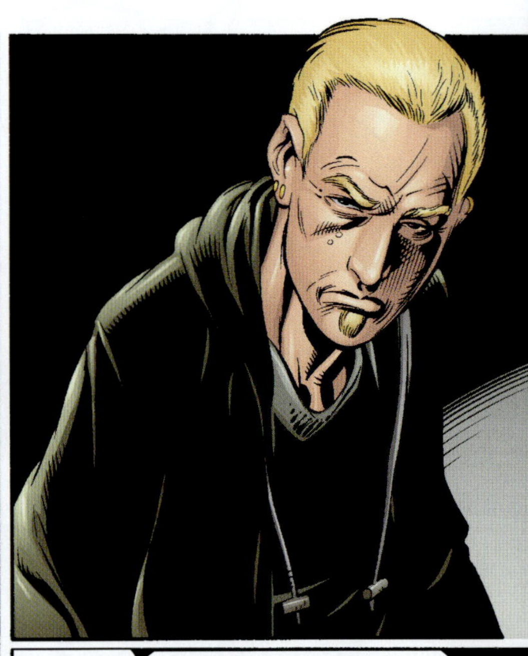

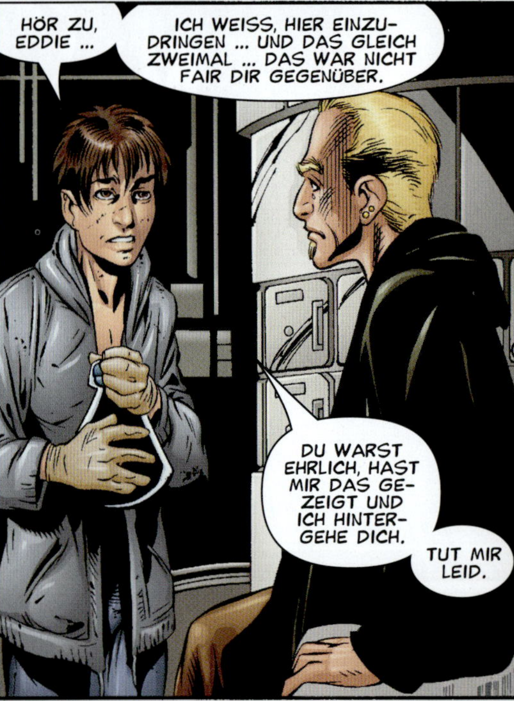

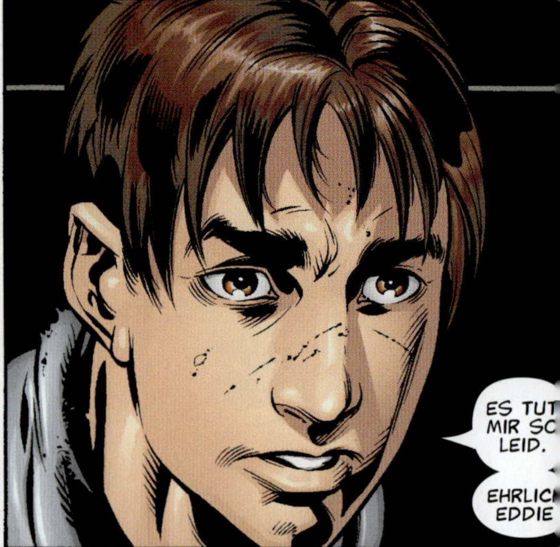

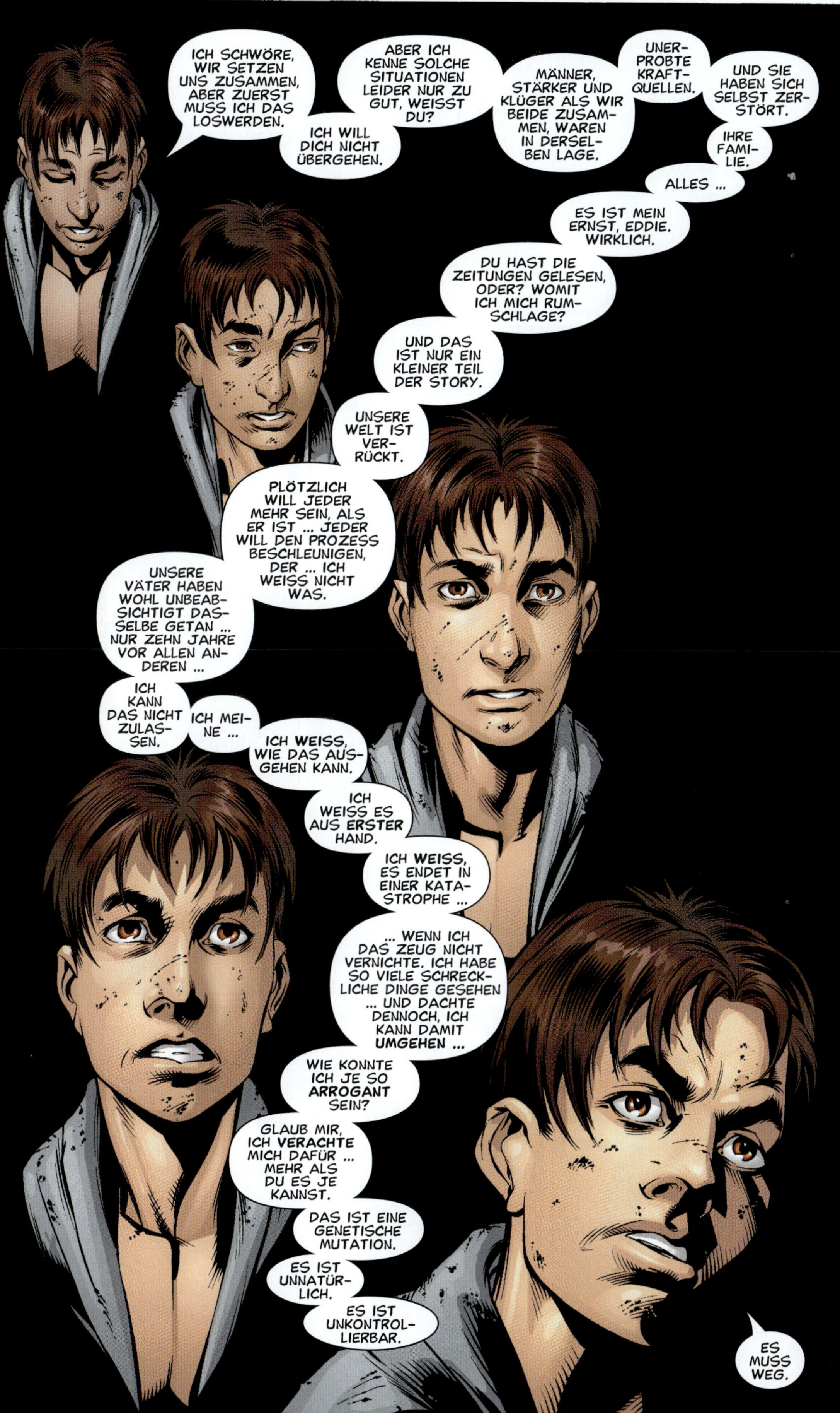
ICH SCHWÖRE, WIR SETZEN UNS ZUSAMMEN, ABER ZUERST MUSS ICH DAS LOSWERDEN.
ICH WILL DICH NICHT ÜBERGEHEN.
ABER ICH KENNE SOLCHE SITUATIONEN LEIDER NUR ZU GUT, WEISST DU?
MÄNNER, STÄRKER UND KLÜGER ALS WIR BEIDE ZUSAMMEN, WAREN IN DERSELBEN LAGE.
UNERPROBTE KRAFTQUELLEN.
UND SIE HABEN SICH SELBST ZERSTÖRT.
IHRE FAMILIE.
ALLES ...
ES IST MEIN ERNST, EDDIE. WIRKLICH.
DU HAST DIE ZEITUNGEN GELESEN, ODER? WOMIT ICH MICH RUMSCHLAGE?
UND DAS IST NUR EIN KLEINER TEIL DER STORY.
UNSERE WELT IST VERRÜCKT.
PLÖTZLICH WILL JEDER MEHR SEIN, ALS ER IST ... JEDER WILL DEN PROZESS BESCHLEUNIGEN, DER ... ICH WEISS NICHT WAS.
UNSERE VÄTER HABEN WOHL UNBEABSICHTIGT DASSELBE GETAN ... NUR ZEHN JAHRE VOR ALLEN ANDEREN ...
ICH KANN DAS NICHT ZULASSEN.
ICH MEINE ...
ICH **WEISS**, WIE DAS AUSGEHEN KANN.
ICH WEISS ES AUS **ERSTER** HAND.
ICH **WEISS**, ES ENDET IN EINER KATASTROPHE ...
... WENN ICH DAS ZEUG NICHT VERNICHTE. ICH HABE SO VIELE SCHRECKLICHE DINGE GESEHEN ... UND DACHTE DENNOCH, ICH KANN DAMIT **UMGEHEN** ...
WIE KONNTE ICH JE SO **ARROGANT** SEIN?
GLAUB MIR, ICH **VERACHTE** MICH DAFÜR ... MEHR ALS DU ES JE KANNST.
DAS IST EINE GENETISCHE MUTATION.
ES IST UNNATÜRLICH.
ES IST UNKONTROLLIERBAR.
ES MUSS WEG.

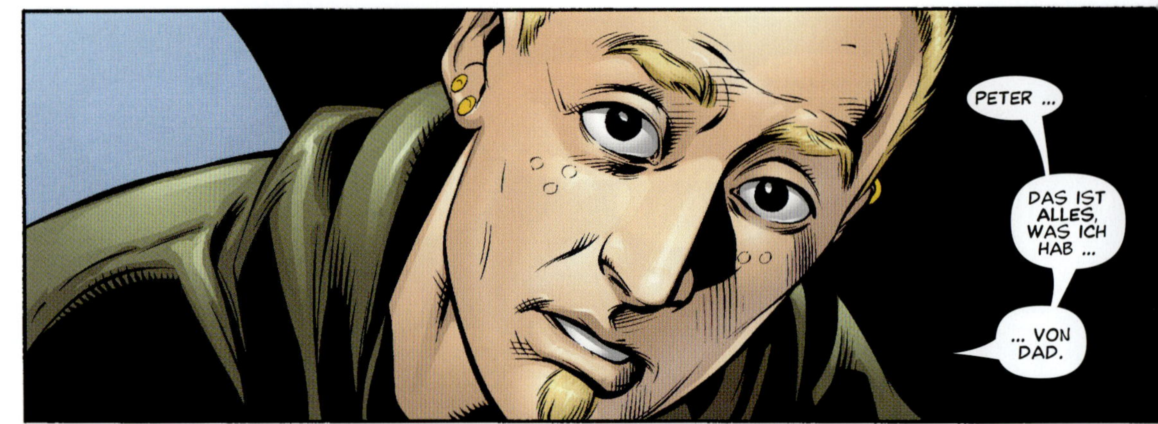
PETER ...
DAS IST ALLES, WAS ICH HAB ...
... VON DAD.

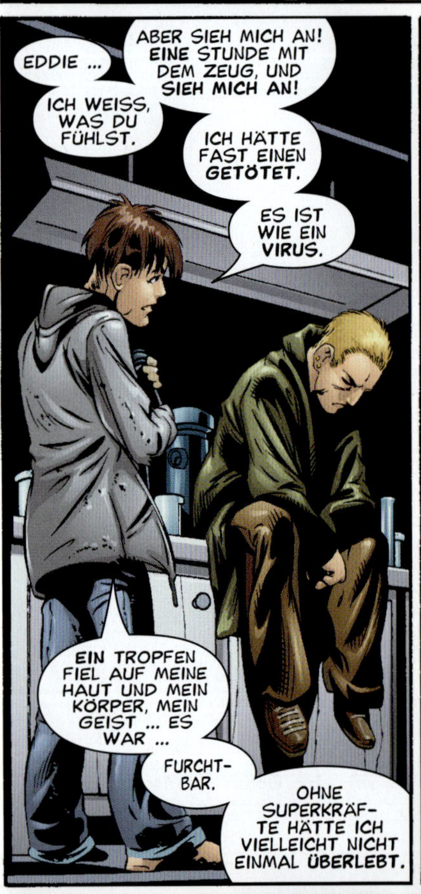
EDDIE ...
ICH WEISS, WAS DU FÜHLST.
ABER SIEH MICH AN! EINE STUNDE MIT DEM ZEUG, UND SIEH MICH AN!
ICH HÄTTE FAST EINEN GETÖTET.
ES IST WIE EIN VIRUS.
EIN TROPFEN FIEL AUF MEINE HAUT UND MEIN KÖRPER, MEIN GEIST ... ES WAR ...
FURCHT-BAR.
OHNE SUPERKRÄF-TE HÄTTE ICH VIELLEICHT NICHT EINMAL ÜBERLEBT.

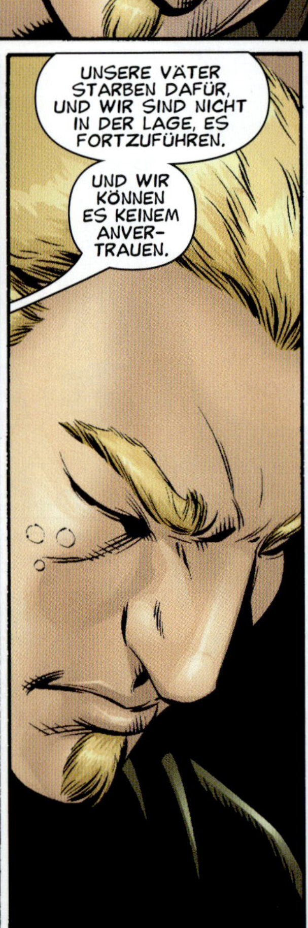
UNSERE VÄTER STARBEN DAFÜR, UND WIR SIND NICHT IN DER LAGE, ES FORTZUFÜHREN.
UND WIR KÖNNEN ES KEINEM ANVER-TRAUEN.

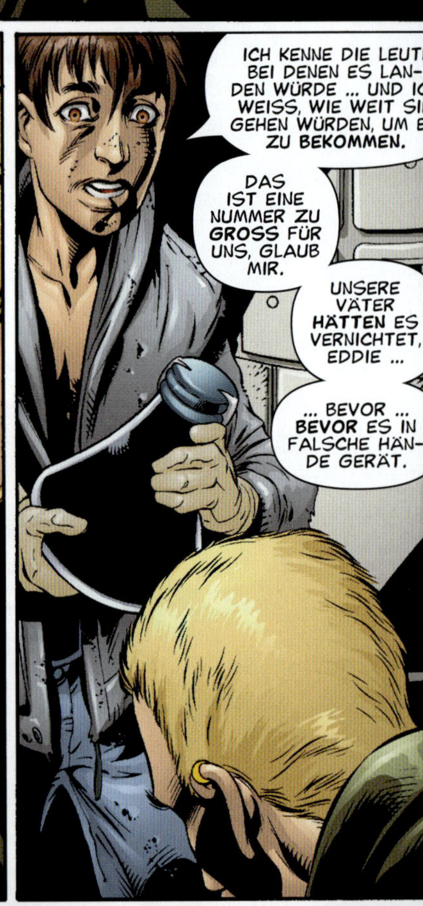
DAS IST EINE NUMMER ZU GROSS FÜR UNS, GLAUB MIR.
UNSERE VÄTER HÄTTEN ES VERNICHTET, EDDIE ...
... BEVOR ... BEVOR ES IN FALSCHE HÄN-DE GERÄT.

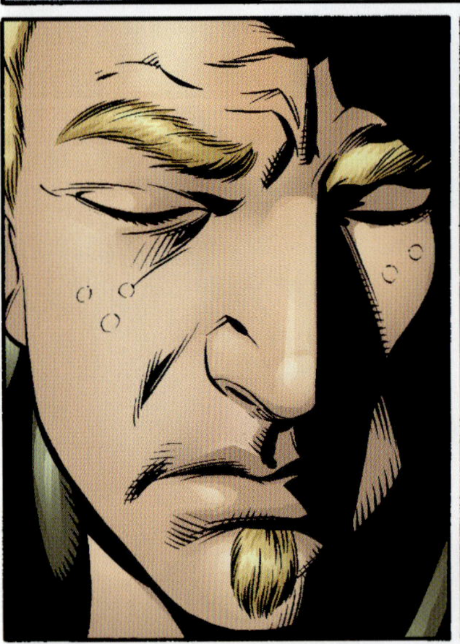

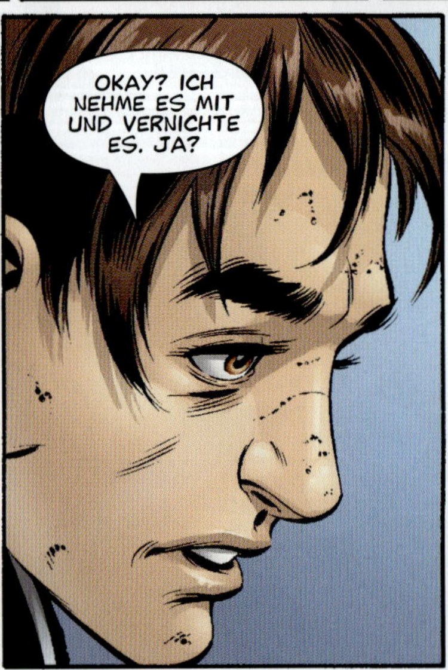
OKAY? ICH NEHME ES MIT UND VERNICHTE ES. JA?

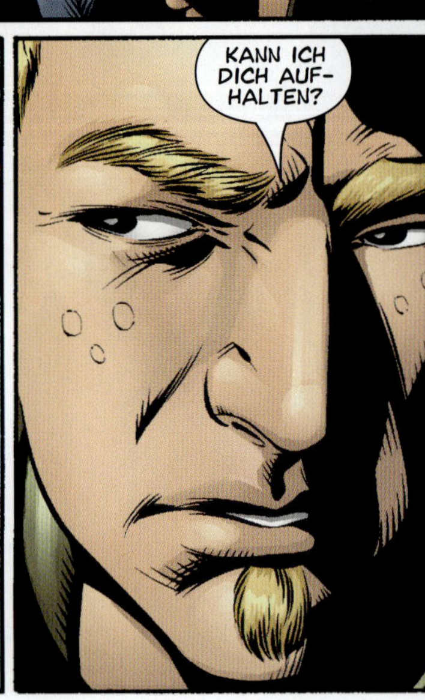
KANN ICH DICH AUF-HALTEN?

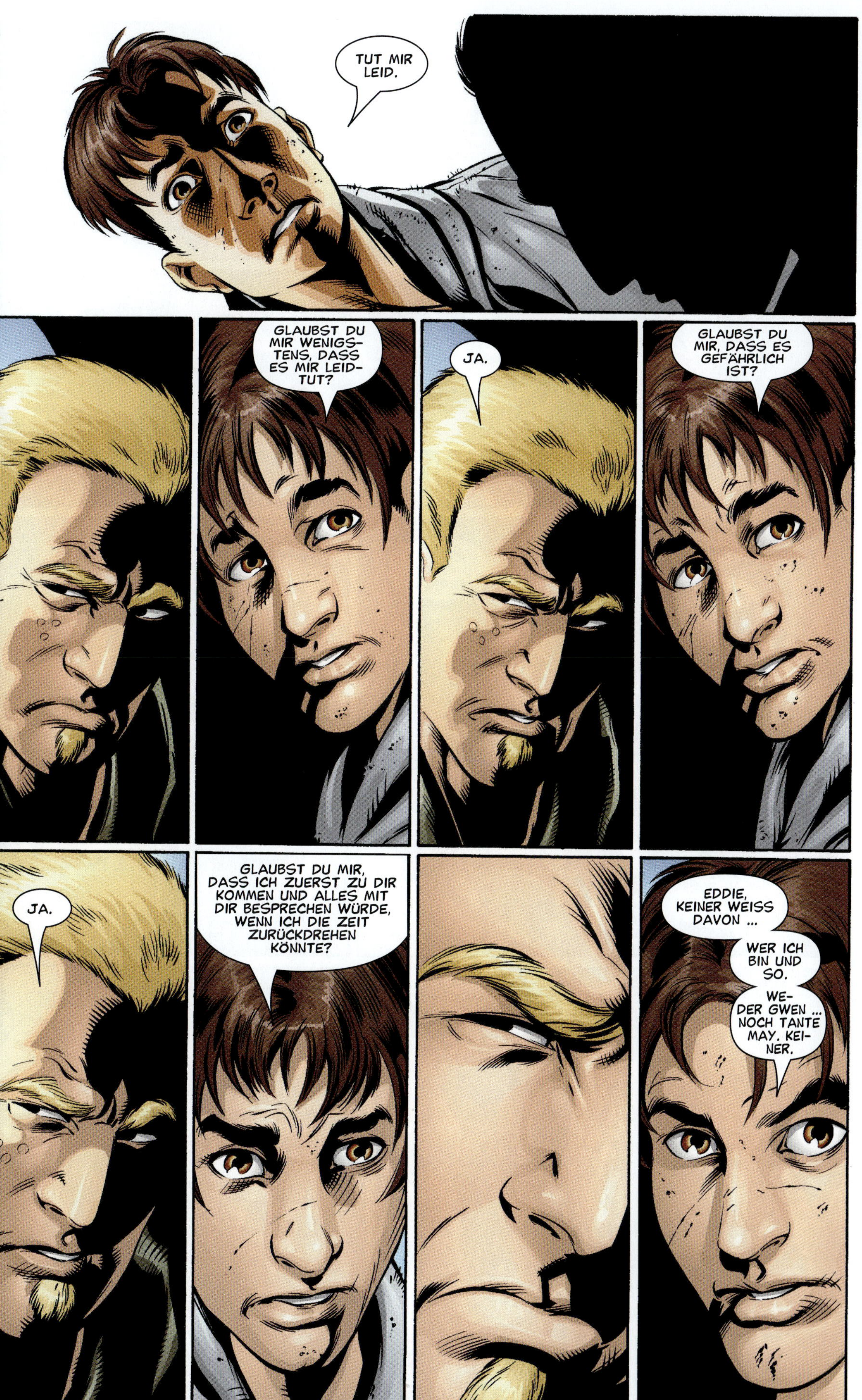
TUT MIR LEID.
GLAUBST DU MIR WENIGSTENS, DASS ES MIR LEIDTUT?
JA.
GLAUBST DU MIR, DASS ES GEFÄHRLICH IST?
JA.
GLAUBST DU MIR, DASS ICH ZUERST ZU DIR KOMMEN UND ALLES MIT DIR BESPRECHEN WÜRDE, WENN ICH DIE ZEIT ZURÜCKDREHEN KÖNNTE?
EDDIE, KEINER WEISS DAVON ...
WER ICH BIN UND SO.
WEDER GWEN ... NOCH TANTE MAY. KEINER.

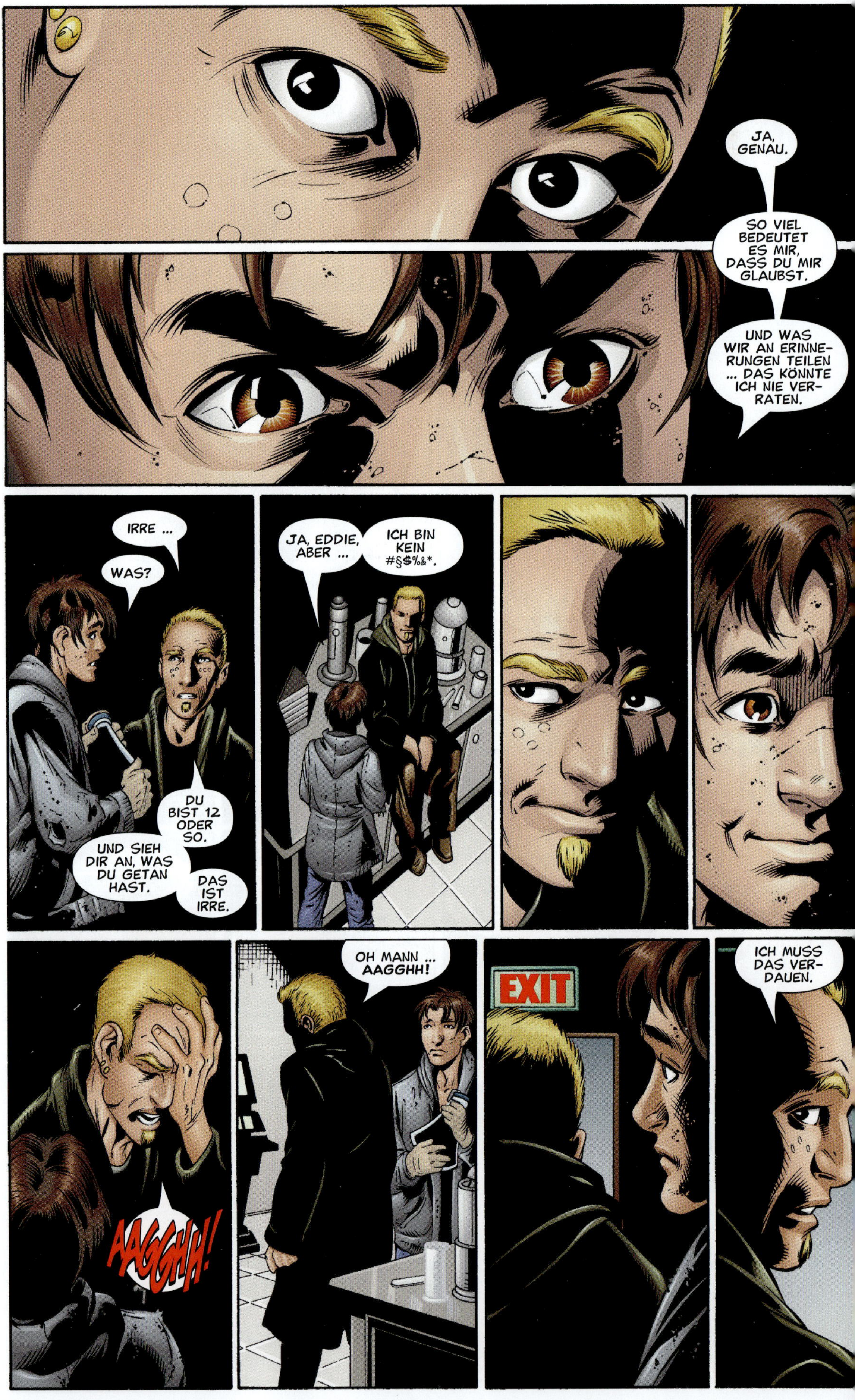

JA, GENAU.
SO VIEL BEDEUTET ES MIR, DASS DU MIR GLAUBST.
UND WAS WIR AN ERINNERUNGEN TEILEN ... DAS KÖNNTE ICH NIE VERRATEN.

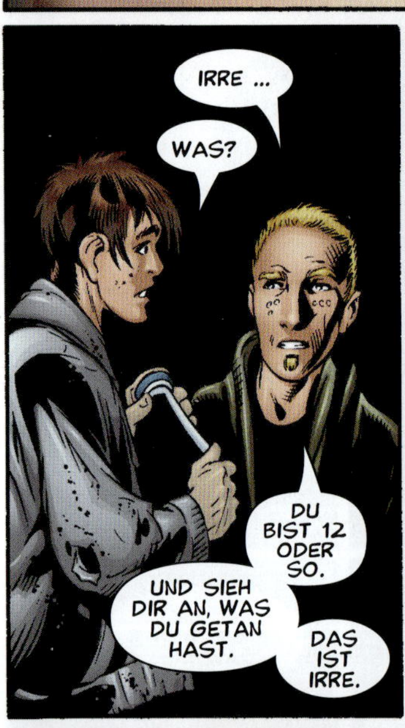

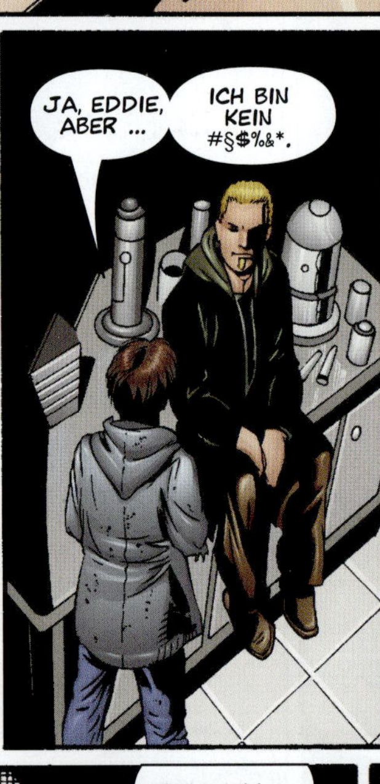

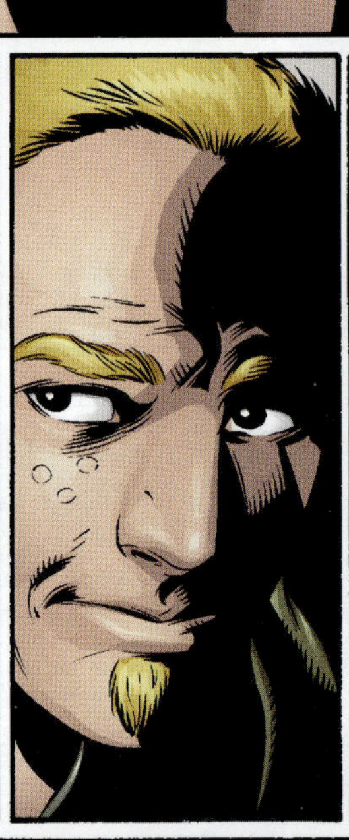

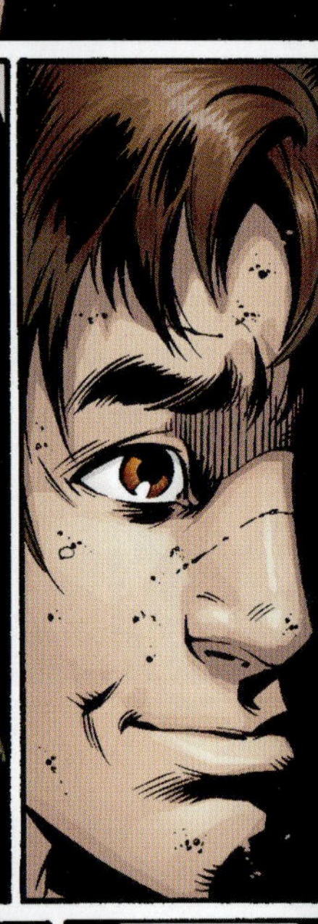

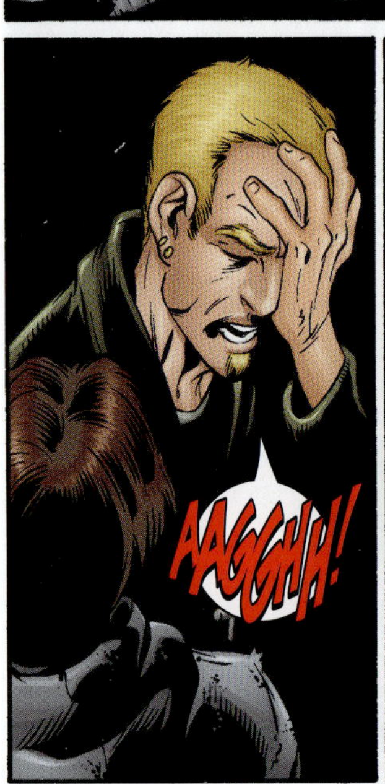

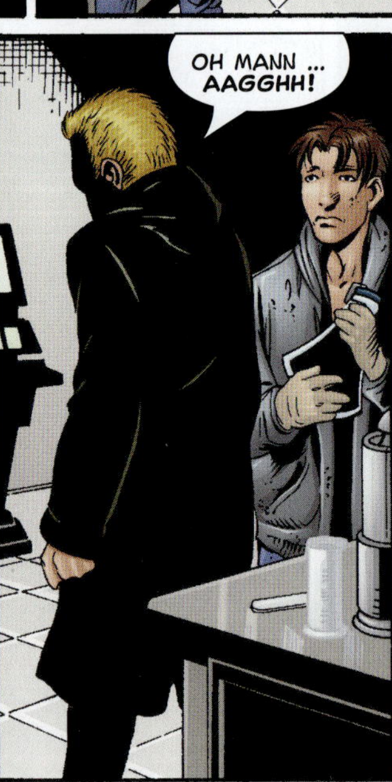

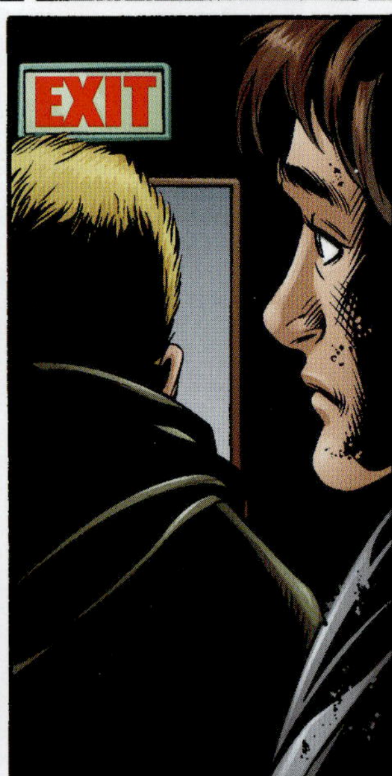

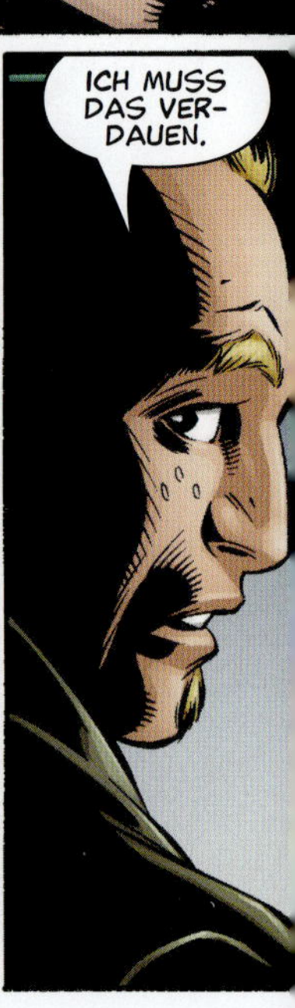

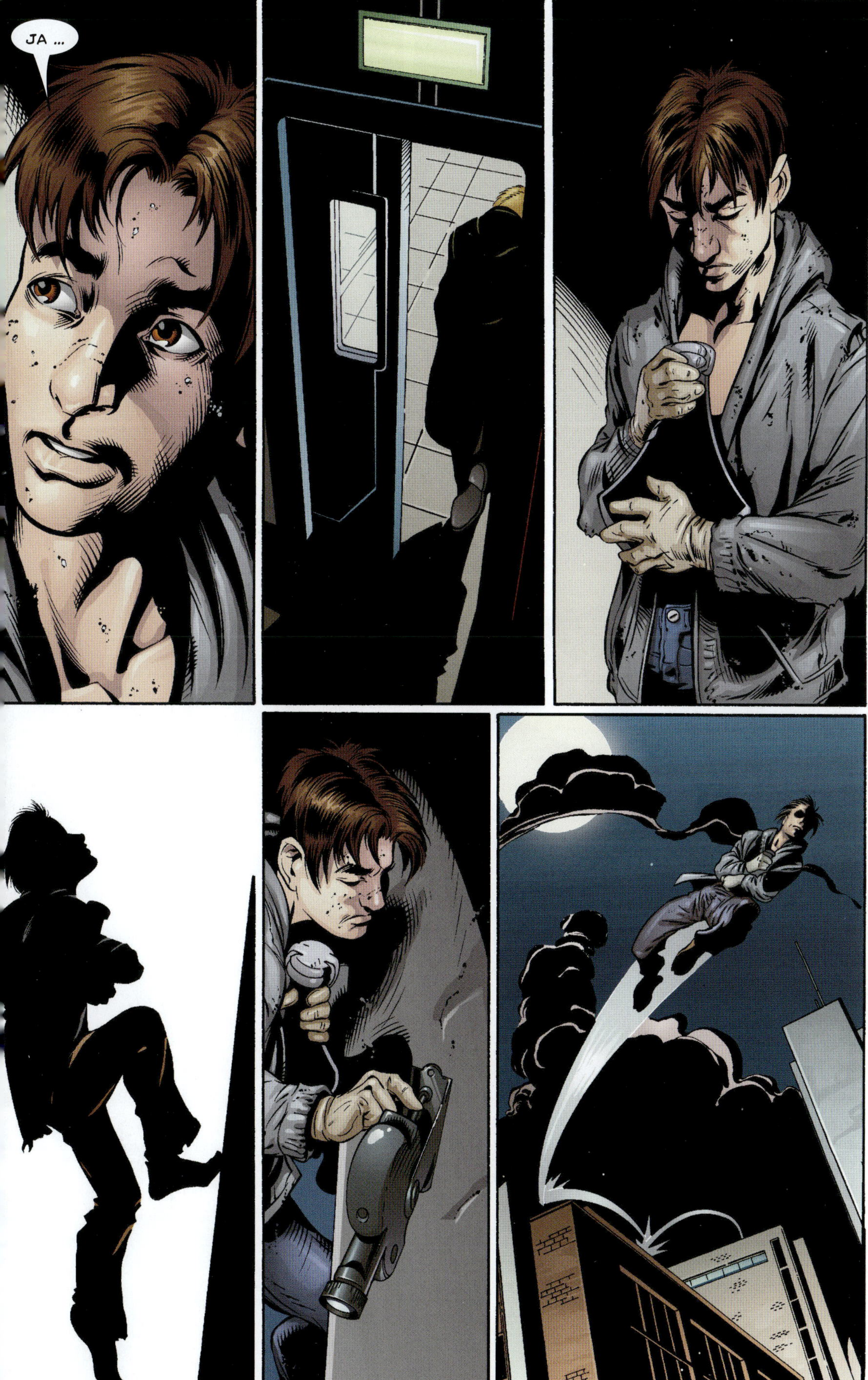
JA ...

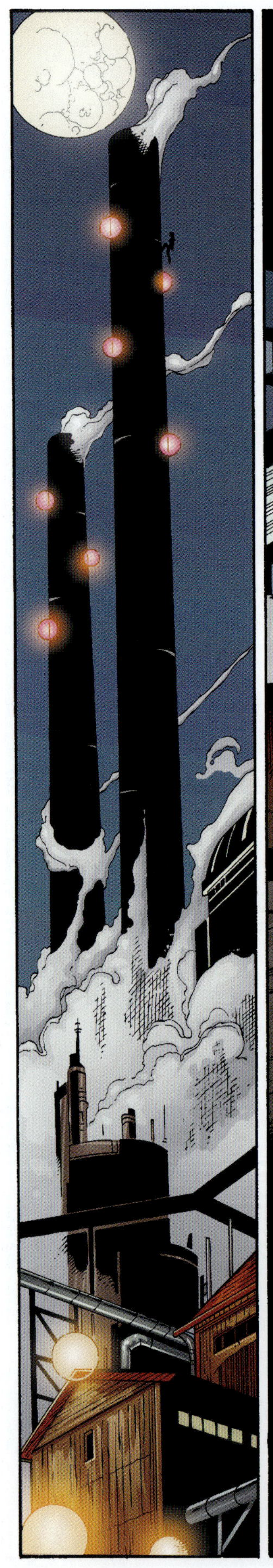
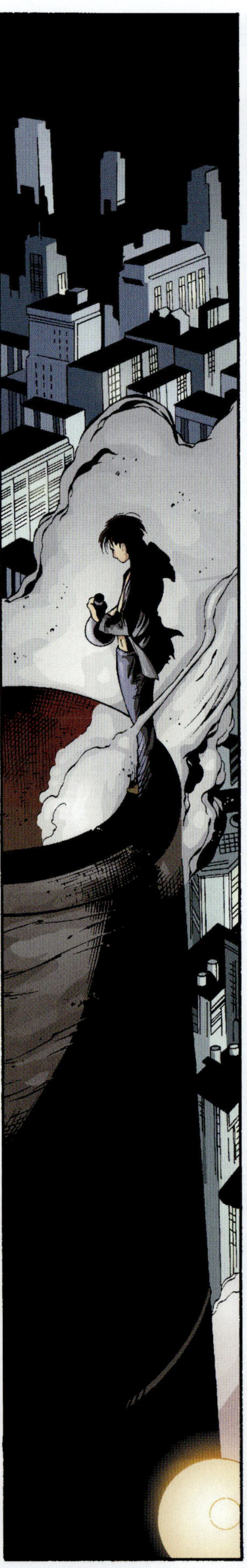
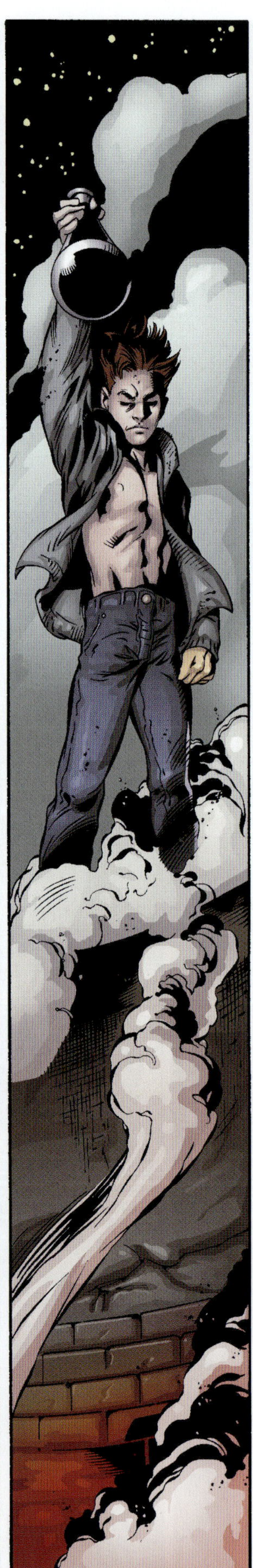
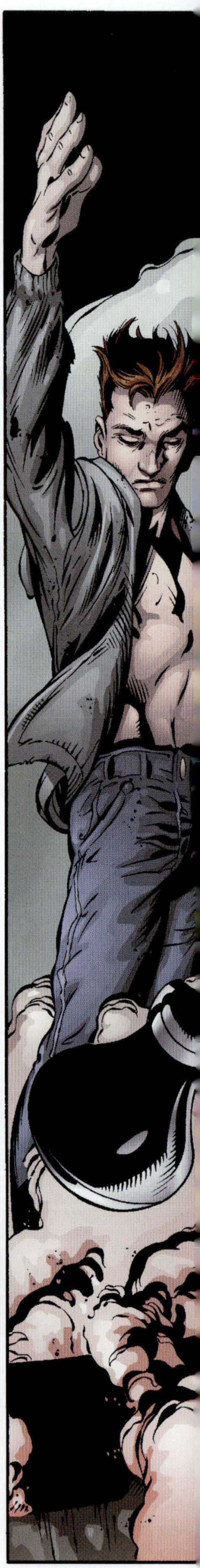

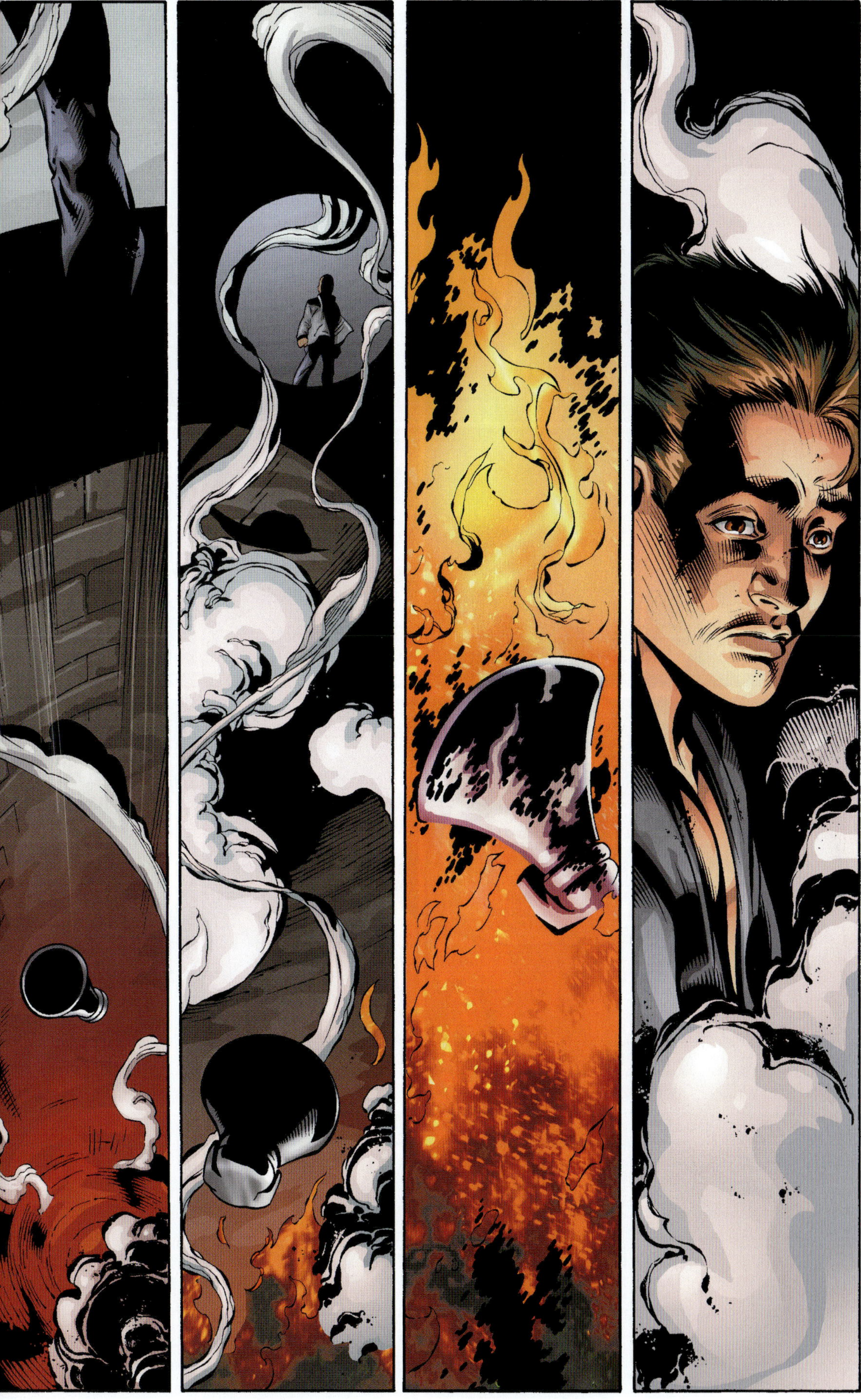

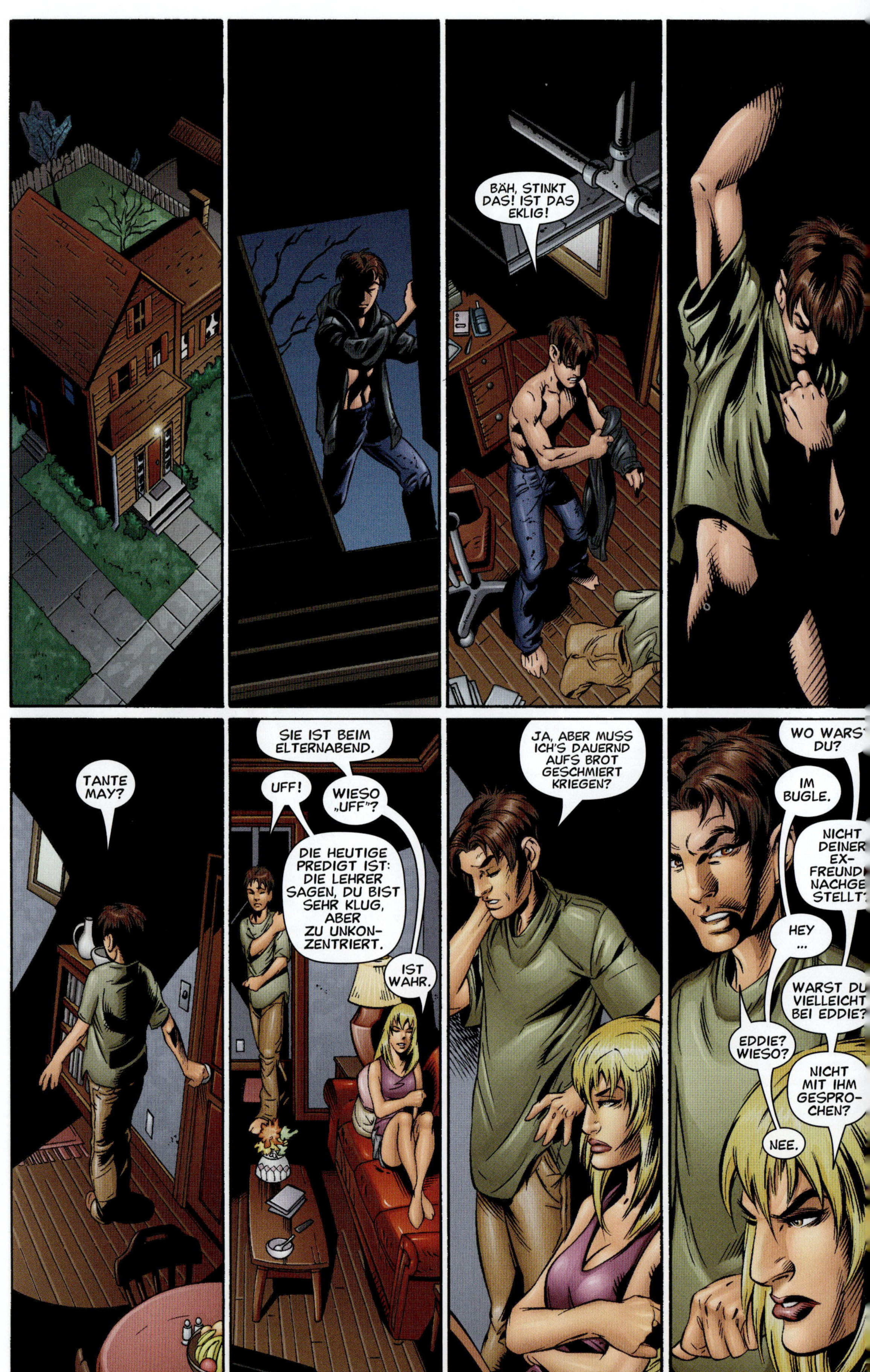
BÄH, STINKT DAS! IST DAS EKLIG!
TANTE MAY?
SIE IST BEIM ELTERNABEND.
UFF!
WIESO „UFF"?
DIE HEUTIGE PREDIGT IST: DIE LEHRER SAGEN, DU BIST SEHR KLUG, ABER ZU UNKON-ZENTRIERT.
IST WAHR.
JA, ABER MUSS ICH'S DAUERND AUFS BROT GESCHMIERT KRIEGEN?
WO WARS DU?
IM BUGLE.
NICHT DEINER EX-FREUND NACHGE STELLT
HEY ...
WARST DU VIELLEICHT BEI EDDIE?
EDDIE? WIESO?
NICHT MIT IHM GESPRO-CHEN?
NEE.

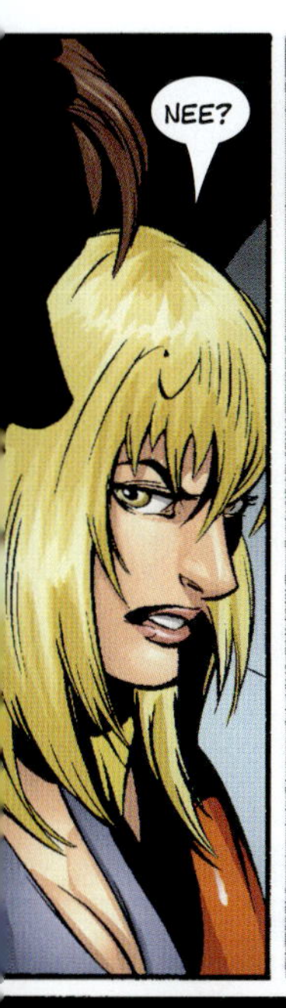
NEE?
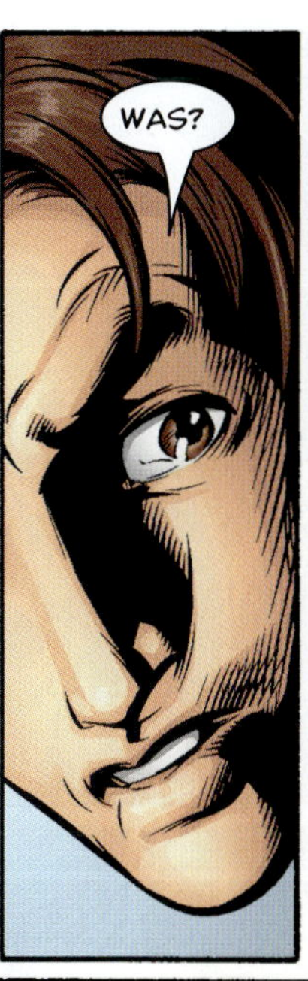
WAS?
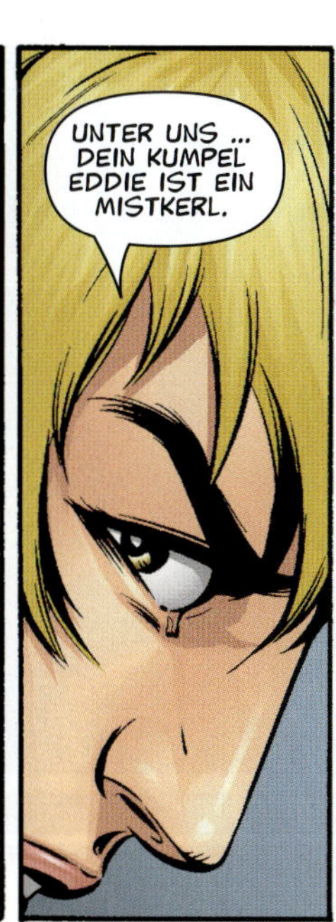
UNTER UNS ... DEIN KUMPEL EDDIE IST EIN MISTKERL.
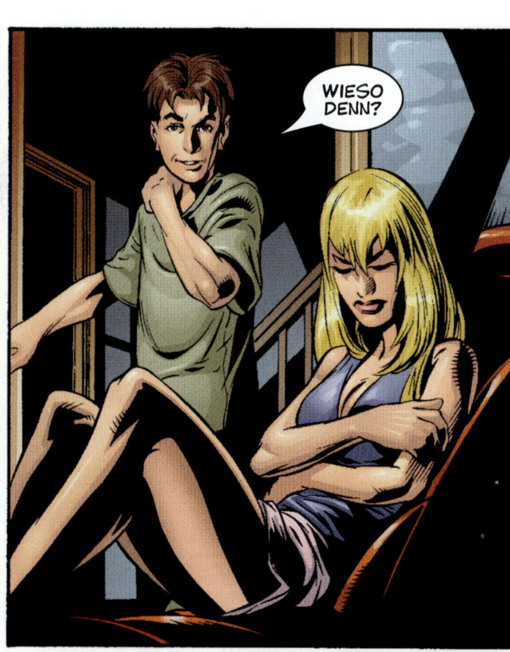
WIESO DENN?
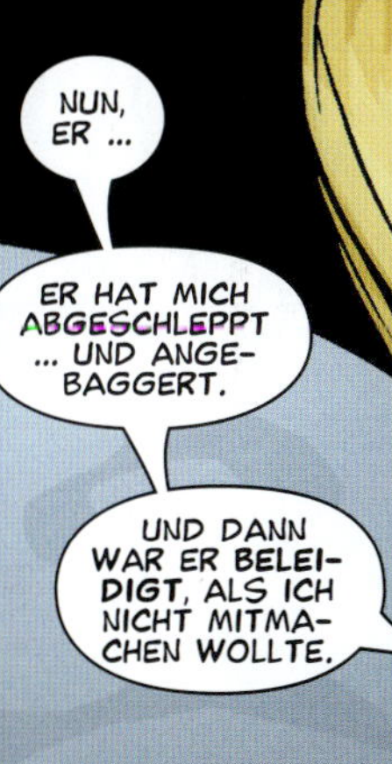
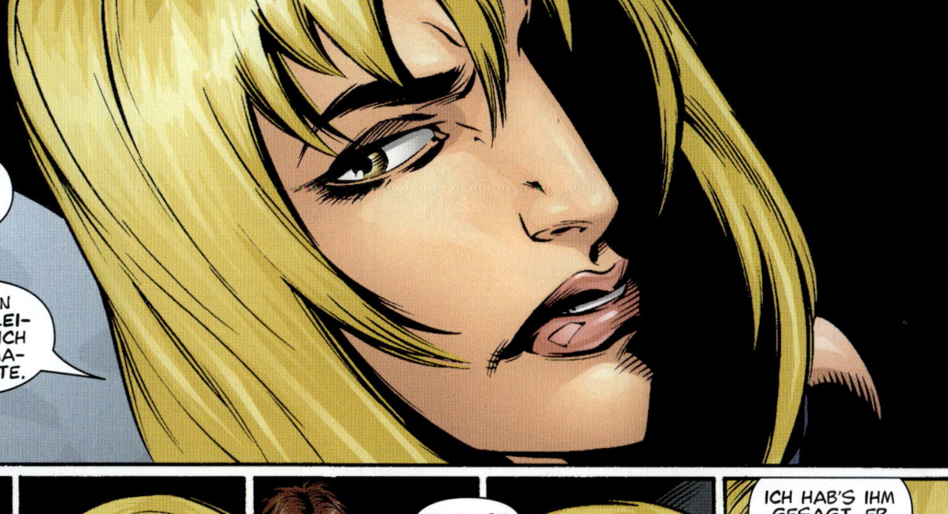
NUN, ER ...
ER HAT MICH ABGESCHLEPPT ... UND ANGE-BAGGERT.
UND DANN WAR ER BELEI-DIGT, ALS ICH NICHT MITMA-CHEN WOLLTE.
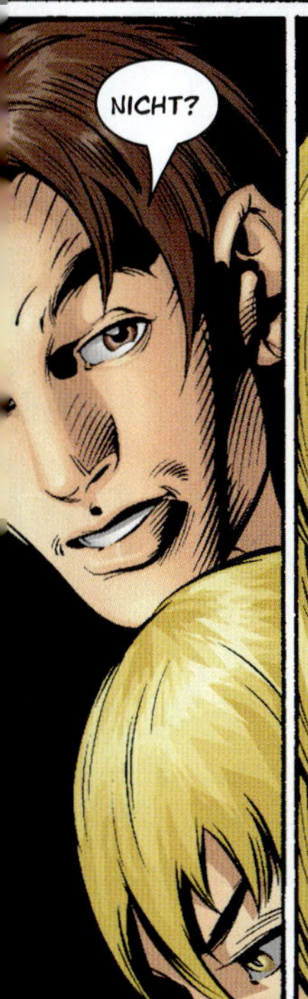
NICHT?
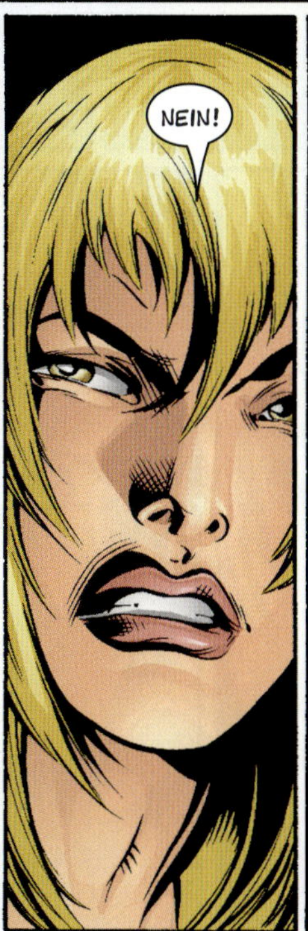
NEIN!
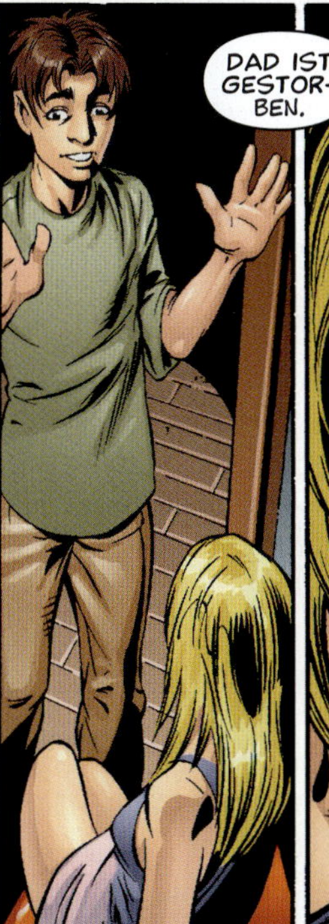
DAD IST GESTOR-BEN.
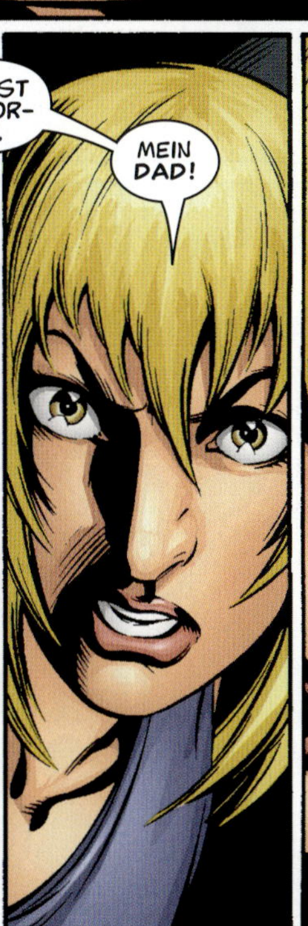
MEIN DAD!
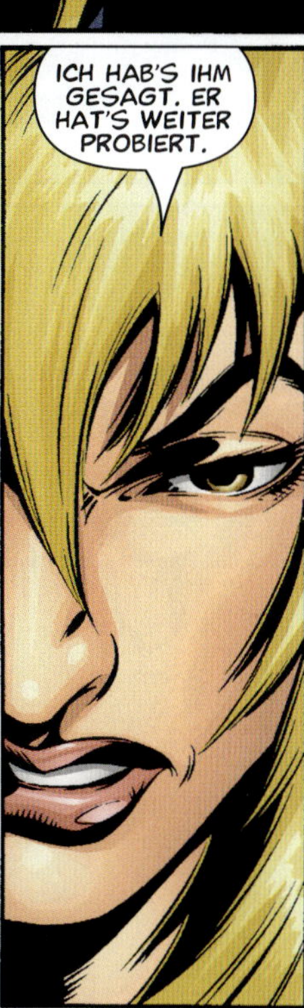
ICH HAB'S IHM GESAGT. ER HAT'S WEITER PROBIERT.

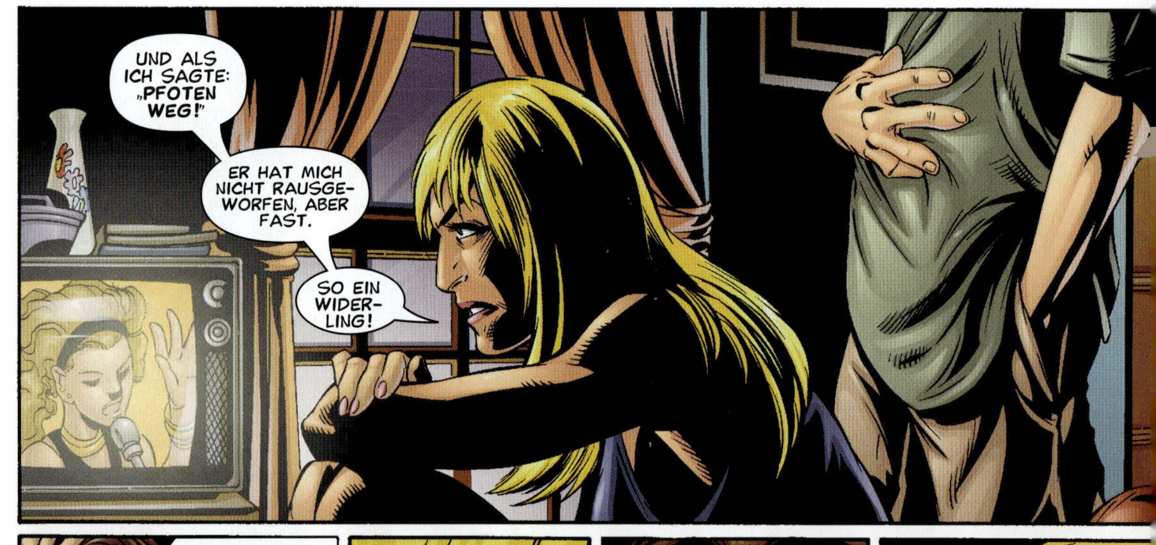
UND ALS ICH SAGTE: „PFOTEN WEG!“
ER HAT MICH NICHT RAUSGEWORFEN, ABER FAST.
SO EIN WIDERLING!

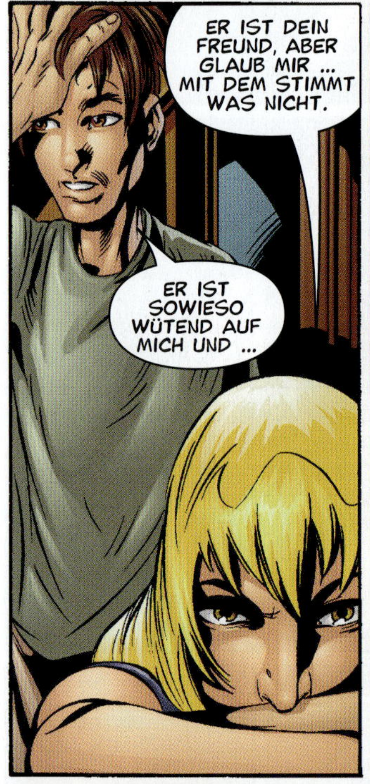
ER IST DEIN FREUND, ABER GLAUB MIR ... MIT DEM STIMMT WAS NICHT.
ER IST SOWIESO WÜTEND AUF MICH UND ...

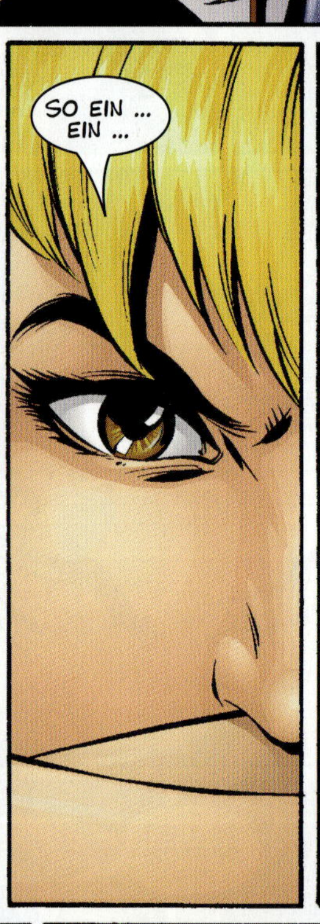
SO EIN ... EIN ...

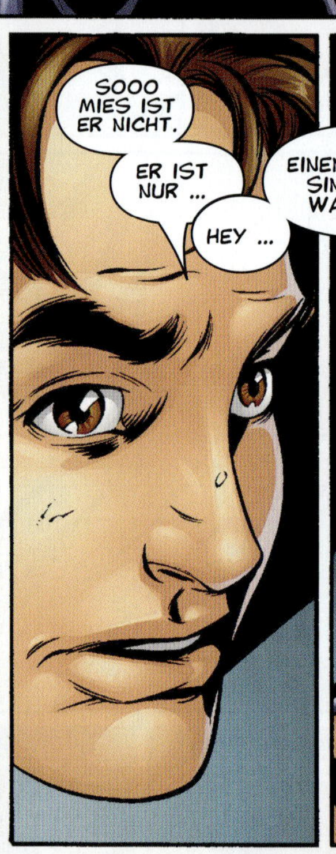
SOOO MIES IST ER NICHT.
ER IST NUR ...
HEY ...

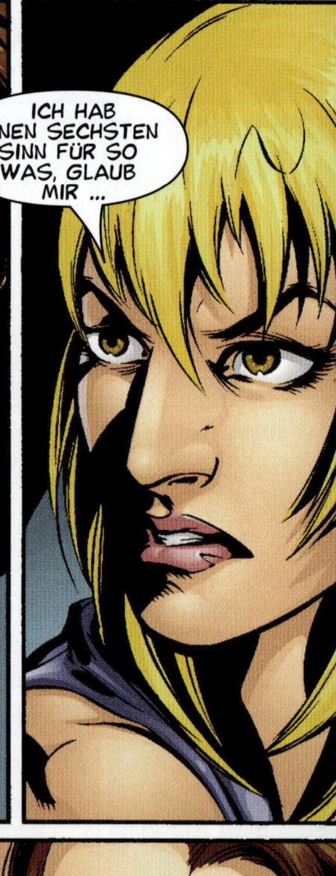
ICH HAB EINEN SECHSTEN SINN FÜR SO WAS, GLAUB MIR ...

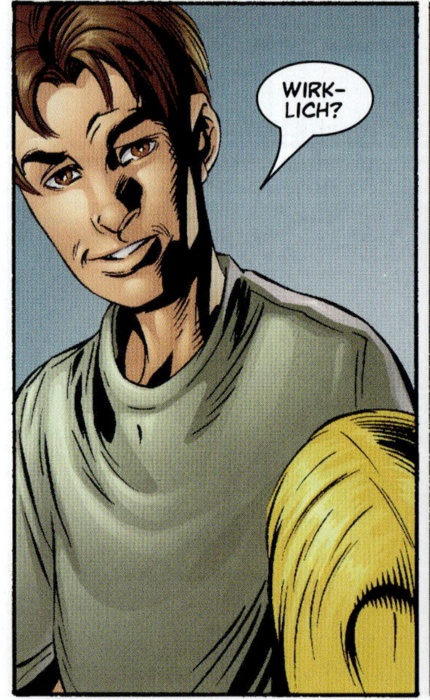
WIRKLICH?

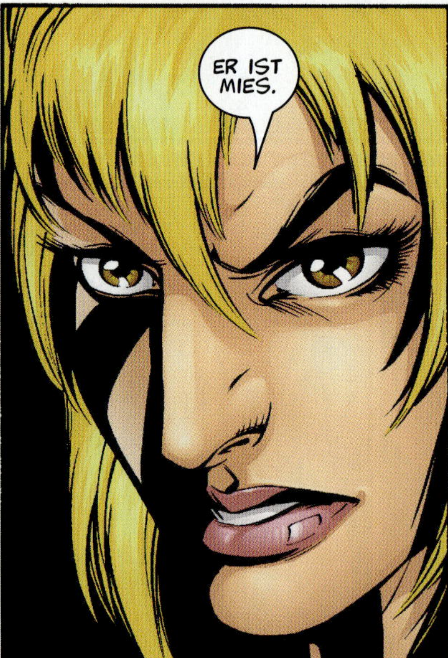
ER IST MIES.

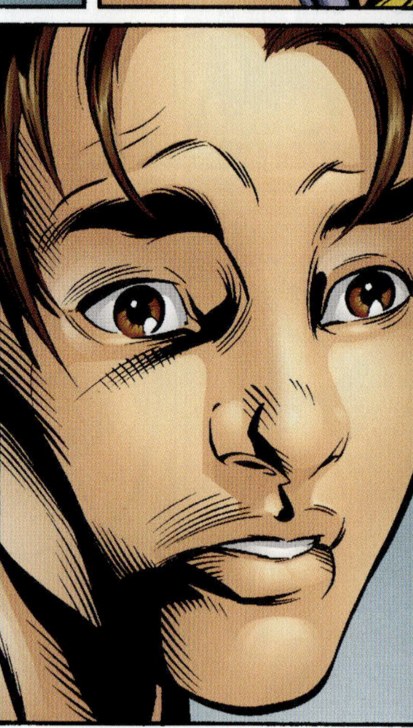

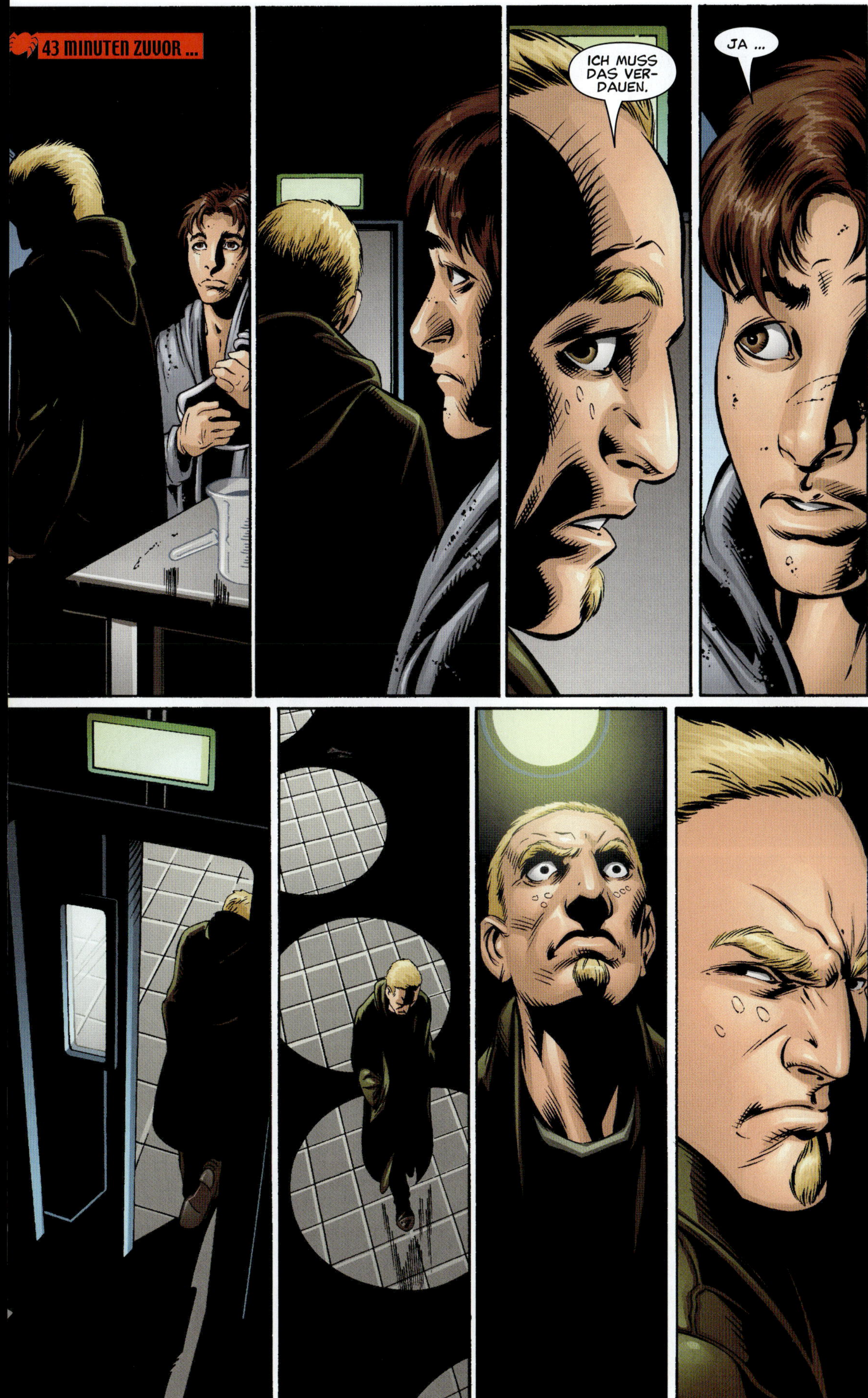
43 MINUTEN ZUVOR ...
ICH MUSS DAS VERDAUEN.
JA ...

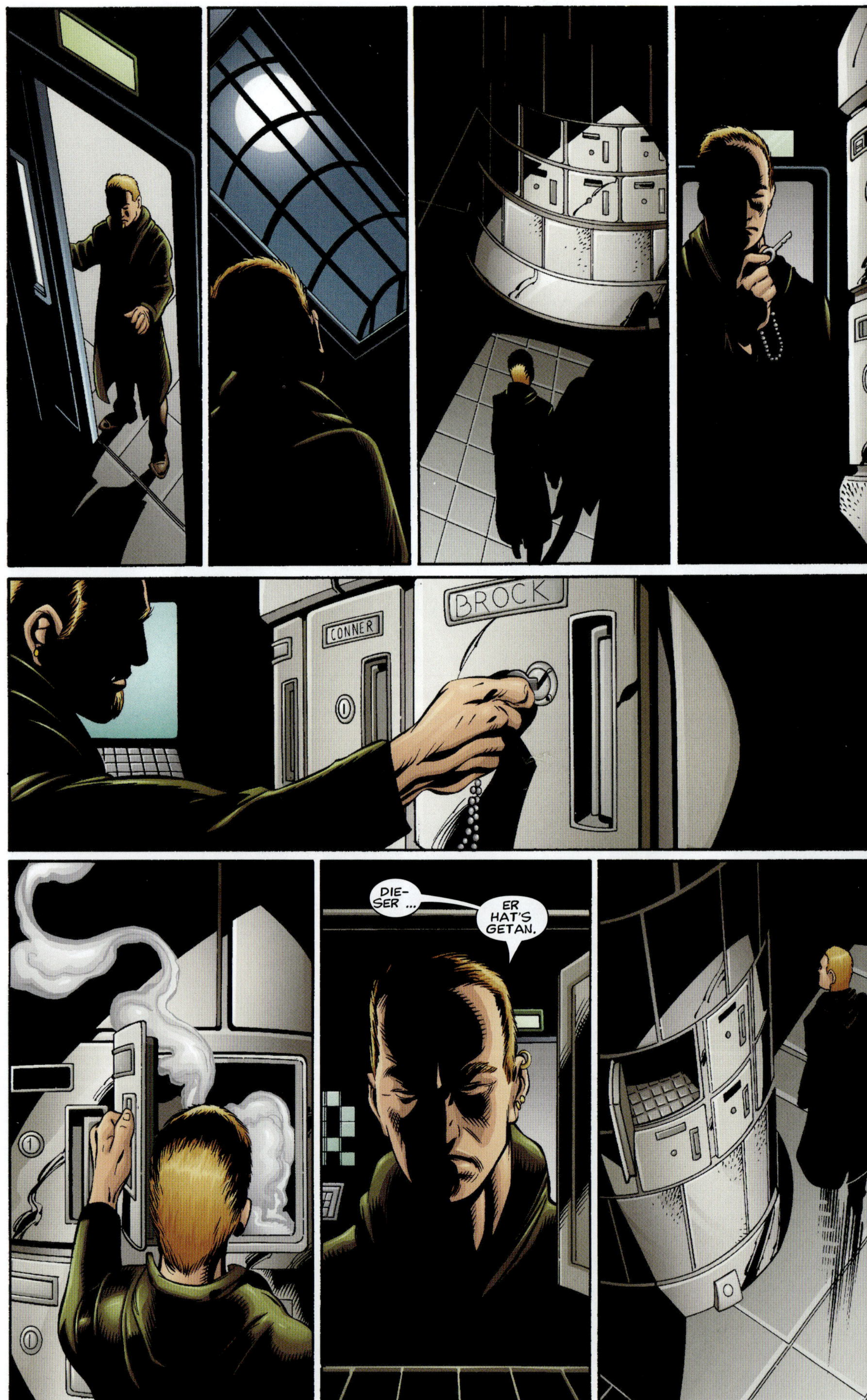
BROCK
CONNER
DIE-
SER ...
ER
HAT'S
GETAN.

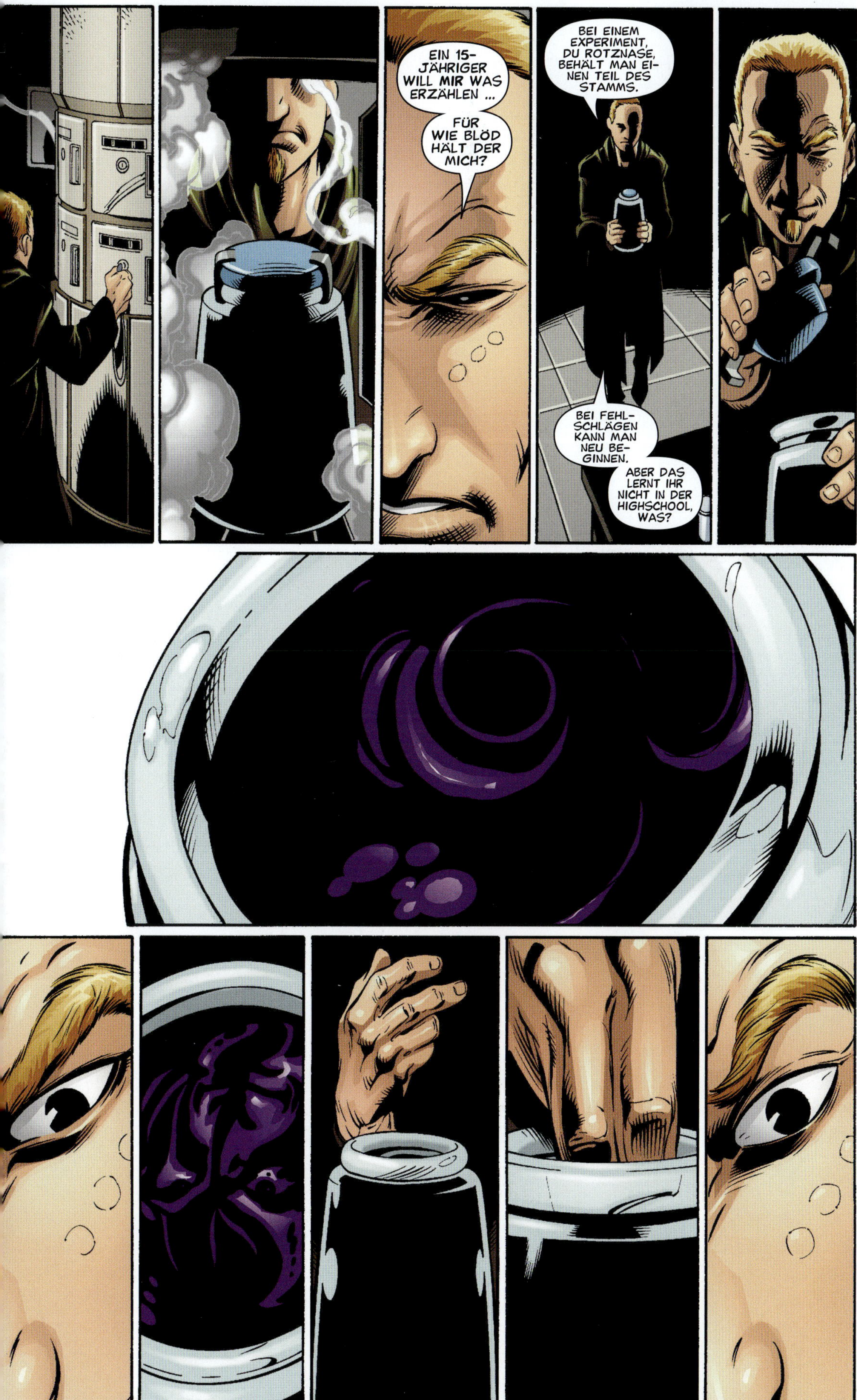

EIN 15-JÄHRIGER WILL MIR WAS ERZÄHLEN ...
FÜR WIE BLÖD HÄLT DER MICH?
BEI EINEM EXPERIMENT, DU ROTZNASE, BEHÄLT MAN EINEN TEIL DES STAMMS.
BEI FEHLSCHLÄGEN KANN MAN NEU BEGINNEN.
ABER DAS LERNT IHR NICHT IN DER HIGHSCHOOL, WAS?

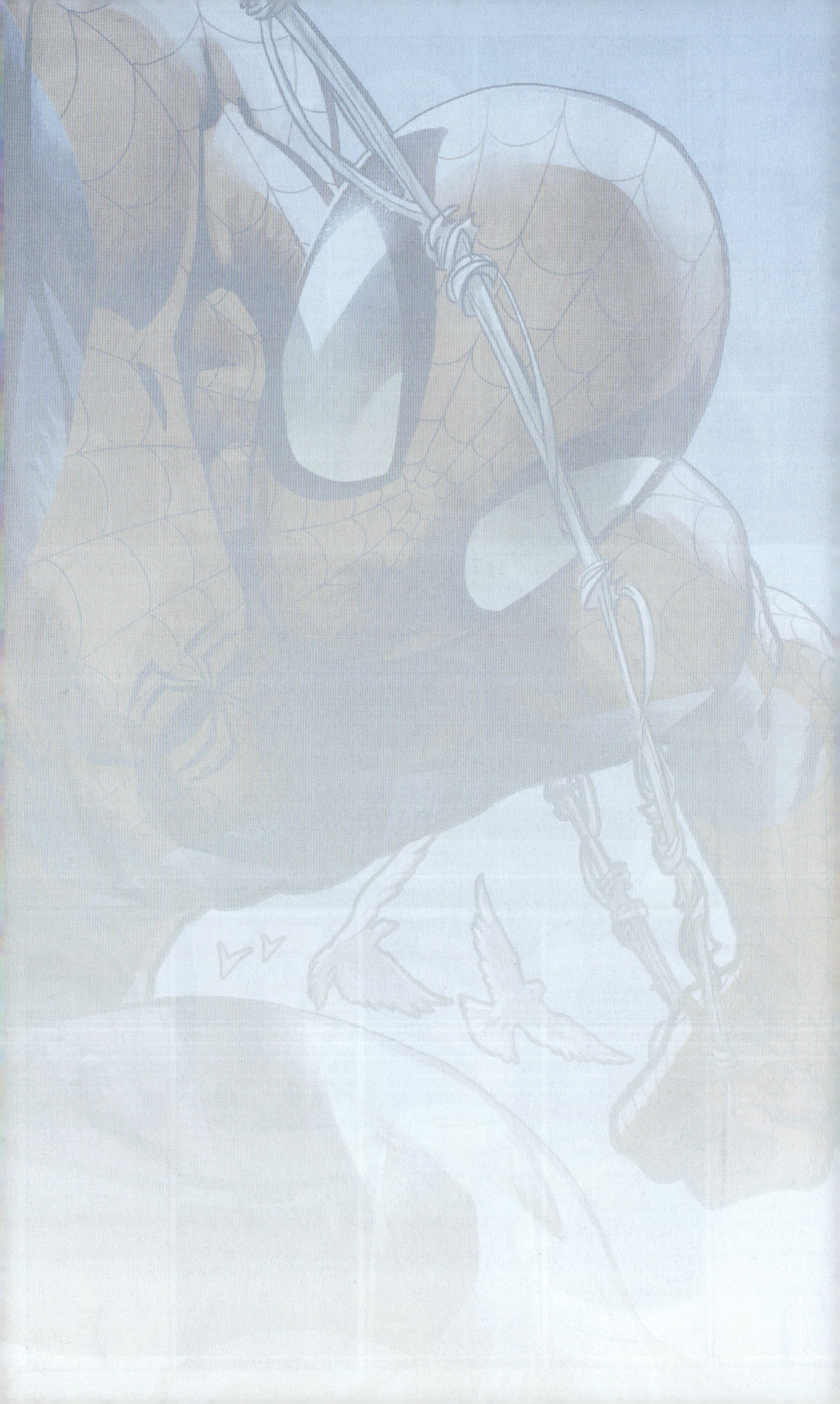

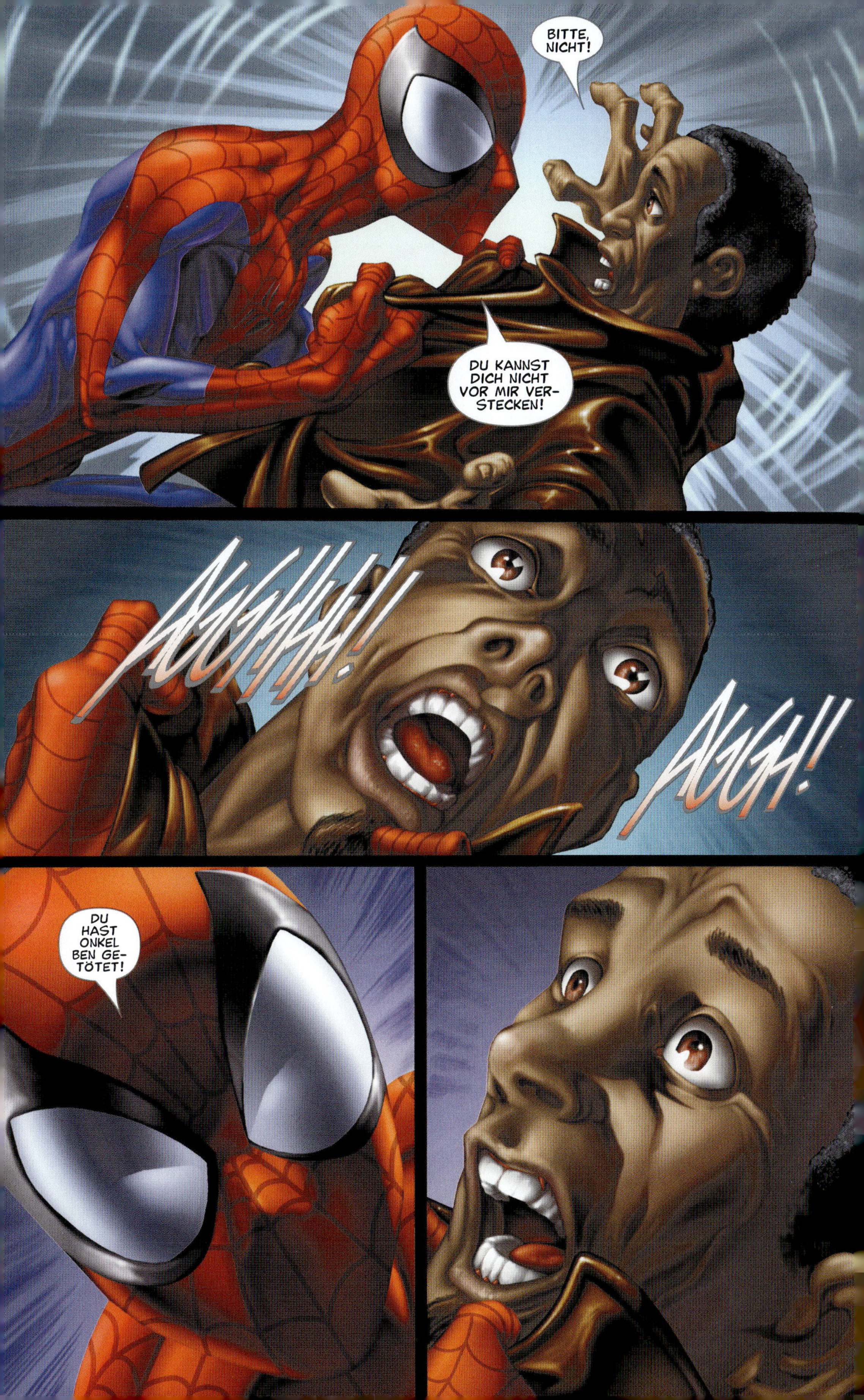
BITTE, NICHT!
DU KANNST DICH NICHT VOR MIR VERSTECKEN!
AAAGHHH!
AAGH!
DU HAST ONKEL BEN GETÖTET!

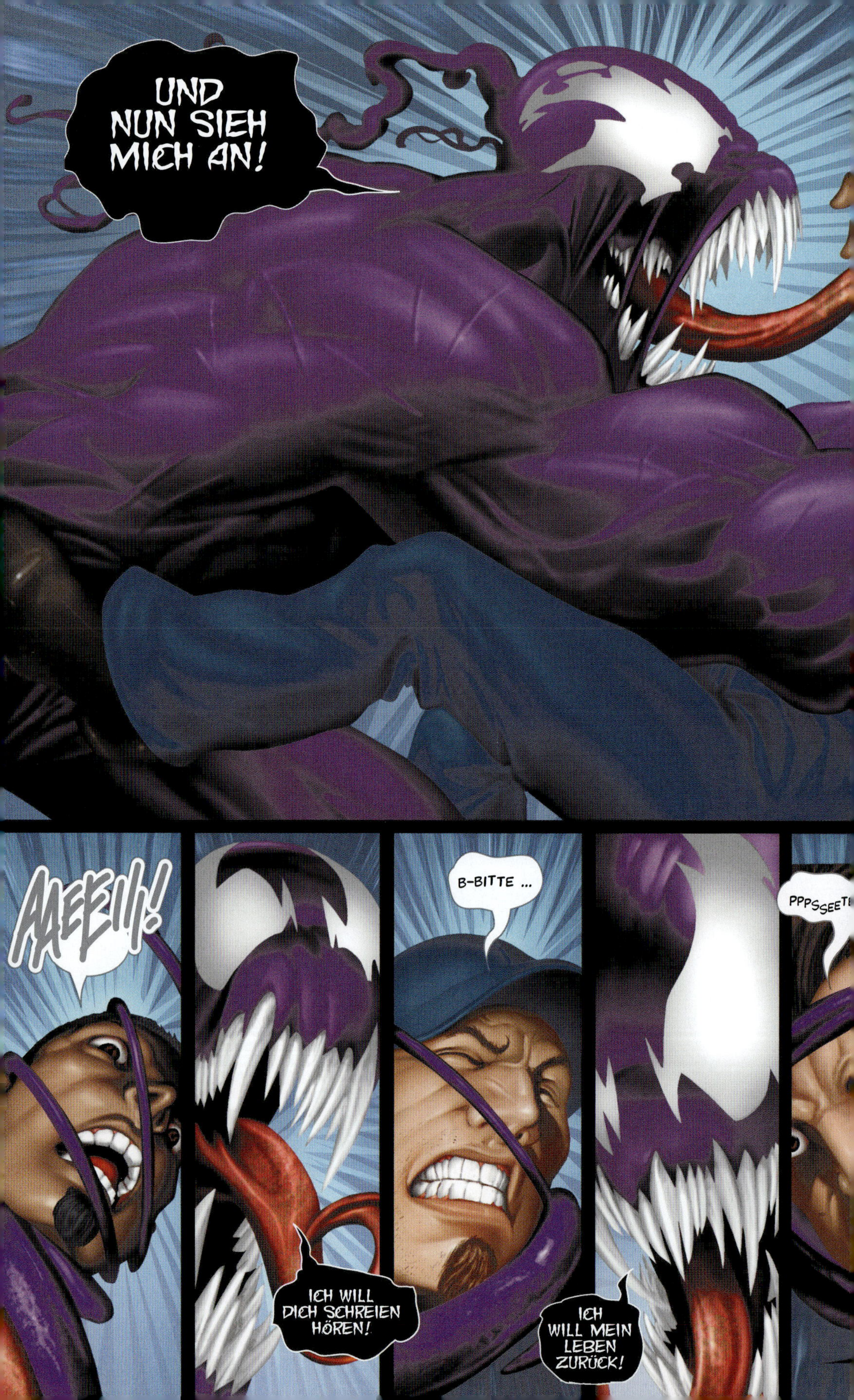
UND NUN SIEH MICH AN!
AAEEIII!
ICH WILL DICH SCHREIEN HÖREN!
B-BITTE ...
ICH WILL MEIN LEBEN ZURÜCK!
PPPSSEET

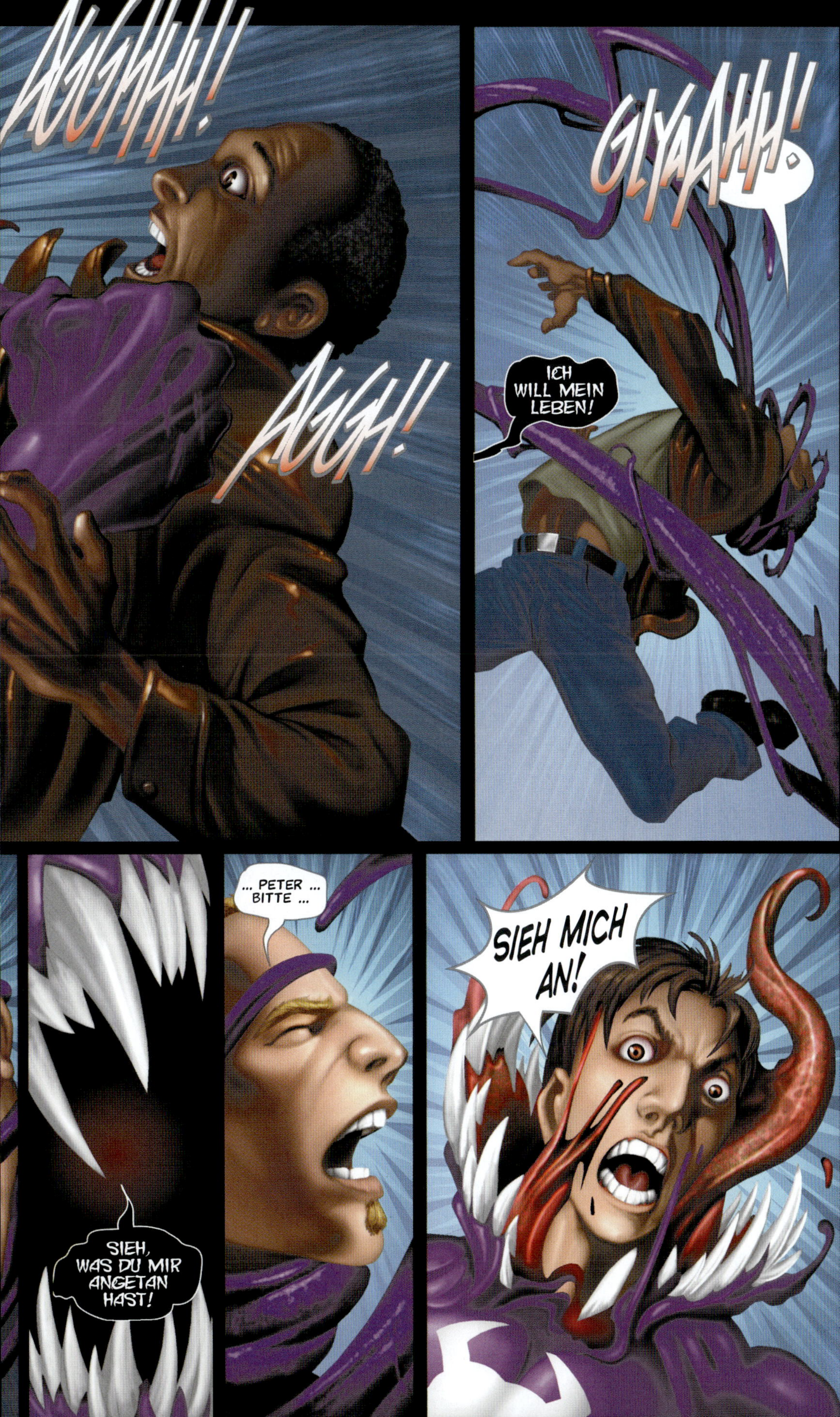

AUGHHH!
AUGH!

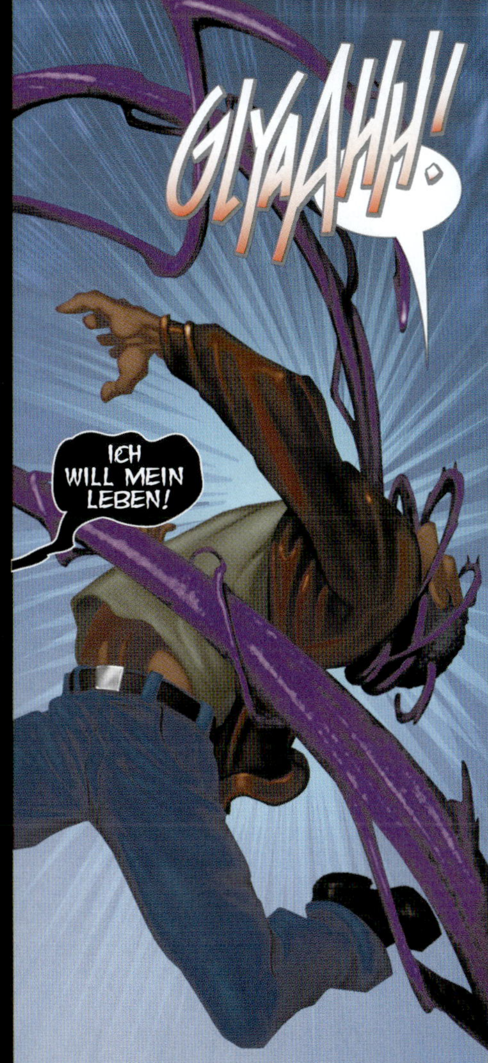
GLYAAHH!
ICH WILL MEIN LEBEN!

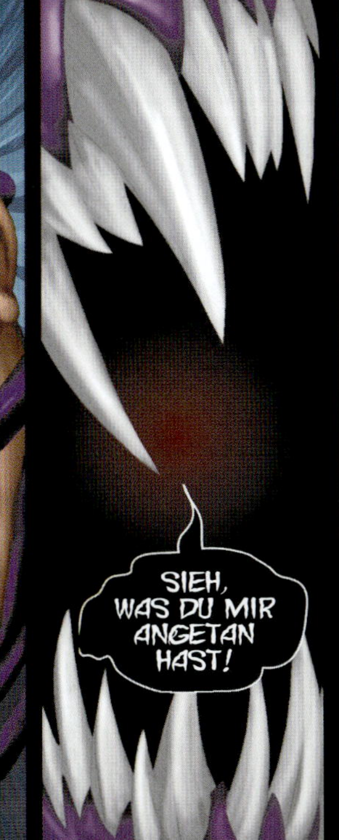
SIEH, WAS DU MIR ANGETAN HAST!

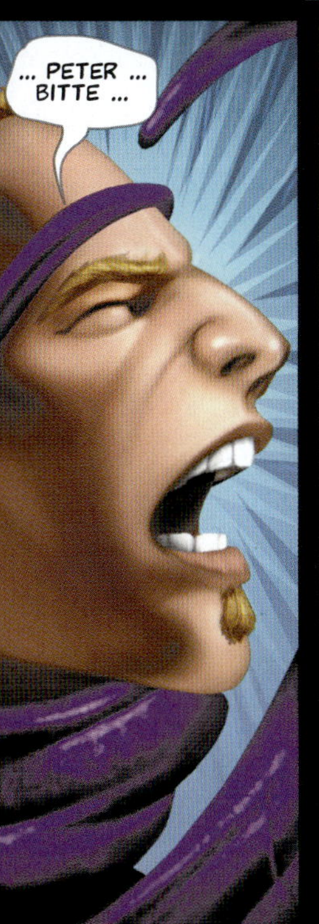
... PETER ... BITTE ...

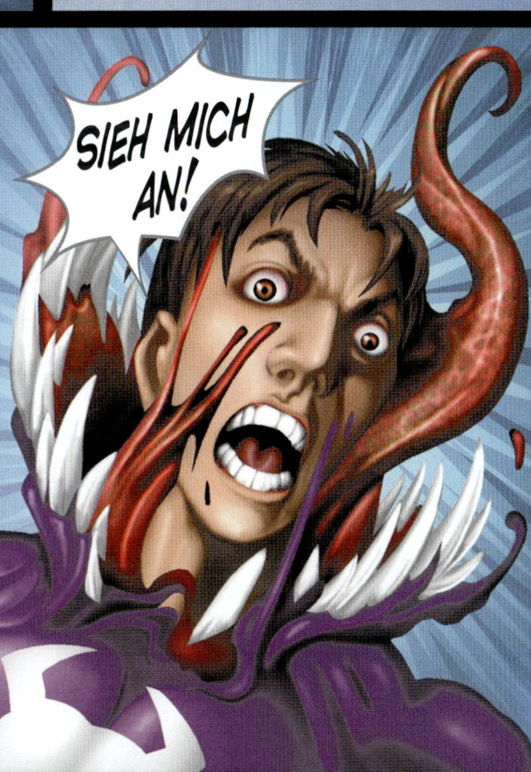
SIEH MICH AN!

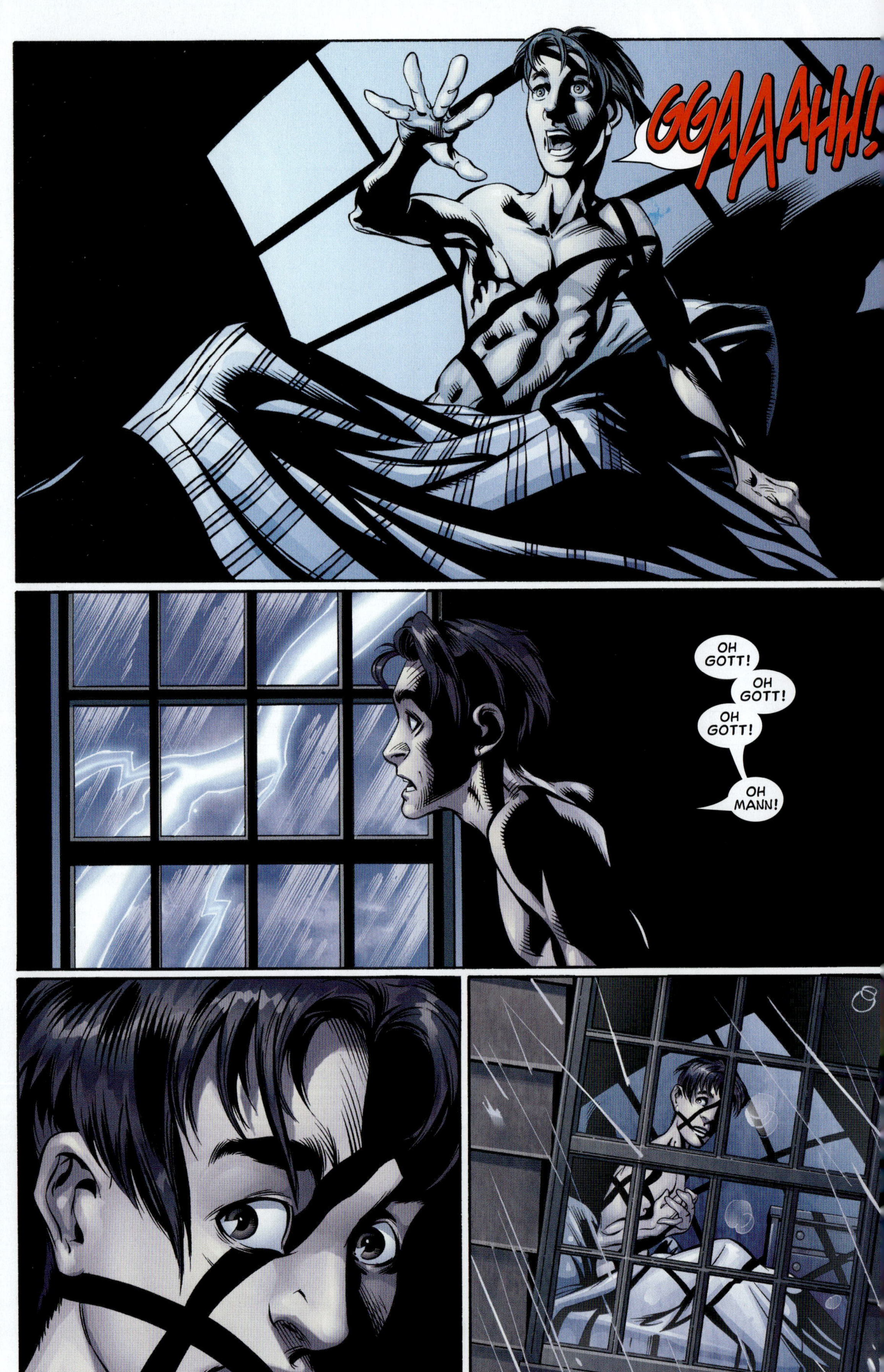
GGAAAHH!
OH GOTT!
OH GOTT!
OH GOTT!
OH MANN!

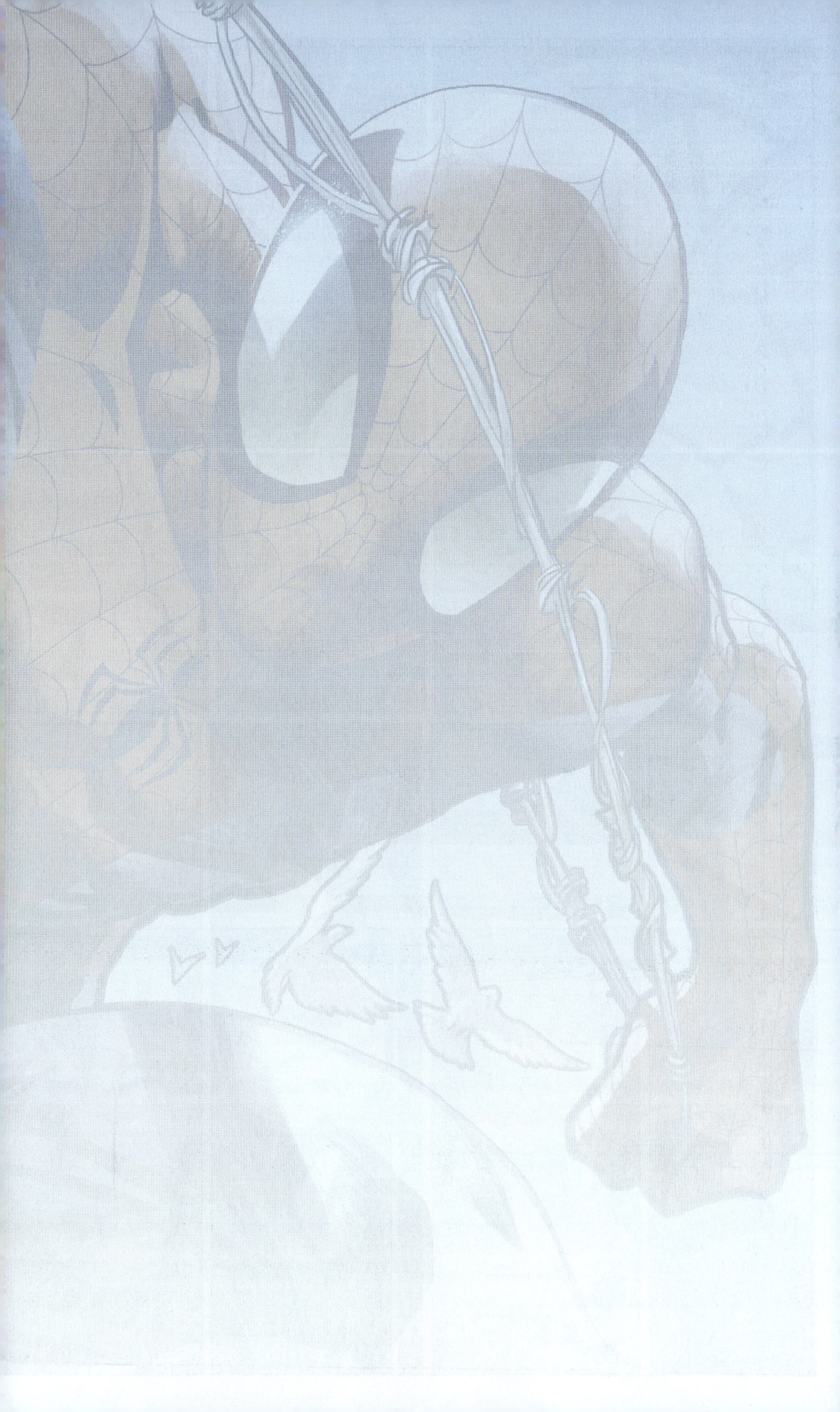

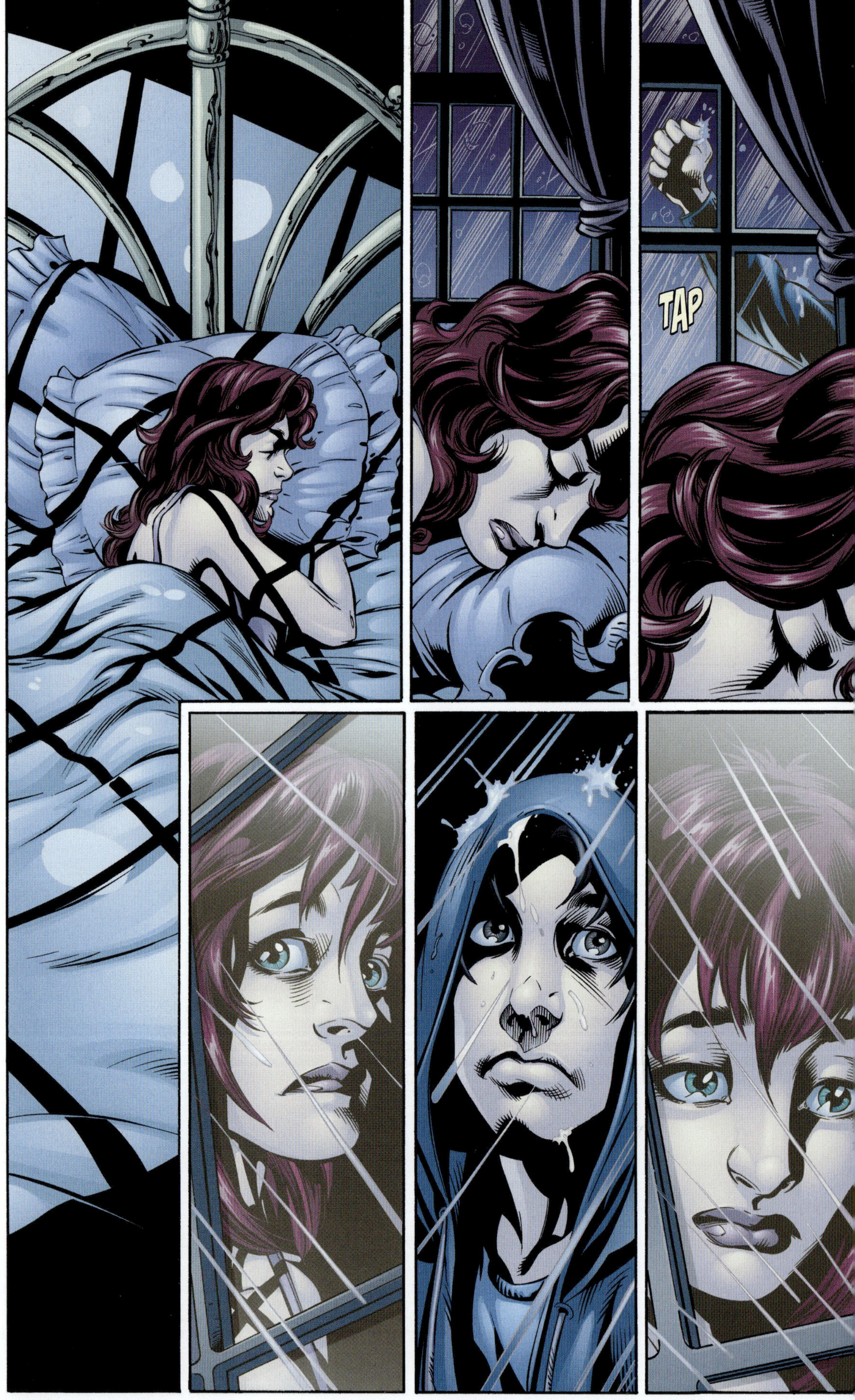
TAP

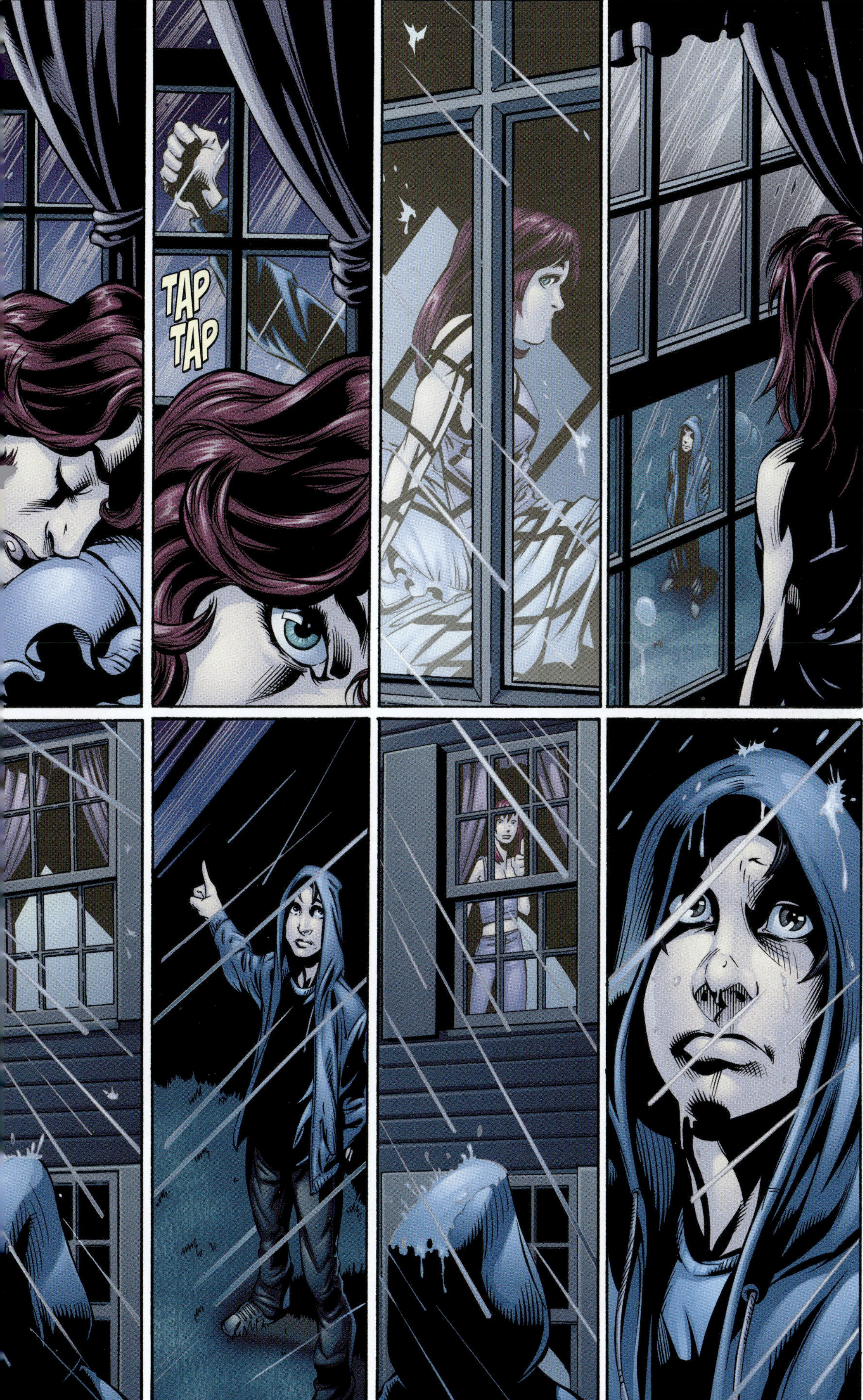
TAP
TAP

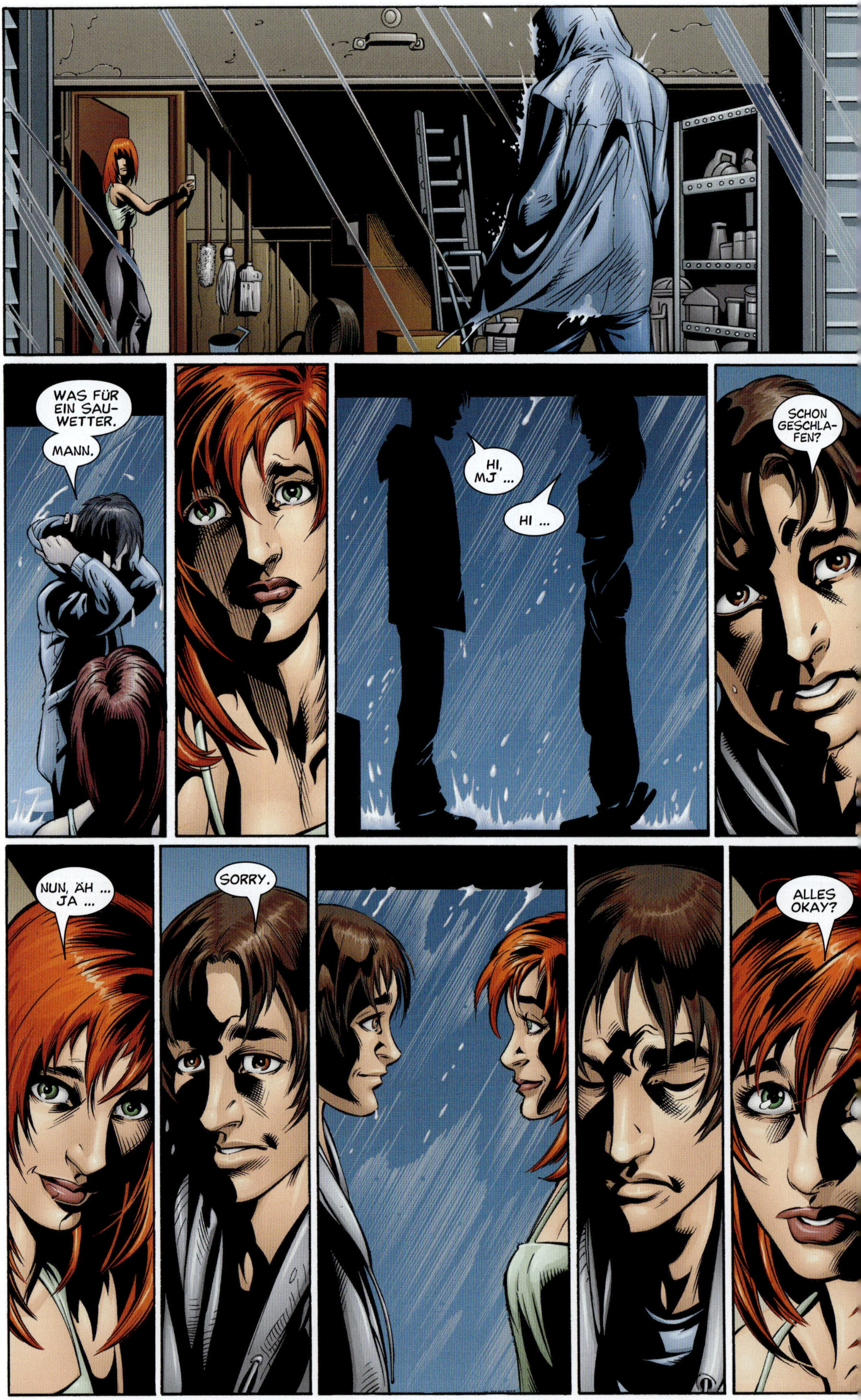

WAS FÜR EIN SAU-WETTER.
MANN.
HI, MJ ...
HI ...
SCHON GESCHLA-FEN?

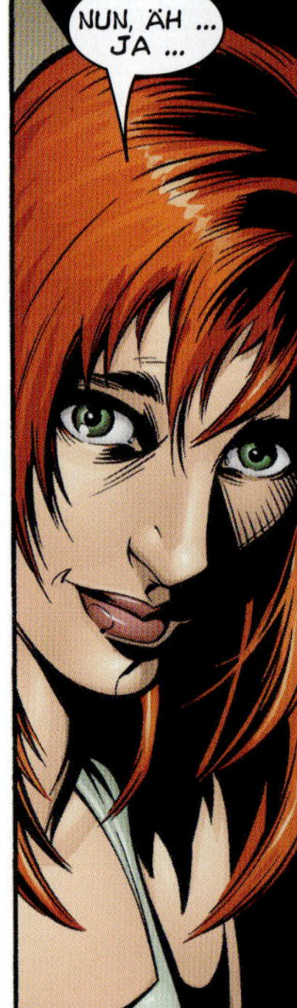
NUN, ÄH ... JA ...

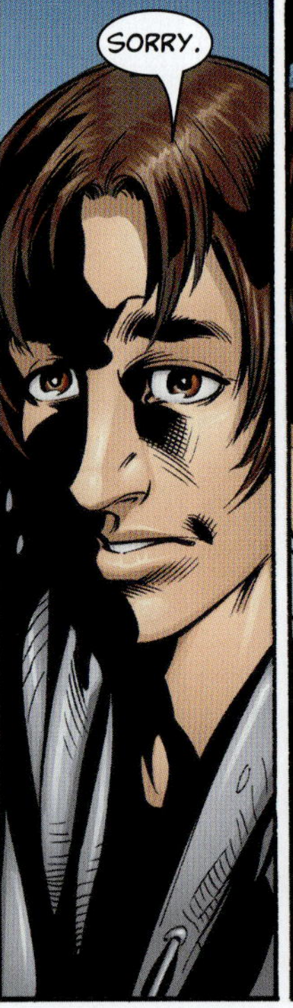
SORRY.

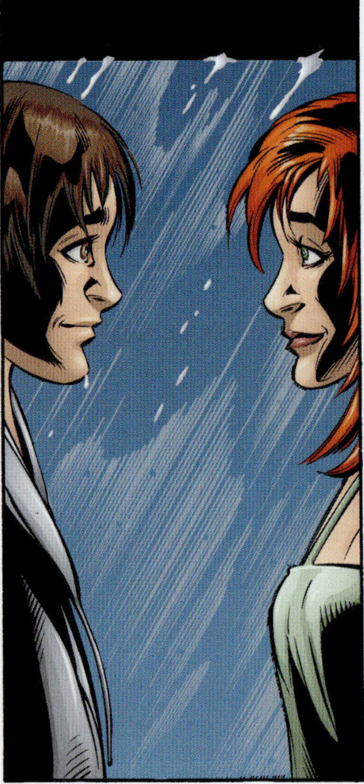

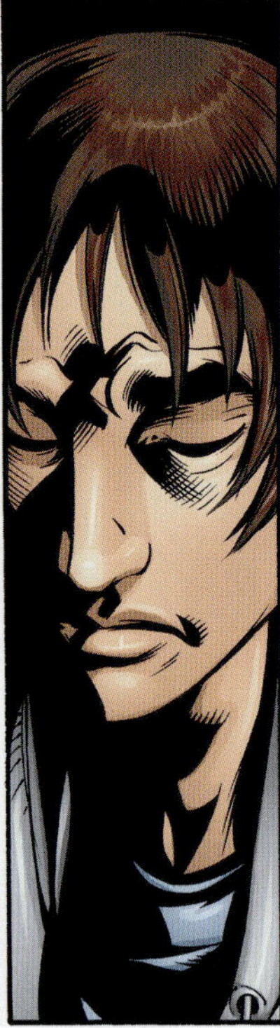

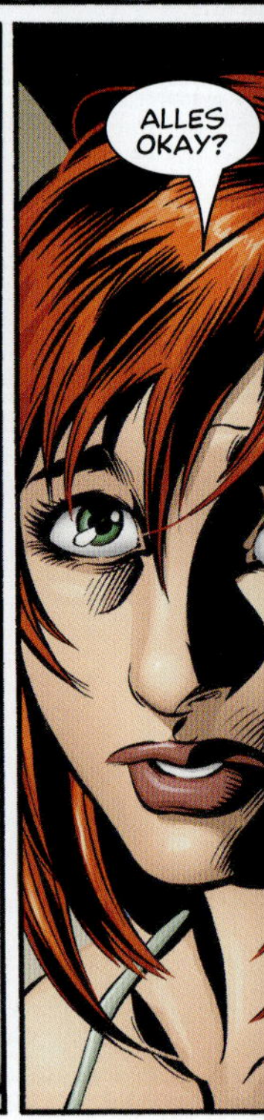
ALLES OKAY?

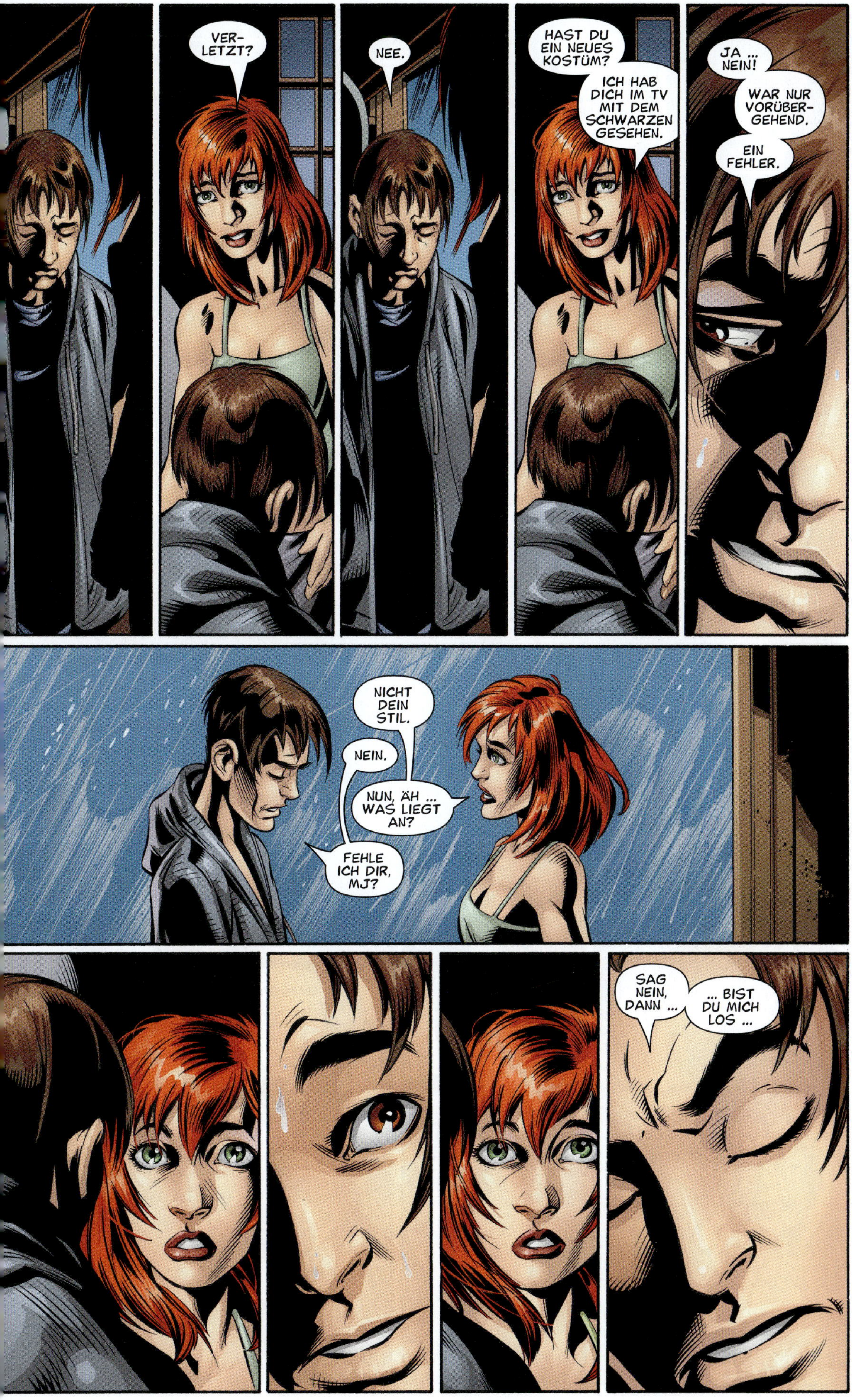

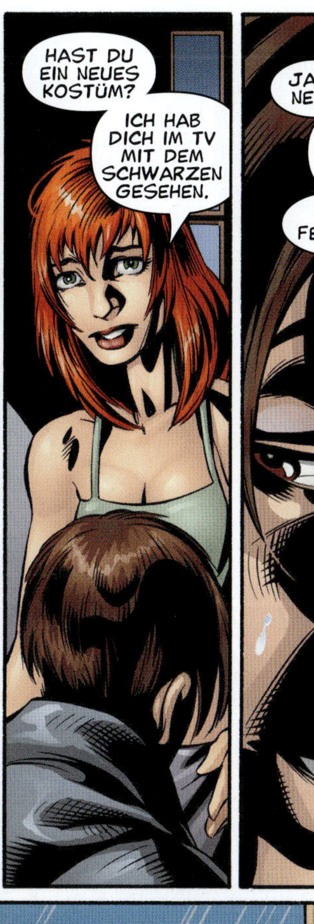
VER-LETZT?
NEE.
HAST DU EIN NEUES KOSTÜM?
ICH HAB DICH IM TV MIT DEM SCHWARZEN GESEHEN.

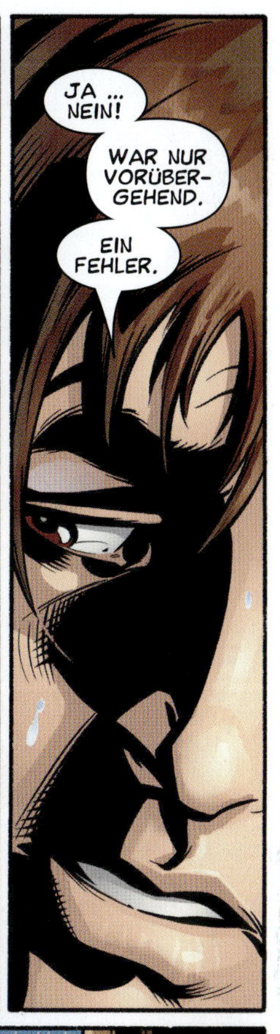
JA ... NEIN!
WAR NUR VORÜBER-GEHEND.
EIN FEHLER.

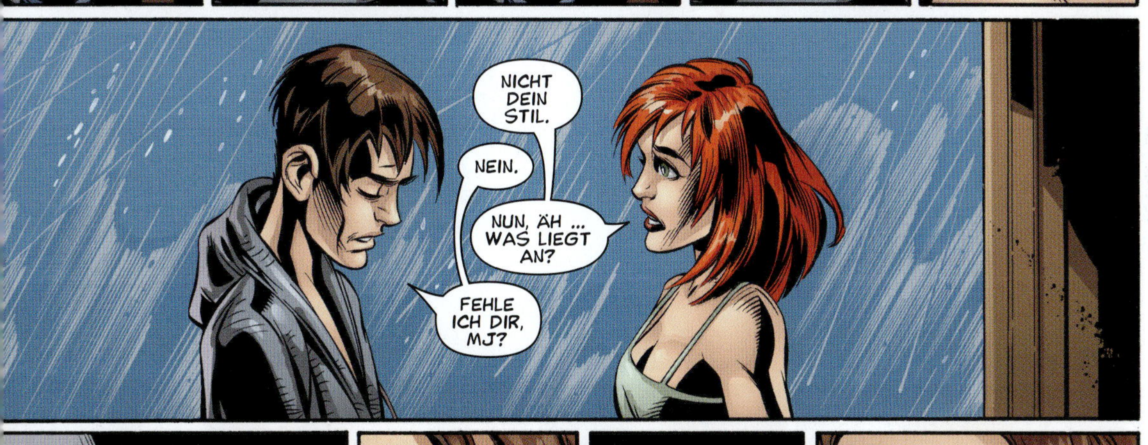
NICHT DEIN STIL.
NEIN.
NUN, ÄH ... WAS LIEGT AN?
FEHLE ICH DIR, MJ?

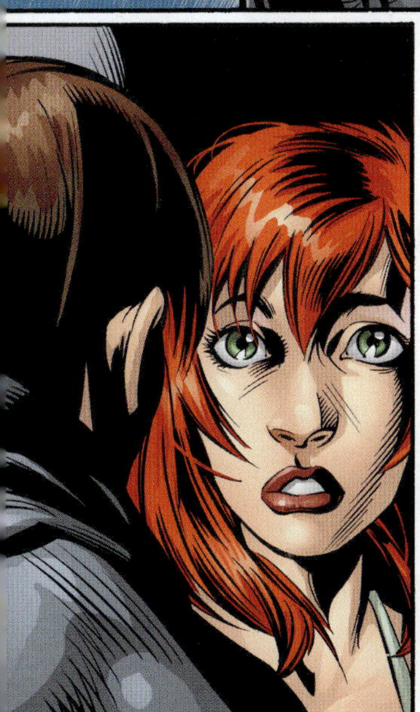

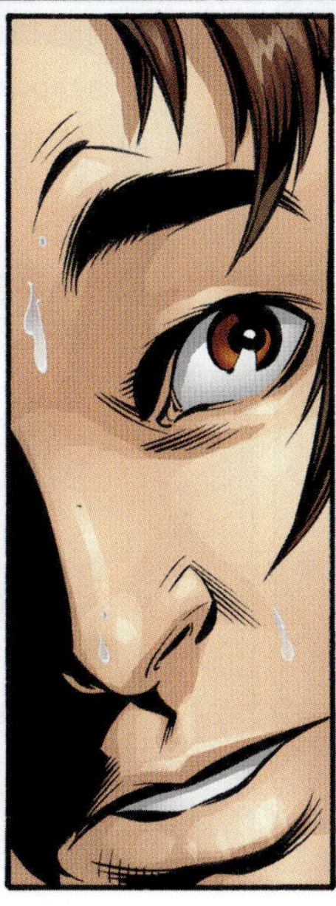

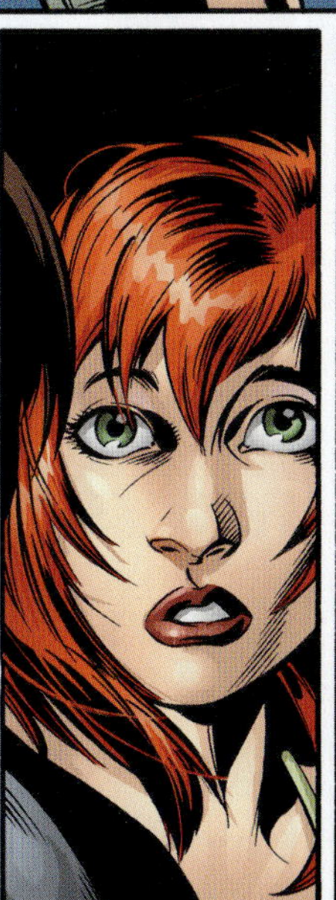

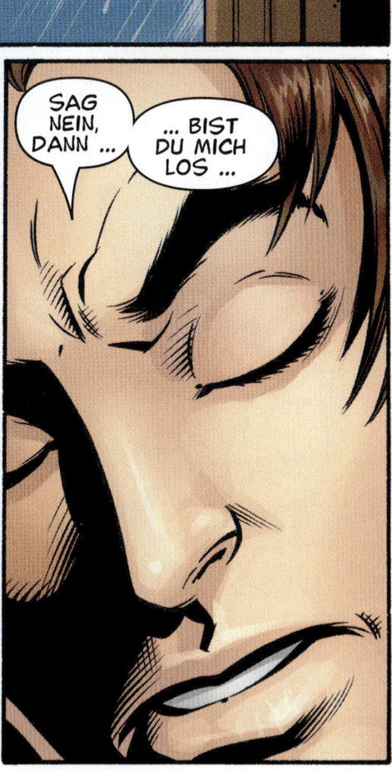
SAG NEIN, DANN ...
... BIST DU MICH LOS ...

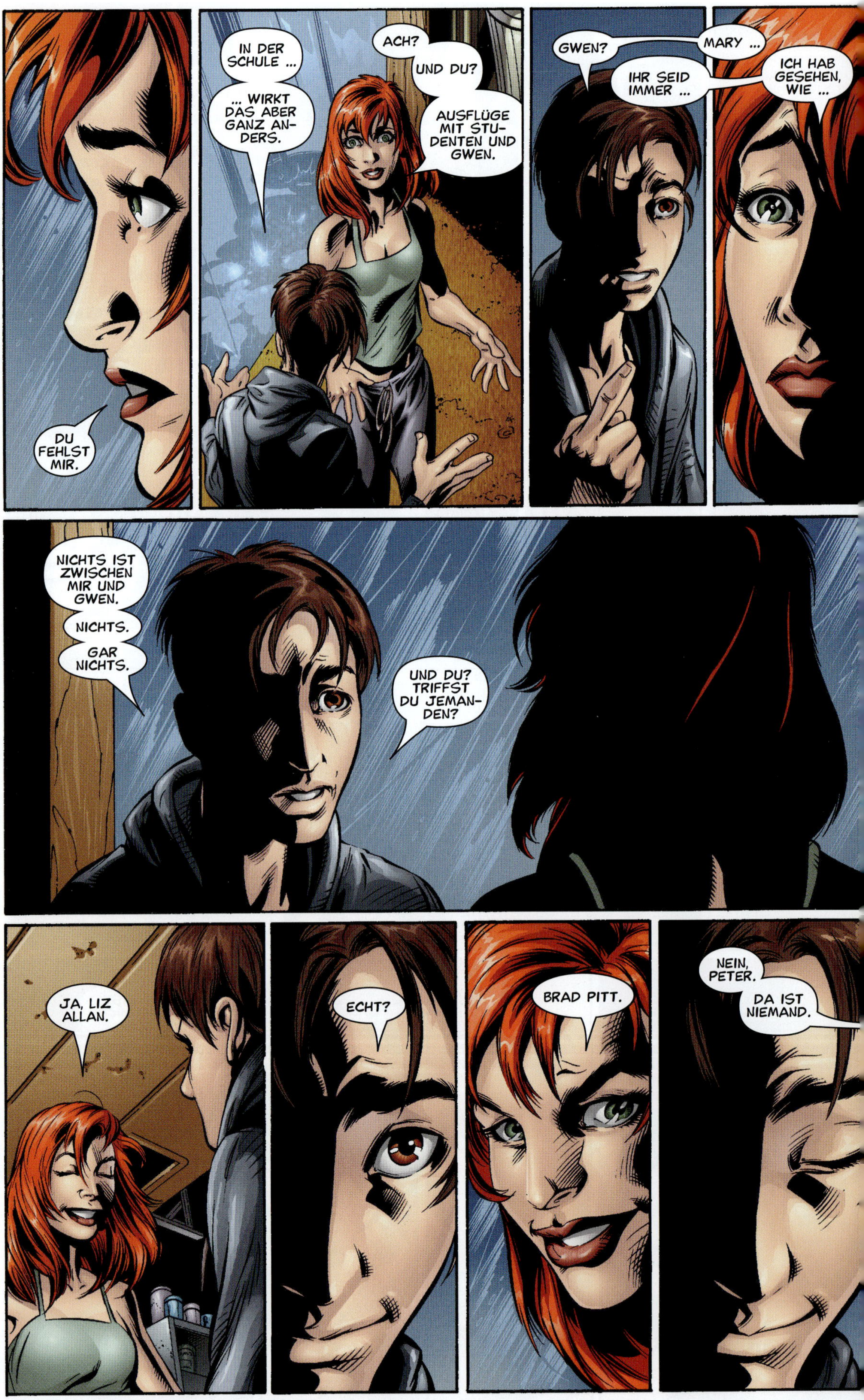

DU FEHLST MIR.
IN DER SCHULE ...
... WIRKT DAS ABER GANZ ANDERS.
ACH?
UND DU?
AUSFLÜGE MIT STUDENTEN UND GWEN.
GWEN?
MARY ...
IHR SEID IMMER ...
ICH HAB GESEHEN, WIE ...

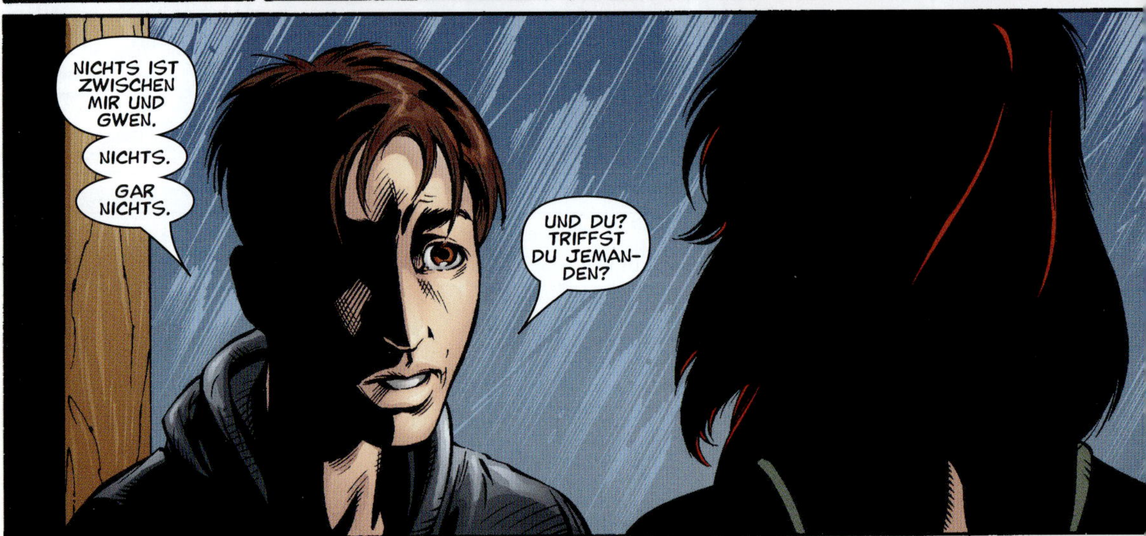

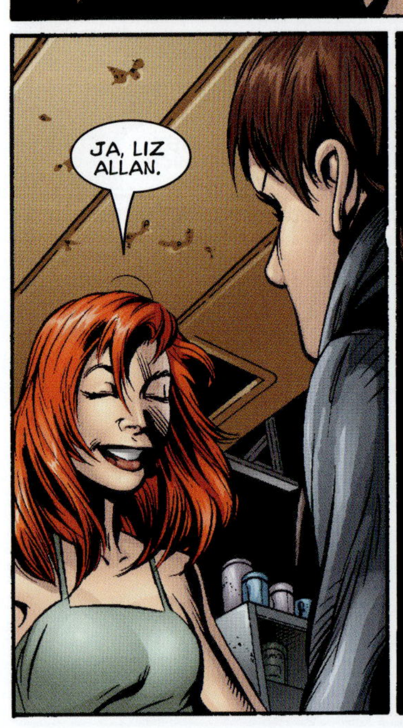

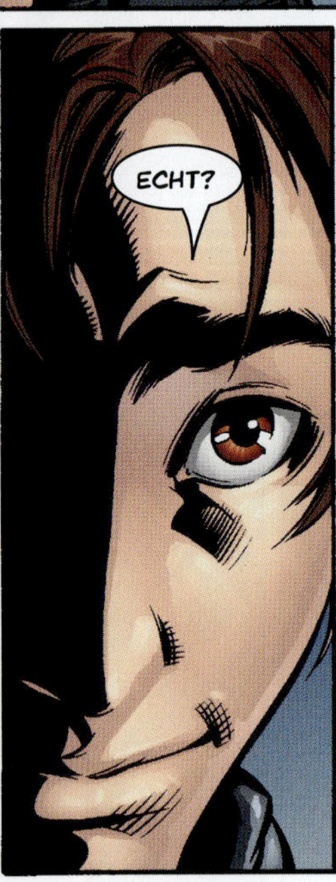

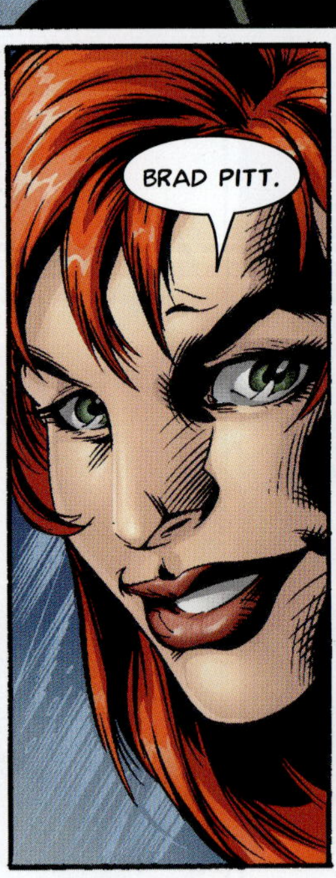

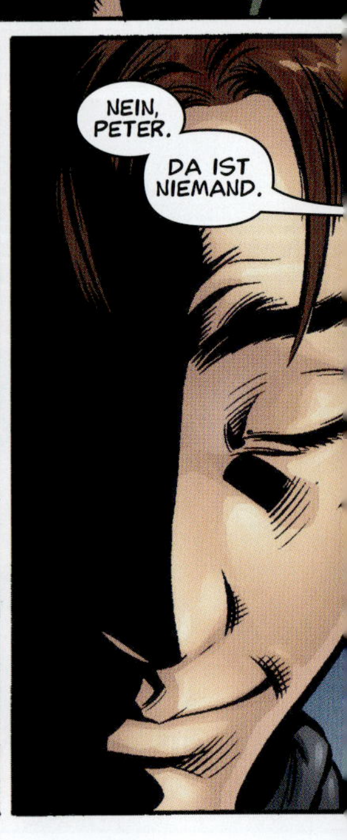

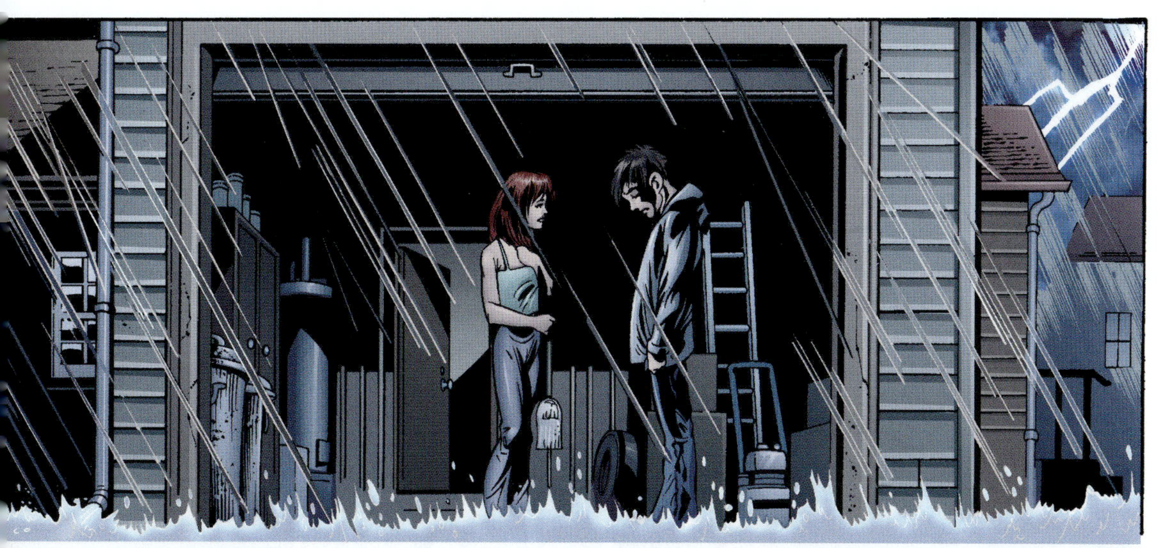

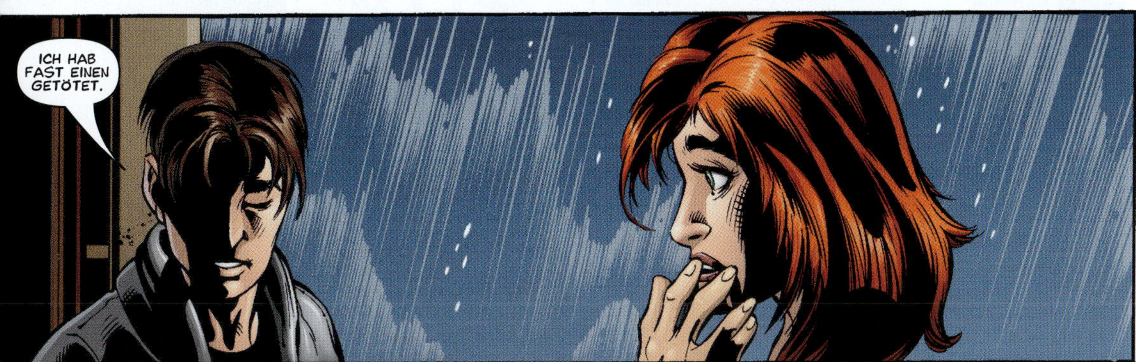
ICH HAB FAST EINEN GETÖTET.

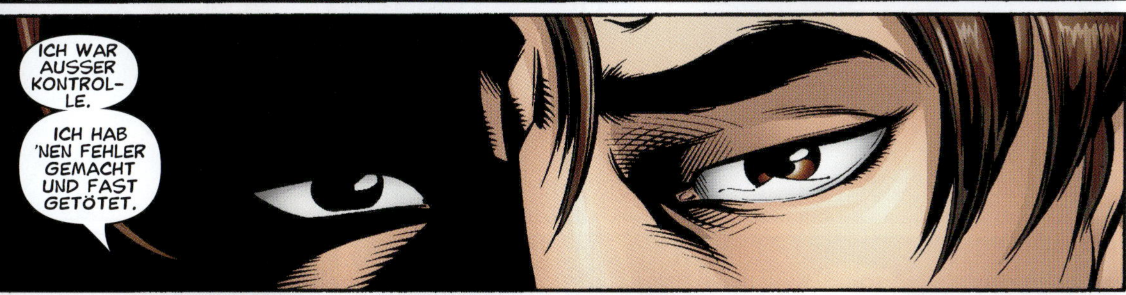
ICH WAR AUSSER KONTROL-LE.
ICH HAB 'NEN FEHLER GEMACHT UND FAST GETÖTET.

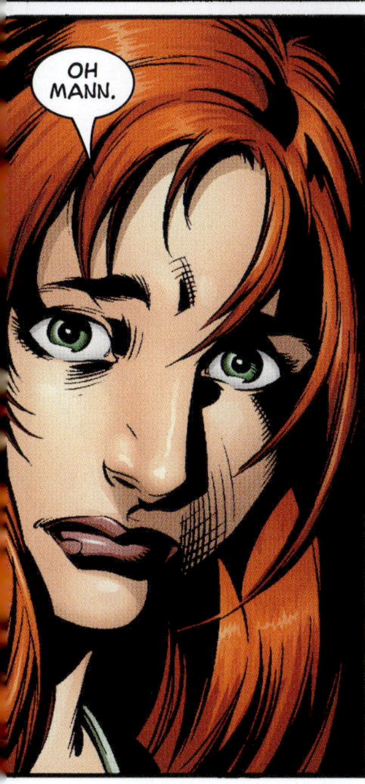
OH MANN.

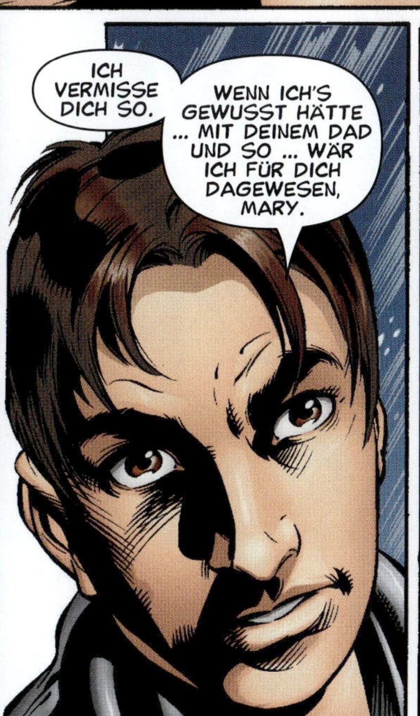
ICH VERMISSE DICH SO.
WENN ICH'S GEWUSST HÄTTE ... MIT DEINEM DAD UND SO ... WÄR ICH FÜR DICH DAGEWESEN, MARY.

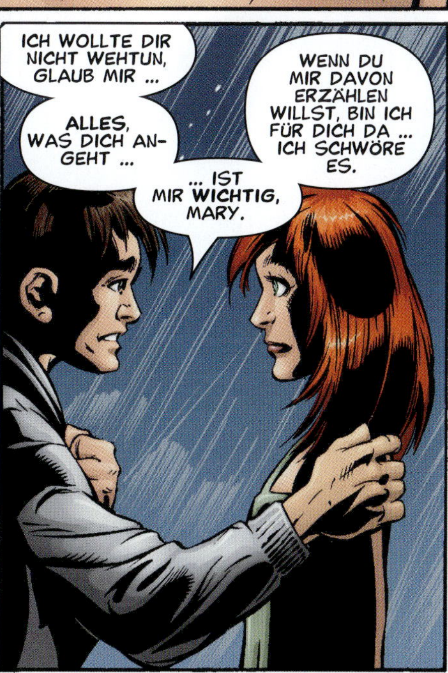
ICH WOLLTE DIR NICHT WEHTUN, GLAUB MIR ...
ALLES, WAS DICH AN-GEHT ...
... IST MIR **WICHTIG**, MARY.
WENN DU MIR DAVON ERZÄHLEN WILLST, BIN ICH FÜR DICH DA ... ICH SCHWÖRE ES.

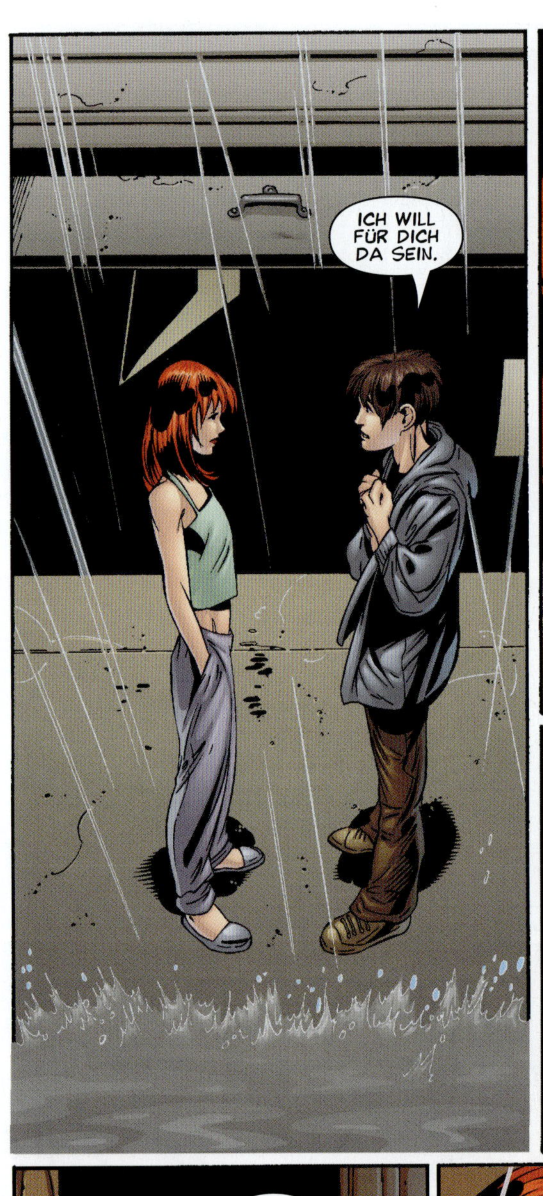
ICH WILL
FÜR DICH
DA SEIN.

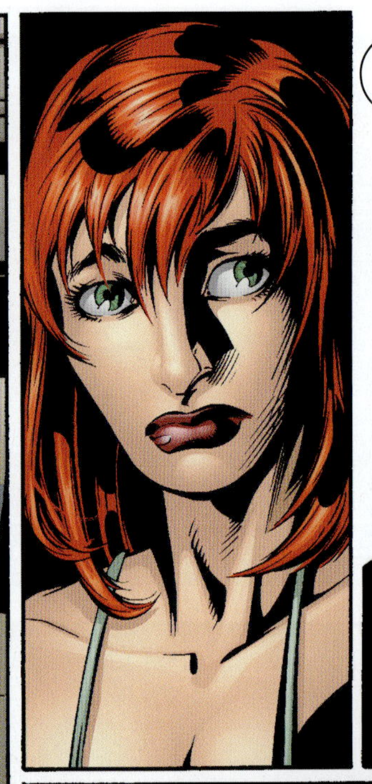

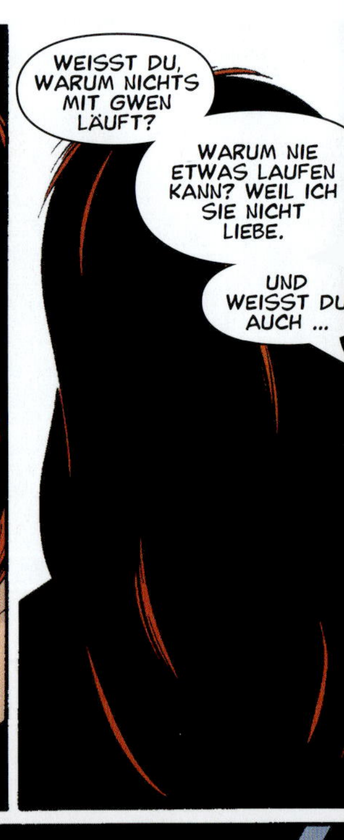
WEISST DU,
WARUM NICHTS
MIT GWEN
LÄUFT?
WARUM NIE
ETWAS LAUFEN
KANN? WEIL ICH
SIE NICHT
LIEBE.
UND
WEISST DU
AUCH ...

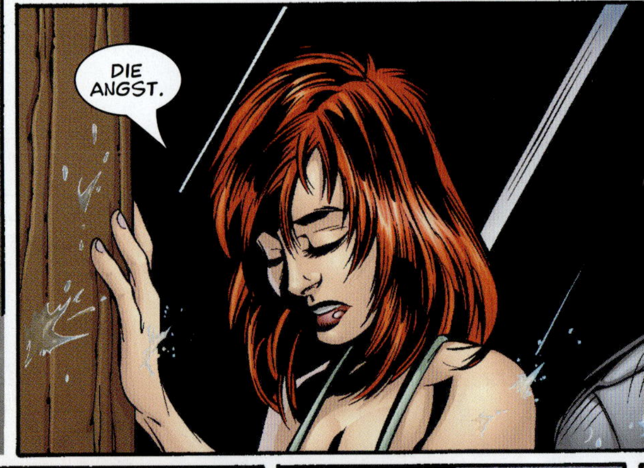
DIE
ANGST.

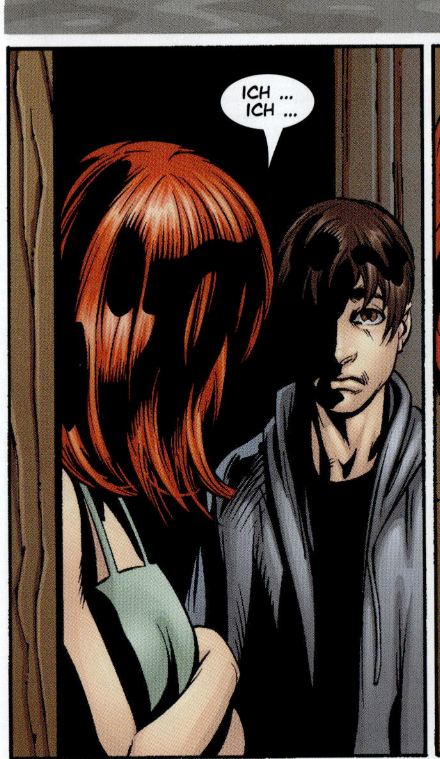
ICH ...
ICH ...

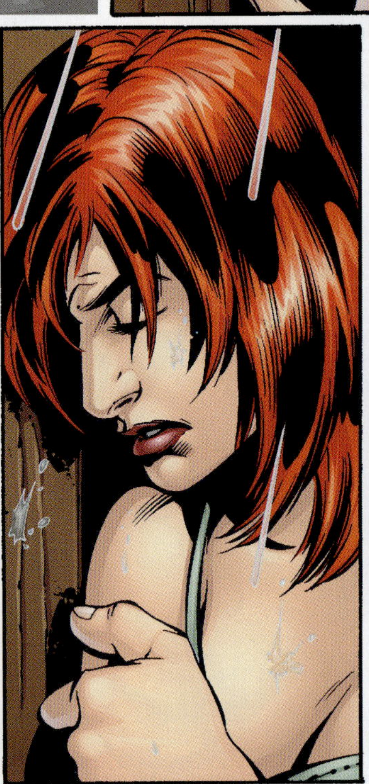

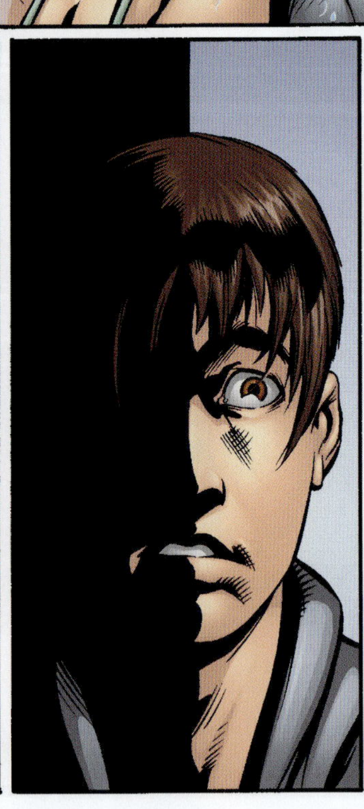

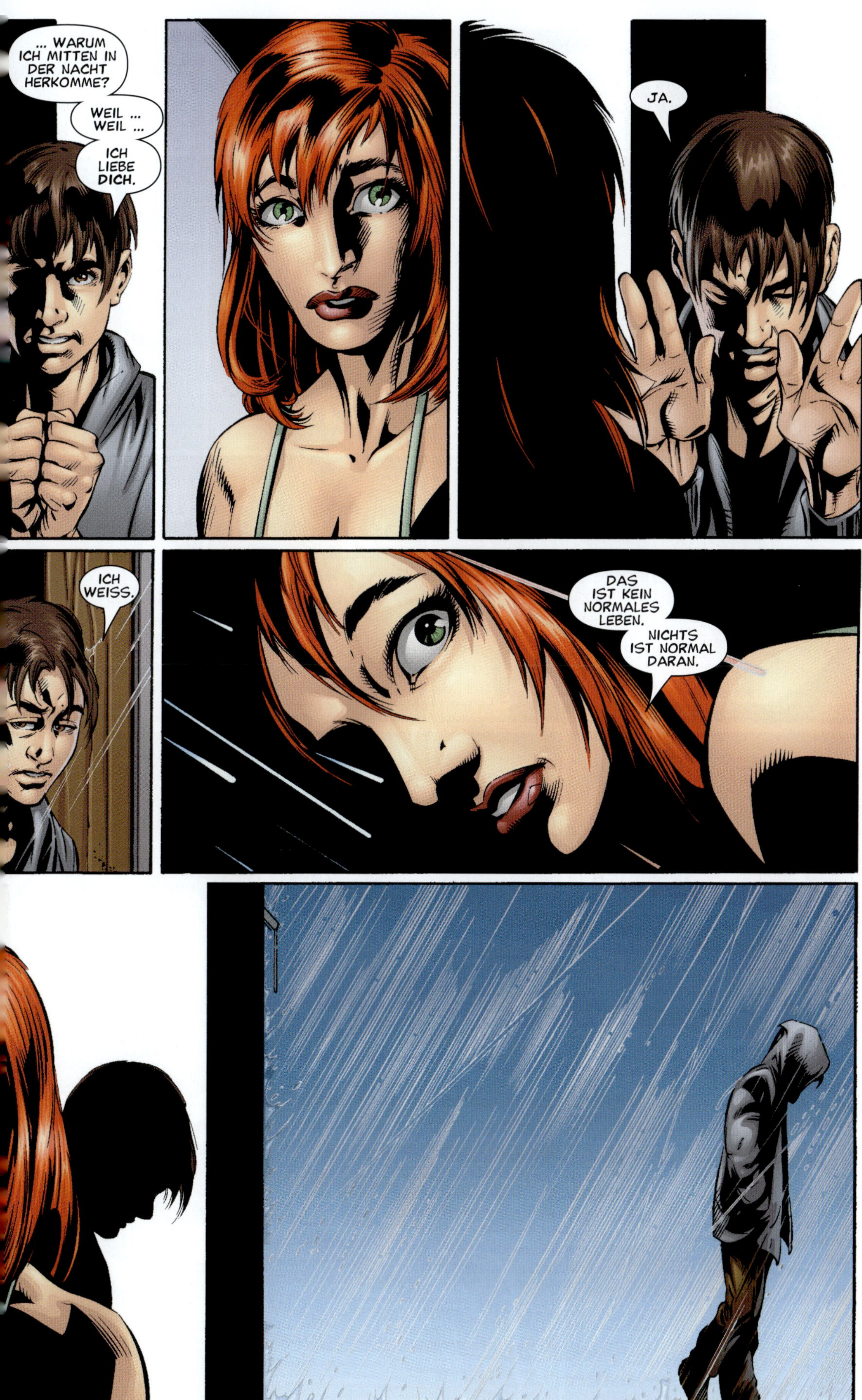
... WARUM ICH MITTEN IN DER NACHT HERKOMME?
WEIL ... WEIL ...
ICH LIEBE DICH.
JA.
ICH WEISS.
DAS IST KEIN NORMALES LEBEN.
NICHTS IST NORMAL DARAN.

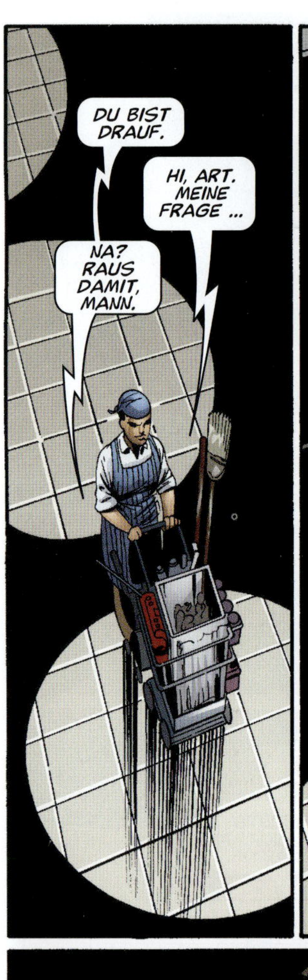
DU BIST DRAUF.
HI, ART. MEINE FRAGE ...
NA? RAUS DAMIT, MANN.

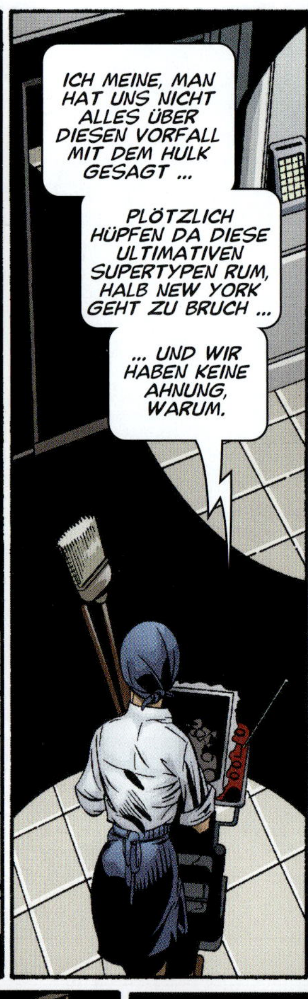
ICH MEINE, MAN HAT UNS NICHT ALLES ÜBER DIESEN VORFALL MIT DEM HULK GESAGT ...
PLÖTZLICH HÜPFEN DA DIESE ULTIMATIVEN SUPERTYPEN RUM, HALB NEW YORK GEHT ZU BRUCH ...
... UND WIR HABEN KEINE AHNUNG, WARUM.

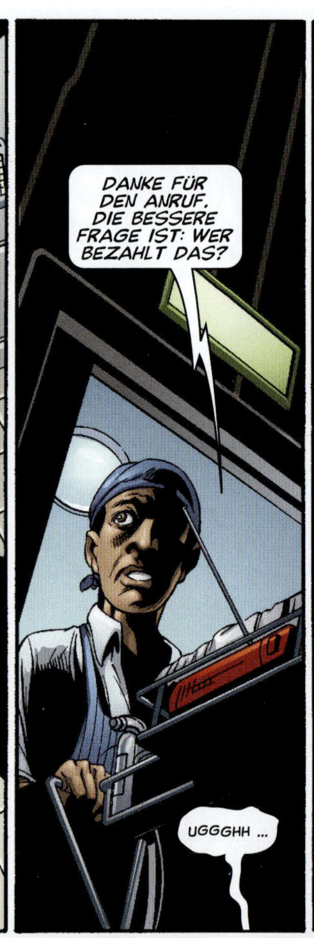
DANKE FÜR DEN ANRUF. DIE BESSERE FRAGE IST: WER BEZAHLT DAS?
UGGGHH ...

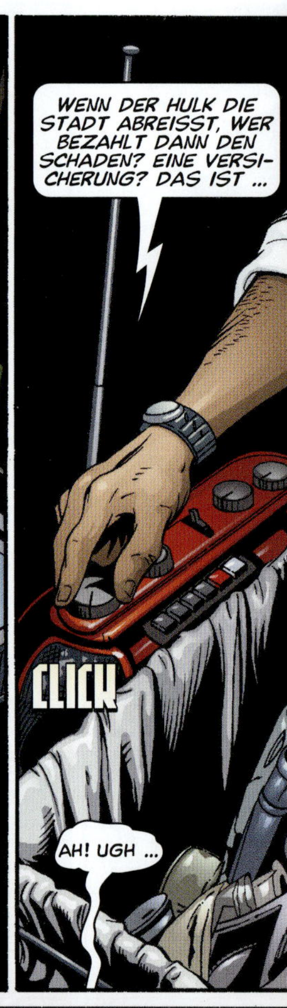
WENN DER HULK DIE STADT ABREISST, WER BEZAHLT DANN DEN SCHADEN? EINE VERSI-CHERUNG? DAS IST ...
CLICK
AH! UGH ...

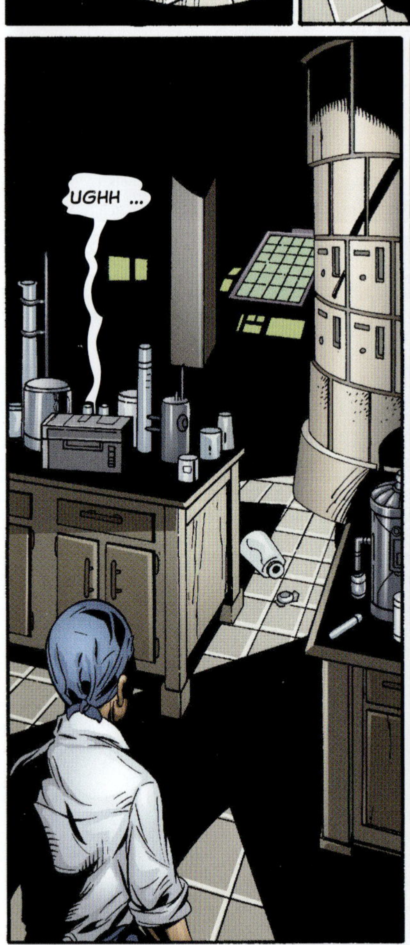
UGHH ...

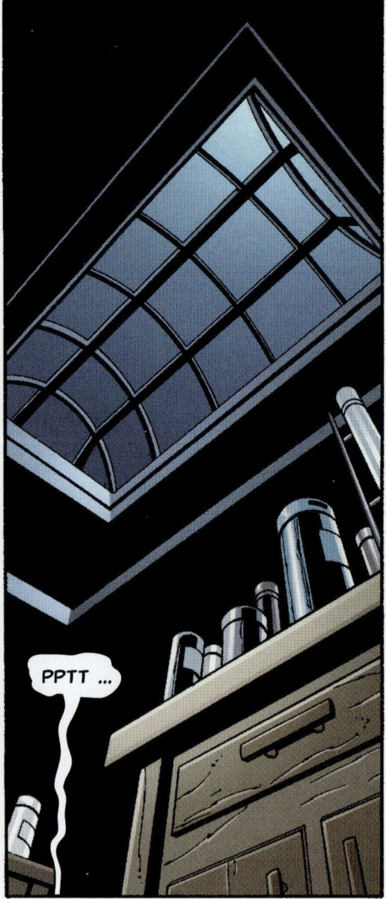
PPTT ...

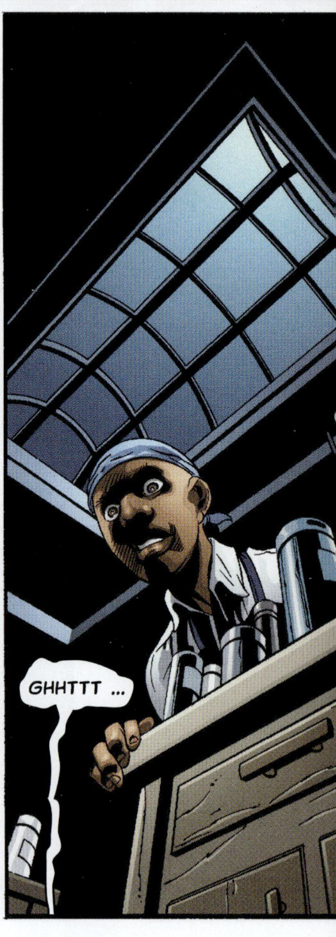
GHHTTT ...

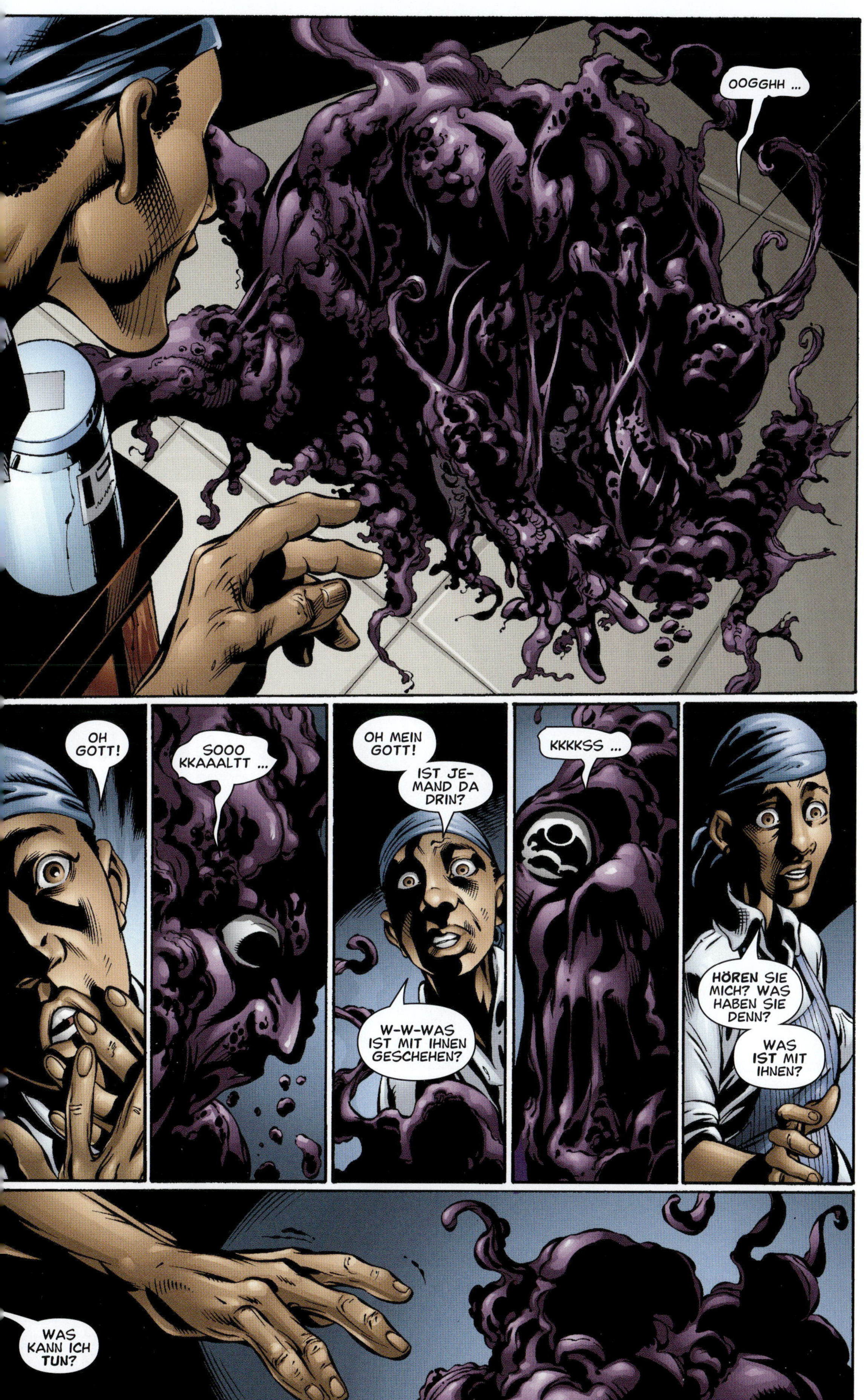
OOGGHH ...
OH GOTT!
SOOO KKAAALTT ...
OH MEIN GOTT!
IST JEMAND DA DRIN?
W-W-WAS IST MIT IHNEN GESCHEHEN?
KKKKSS ...
HÖREN SIE MICH? WAS HABEN SIE DENN?
WAS IST MIT IHNEN?
WAS KANN ICH TUN?

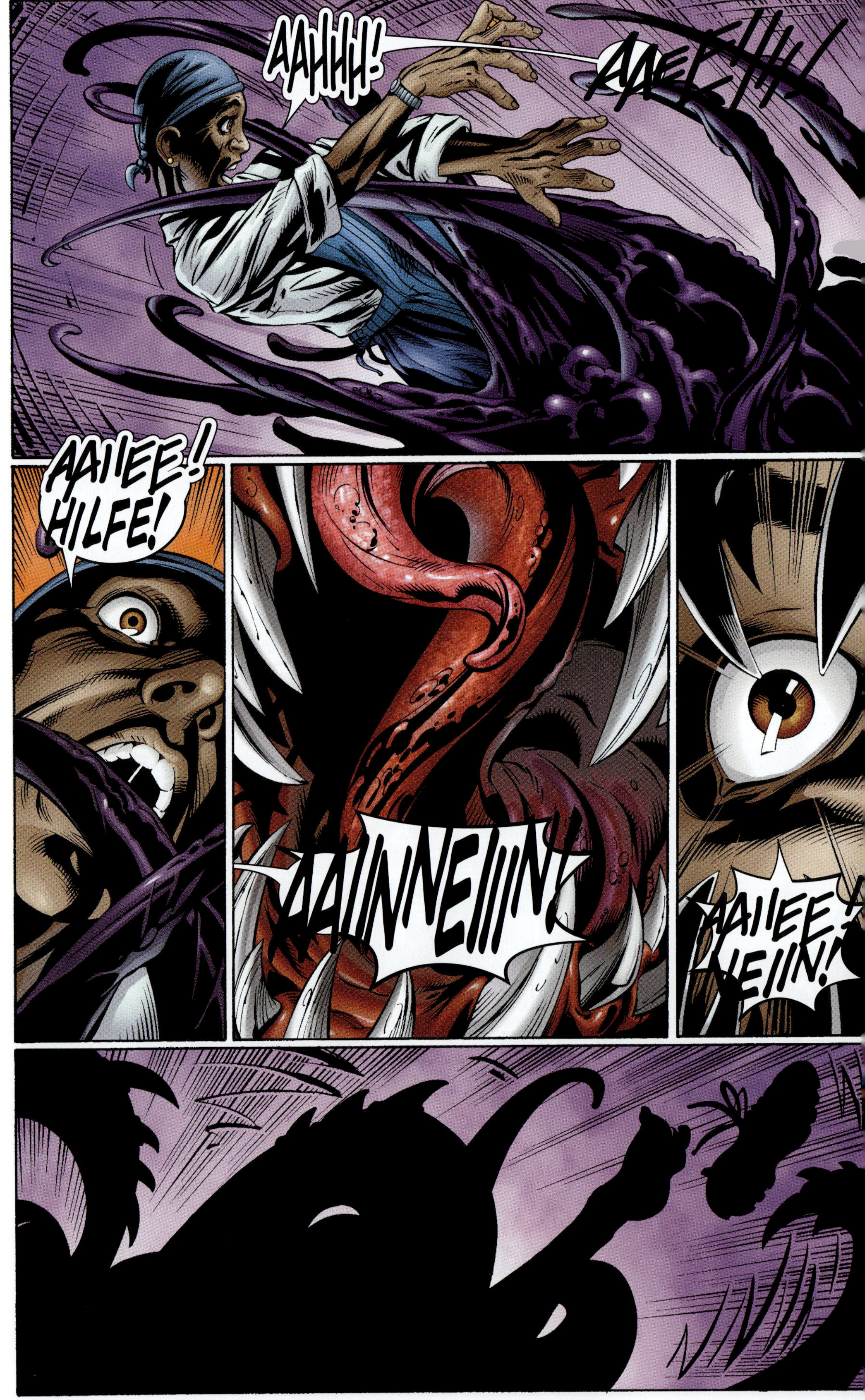
AAHHH!
AAEEEIIII!
AAIIEE! HILFE!
AAINNEIIIIN!
AAIIEE! NEIIN!

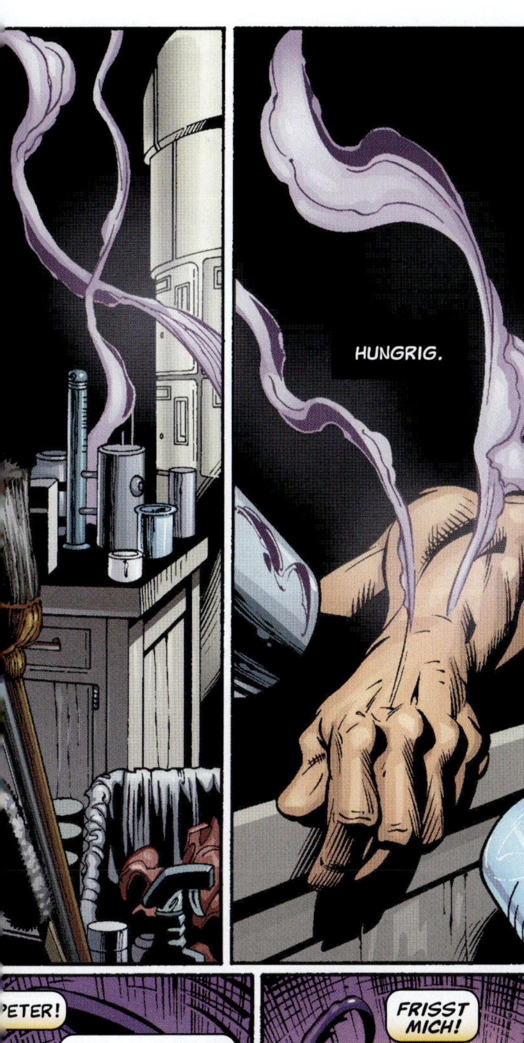

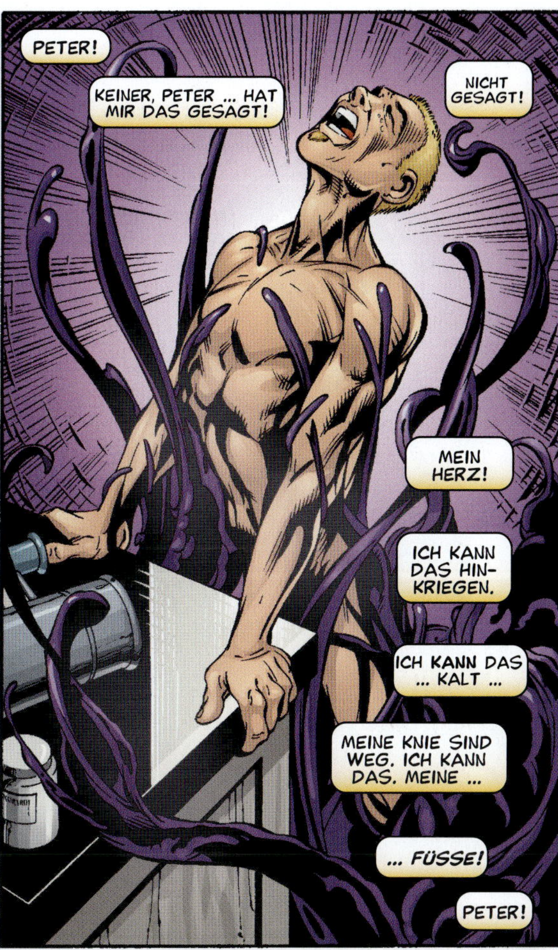
HUNGRIG.
PETER!
KEINER, PETER ... HAT MIR DAS GESAGT!
NICHT GESAGT!
MEIN HERZ!
ICH KANN DAS HIN-KRIEGEN.
ICH KANN DAS ... KALT ...
MEINE KNIE SIND WEG. ICH KANN DAS. MEINE ...
... FÜSSE!
PETER!

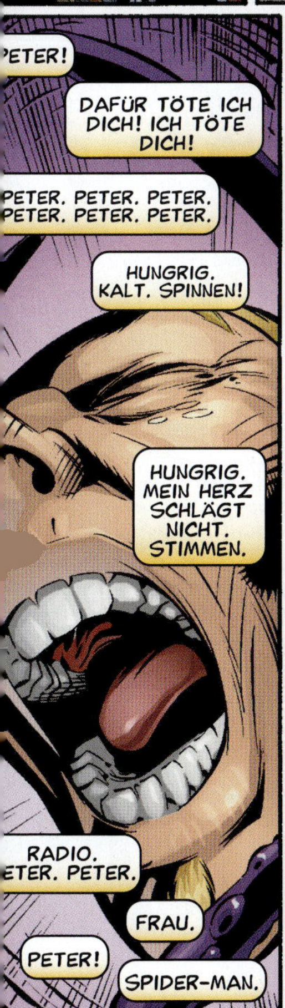
ETER!
DAFÜR TÖTE ICH DICH! ICH TÖTE DICH!
PETER. PETER. PETER. PETER. PETER. PETER.
HUNGRIG. KALT. SPINNEN!
HUNGRIG. MEIN HERZ SCHLÄGT NICHT. STIMMEN.
RADIO. ETER. PETER.
FRAU.
PETER!
SPIDER-MAN.

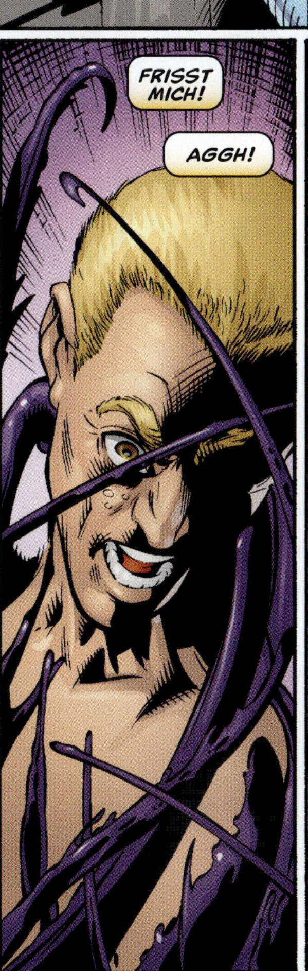
FRISST MICH!
AGGH!

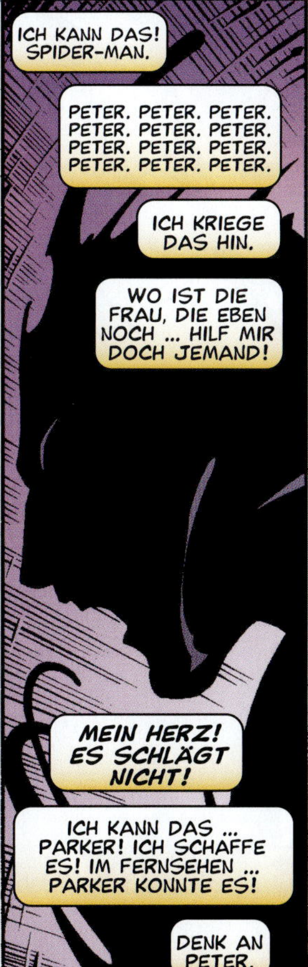
ICH KANN DAS! SPIDER-MAN.
PETER. PETER. PETER. PETER. PETER. PETER. PETER. PETER. PETER. PETER. PETER. PETER.
ICH KRIEGE DAS HIN.
WO IST DIE FRAU, DIE EBEN NOCH ... HILF MIR DOCH JEMAND!
MEIN HERZ! ES SCHLÄGT NICHT!
ICH KANN DAS ... PARKER! ICH SCHAFFE ES! IM FERNSEHEN ... PARKER KONNTE ES!
DENK AN PETER.

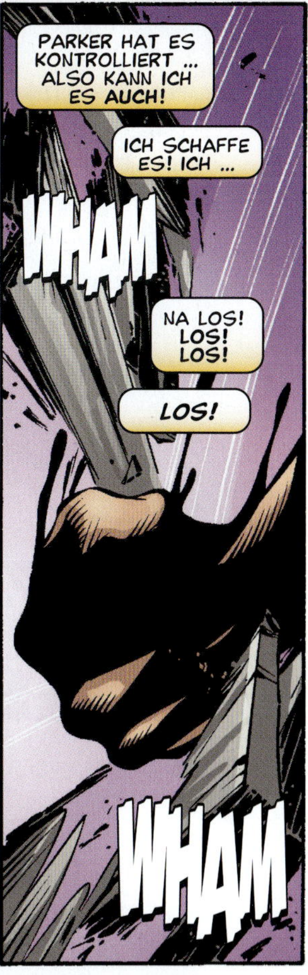
PARKER HAT ES KONTROLLIERT ... ALSO KANN ICH ES AUCH!
ICH SCHAFFE ES! ICH ...
WHAM
NA LOS! LOS! LOS!
LOS!
WHAM

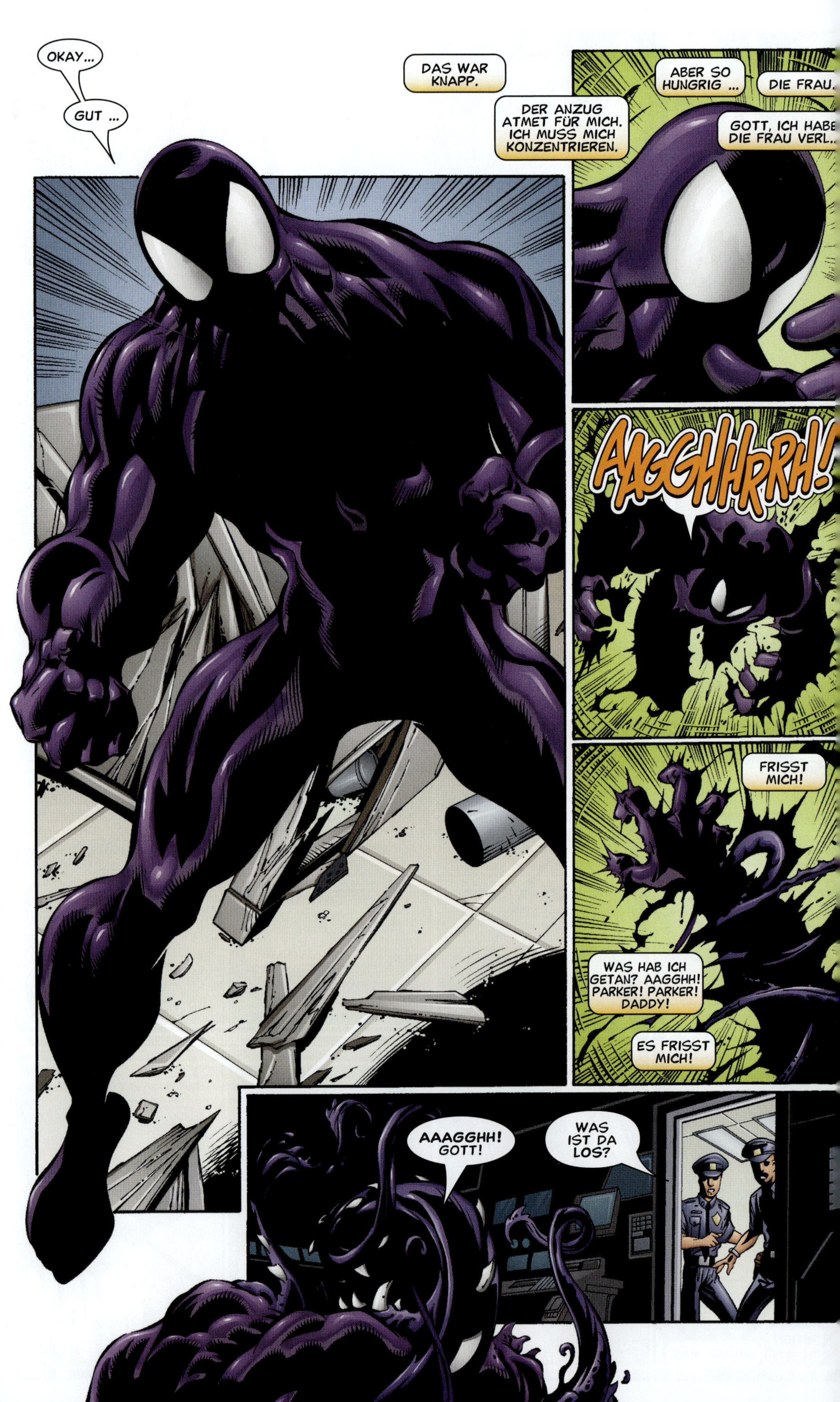
OKAY...
GUT ...
DAS WAR KNAPP.
DER ANZUG ATMET FÜR MICH. ICH MUSS MICH KONZENTRIEREN.
ABER SO HUNGRIG ...
DIE FRAU.
GOTT, ICH HABE DIE FRAU VERL...
AAGGHHRRH!
FRISST MICH!
WAS HAB ICH GETAN? AAGGHH! PARKER! PARKER! DADDY!
ES FRISST MICH!
AAAGGHH! GOTT!
WAS IST DA LOS?

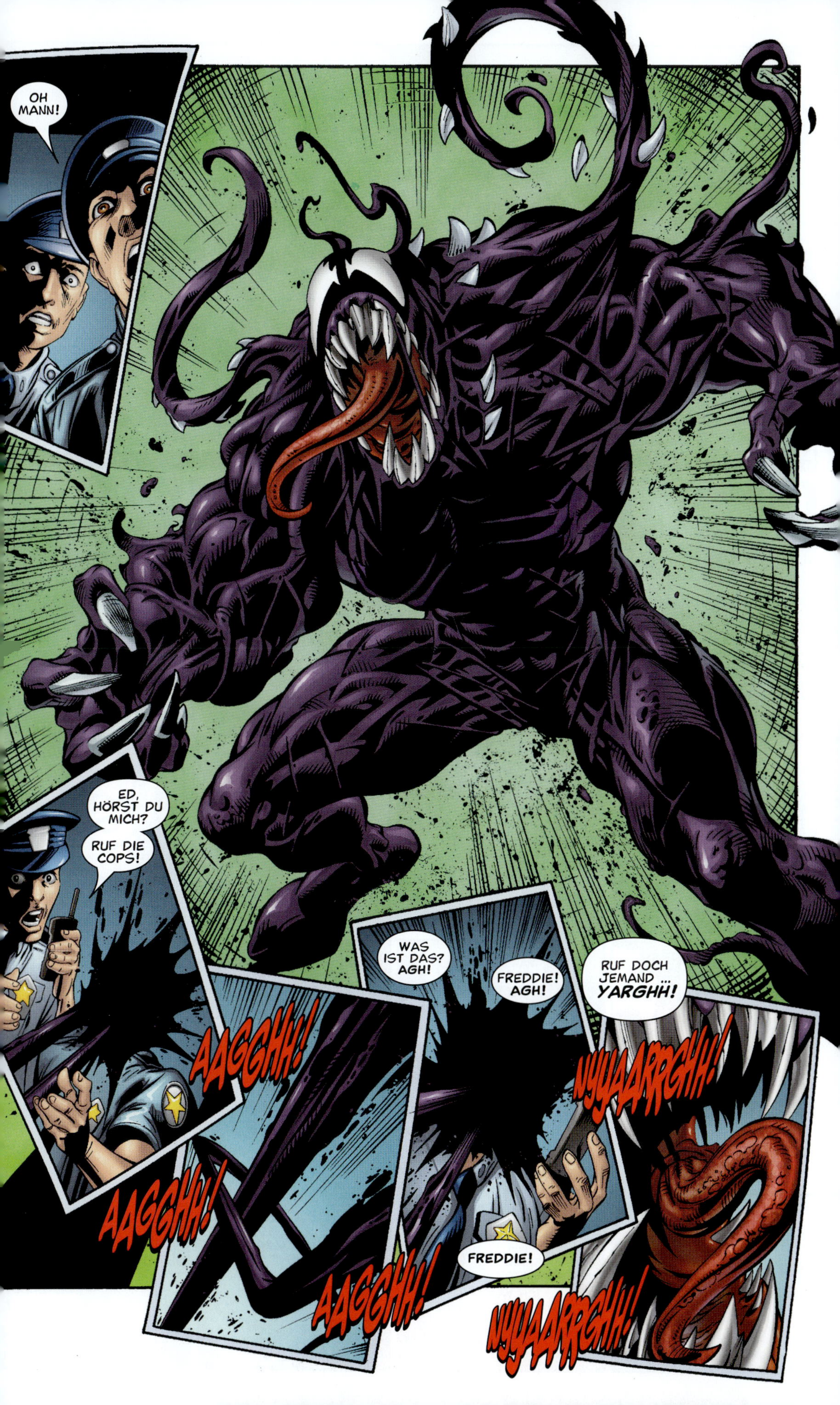
OH MANN!
ED, HÖRST DU MICH?
RUF DIE COPS!
AAGGHH!
AAGGHH!
WAS IST DAS? AGH!
FREDDIE! AGH!
AAGGHH!
FREDDIE!
RUF DOCH JEMAND ... YARGHH!
NYYAARRGHH!
NYYAARRGHH!

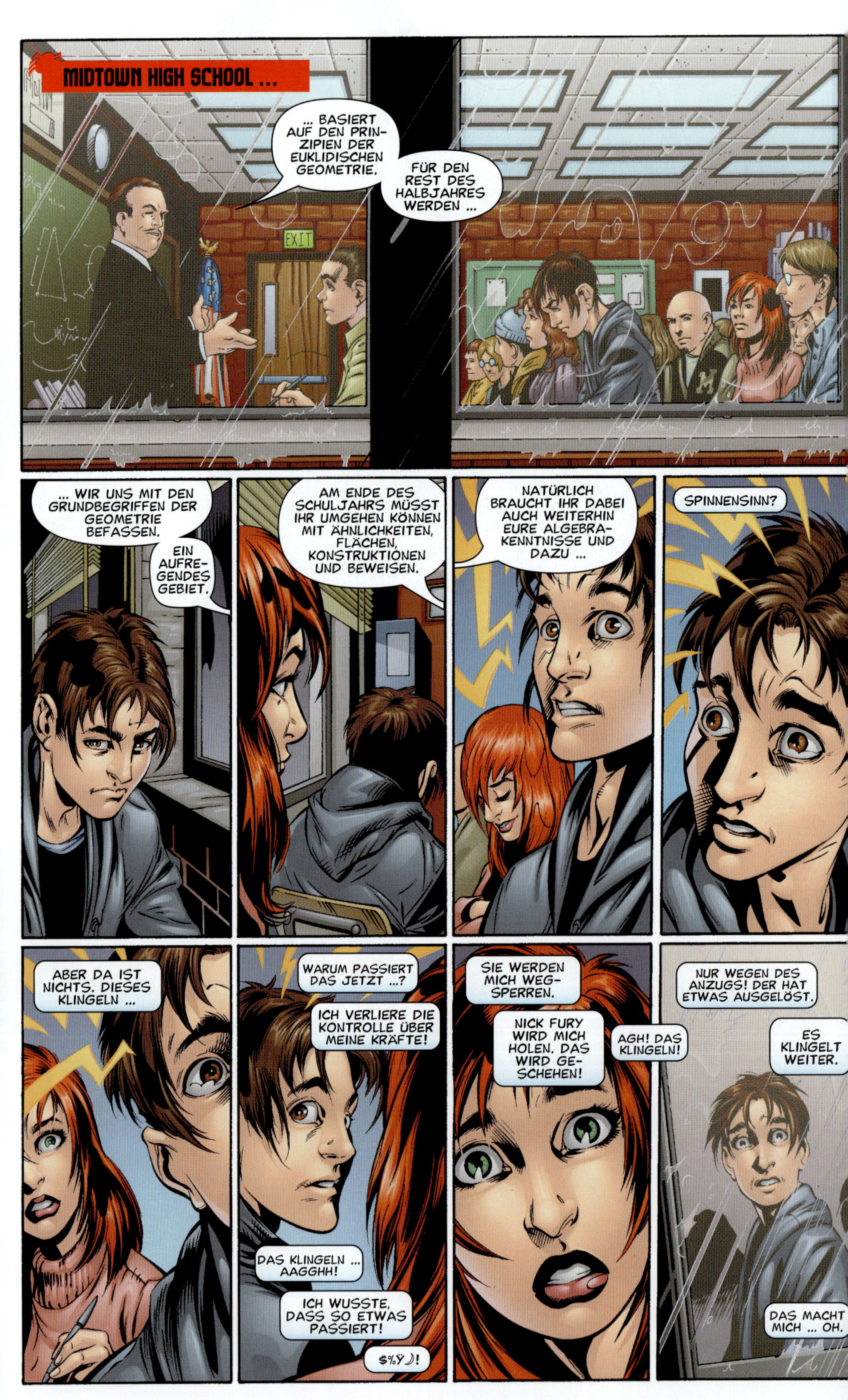
MIDTOWN HIGH SCHOOL ...
... BASIERT AUF DEN PRINZIPIEN DER EUKLIDISCHEN GEOMETRIE.
FÜR DEN REST DES HALBJAHRES WERDEN ...
EXIT
... WIR UNS MIT DEN GRUNDBEGRIFFEN DER GEOMETRIE BEFASSEN.
EIN AUFREGENDES GEBIET.
AM ENDE DES SCHULJAHRS MÜSST IHR UMGEHEN KÖNNEN MIT ÄHNLICHKEITEN, FLÄCHEN, KONSTRUKTIONEN UND BEWEISEN.
NATÜRLICH BRAUCHT IHR DABEI AUCH WEITERHIN EURE ALGEBRAKENNTNISSE UND DAZU ...
SPINNENSINN?
ABER DA IST NICHTS. DIESES KLINGELN ...
WARUM PASSIERT DAS JETZT ...?
ICH VERLIERE DIE KONTROLLE ÜBER MEINE KRÄFTE!
DAS KLINGELN ... AAGGHH!
ICH WUSSTE, DASS SO ETWAS PASSIERT!
$%Ÿ☽!
SIE WERDEN MICH WEGSPERREN.
NICK FURY WIRD MICH HOLEN. DAS WIRD GESCHEHEN!
AGH! DAS KLINGELN!
NUR WEGEN DES ANZUGS! DER HAT ETWAS AUSGELÖST.
ES KLINGELT WEITER.
DAS MACHT MICH ... OH.

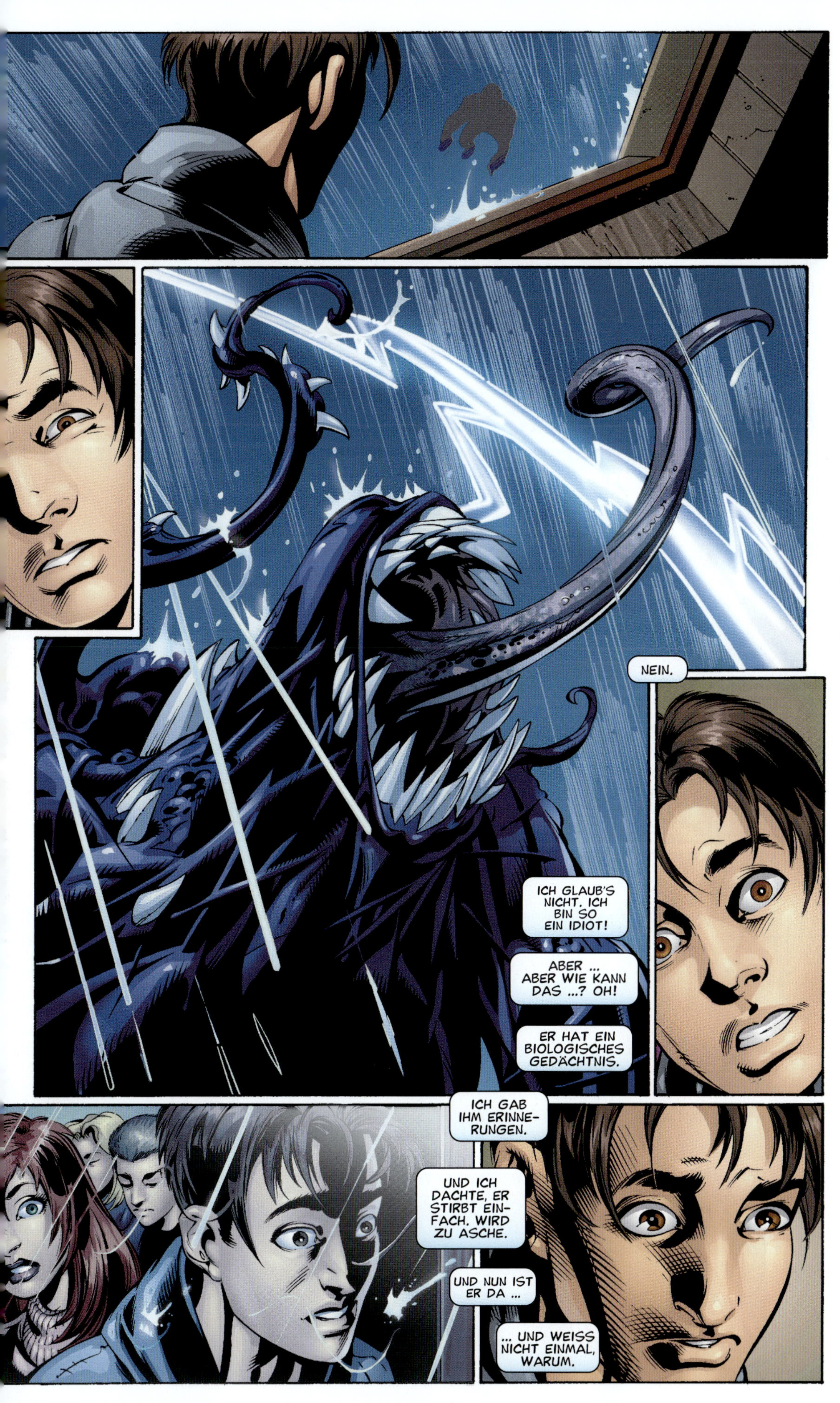
NEIN.
ICH GLAUB'S NICHT. ICH BIN SO EIN IDIOT!
ABER ... ABER WIE KANN DAS ...? OH!
ER HAT EIN BIOLOGISCHES GEDÄCHTNIS.
ICH GAB IHM ERINNE- RUNGEN.
UND ICH DACHTE, ER STIRBT EIN- FACH. WIRD ZU ASCHE.
UND NUN IST ER DA ...
... UND WEISS NICHT EINMAL, WARUM.

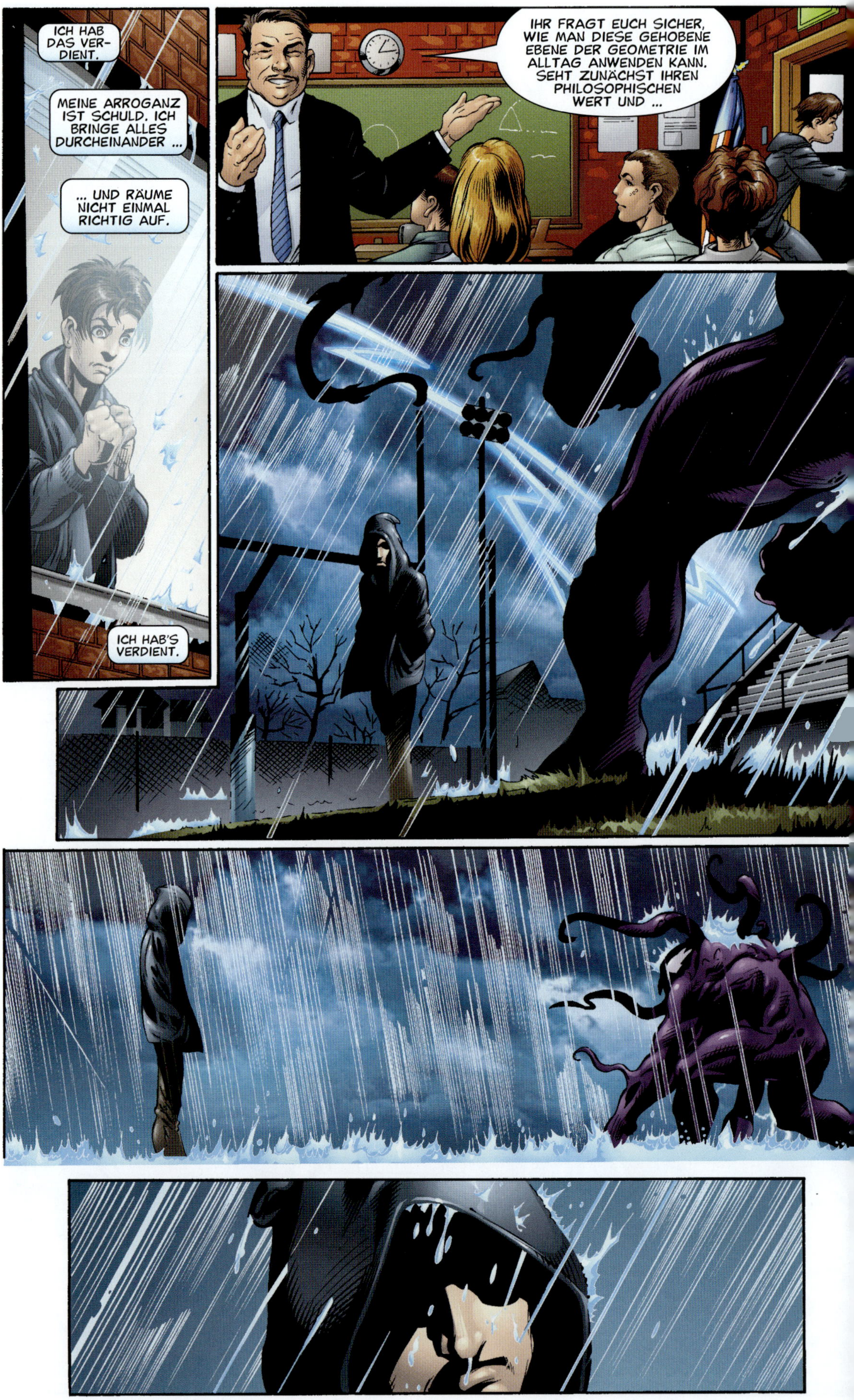

ICH HAB DAS VERDIENT.
MEINE ARROGANZ IST SCHULD. ICH BRINGE ALLES DURCHEINANDER ...
... UND RÄUME NICHT EINMAL RICHTIG AUF.
IHR FRAGT EUCH SICHER, WIE MAN DIESE GEHOBENE EBENE DER GEOMETRIE IM ALLTAG ANWENDEN KANN. SEHT ZUNÄCHST IHREN PHILOSOPHISCHEN WERT UND ...
ICH HAB'S VERDIENT.

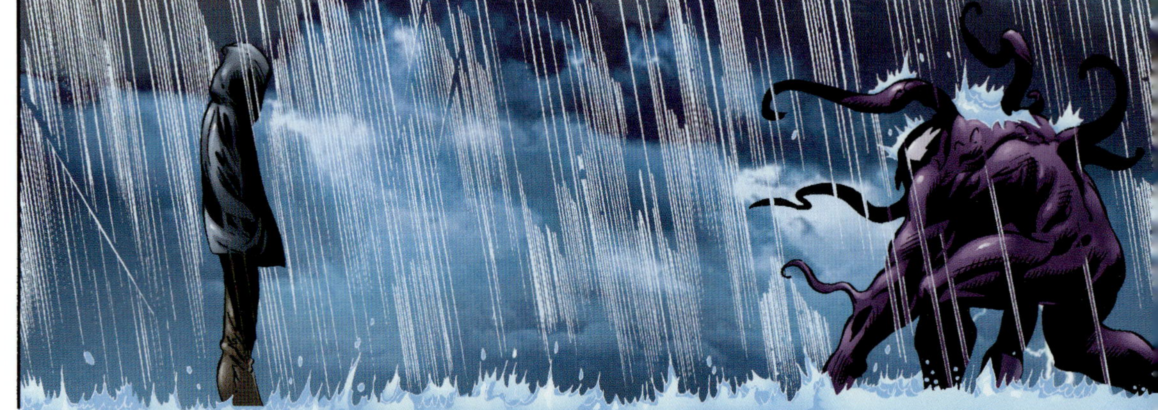

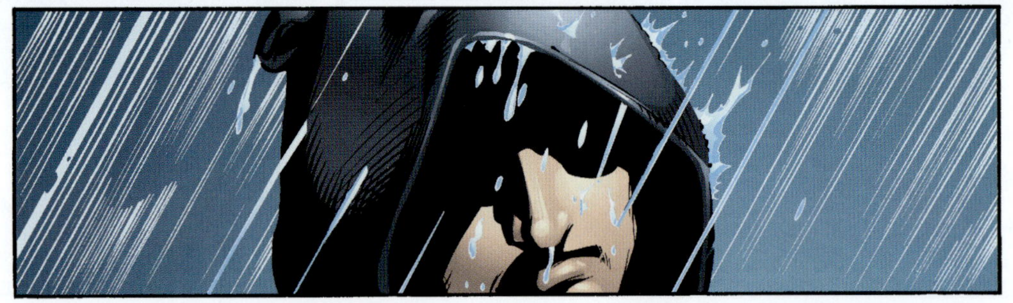

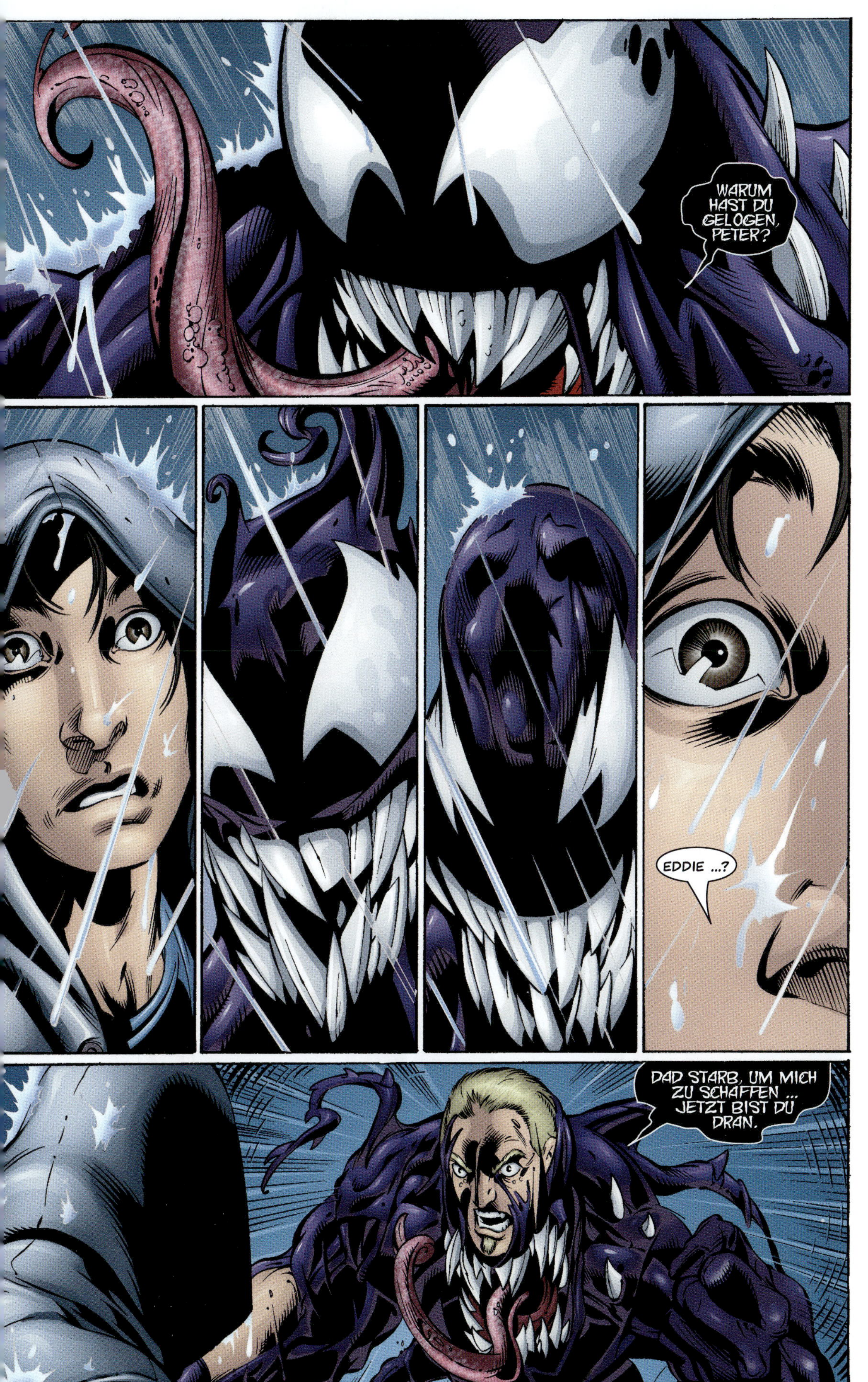
WARUM HAST DU GELOGEN, PETER?
EDDIE ...?
DAD STARB, UM MICH ZU SCHAFFEN ... JETZT BIST DU DRAN.

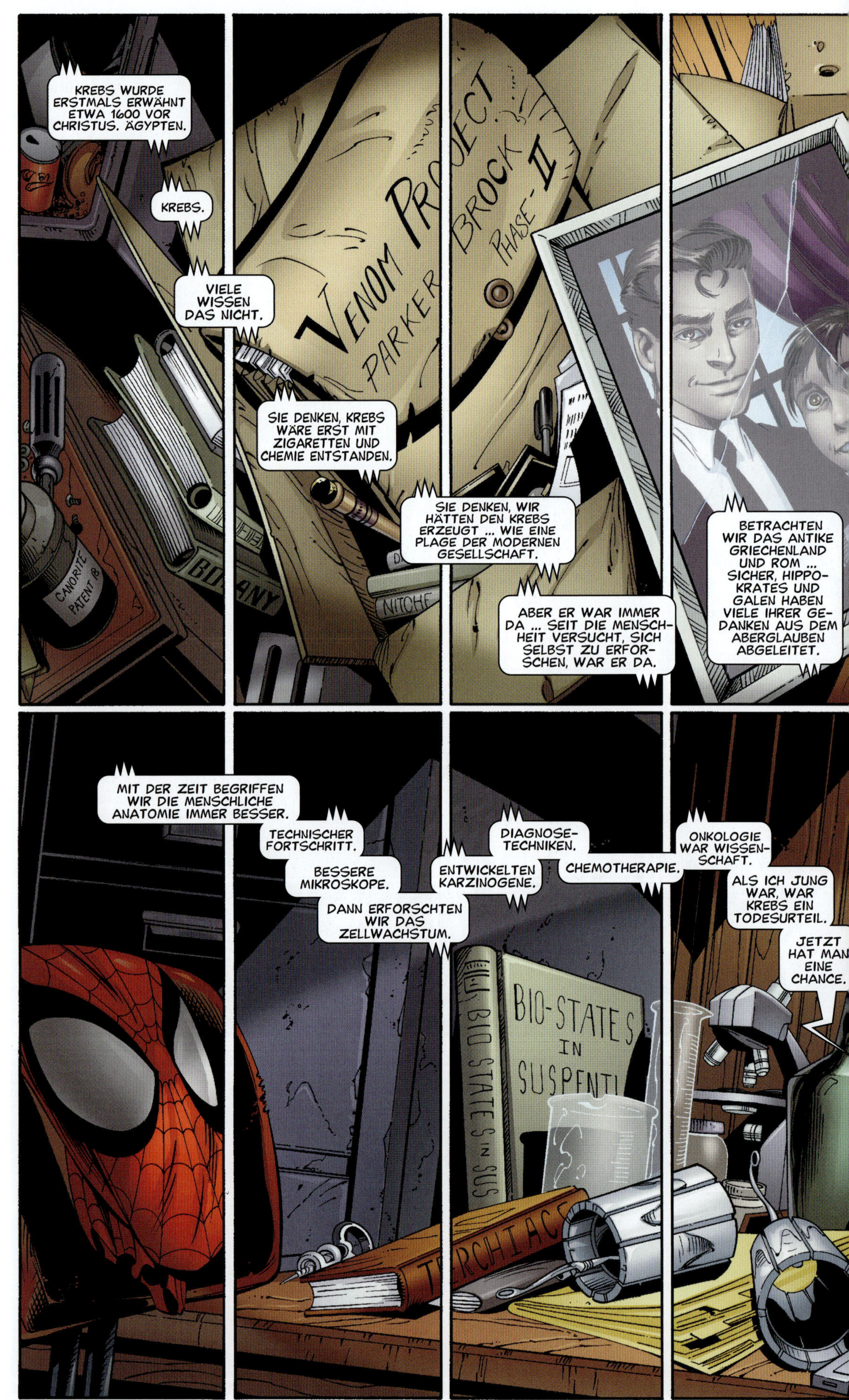
KREBS WURDE ERSTMALS ERWÄHNT ETWA 1600 VOR CHRISTUS. ÄGYPTEN.
KREBS.
VIELE WISSEN DAS NICHT.
VENOM PROJECT PARKER BROCK PHASE-II
SIE DENKEN, KREBS WÄRE ERST MIT ZIGARETTEN UND CHEMIE ENTSTANDEN.
SIE DENKEN, WIR HÄTTEN DEN KREBS ERZEUGT ... WIE EINE PLAGE DER MODERNEN GESELLSCHAFT.
ABER ER WAR IMMER DA ... SEIT DIE MENSCHHEIT VERSUCHT, SICH SELBST ZU ERFORSCHEN, WAR ER DA.
BETRACHTEN WIR DAS ANTIKE GRIECHENLAND UND ROM ... SICHER, HIPPOKRATES UND GALEN HABEN VIELE IHRER GEDANKEN AUS DEM ABERGLAUBEN ABGELEITET.
MIT DER ZEIT BEGRIFFEN WIR DIE MENSCHLICHE ANATOMIE IMMER BESSER.
TECHNISCHER FORTSCHRITT.
BESSERE MIKROSKOPE.
DANN ERFORSCHTEN WIR DAS ZELLWACHSTUM.
ENTWICKELTEN KARZINOGENE.
DIAGNOSE-TECHNIKEN.
CHEMOTHERAPIE.
ONKOLOGIE WAR WISSENSCHAFT.
ALS ICH JUNG WAR, WAR KREBS EIN TODESURTEIL.
JETZT HAT MAN EINE CHANCE.
BIO-STATES IN SUSPENTI

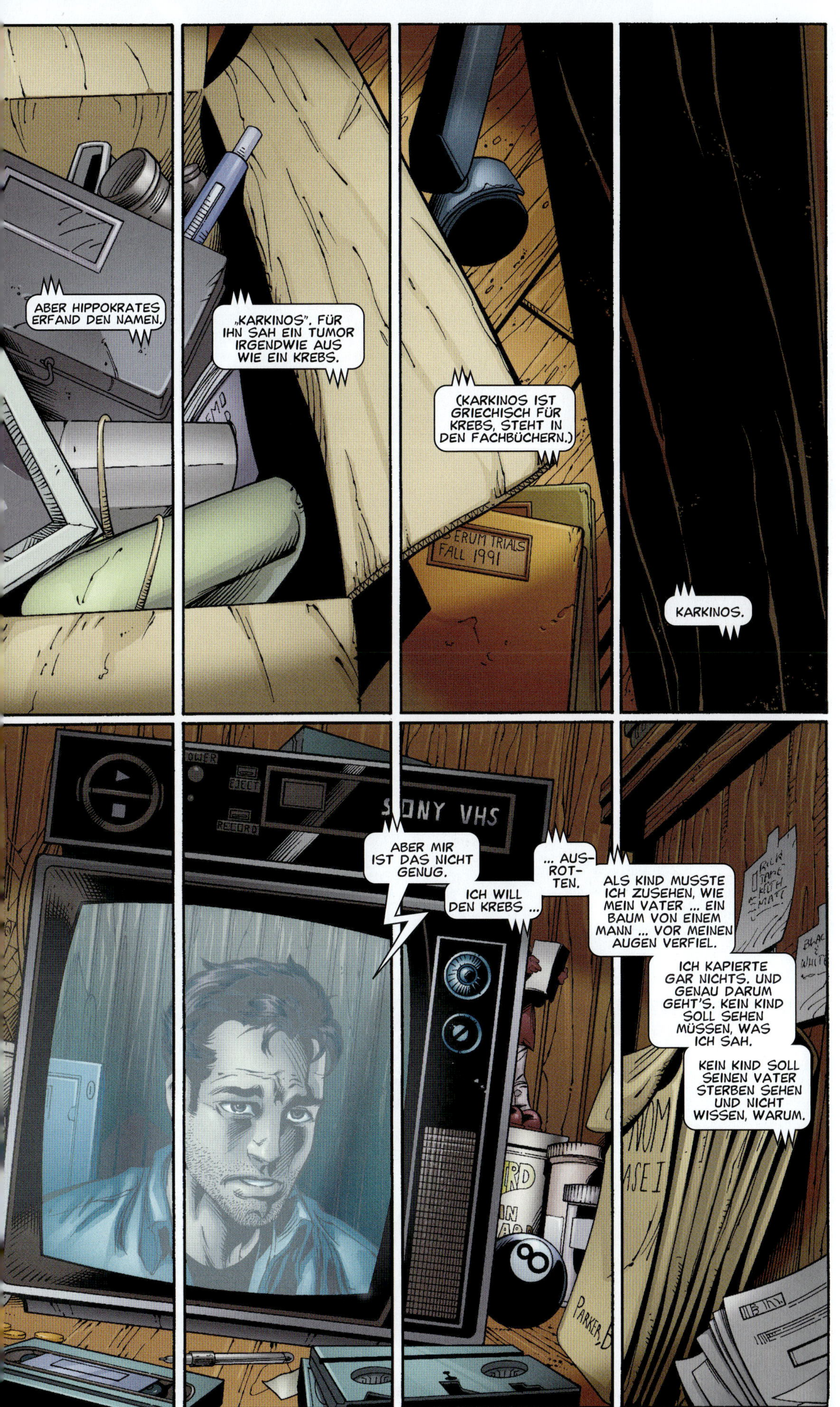
ABER HIPPOKRATES ERFAND DEN NAMEN,
„KARKINOS". FÜR IHN SAH EIN TUMOR IRGENDWIE AUS WIE EIN KREBS.
(KARKINOS IST GRIECHISCH FÜR KREBS, STEHT IN DEN FACHBÜCHERN.)
SERUM TRIALS FALL 1991
KARKINOS.
SONY VHS
EJECT
RECORD
ABER MIR IST DAS NICHT GENUG.
ICH WILL DEN KREBS ...
... AUS-ROT-TEN.
ALS KIND MUSSTE ICH ZUSEHEN, WIE MEIN VATER ... EIN BAUM VON EINEM MANN ... VOR MEINEN AUGEN VERFIEL.
ICH KAPIERTE GAR NICHTS. UND GENAU DARUM GEHT'S. KEIN KIND SOLL SEHEN MÜSSEN, WAS ICH SAH.
KEIN KIND SOLL SEINEN VATER STERBEN SEHEN UND NICHT WISSEN, WARUM.
PARKER, B

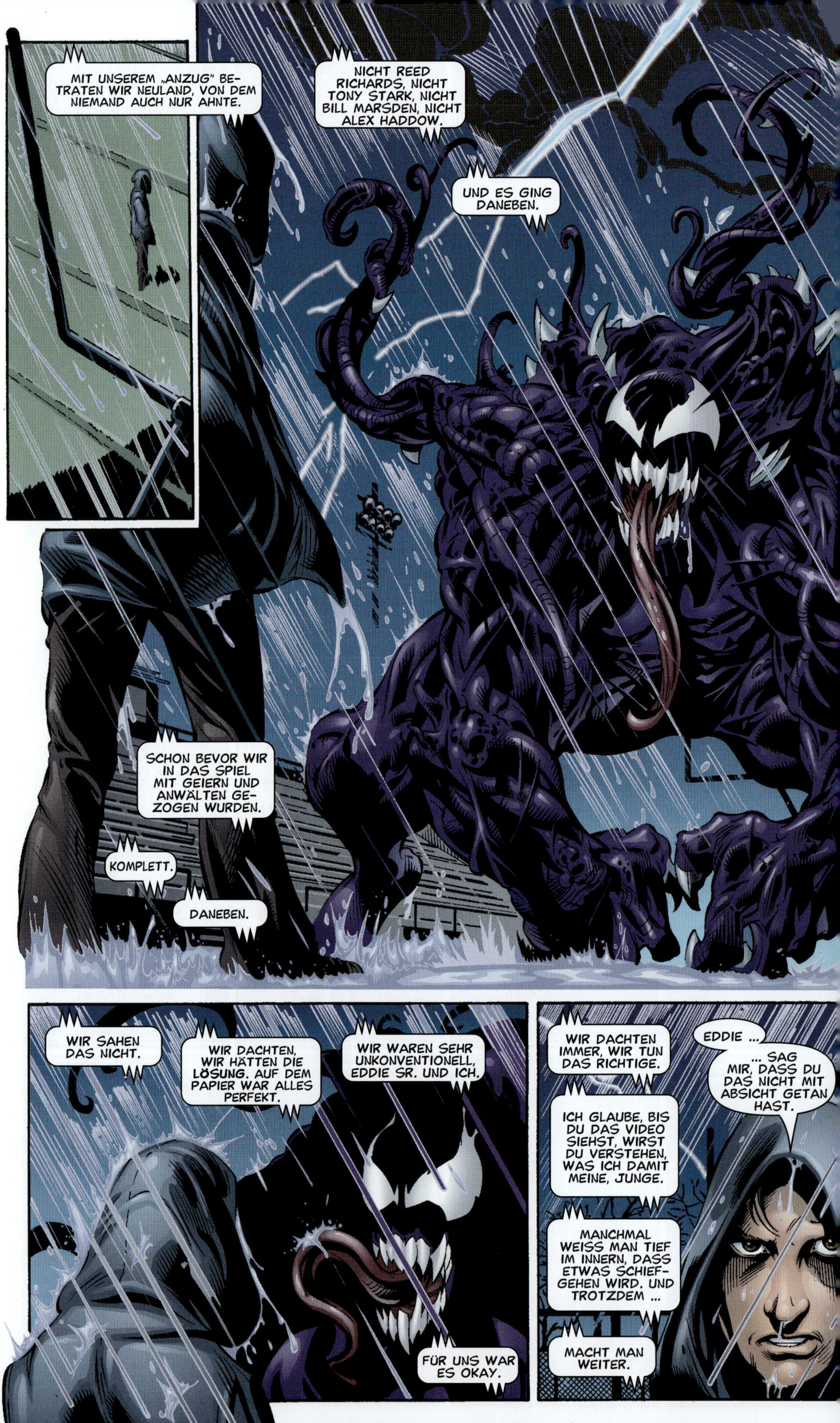

MIT UNSEREM „ANZUG“ BETRATEN WIR NEULAND, VON DEM NIEMAND AUCH NUR AHNTE.
NICHT REED RICHARDS, NICHT TONY STARK, NICHT BILL MARSDEN, NICHT ALEX HADDOW.
UND ES GING DANEBEN.
SCHON BEVOR WIR IN DAS SPIEL MIT GEIERN UND ANWÄLTEN GEZOGEN WURDEN.
KOMPLETT.
DANEBEN.

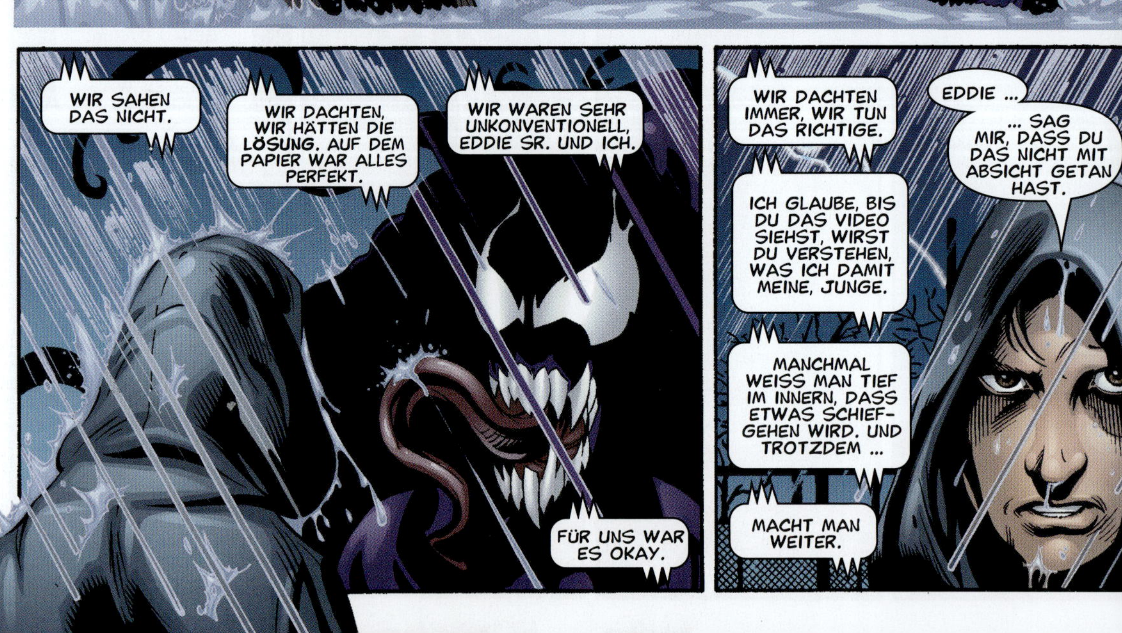

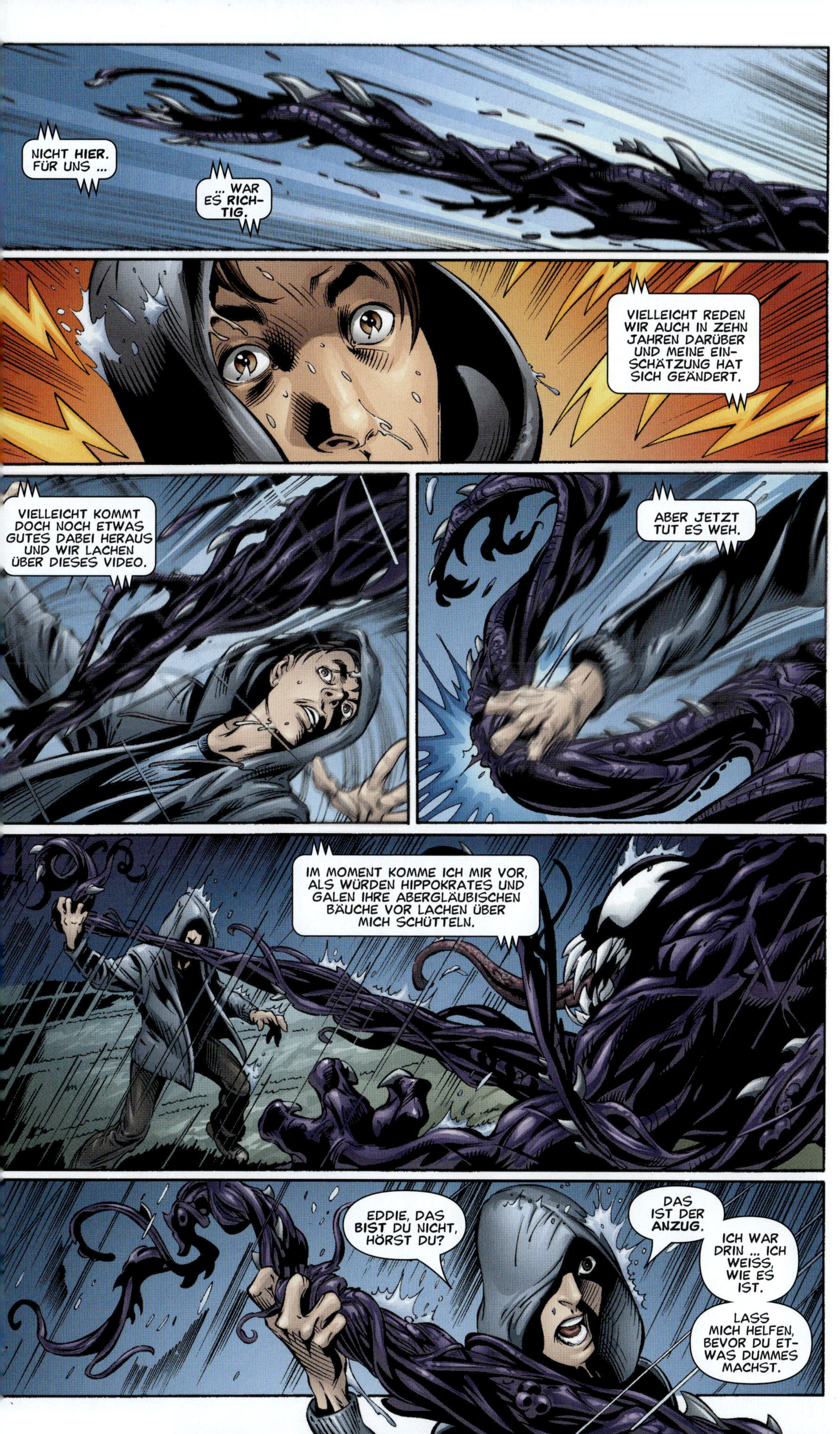
NICHT HIER. FÜR UNS ...
... WAR ES RICHTIG.
VIELLEICHT REDEN WIR AUCH IN ZEHN JAHREN DARÜBER UND MEINE EINSCHÄTZUNG HAT SICH GEÄNDERT.
VIELLEICHT KOMMT DOCH NOCH ETWAS GUTES DABEI HERAUS UND WIR LACHEN ÜBER DIESES VIDEO.
ABER JETZT TUT ES WEH.
IM MOMENT KOMME ICH MIR VOR, ALS WÜRDEN HIPPOKRATES UND GALEN IHRE ABERGLÄUBISCHEN BÄUCHE VOR LACHEN ÜBER MICH SCHÜTTELN.
EDDIE, DAS BIST DU NICHT, HÖRST DU?
DAS IST DER ANZUG.
ICH WAR DRIN ... ICH WEISS, WIE ES IST.
LASS MICH HELFEN, BEVOR DU ETWAS DUMMES MACHST.

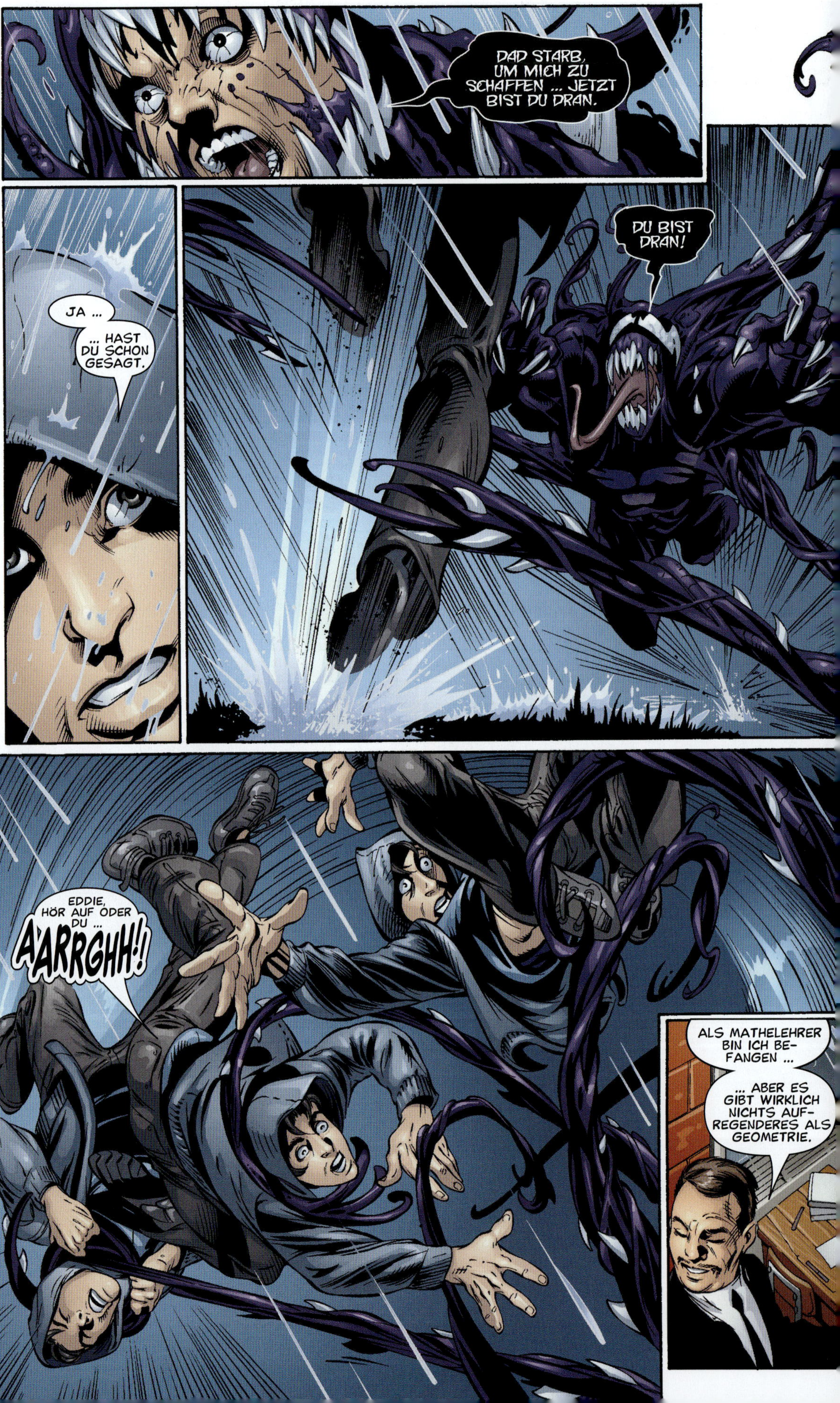

DAD STARB, UM MICH ZU SCHAFFEN ... JETZT BIST DU DRAN.
JA ...
... HAST DU SCHON GESAGT.
DU BIST DRAN!
EDDIE, HÖR AUF ODER DU ...
AARRGHH!!
ALS MATHELEHRER BIN ICH BEFANGEN ...
... ABER ES GIBT WIRKLICH NICHTS AUFREGENDERES ALS GEOMETRIE.

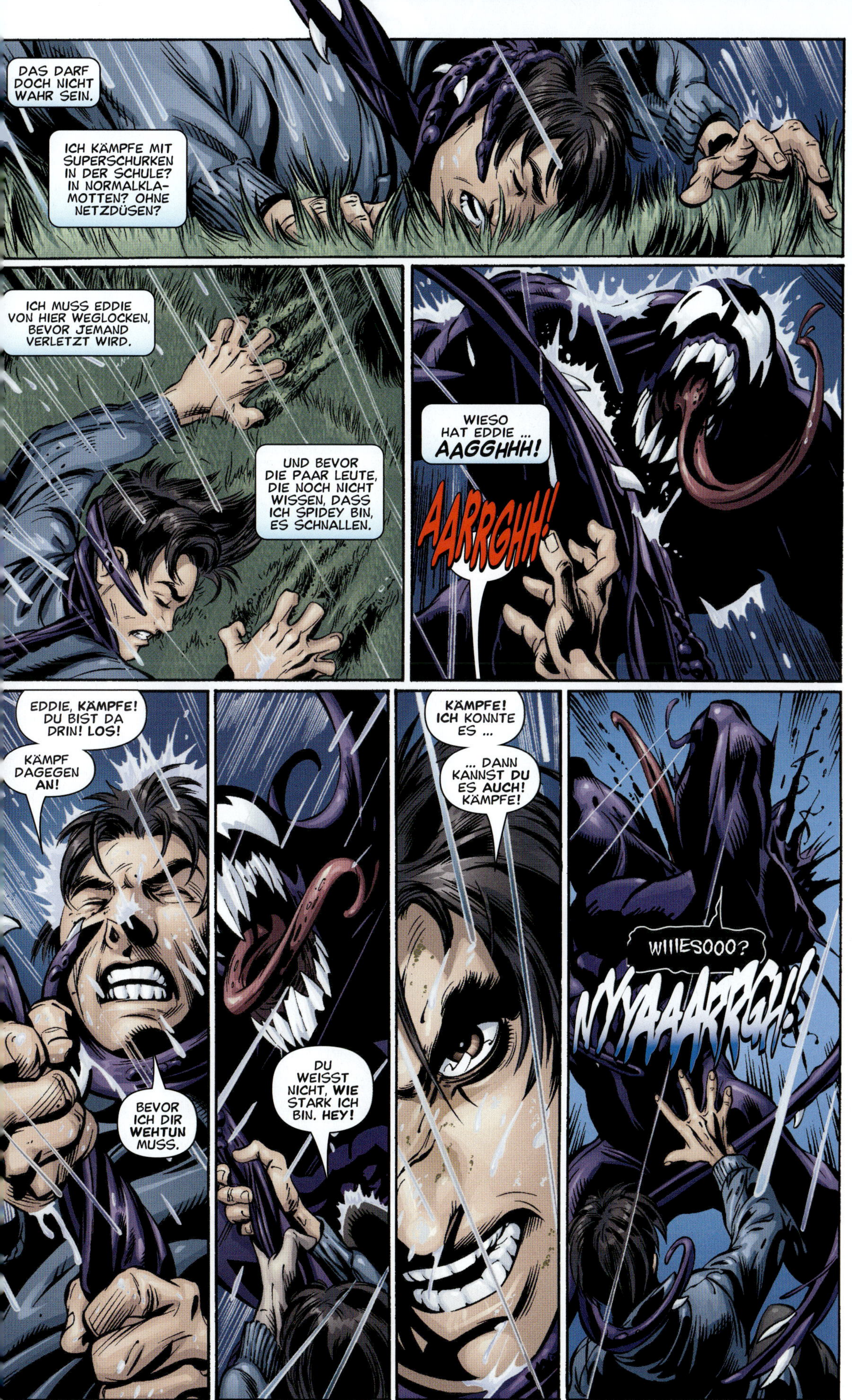
DAS DARF DOCH NICHT WAHR SEIN.
ICH KÄMPFE MIT SUPERSCHURKEN IN DER SCHULE? IN NORMALKLAMOTTEN? OHNE NETZDÜSEN?
ICH MUSS EDDIE VON HIER WEGLOCKEN, BEVOR JEMAND VERLETZT WIRD.
UND BEVOR DIE PAAR LEUTE, DIE NOCH NICHT WISSEN, DASS ICH SPIDEY BIN, ES SCHNALLEN.
WIESO HAT EDDIE ... AAGGHHH!
AARRGHH!
EDDIE, KÄMPFE! DU BIST DA DRIN! LOS!
KÄMPF DAGEGEN AN!
BEVOR ICH DIR WEHTUN MUSS.
DU WEISST NICHT, WIE STARK ICH BIN. HEY!
KÄMPFE! ICH KONNTE ES ...
... DANN KANNST DU ES AUCH! KÄMPFE!
WIIIESOOO?
NYYAAARRGH!

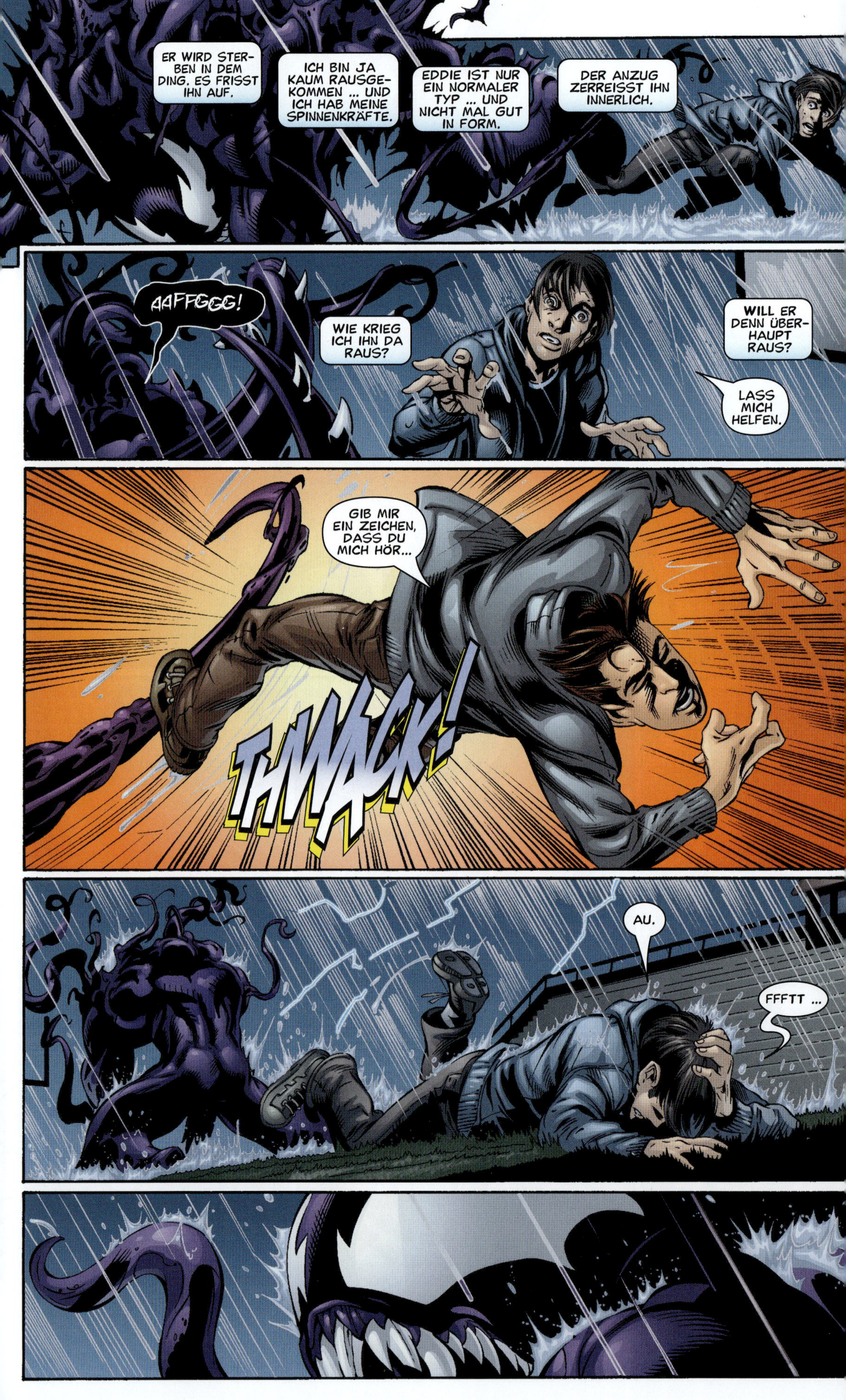
ER WIRD STERBEN IN DEM DING. ES FRISST IHN AUF.
ICH BIN JA KAUM RAUSGEKOMMEN ... UND ICH HAB MEINE SPINNENKRÄFTE.
EDDIE IST NUR EIN NORMALER TYP ... UND NICHT MAL GUT IN FORM.
DER ANZUG ZERREISST IHN INNERLICH.
AAFFGGG!
WIE KRIEG ICH IHN DA RAUS?
WILL ER DENN ÜBERHAUPT RAUS?
LASS MICH HELFEN.
GIB MIR EIN ZEICHEN, DASS DU MICH HÖR...
THWACK!
AU.
FFFTT ...

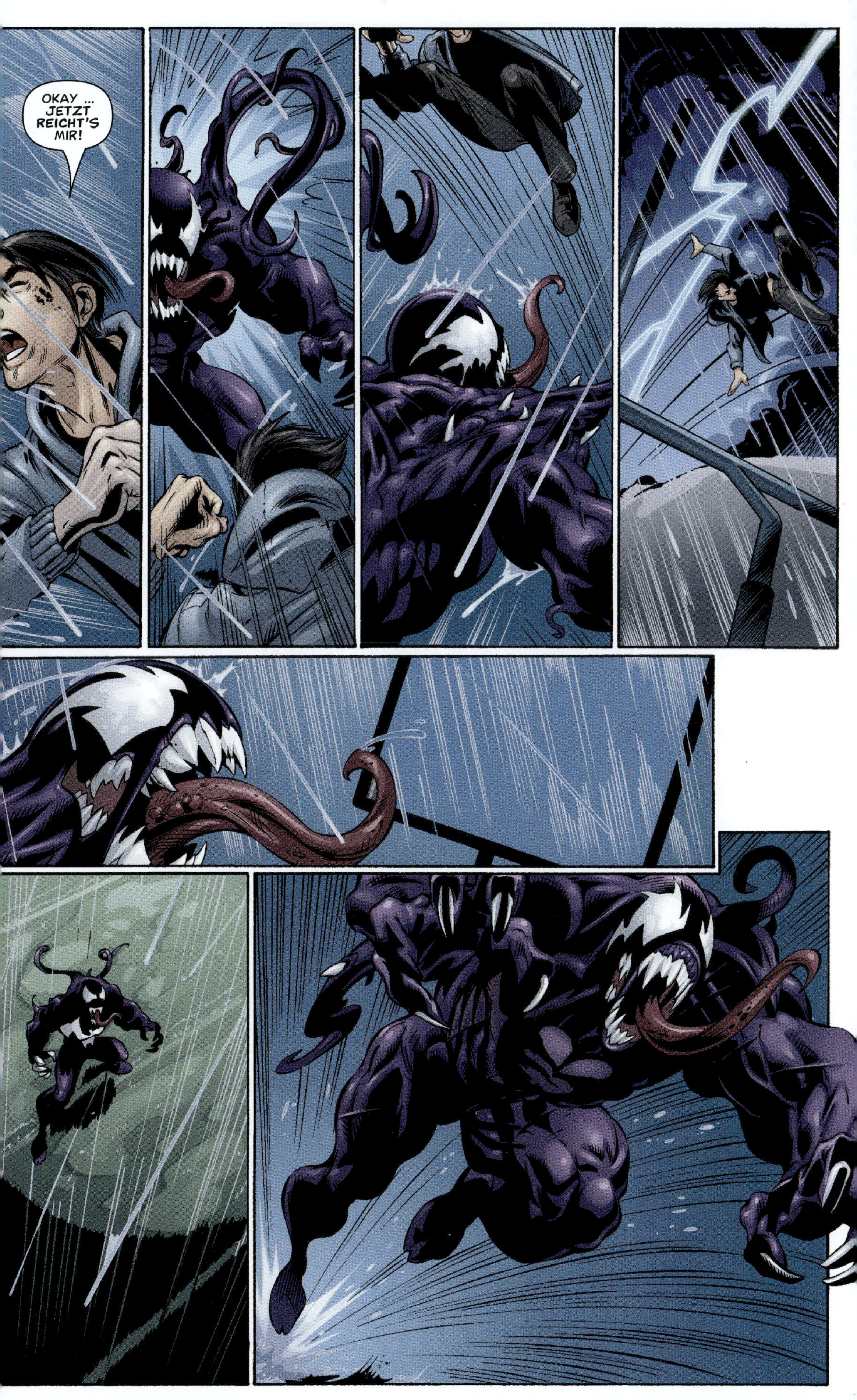
OKAY ... JETZT REICHT'S MIR!

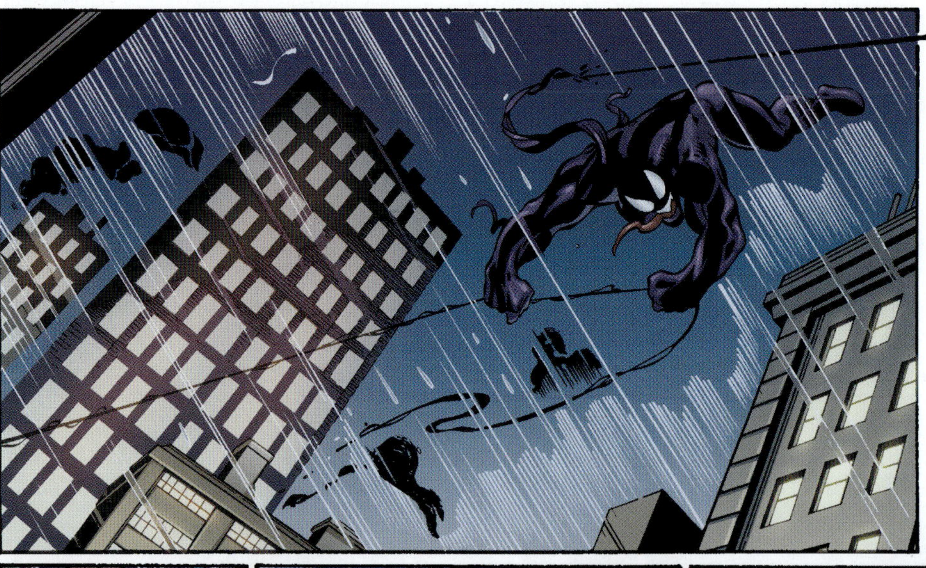
GOTT, SCHAUT IHN AN. SCHAUT EUCH DAS AN.
EDDIE HAT KE KONTROL
DIESES ... DIESES DING IMITIERT GANZ EINFACH ALLES, WAS ICH MACHE.
WAS? HA ES ETWA BIOLOGISC GEDÄCHTN ODER NIMMT INFORMATIC NUR AUS ED GEIST?
ODER BEIDES?
ODER WA

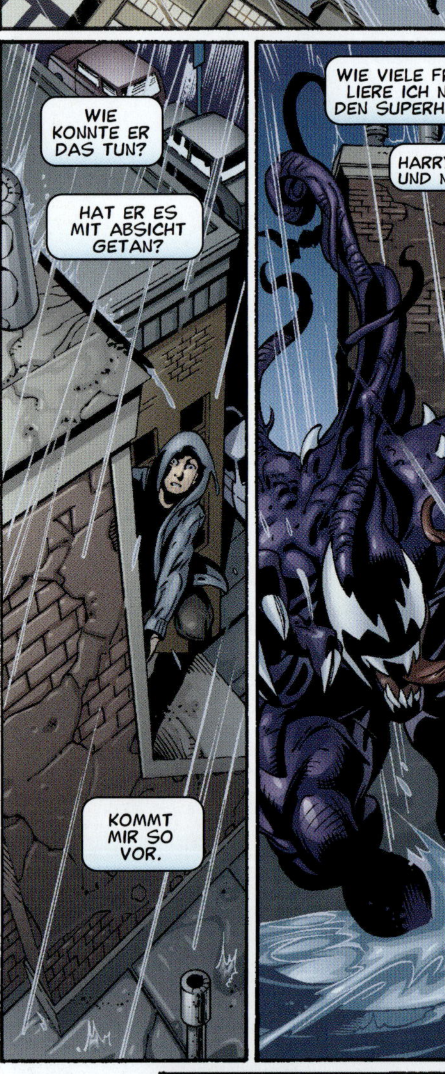
WIE KONNTE ER DAS TUN?
HAT ER ES MIT ABSICHT GETAN?
KOMMT MIR SO VOR.

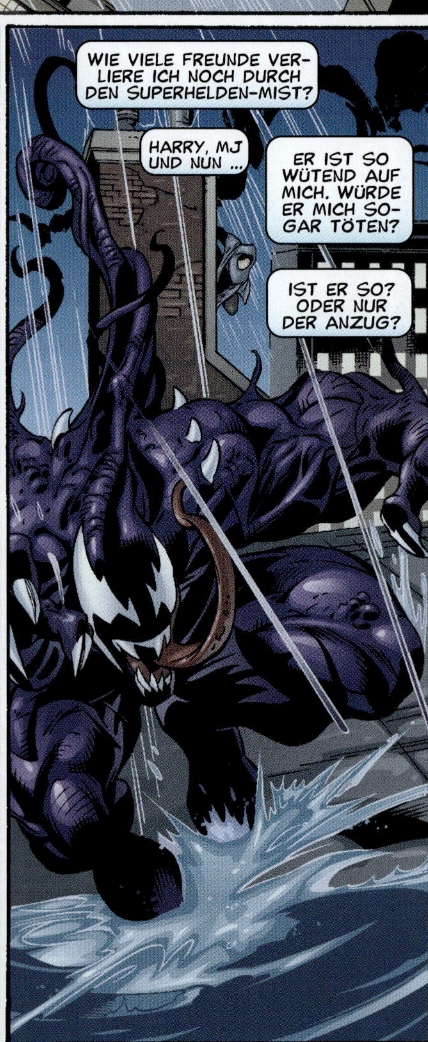
WIE VIELE FREUNDE VERLIERE ICH NOCH DURCH DEN SUPERHELDEN-MIST?
HARRY, MJ UND NUN ...
ER IST SO WÜTEND AUF MICH. WÜRDE ER MICH SOGAR TÖTEN?
IST ER SO? ODER NUR DER ANZUG?

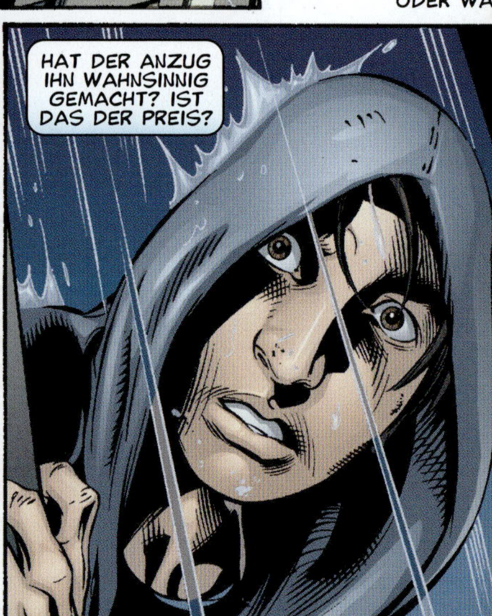
HAT DER ANZUG IHN WAHNSINNIG GEMACHT? IST DAS DER PREIS?

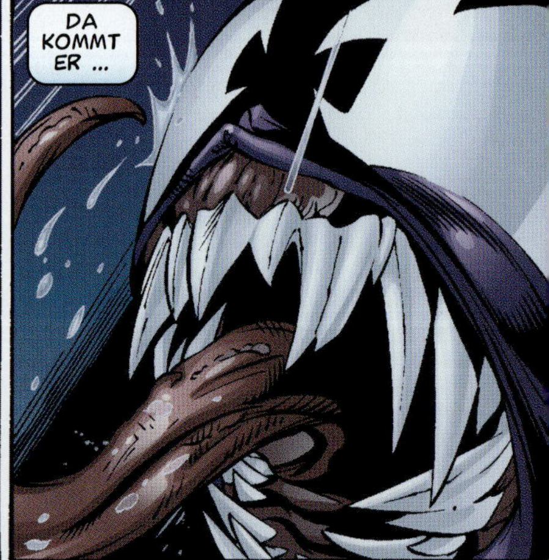
DA KOMMT ER ...

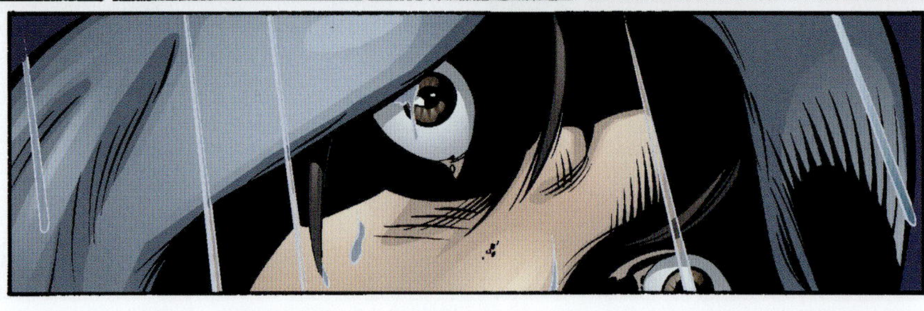

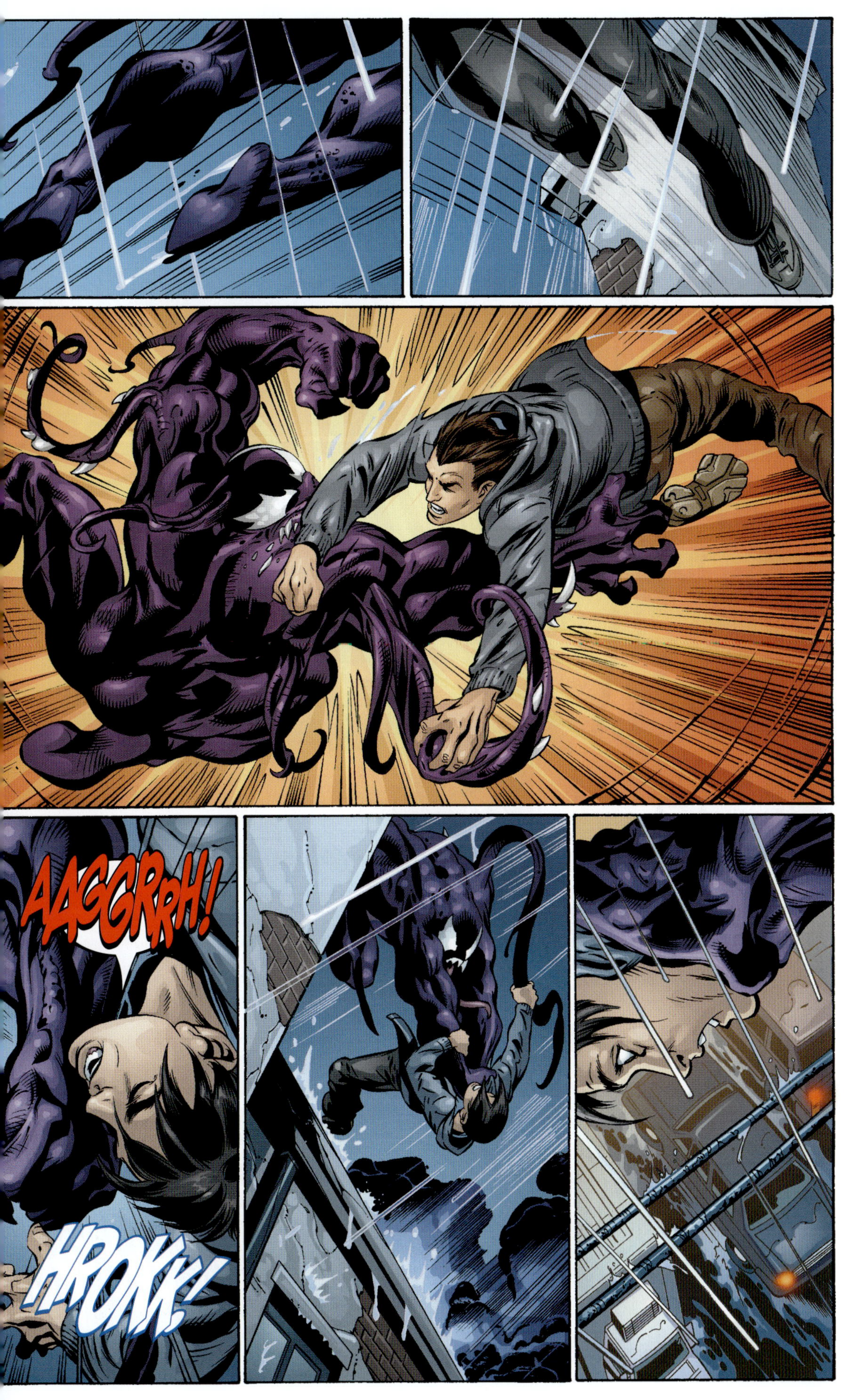
AAGGRRH!
HROKK!

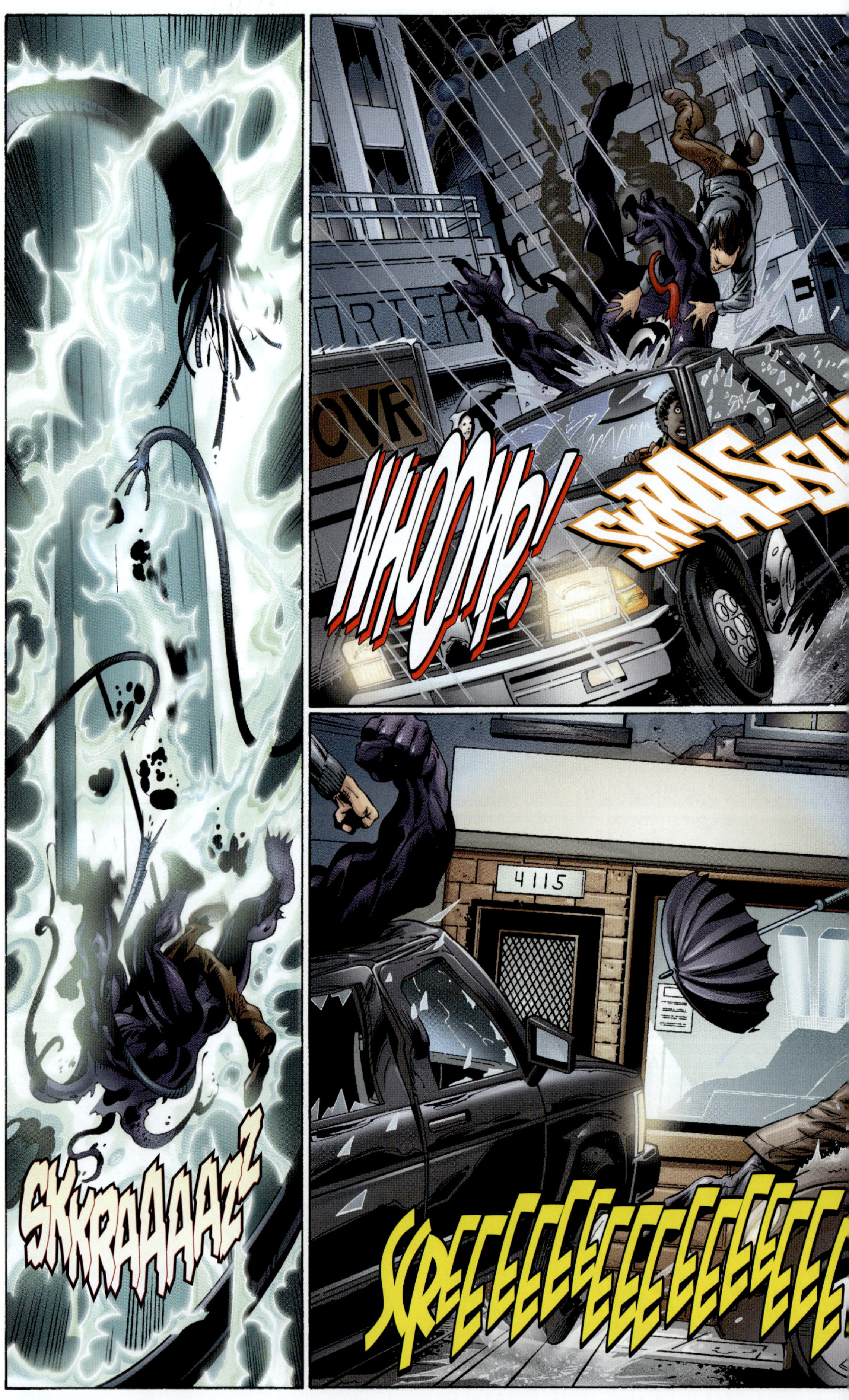
SKKRAAAAZZ
WHOOMP!
4115
SCREEEEEEEEEEEEEEEEE

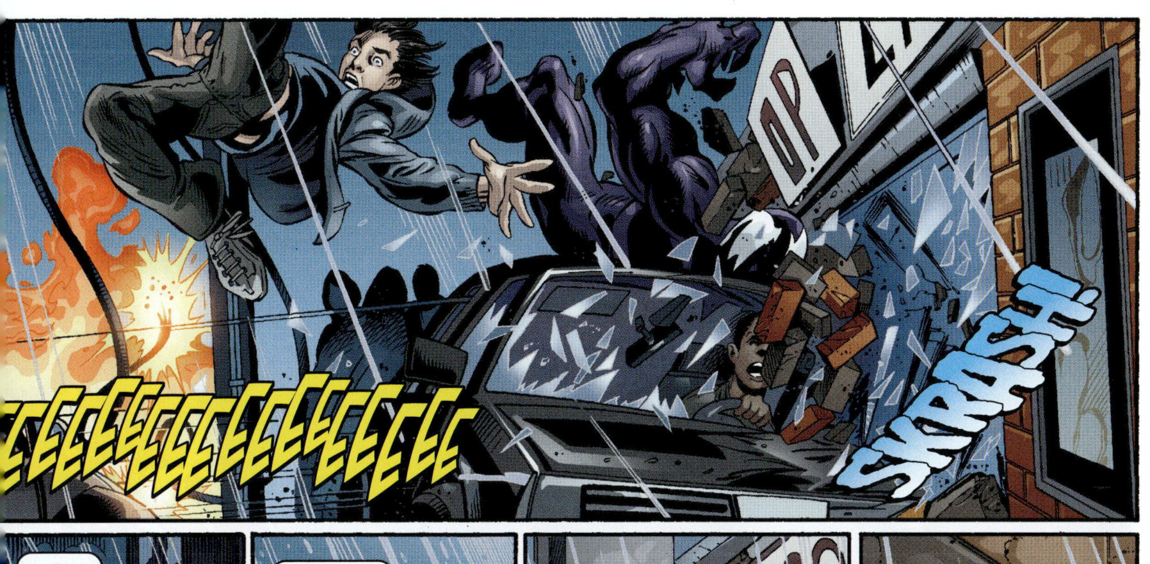

EEEEEEEEEEEEEEEEEEE
SKRASH!

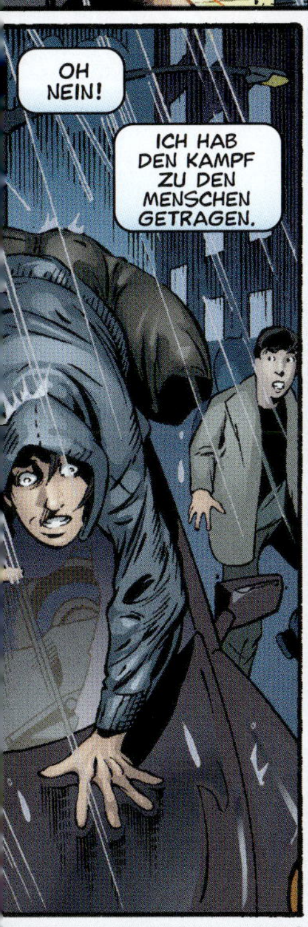

OH NEIN!
ICH HAB DEN KAMPF ZU DEN MENSCHEN GETRAGEN.

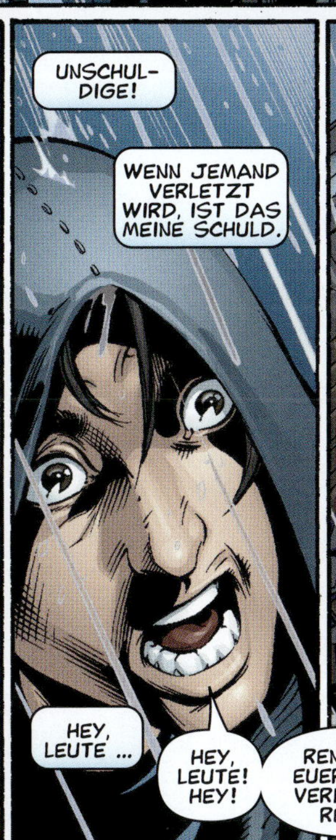

UNSCHUL-DIGE!
WENN JEMAND VERLETZT WIRD, IST DAS MEINE SCHULD.
HEY, LEUTE ...
HEY, LEUTE! HEY!
RENNT UM EUER LEBEN, VERDAMMT! RENNT!

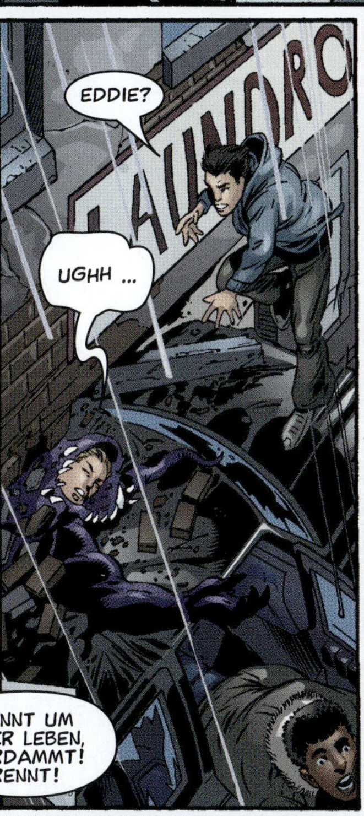

EDDIE?
UGHH ...

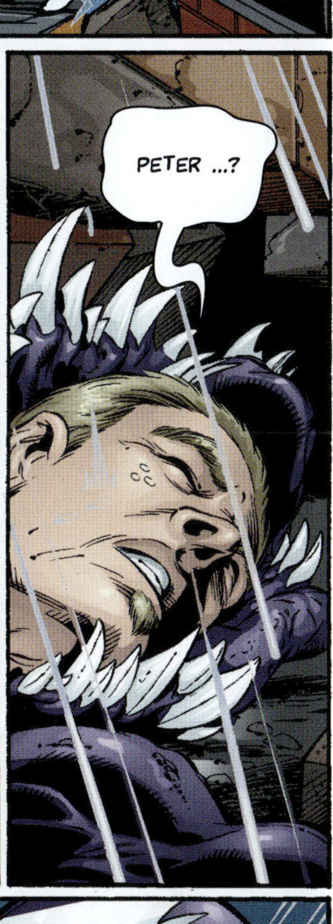

PETER ...?

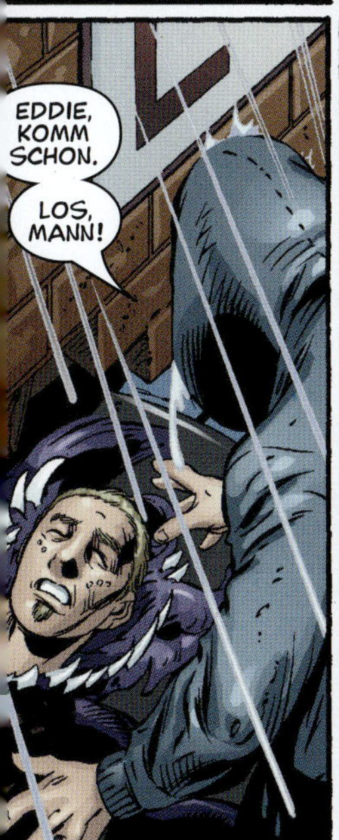

EDDIE, KOMM SCHON.
LOS, MANN!

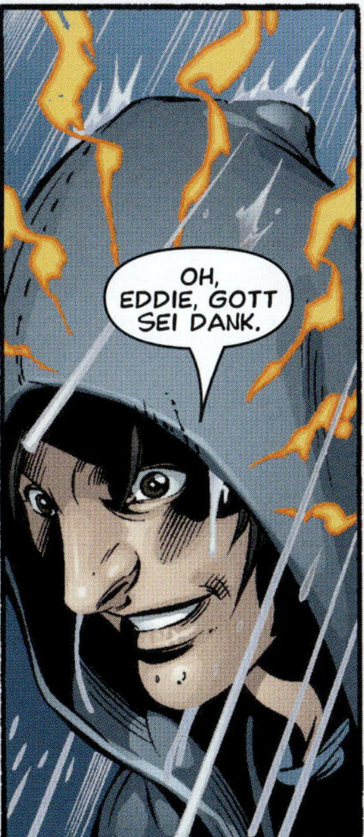

OH, EDDIE, GOTT SEI DANK.

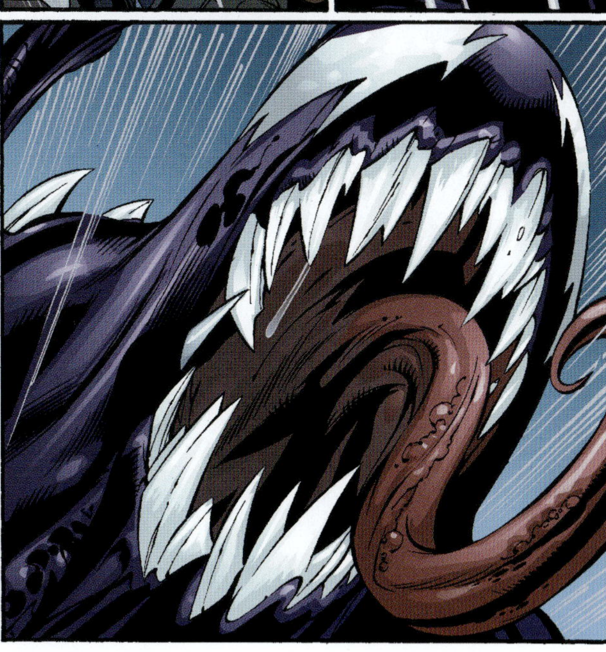

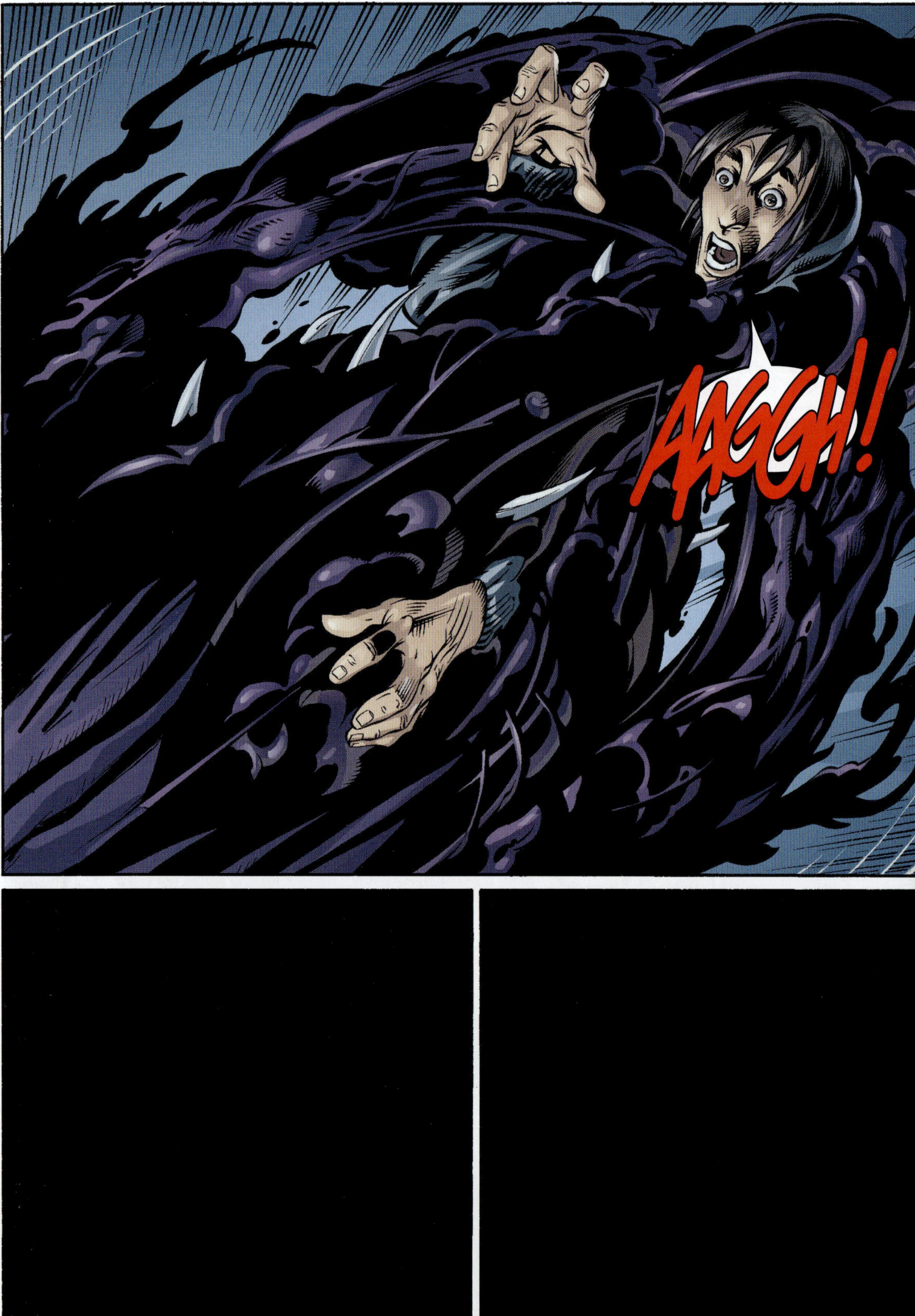
AAGGH!

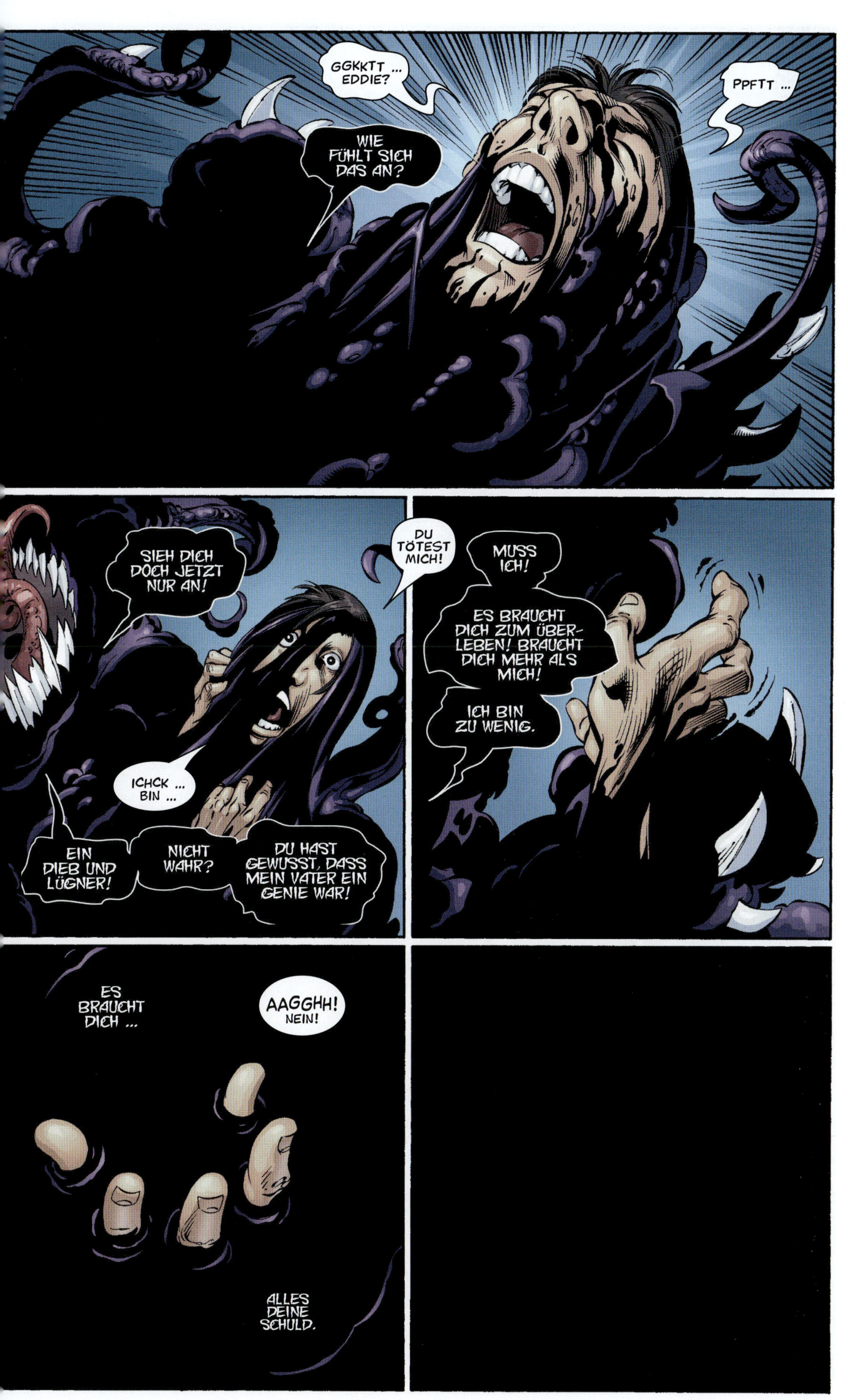
GGKKTT ... EDDIE?
WIE FÜHLT SICH DAS AN?
PPFTT ...
SIEH DICH DOCH JETZT NUR AN!
ICHCK ... BIN ...
EIN DIEB UND LÜGNER!
NICHT WAHR?
DU HAST GEWUSST, DASS MEIN VATER EIN GENIE WAR!
DU TÖTEST MICH!
MUSS ICH!
ES BRAUCHT DICH ZUM ÜBERLEBEN! BRAUCHT DICH MEHR ALS MICH!
ICH BIN ZU WENIG.
ES BRAUCHT DICH ...
AAGGHH! NEIN!
ALLES DEINE SCHULD.

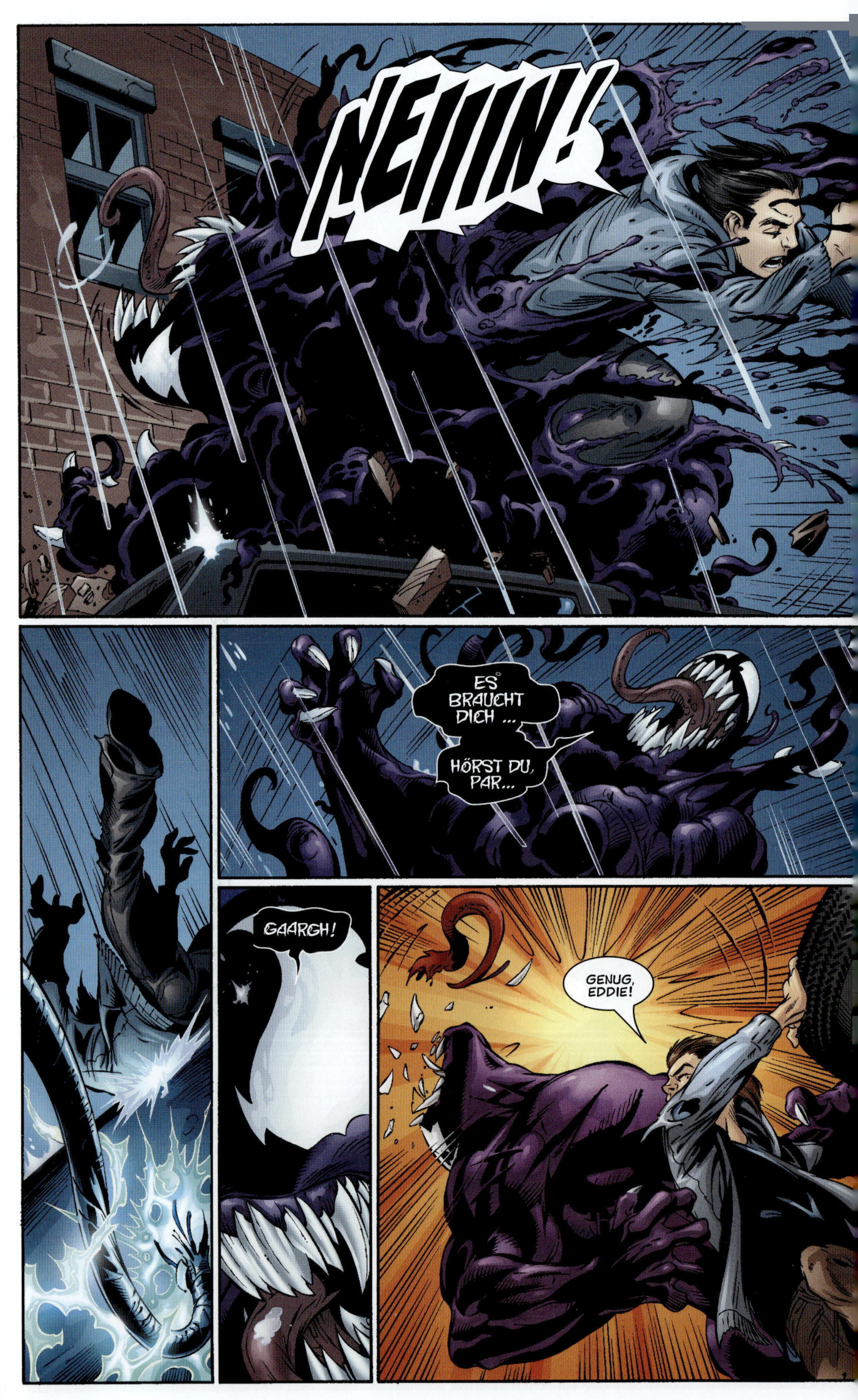
NEIIIN!
ES BRAUCHT DICH ...
HÖRST DU, PAR...
GAARGH!
GENUG, EDDIE!

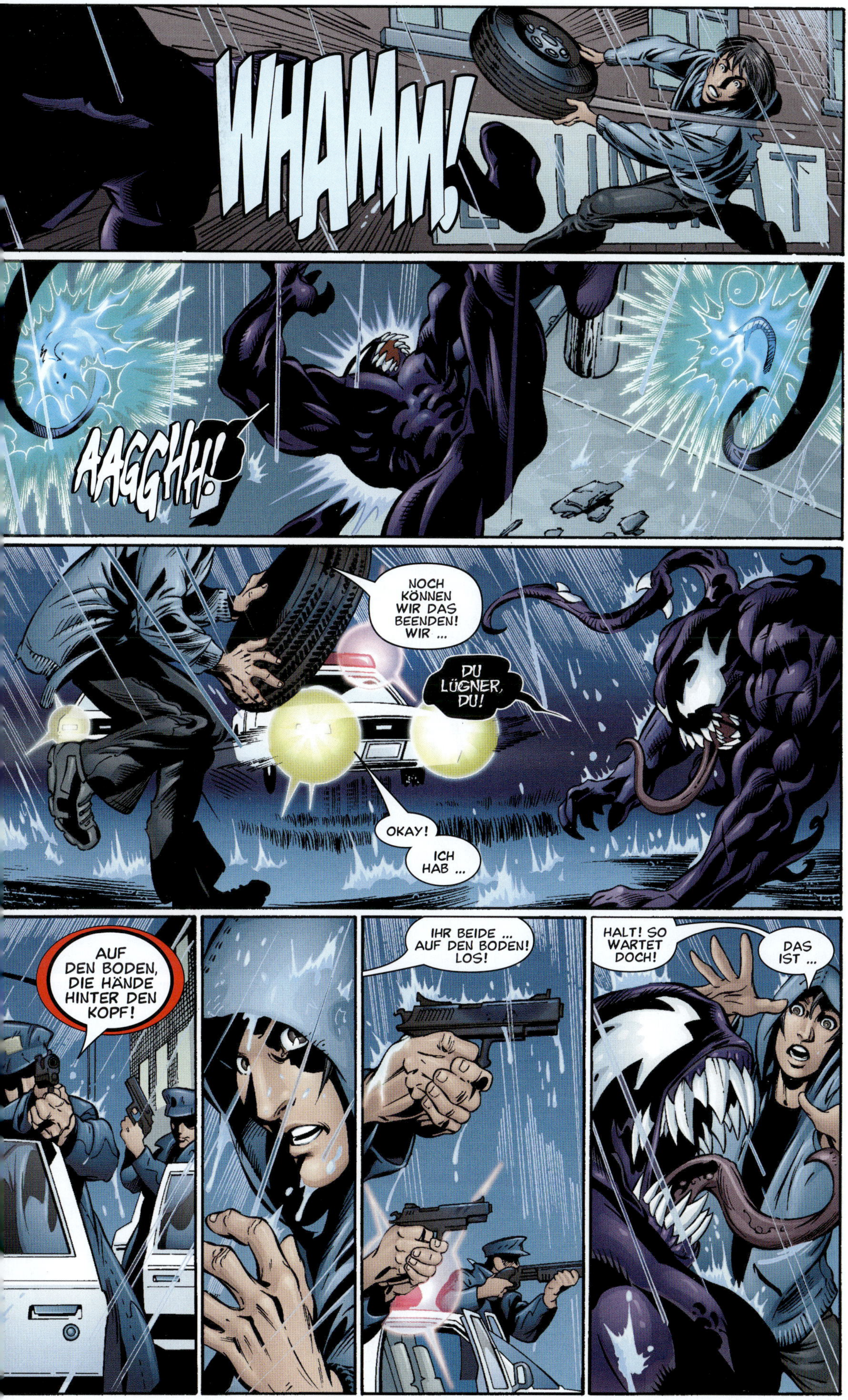

WHAMM!
AAGGHH!
NOCH KÖNNEN WIR DAS BEENDEN! WIR ...
DU LÜGNER, DU!
OKAY!
ICH HAB ...
AUF DEN BODEN, DIE HÄNDE HINTER DEN KOPF!

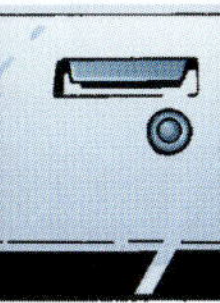

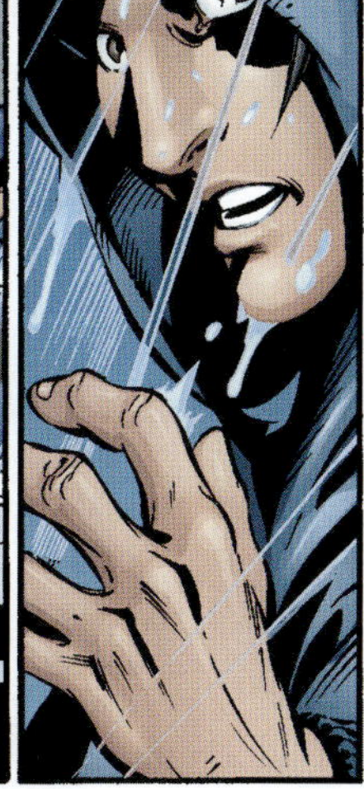

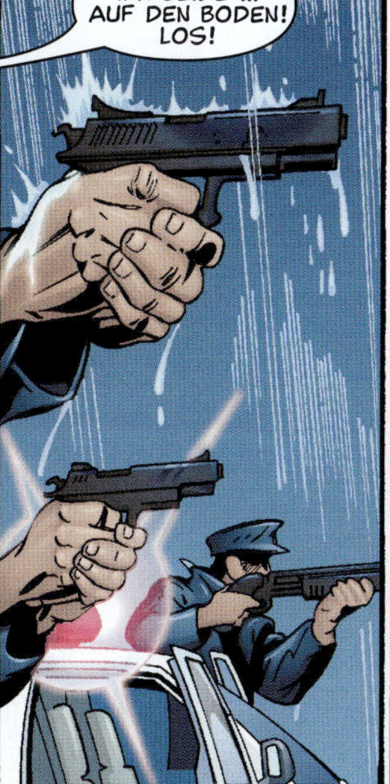
IHR BEIDE ... AUF DEN BODEN! LOS!

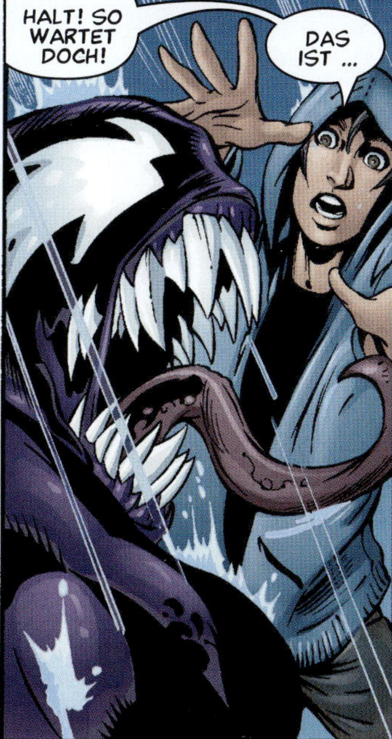
HALT! SO WARTET DOCH!
DAS IST ...

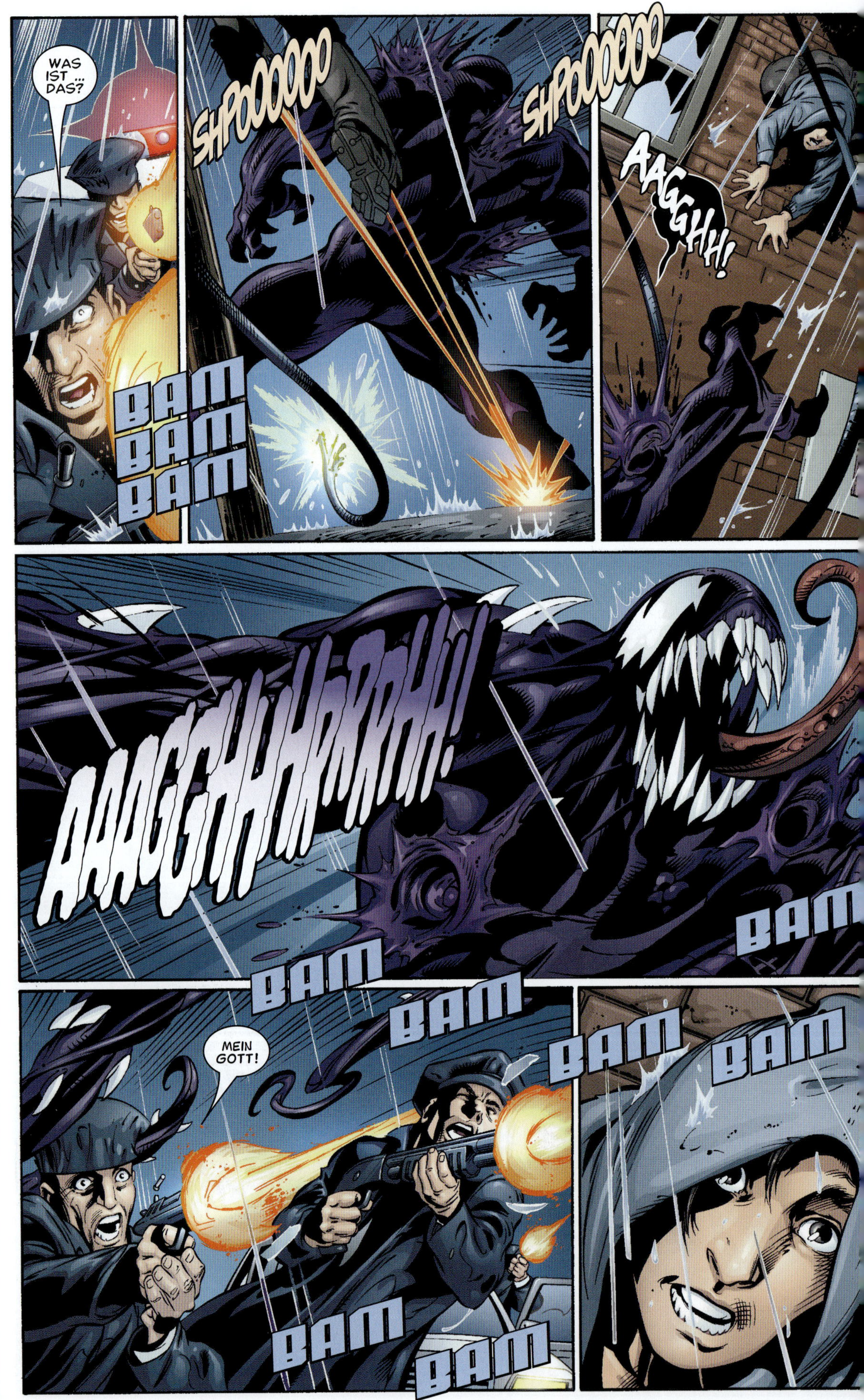
WAS IST ... DAS?
BAM BAM BAM
SHPOOOOOO
SHPOOOOOO
AAGGHH!
AAAGGHHHRRRHH!
BAM
BAM
BAM
MEIN GOTT!
BAM
BAM
BAM
BAM

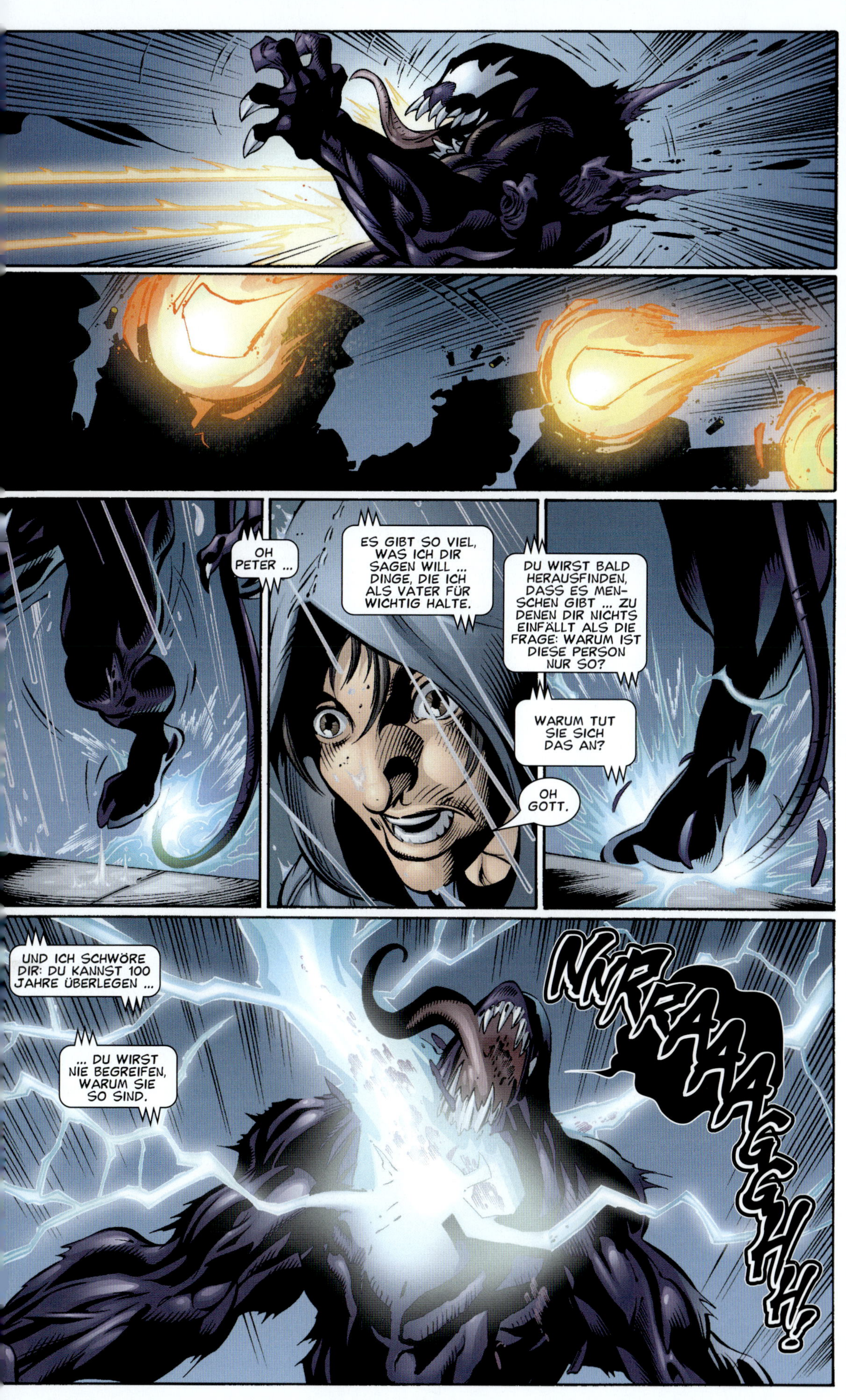
OH PETER ...
ES GIBT SO VIEL, WAS ICH DIR SAGEN WILL ... DINGE, DIE ICH ALS VATER FÜR WICHTIG HALTE.
DU WIRST BALD HERAUSFINDEN, DASS ES MENSCHEN GIBT ... ZU DENEN DIR NICHTS EINFÄLLT ALS DIE FRAGE: WARUM IST DIESE PERSON NUR SO?
WARUM TUT SIE SICH DAS AN?
OH GOTT.
UND ICH SCHWÖRE DIR: DU KANNST 100 JAHRE ÜBERLEGEN ...
... DU WIRST NIE BEGREIFEN, WARUM SIE SO SIND.
NNRRAAAAGGHH!

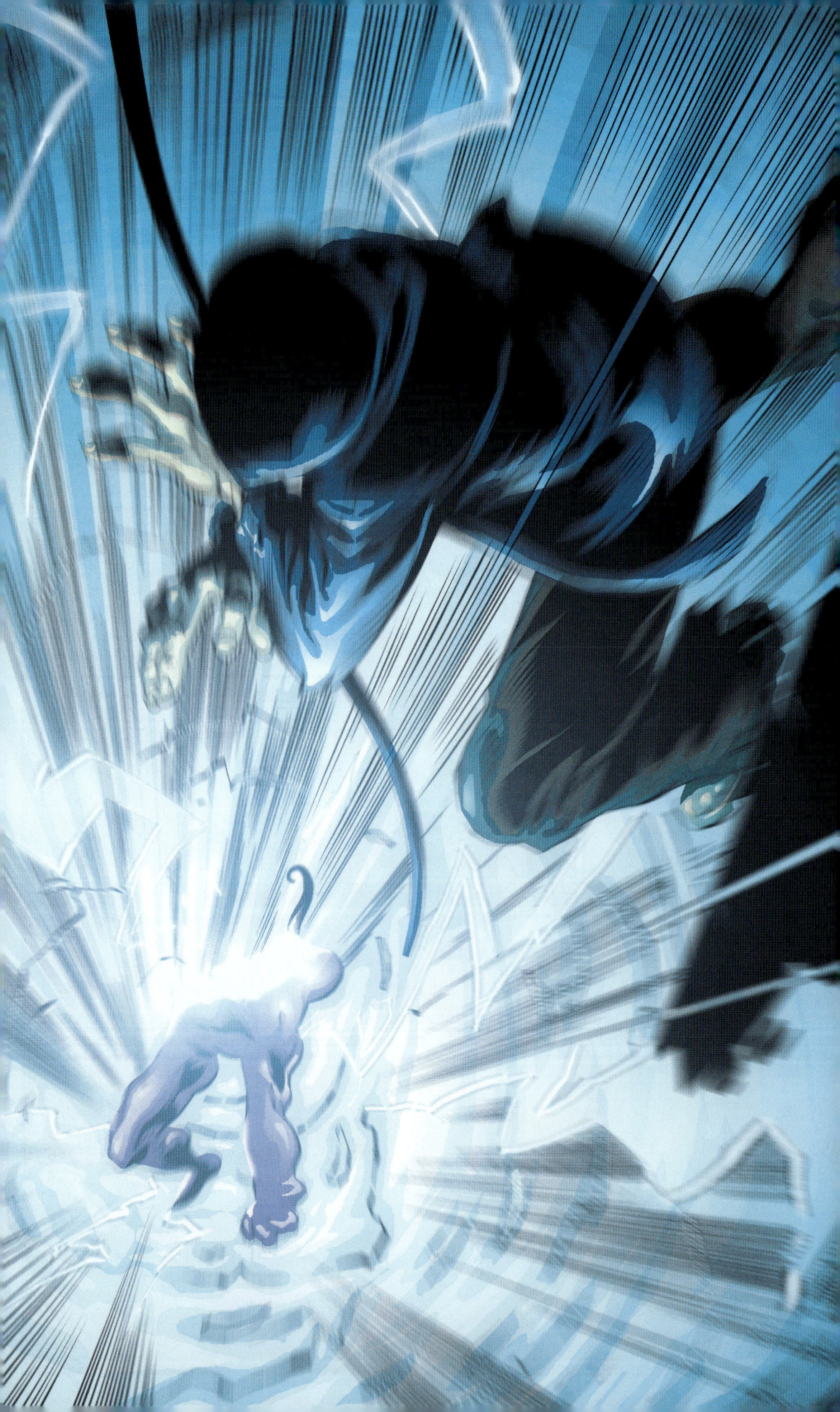

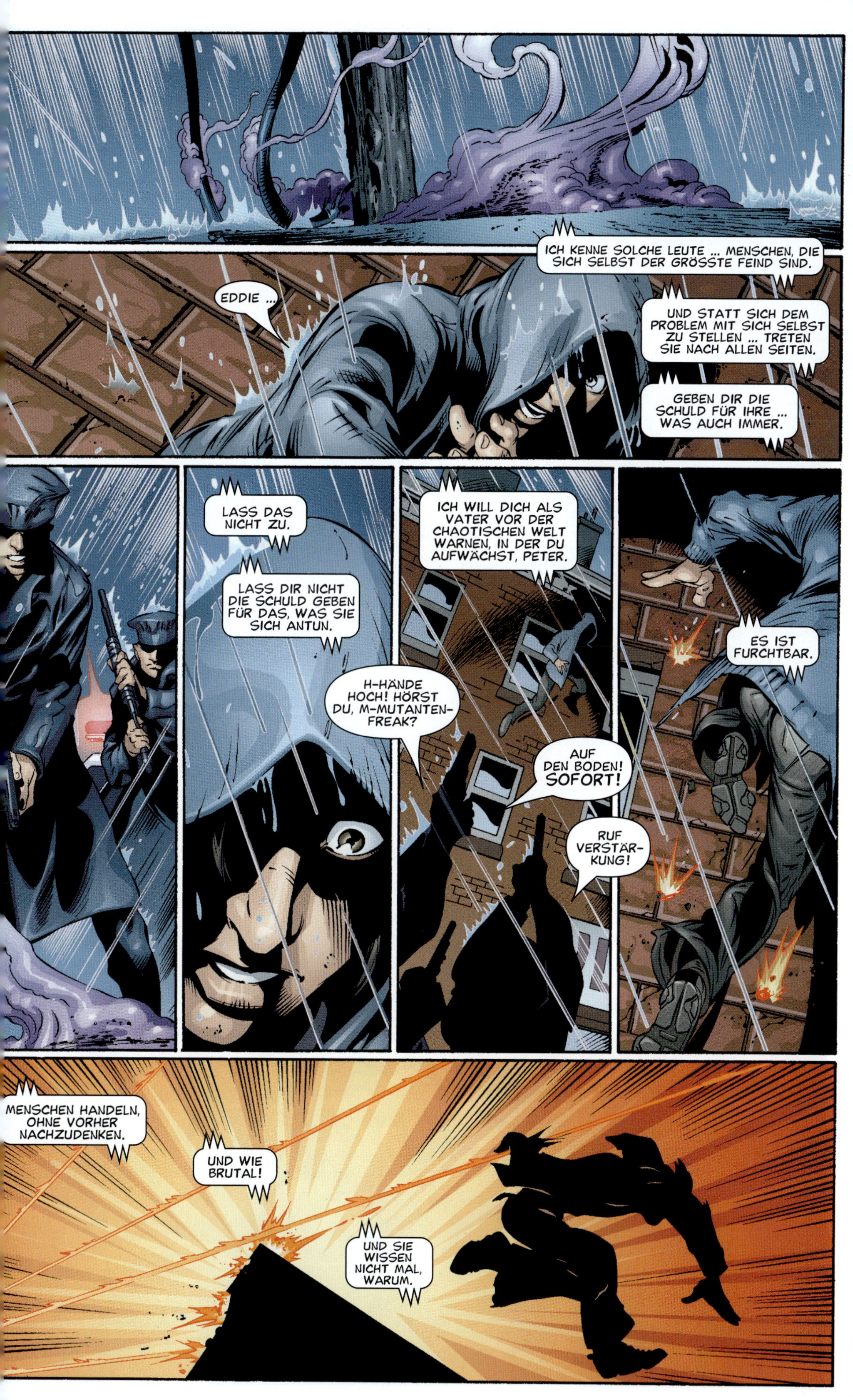
ICH KENNE SOLCHE LEUTE ... MENSCHEN, DIE SICH SELBST DER GRÖSSTE FEIND SIND.
EDDIE ...
UND STATT SICH DEM PROBLEM MIT SICH SELBST ZU STELLEN ... TRETEN SIE NACH ALLEN SEITEN.
GEBEN DIR DIE SCHULD FÜR IHRE ... WAS AUCH IMMER.
LASS DAS NICHT ZU.
LASS DIR NICHT DIE SCHULD GEBEN FÜR DAS, WAS SIE SICH ANTUN.
H-HÄNDE HOCH! HÖRST DU, M-MUTANTEN-FREAK?
ICH WILL DICH ALS VATER VOR DER CHAOTISCHEN WELT WARNEN, IN DER DU AUFWÄCHST, PETER.
AUF DEN BODEN! SOFORT!
RUF VERSTÄR-KUNG!
ES IST FURCHTBAR.
MENSCHEN HANDELN, OHNE VORHER NACHZUDENKEN.
UND WIE BRUTAL!
UND SIE WISSEN NICHT MAL, WARUM.

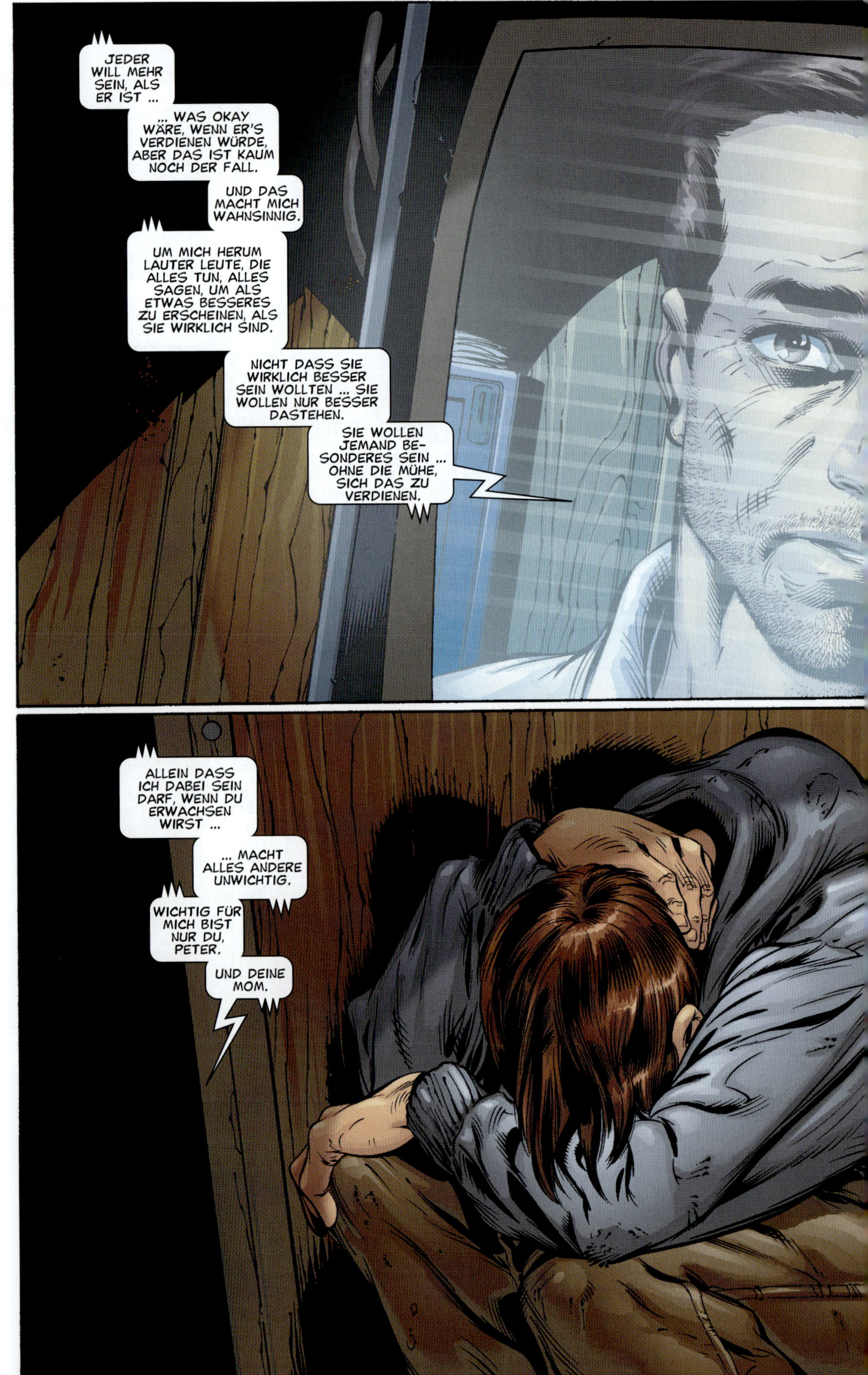
JEDER WILL MEHR SEIN, ALS ER IST ...
... WAS OKAY WÄRE, WENN ER'S VERDIENEN WÜRDE, ABER DAS IST KAUM NOCH DER FALL.
UND DAS MACHT MICH WAHNSINNIG.
UM MICH HERUM LAUTER LEUTE, DIE ALLES TUN, ALLES SAGEN, UM ALS ETWAS BESSERES ZU ERSCHEINEN, ALS SIE WIRKLICH SIND.
NICHT DASS SIE WIRKLICH BESSER SEIN WOLLTEN ... SIE WOLLEN NUR BESSER DASTEHEN.
SIE WOLLEN JEMAND BESONDERES SEIN ... OHNE DIE MÜHE, SICH DAS ZU VERDIENEN.
ALLEIN DASS ICH DABEI SEIN DARF, WENN DU ERWACHSEN WIRST ...
... MACHT ALLES ANDERE UNWICHTIG.
WICHTIG FÜR MICH BIST NUR DU, PETER.
UND DEINE MOM.

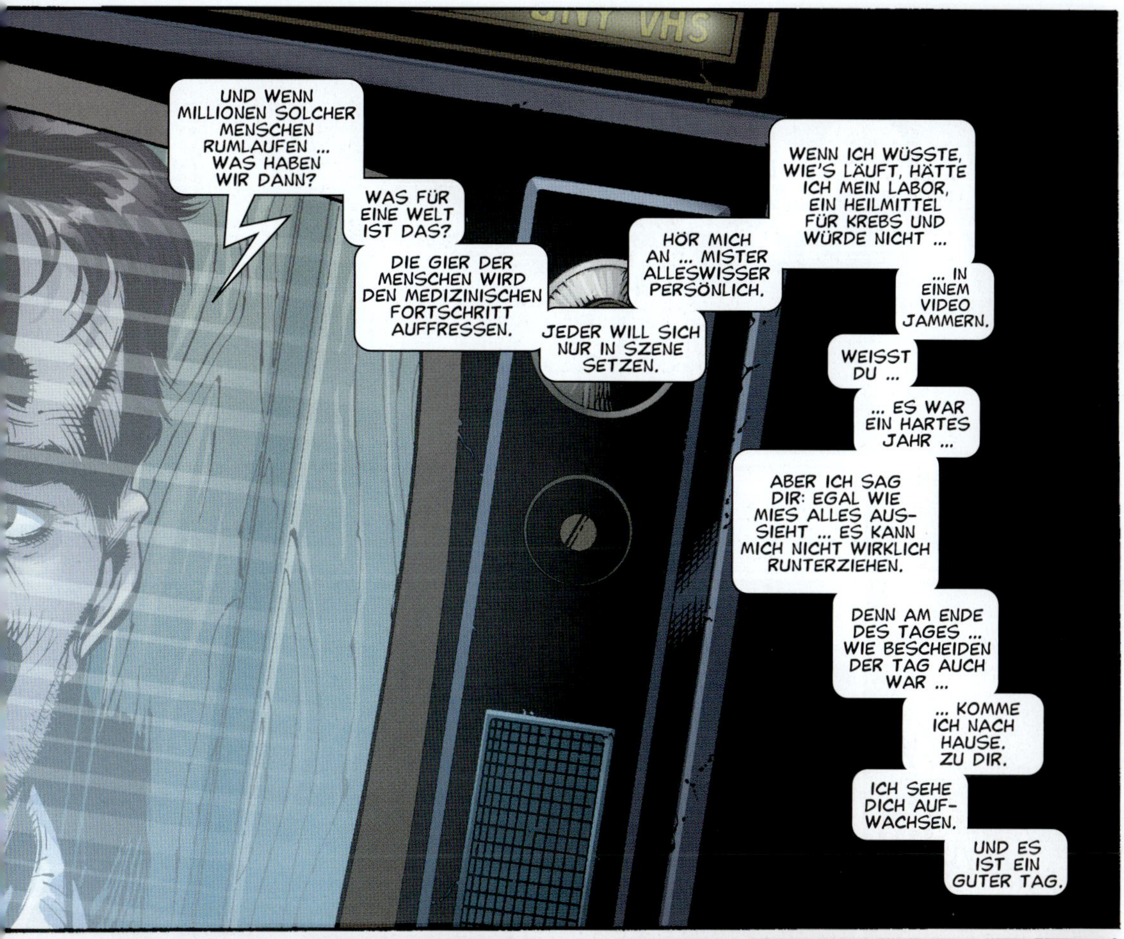

UND WENN MILLIONEN SOLCHER MENSCHEN RUMLAUFEN ... WAS HABEN WIR DANN?

WAS FÜR EINE WELT IST DAS?

DIE GIER DER MENSCHEN WIRD DEN MEDIZINISCHEN FORTSCHRITT AUFFRESSEN.

JEDER WILL SICH NUR IN SZENE SETZEN.

HÖR MICH AN ... MISTER ALLESWISSER PERSÖNLICH.

WENN ICH WÜSSTE, WIE'S LÄUFT, HÄTTE ICH MEIN LABOR, EIN HEILMITTEL FÜR KREBS UND WÜRDE NICHT ...

... IN EINEM VIDEO JAMMERN.

WEISST DU ...

... ES WAR EIN HARTES JAHR ...

ABER ICH SAG DIR: EGAL WIE MIES ALLES AUSSIEHT ... ES KANN MICH NICHT WIRKLICH RUNTERZIEHEN.

DENN AM ENDE DES TAGES ... WIE BESCHEIDEN DER TAG AUCH WAR ...

... KOMME ICH NACH HAUSE. ZU DIR.

ICH SEHE DICH AUFWACHSEN.

UND ES IST EIN GUTER TAG.

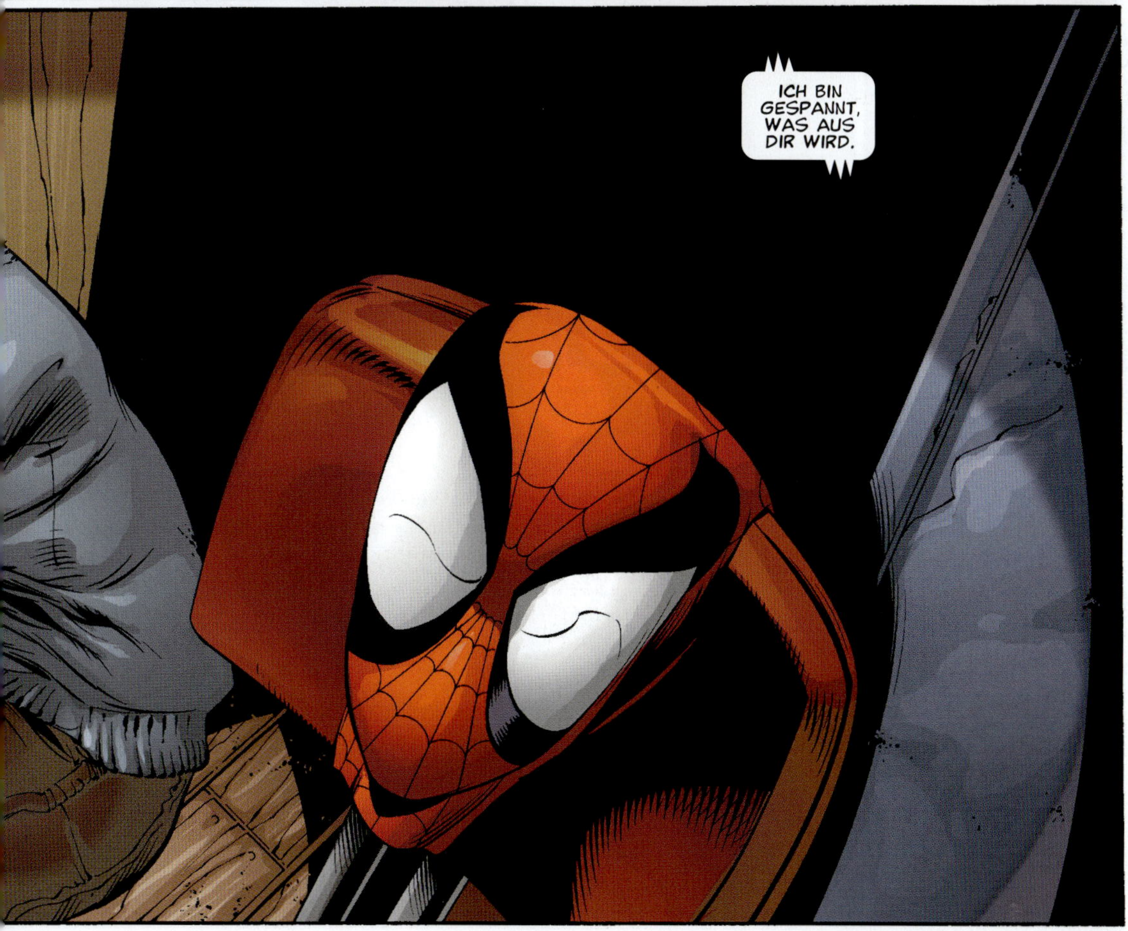

ICH BIN GESPANNT, WAS AUS DIR WIRD.

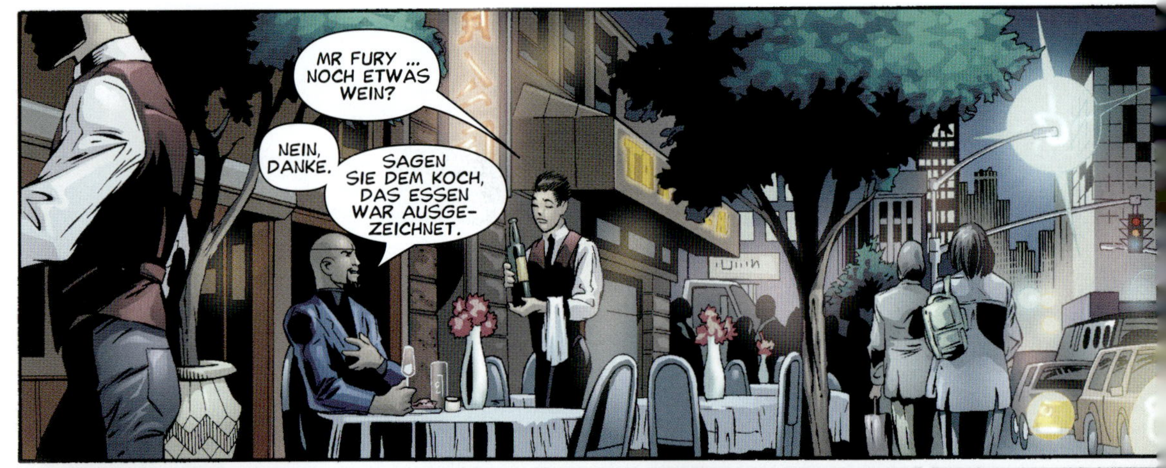
MR FURY ... NOCH ETWAS WEIN?
NEIN, DANKE.
SAGEN SIE DEM KOCH, DAS ESSEN WAR AUSGE-ZEICHNET.
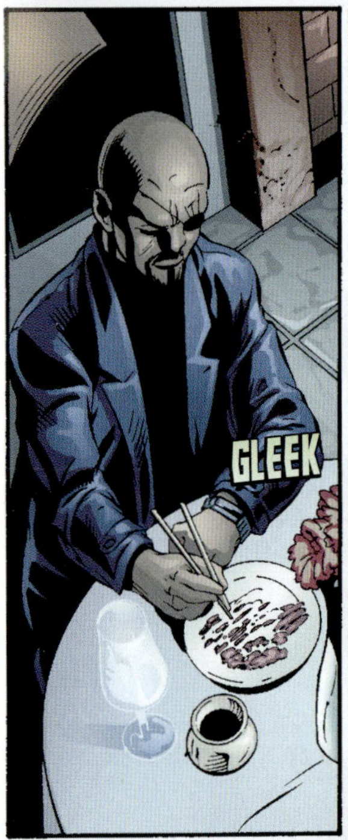
GLEEK
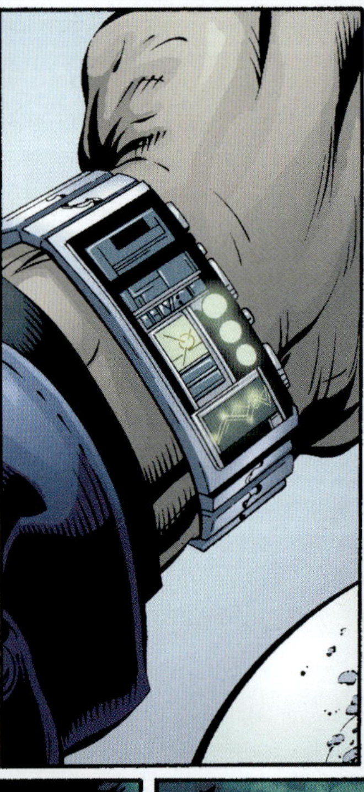
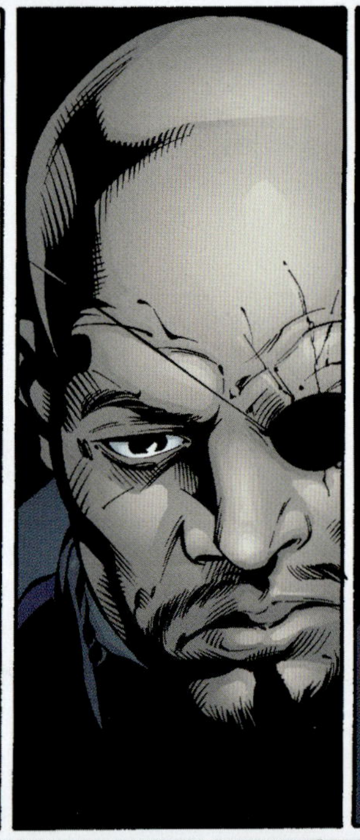
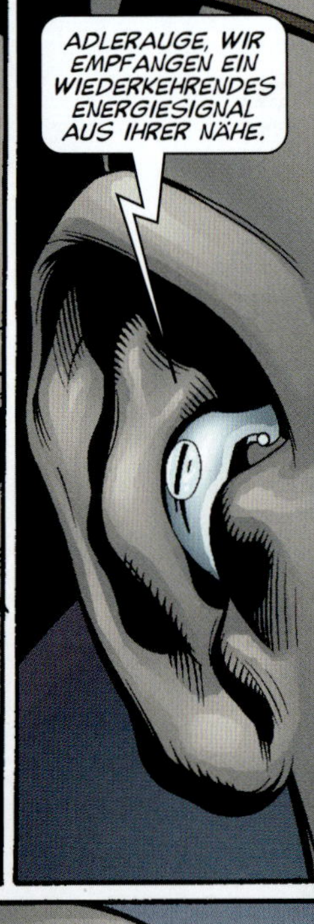
ADLERAUGE, WIR EMPFANGEN EIN WIEDERKEHRENDES ENERGIESIGNAL AUS IHRER NÄHE.
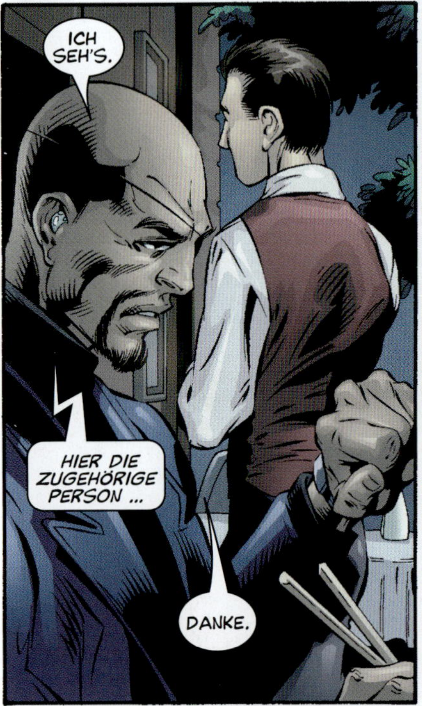
ICH SEH'S.
HIER DIE ZUGEHÖRIGE PERSON ...
DANKE.
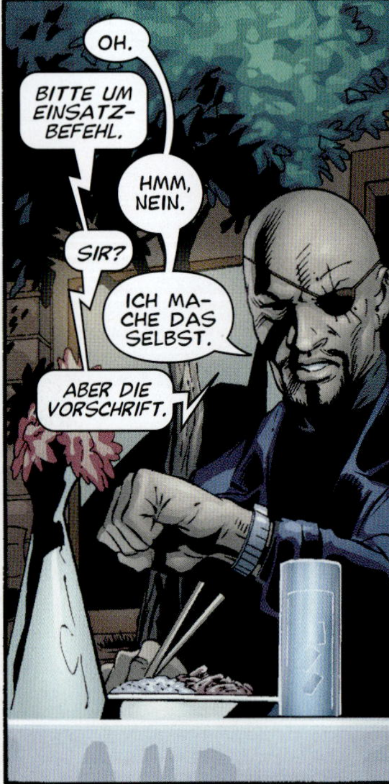
OH.
BITTE UM EINSATZ-BEFEHL.
HMM, NEIN.
SIR?
ICH MA-CHE DAS SELBST.
ABER DIE VORSCHRIFT.
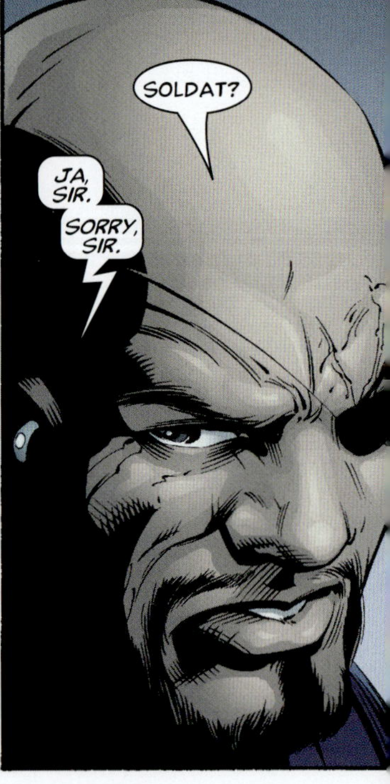
SOLDAT?
JA, SIR.
SORRY, SIR.

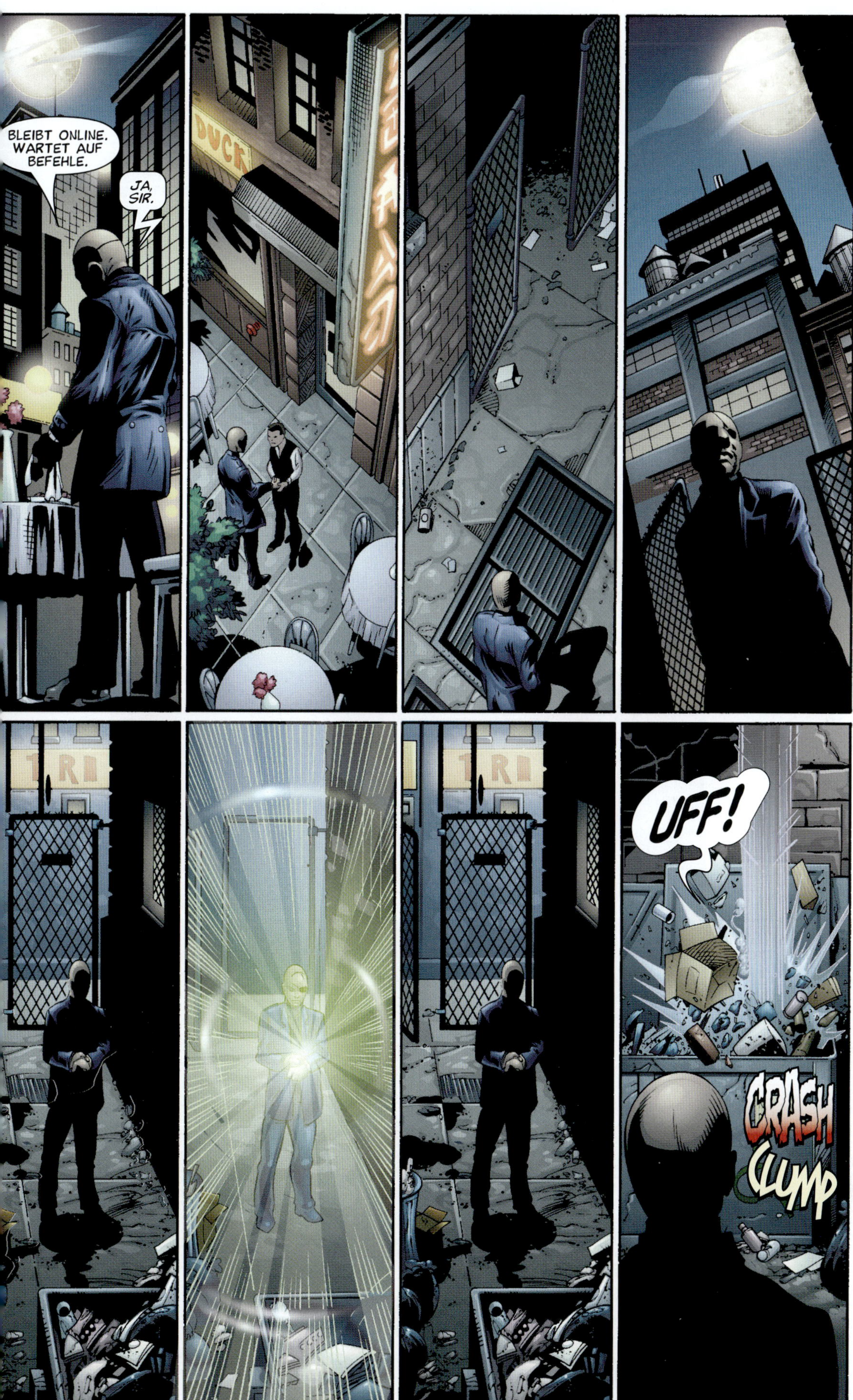
BLEIBT ONLINE. WARTET AUF BEFEHLE.
JA, SIR.
DUCK
UFF!
CRASH
CLUMP

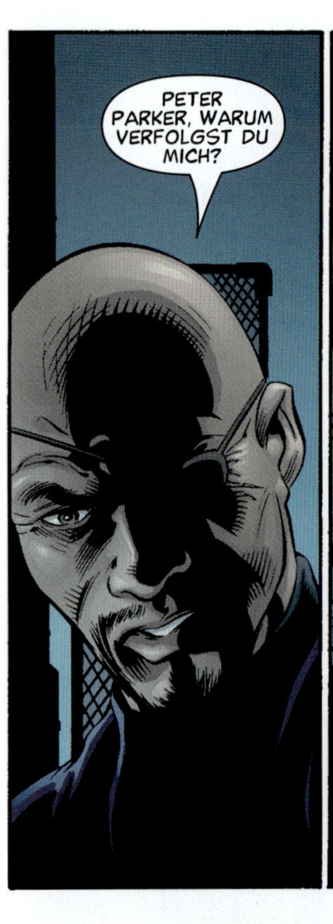
PETER PARKER, WARUM VERFOLGST DU MICH?

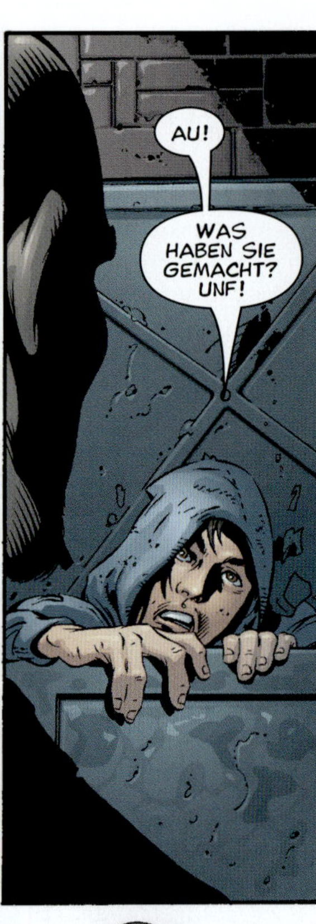
AU!
WAS HABEN SIE GEMACHT? UNF!

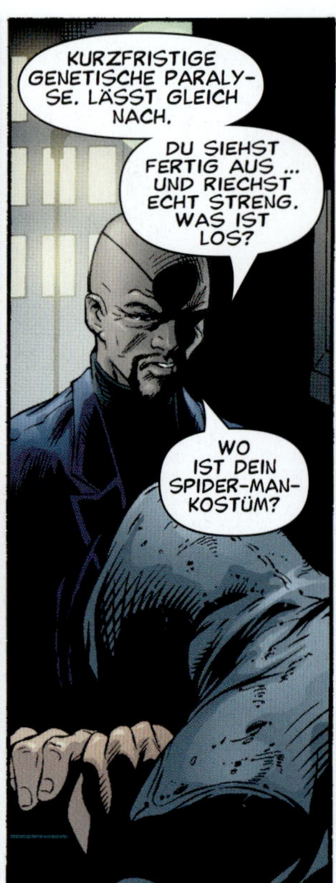
KURZFRISTIGE GENETISCHE PARALYSE. LÄSST GLEICH NACH.
DU SIEHST FERTIG AUS ... UND RIECHST ECHT STRENG. WAS IST LOS?
WO IST DEIN SPIDER-MAN-KOSTÜM?

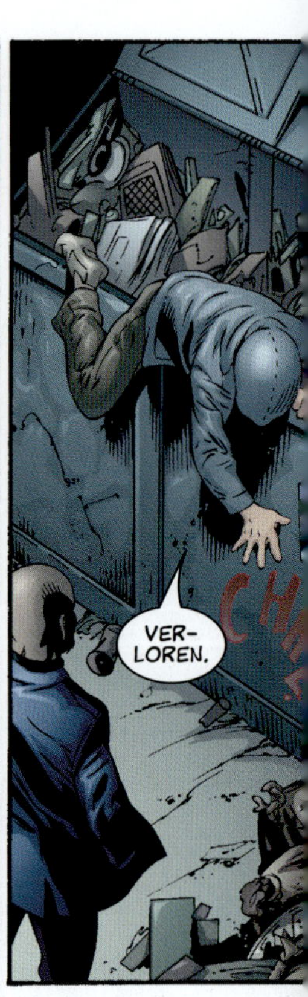
VER-LOREN.

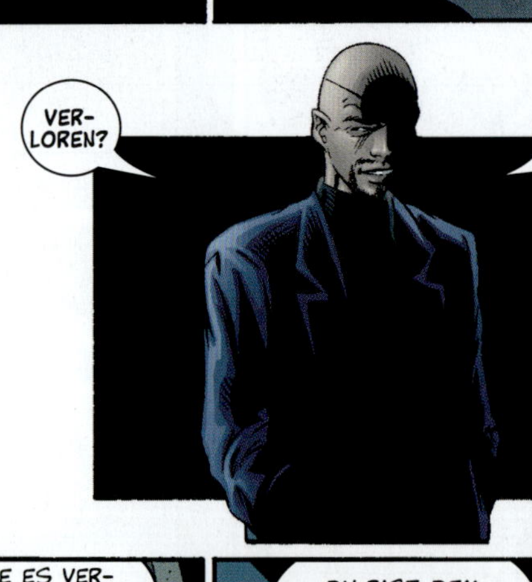
VER-LOREN?
WIE LANGE BIST DU MIR SCHON GEFOLGT?

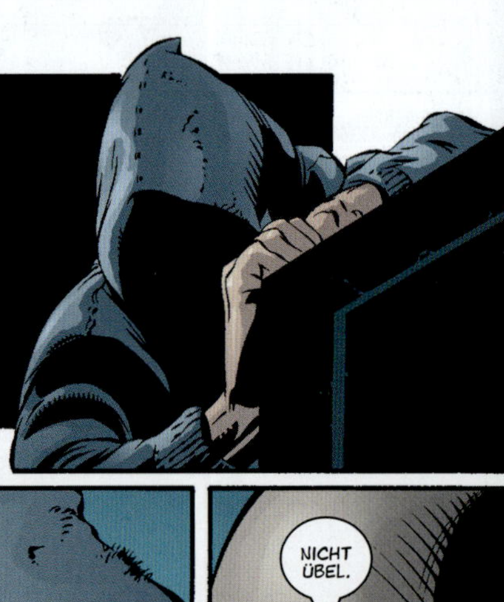

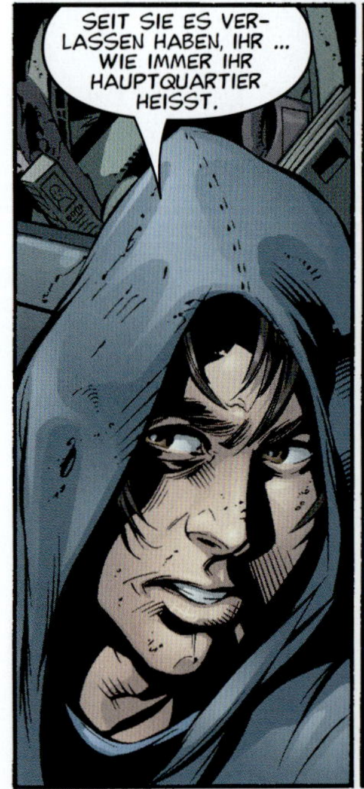
SEIT SIE ES VER-LASSEN HABEN, IHR ... WIE IMMER IHR HAUPTQUARTIER HEISST.

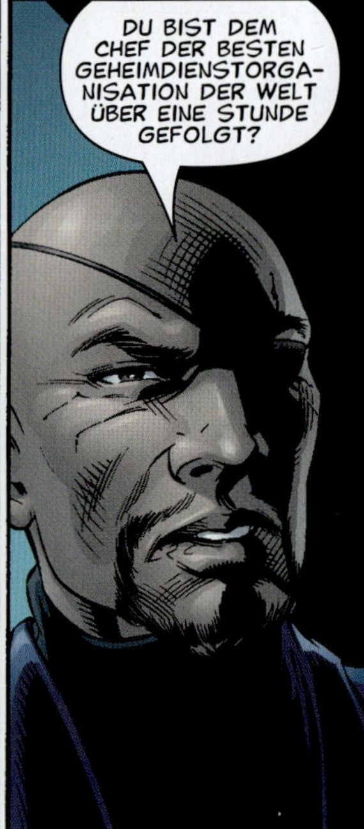
DU BIST DEM CHEF DER BESTEN GEHEIMDIENSTORGANISATION DER WELT ÜBER EINE STUNDE GEFOLGT?

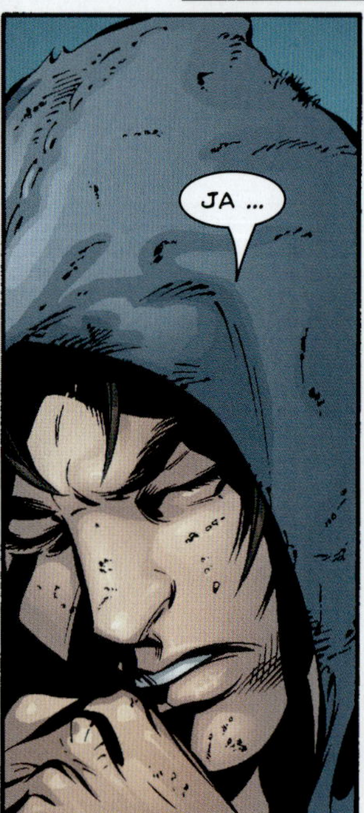
JA ...

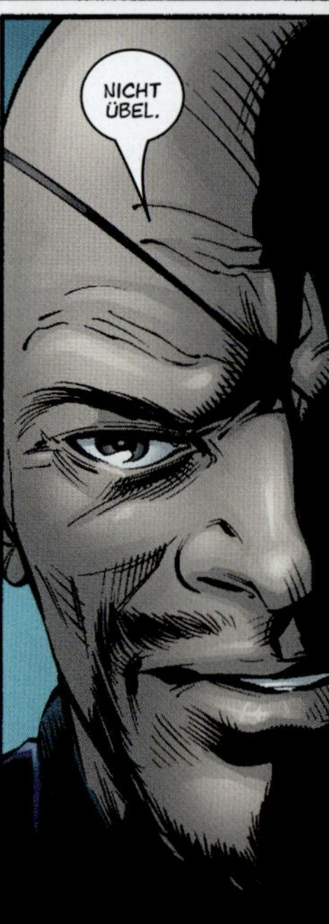
NICHT ÜBEL.

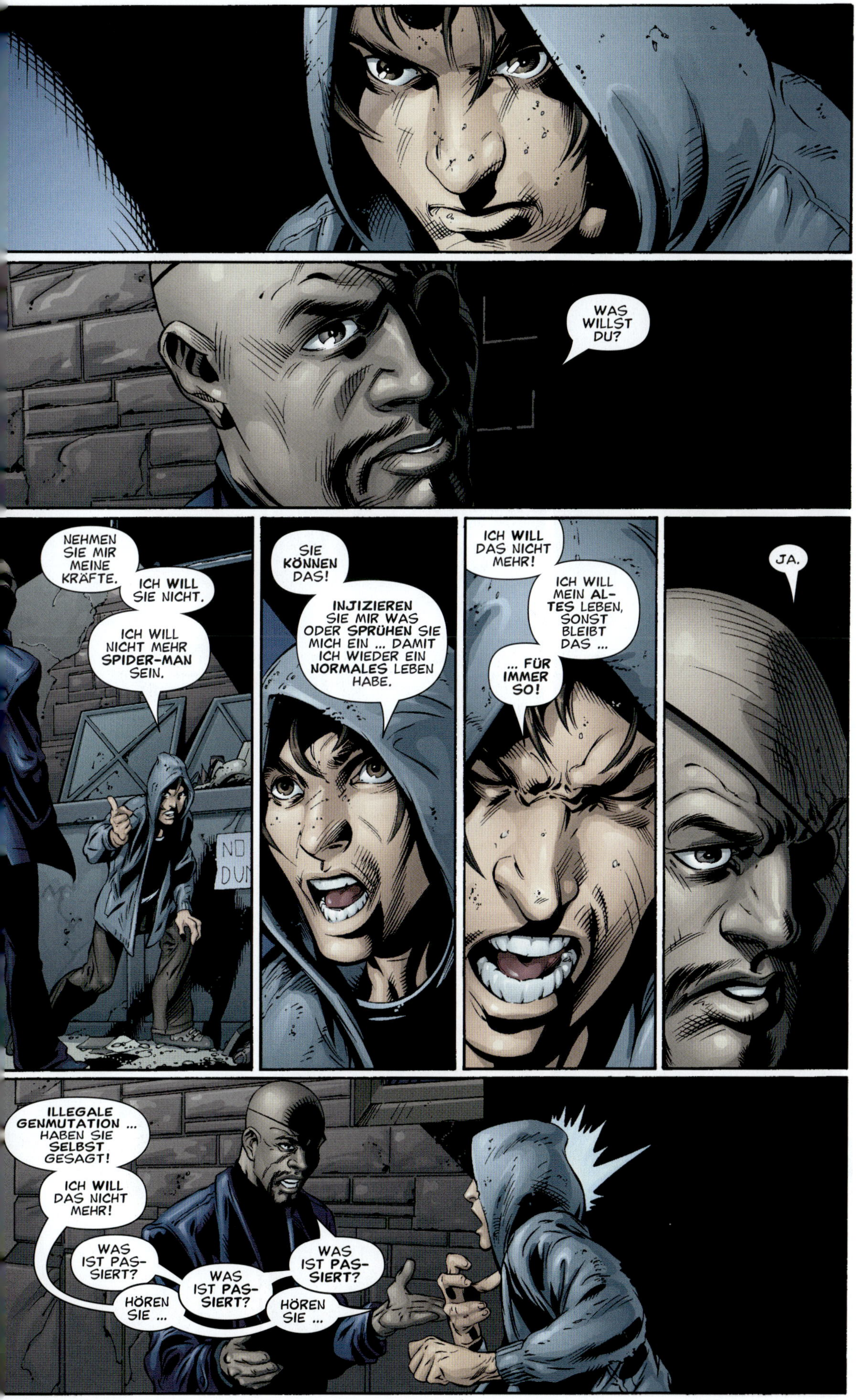

WAS WILLST DU?

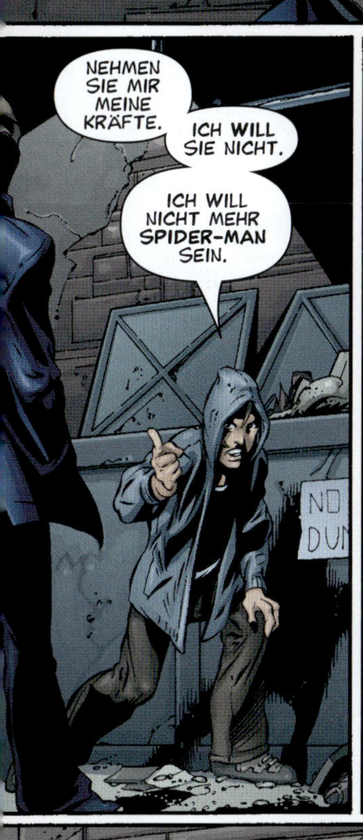
NEHMEN SIE MIR MEINE KRÄFTE.
ICH WILL SIE NICHT.
ICH WILL NICHT MEHR SPIDER-MAN SEIN.
NO DUM

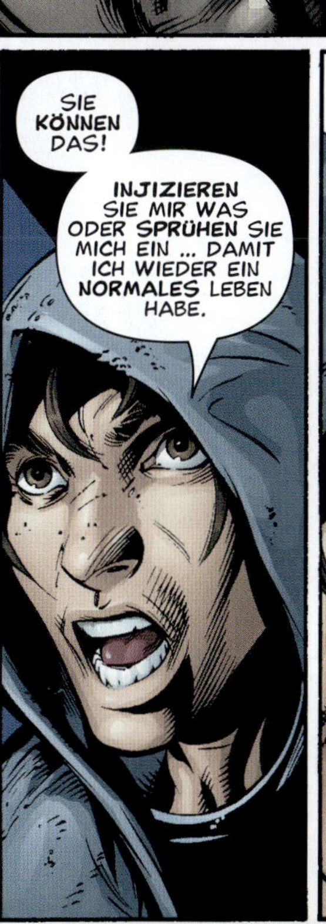
SIE KÖNNEN DAS!
INJIZIEREN SIE MIR WAS ODER SPRÜHEN SIE MICH EIN ... DAMIT ICH WIEDER EIN NORMALES LEBEN HABE.

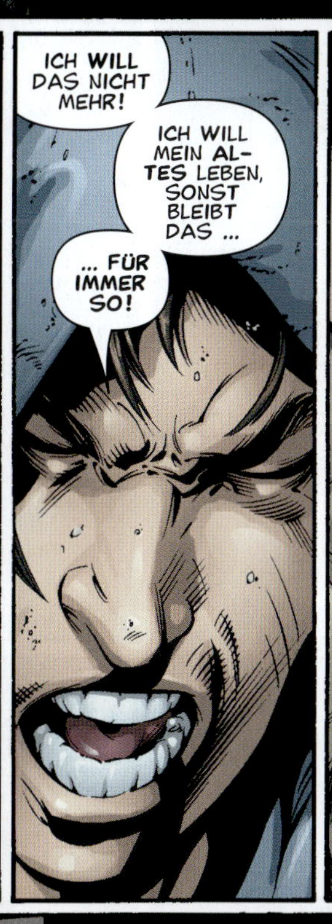
ICH WILL DAS NICHT MEHR!
ICH WILL MEIN ALTES LEBEN, SONST BLEIBT DAS ...
... FÜR IMMER SO!

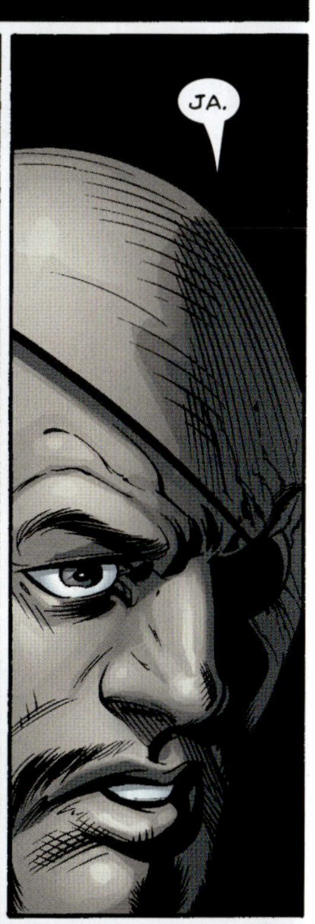
JA.

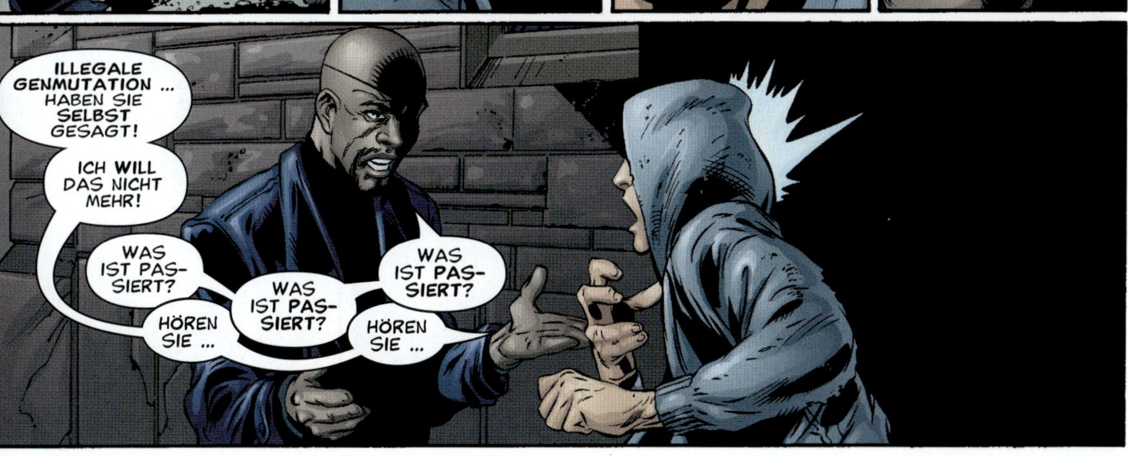
ILLEGALE GENMUTATION ... HABEN SIE SELBST GESAGT!
ICH WILL DAS NICHT MEHR!
WAS IST PASSIERT?
WAS IST PASSIERT?
WAS IST PASSIERT?
HÖREN SIE ...
HÖREN SIE ...

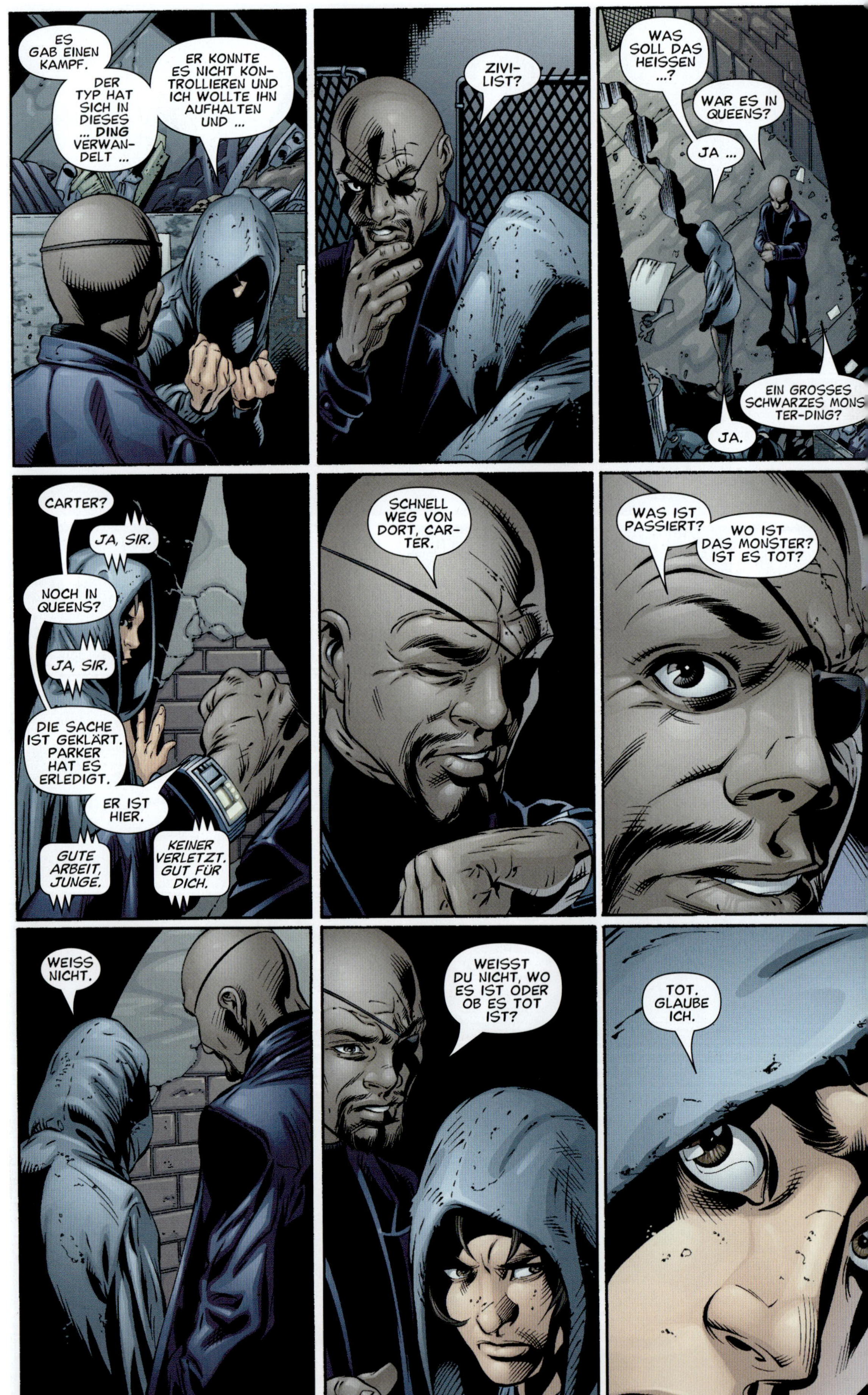

ES GAB EINEN KAMPF.
DER TYP HAT SICH IN DIESES ... DING VERWANDELT ...
ER KONNTE ES NICHT KONTROLLIEREN UND ICH WOLLTE IHN AUFHALTEN UND ...
ZIVILIST?
WAS SOLL DAS HEISSEN ...?
WAR ES IN QUEENS?
JA ...
EIN GROSSES SCHWARZES MONSTER-DING?
JA.
CARTER?
JA, SIR.
NOCH IN QUEENS?
JA, SIR.
DIE SACHE IST GEKLÄRT. PARKER HAT ES ERLEDIGT.
ER IST HIER.
GUTE ARBEIT, JUNGE.
KEINER VERLETZT. GUT FÜR DICH.
SCHNELL WEG VON DORT, CARTER.
WAS IST PASSIERT?
WO IST DAS MONSTER? IST ES TOT?
WEISS NICHT.
WEISST DU NICHT, WO ES IST ODER OB ES TOT IST?
TOT. GLAUBE ICH.

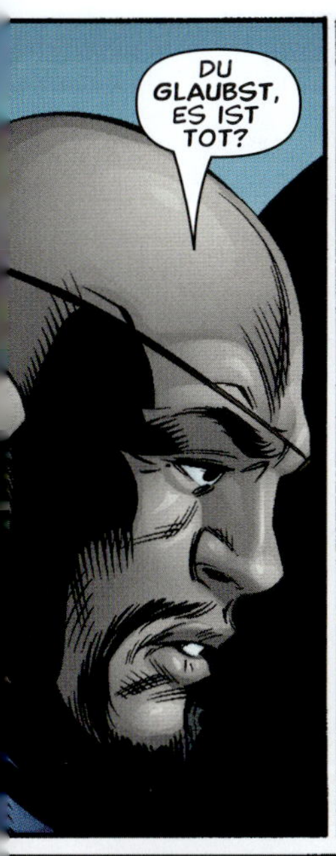
DU GLAUBST, ES IST TOT?

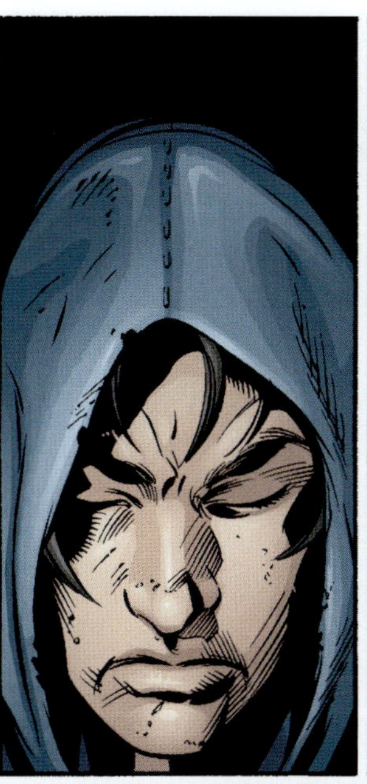

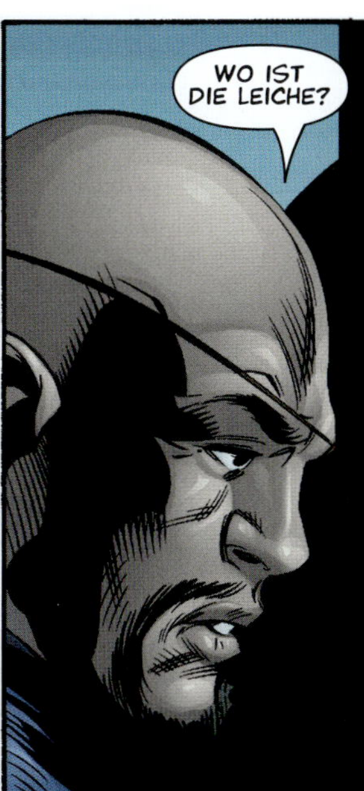
WO IST DIE LEICHE?

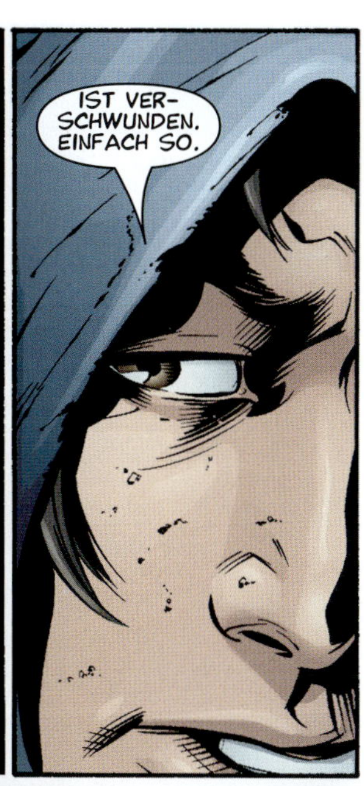
IST VERSCHWUNDEN. EINFACH SO.

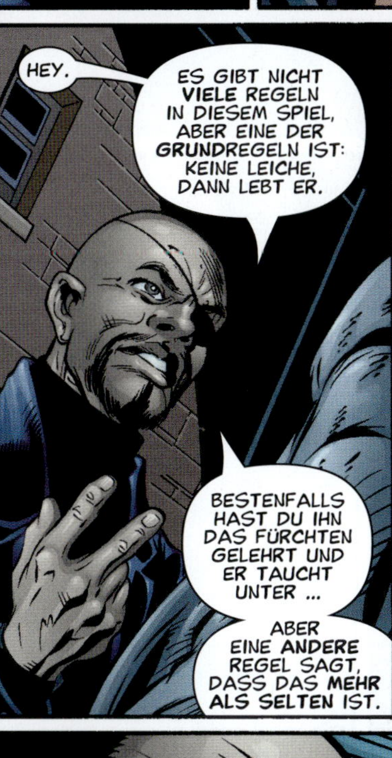
HEY.
ES GIBT NICHT VIELE REGELN IN DIESEM SPIEL, ABER EINE DER GRUNDREGELN IST: KEINE LEICHE, DANN LEBT ER.
BESTENFALLS HAST DU IHN DAS FÜRCHTEN GELEHRT UND ER TAUCHT UNTER ...
ABER EINE ANDERE REGEL SAGT, DASS DAS MEHR ALS SELTEN IST.

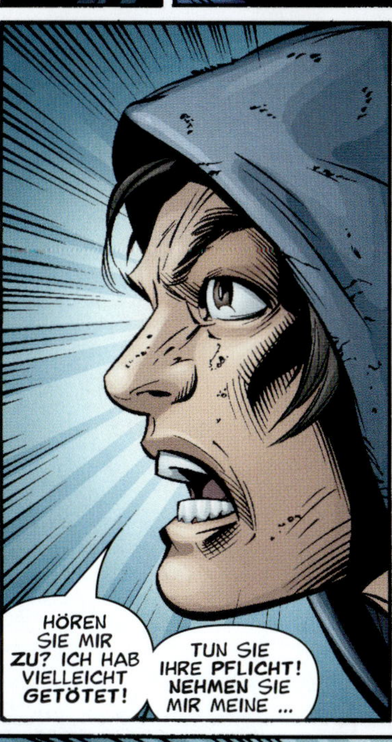
HÖREN SIE MIR ZU? ICH HAB VIELLEICHT GETÖTET!
TUN SIE IHRE PFLICHT! NEHMEN SIE MIR MEINE ...

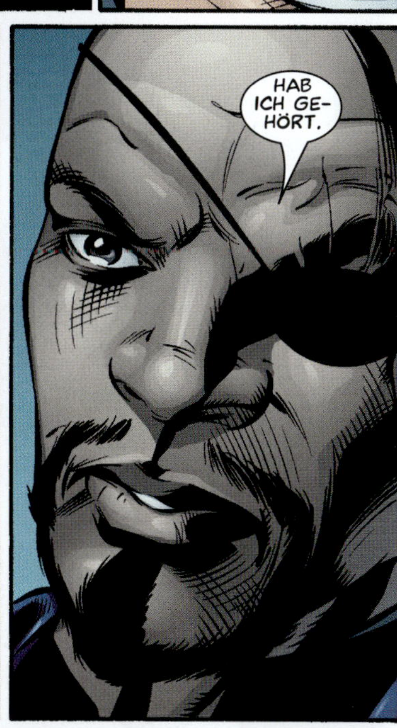
HAB ICH GEHÖRT.

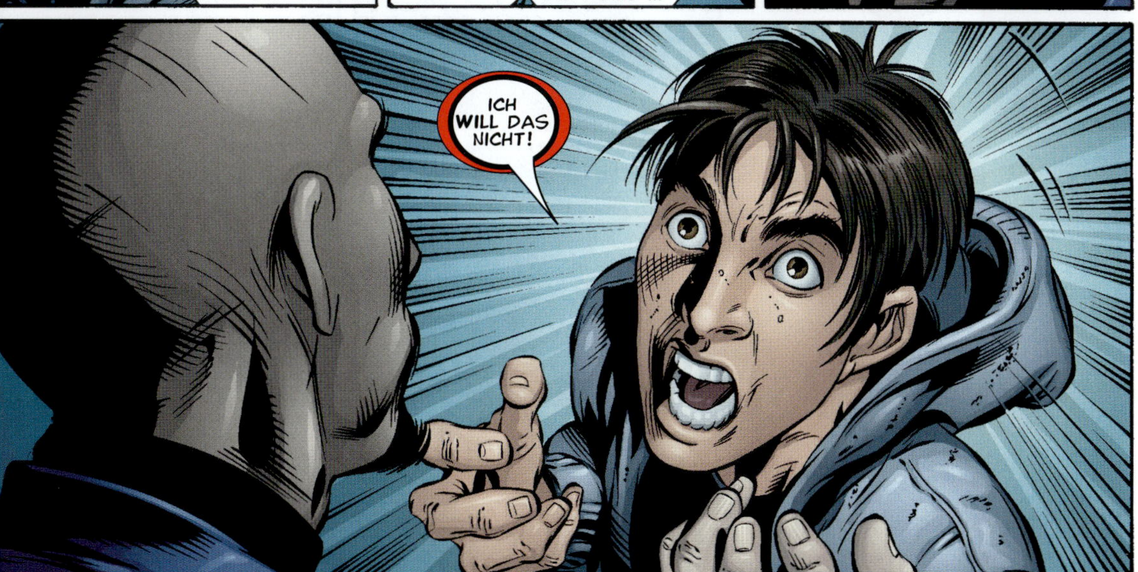
ICH WILL DAS NICHT!

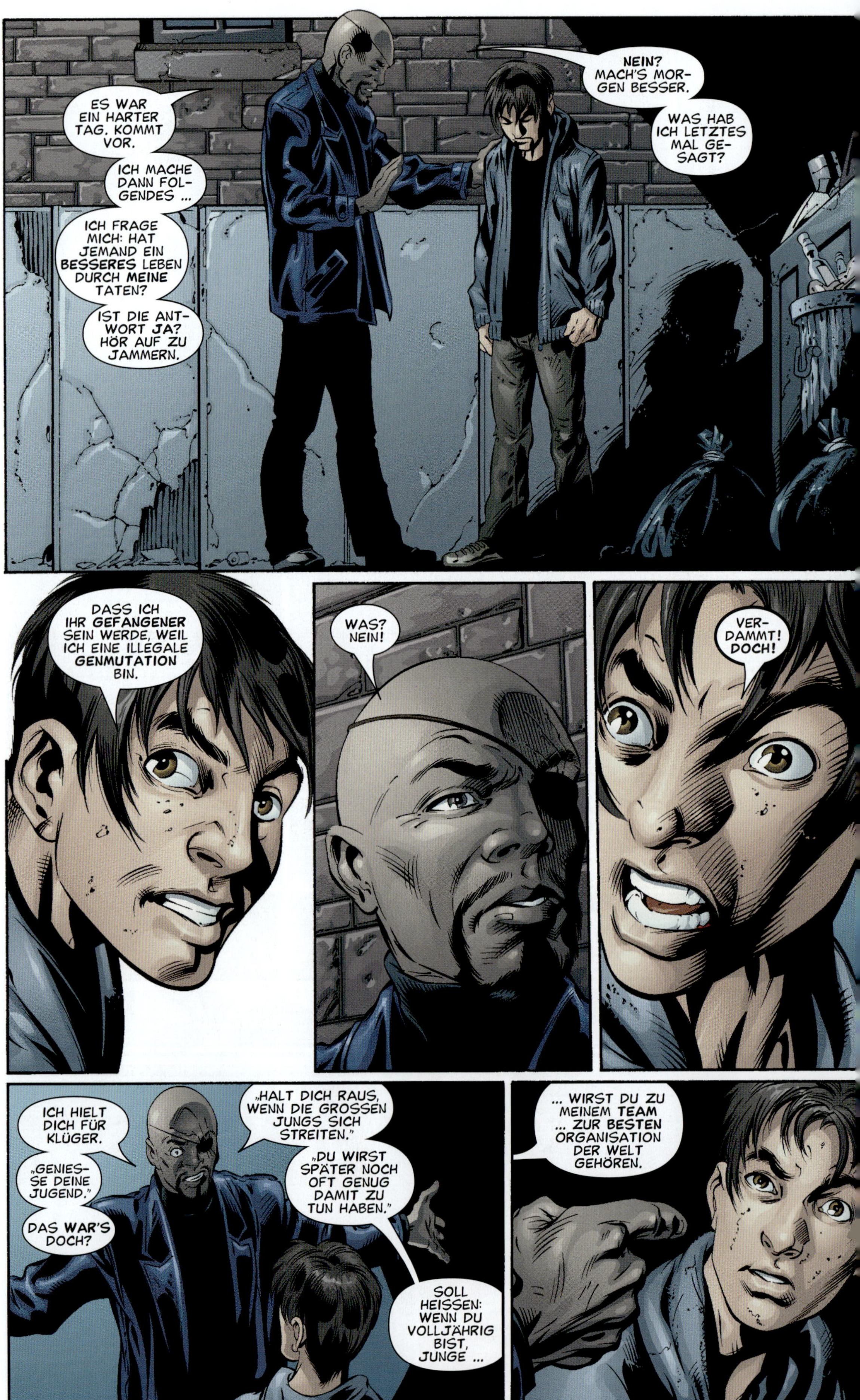

ES WAR EIN HARTER TAG. KOMMT VOR.
ICH MACHE DANN FOLGENDES ...
ICH FRAGE MICH: HAT JEMAND EIN **BESSERES** LEBEN DURCH **MEINE** TATEN?
IST DIE ANTWORT **JA**? HÖR AUF ZU JAMMERN.
NEIN? MACH'S MORGEN BESSER.
WAS HAB ICH LETZTES MAL GESAGT?

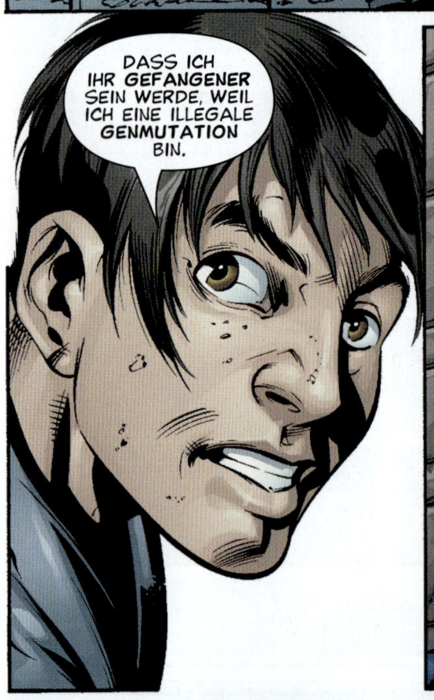
DASS ICH IHR **GEFANGENER** SEIN WERDE, WEIL ICH EINE ILLEGALE **GENMUTATION** BIN.

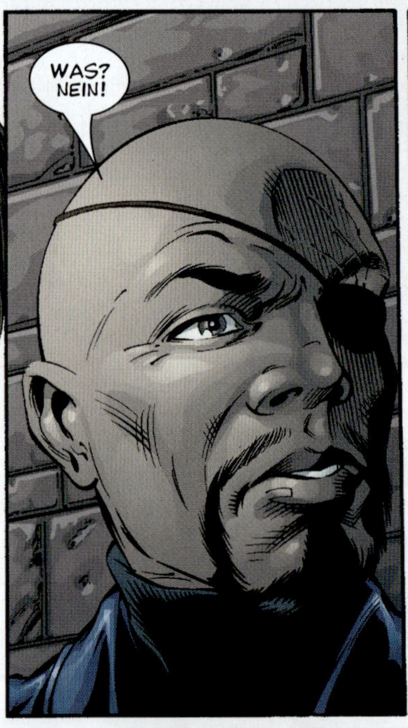
WAS? NEIN!

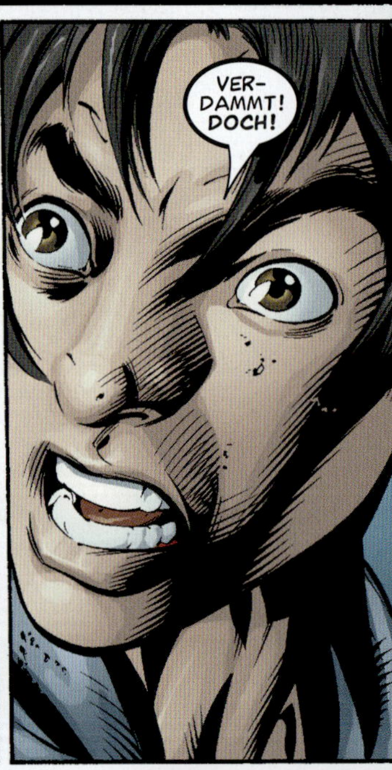
VERDAMMT! **DOCH!**

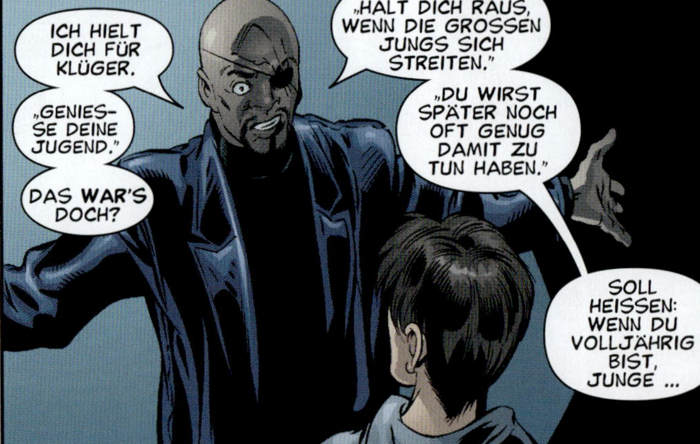
ICH HIELT DICH FÜR KLÜGER.
„GENIESSE DEINE JUGEND."
DAS **WAR'S** DOCH?
„HALT DICH RAUS, WENN DIE GROSSEN JUNGS SICH STREITEN."
„DU WIRST SPÄTER NOCH OFT GENUG DAMIT ZU TUN HABEN."
SOLL HEISSEN: WENN DU VOLLJÄHRIG BIST, JUNGE ...

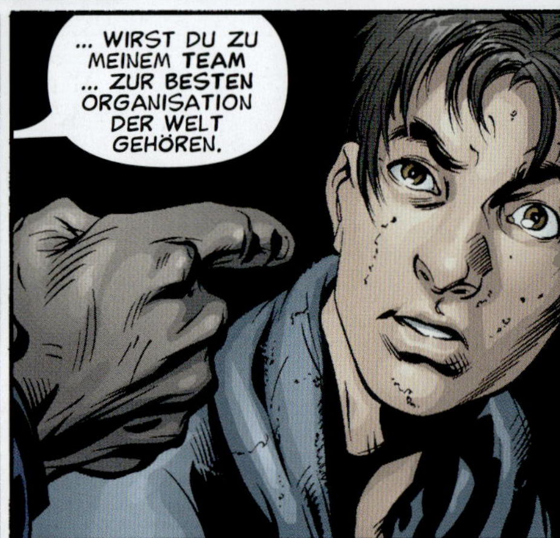
... WIRST DU ZU MEINEM **TEAM** ... **ZUR BESTEN** ORGANISATION DER WELT GEHÖREN.

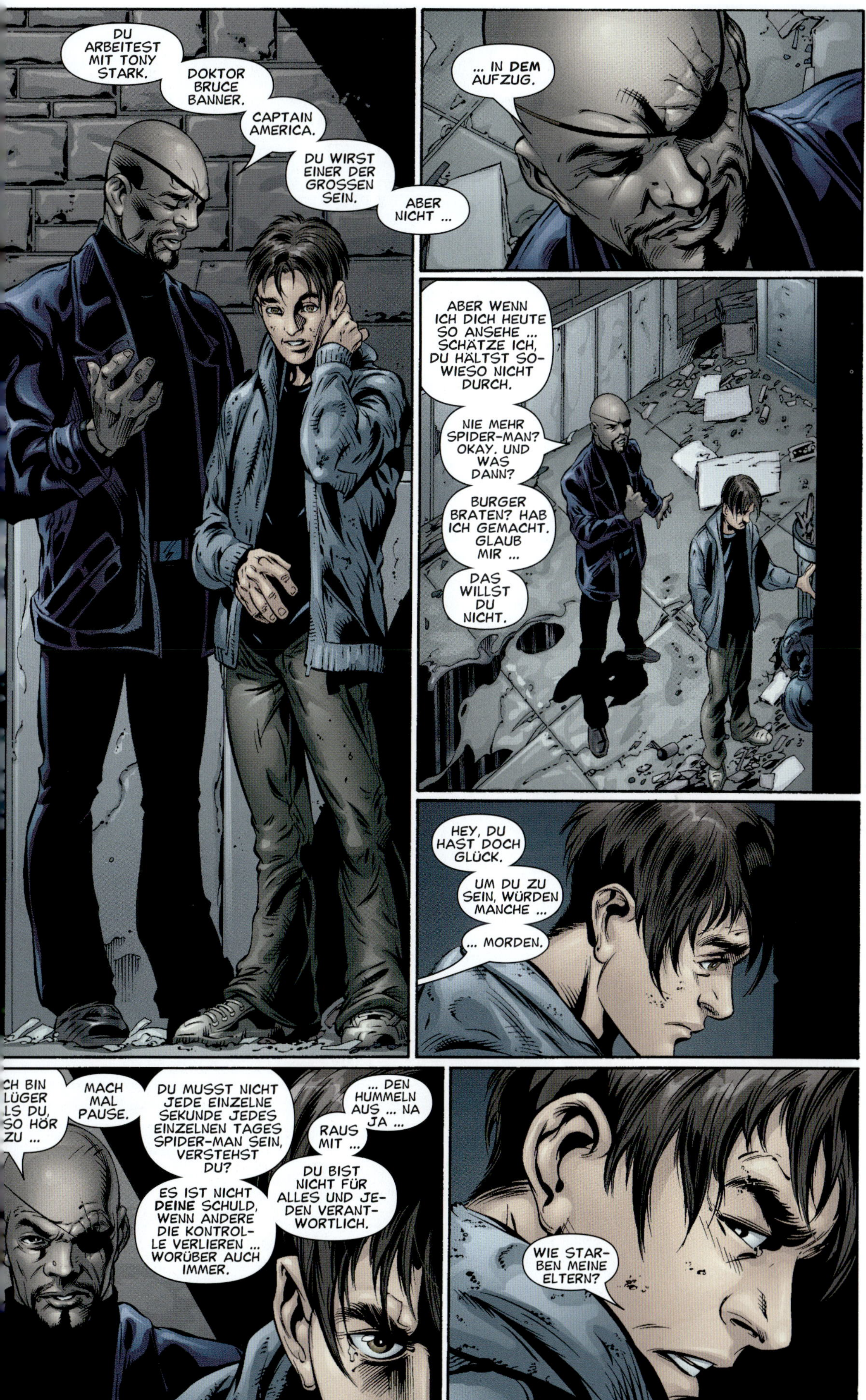
DU ARBEITEST MIT TONY STARK.
DOKTOR BRUCE BANNER.
CAPTAIN AMERICA.
DU WIRST EINER DER GROSSEN SEIN.
ABER NICHT ...
... IN DEM AUFZUG.
ABER WENN ICH DICH HEUTE SO ANSEHE ... SCHÄTZE ICH, DU HÄLTST SOWIESO NICHT DURCH.
NIE MEHR SPIDER-MAN? OKAY. UND WAS DANN?
BURGER BRATEN? HAB ICH GEMACHT. GLAUB MIR ...
DAS WILLST DU NICHT.
HEY, DU HAST DOCH GLÜCK.
UM DU ZU SEIN, WÜRDEN MANCHE ...
... MORDEN.
CH BIN LÜGER LS DU, SO HÖR ZU ...
MACH MAL PAUSE.
DU MUSST NICHT JEDE EINZELNE SEKUNDE JEDES EINZELNEN TAGES SPIDER-MAN SEIN, VERSTEHST DU?
ES IST NICHT DEINE SCHULD, WENN ANDERE DIE KONTROLLE VERLIEREN ... WORÜBER AUCH IMMER.
... DEN HÜMMELN AUS ... NA JA ...
RAUS MIT ...
DU BIST NICHT FÜR ALLES UND JEDEN VERANTWORTLICH.
WIE STARBEN MEINE ELTERN?

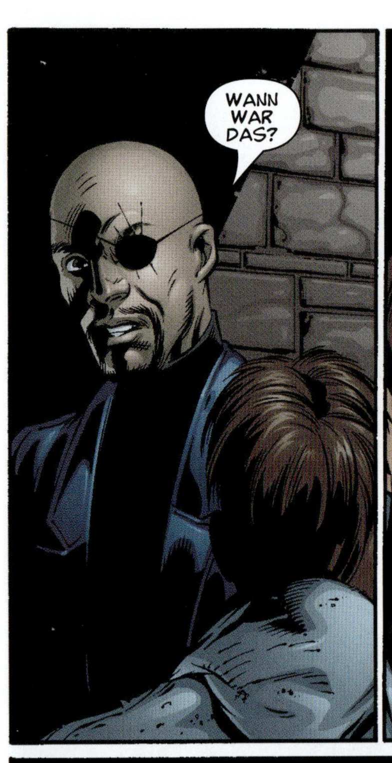
WANN WAR DAS?

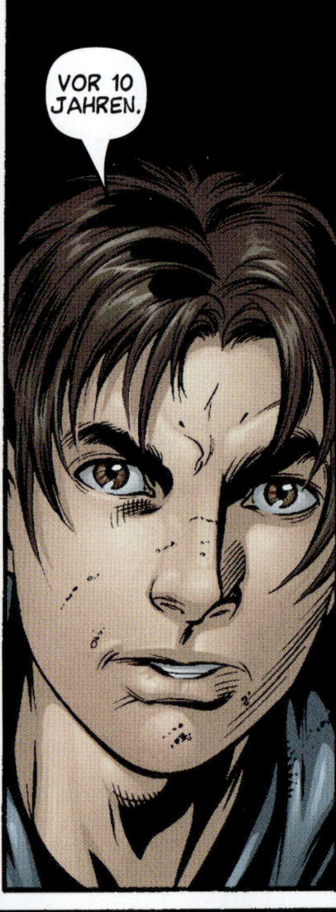
VOR 10 JAHREN.

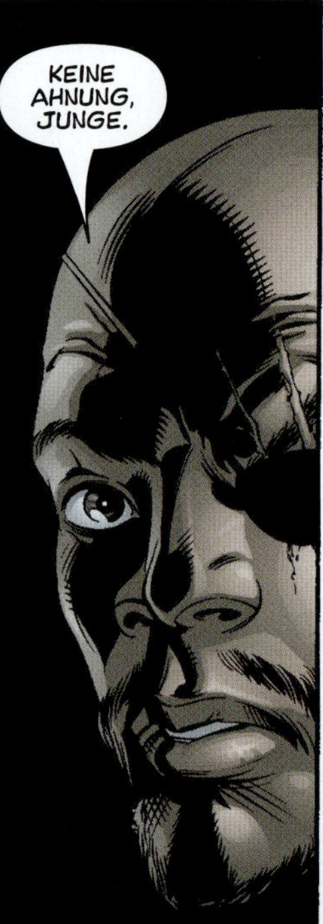
KEINE AHNUNG, JUNGE.

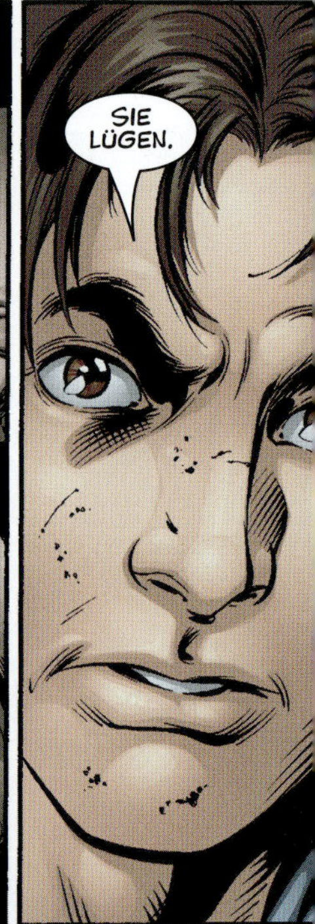
SIE LÜGEN.

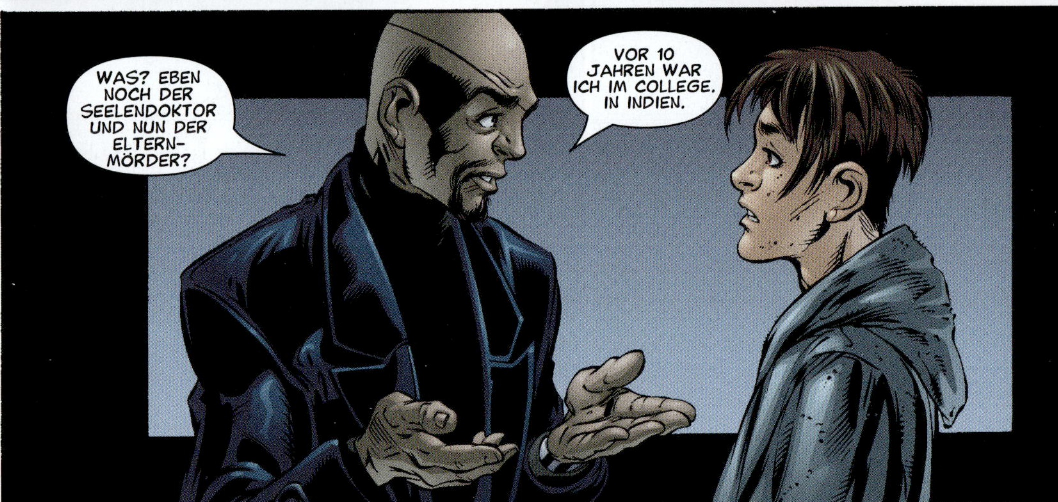
WAS? EBEN NOCH DER SEELENDOKTOR UND NUN DER ELTERN-MÖRDER?
VOR 10 JAHREN WAR ICH IM COLLEGE. IN INDIEN.

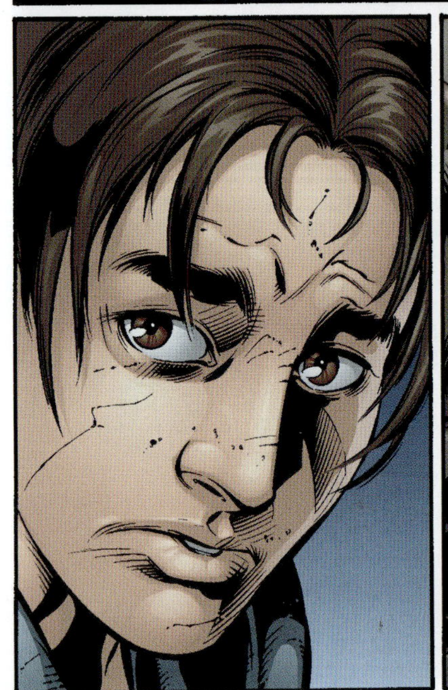

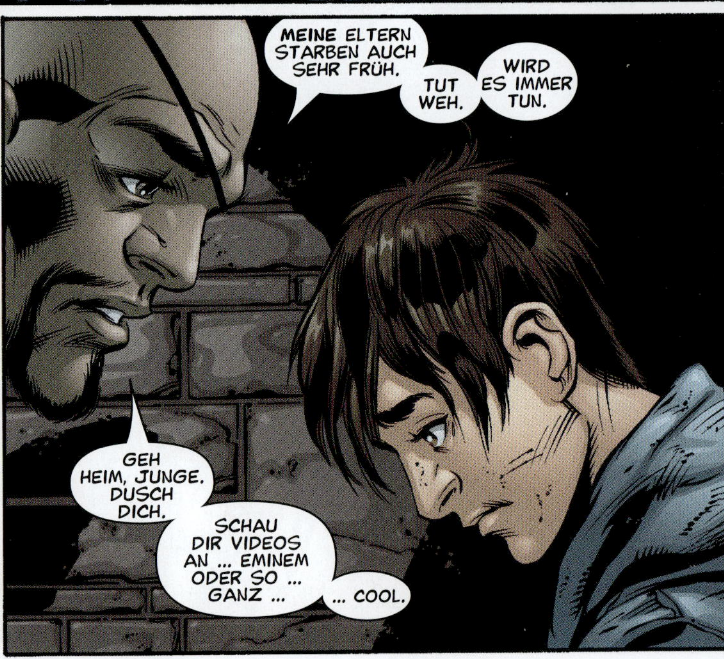
MEINE ELTERN STARBEN AUCH SEHR FRÜH.
TUT WEH.
WIRD ES IMMER TUN.
GEH HEIM, JUNGE. DUSCH DICH.
SCHAU DIR VIDEOS AN ... EMINEM ODER SO ... GANZ ...
... COOL.

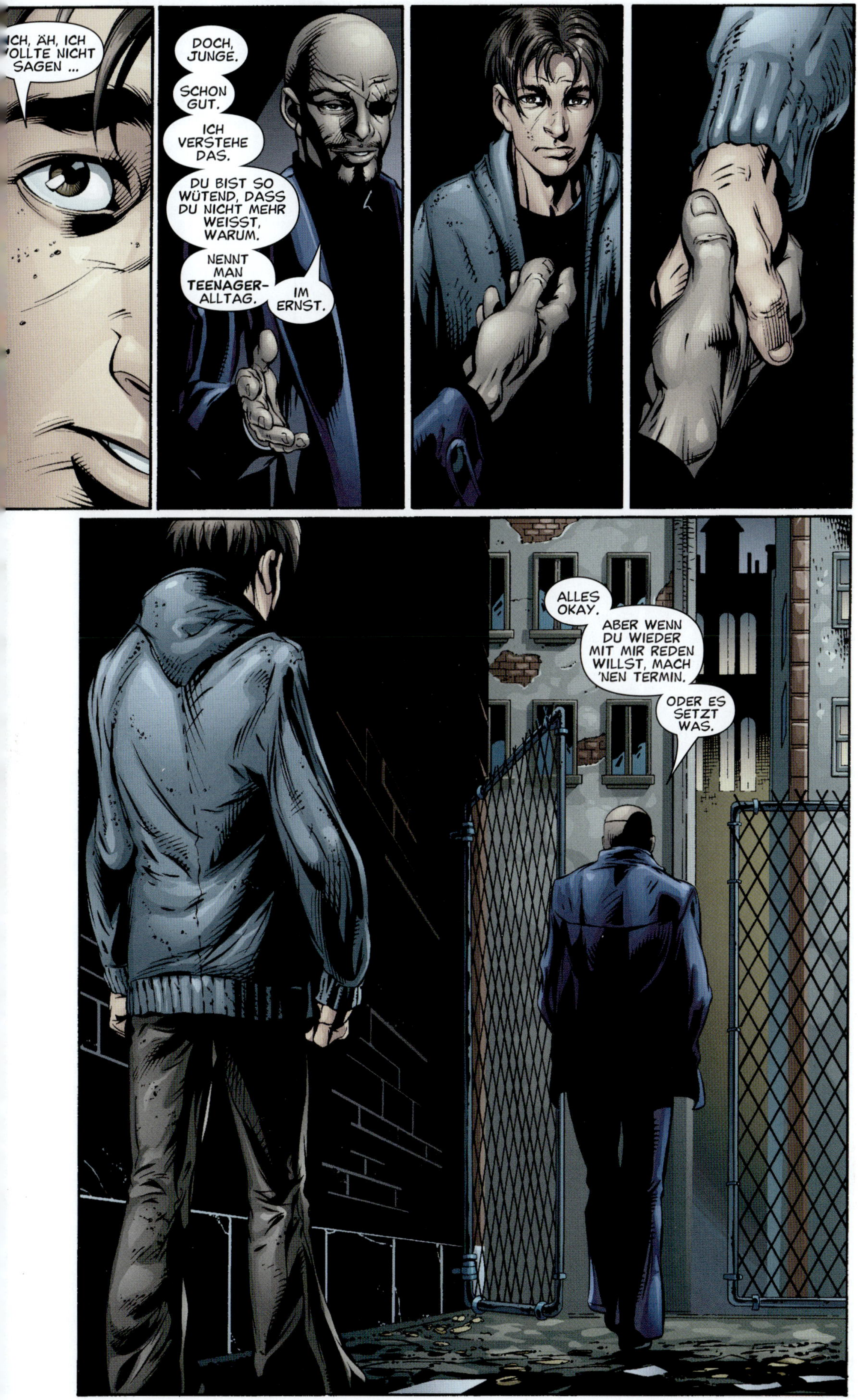

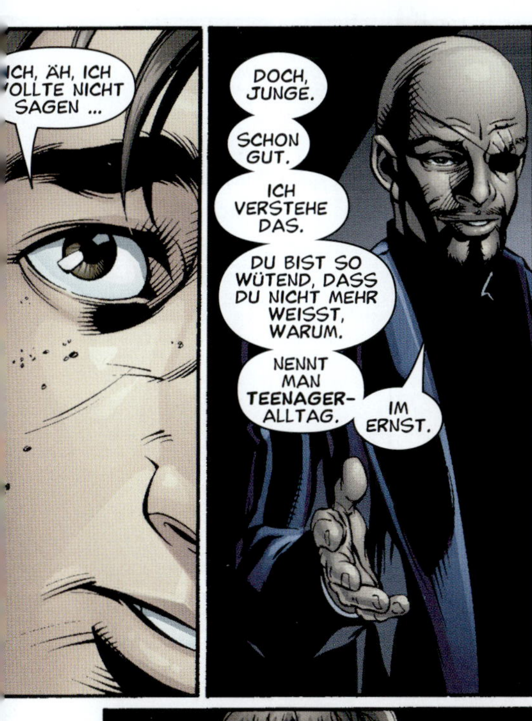
ICH, ÄH, ICH WOLLTE NICHT SAGEN ...
DOCH, JUNGE.
SCHON GUT.
ICH VERSTEHE DAS.
DU BIST SO WÜTEND, DASS DU NICHT MEHR WEISST, WARUM.
NENNT MAN **TEENAGER-ALLTAG.**
IM ERNST.

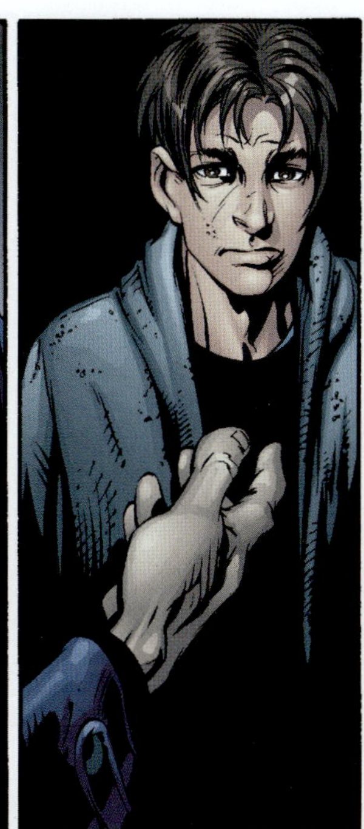

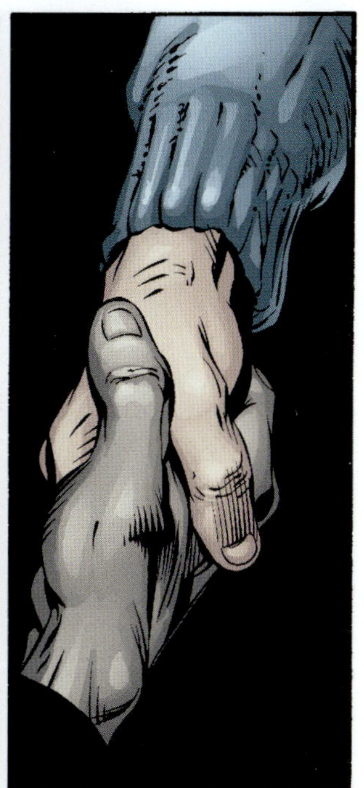
ALLES OKAY.
ABER WENN DU WIEDER MIT MIR REDEN WILLST, MACH 'NEN TERMIN.
ODER ES SETZT WAS.

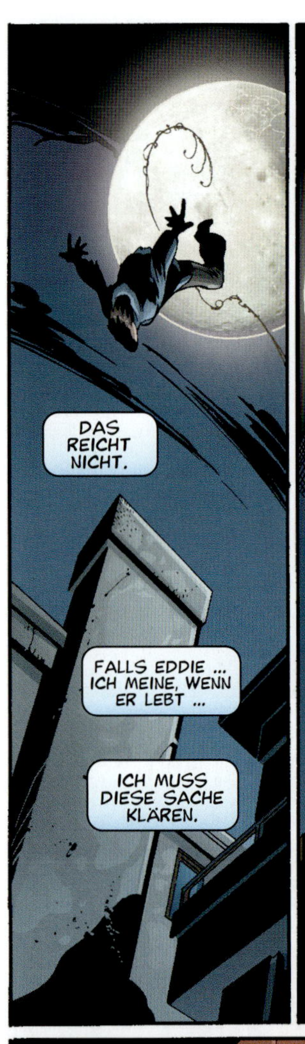
DAS REICHT NICHT.
FALLS EDDIE ... ICH MEINE, WENN ER LEBT ...
ICH MUSS DIESE SACHE KLÄREN.

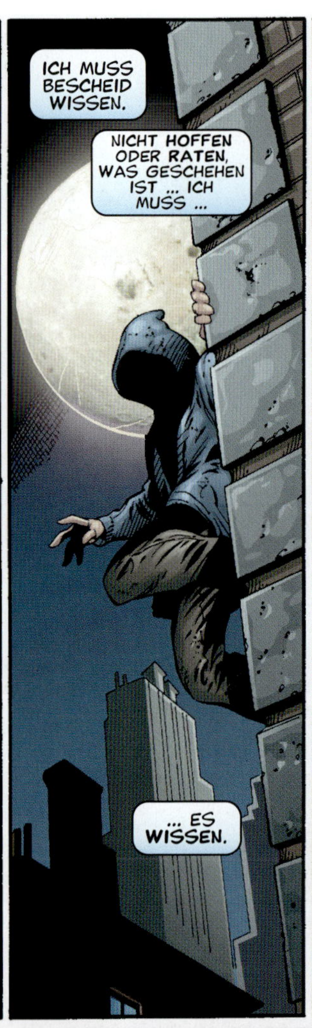
ICH MUSS BESCHEID WISSEN.
NICHT HOFFEN ODER RATEN, WAS GESCHEHEN IST ... ICH MUSS ...
... ES WISSEN.

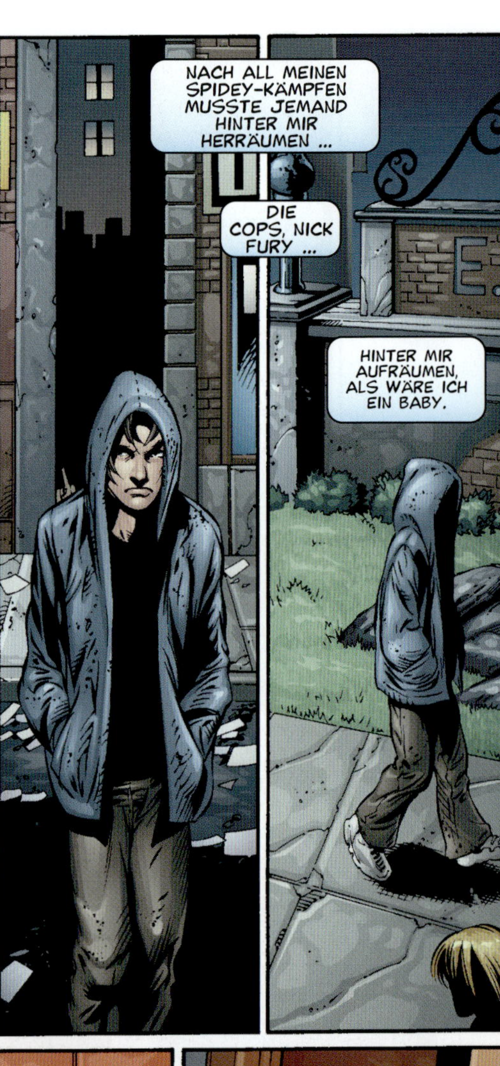
NACH ALL MEINEN SPIDEY-KÄMPFEN MUSSTE JEMAND HINTER MIR HERRÄUMEN ...
DIE COPS, NICK FURY ...
HINTER MIR AUFRÄUMEN, ALS WÄRE ICH EIN BABY.

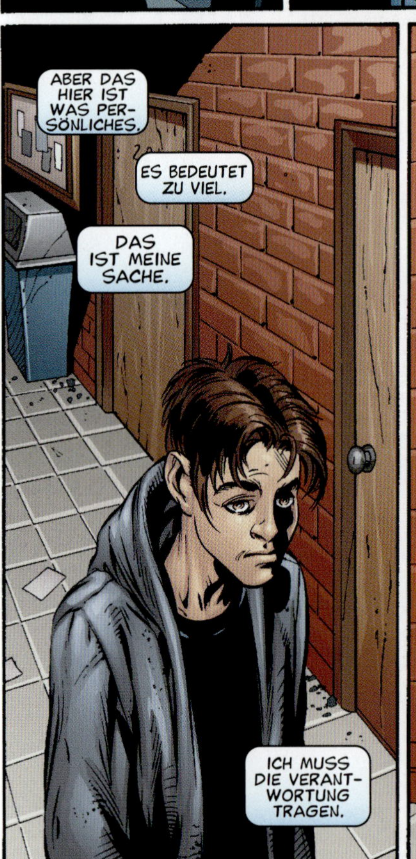
ABER DAS HIER IST WAS PERSÖNLICHES.
ES BEDEUTET ZU VIEL.
DAS IST MEINE SACHE.
ICH MUSS DIE VERANTWORTUNG TRAGEN.

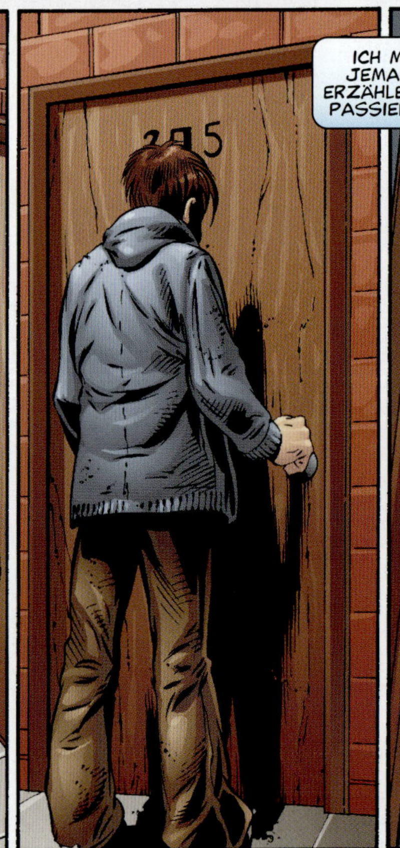
ICH MUSS JEMANDEM ERZÄHLEN, WAS PASSIERT IST.

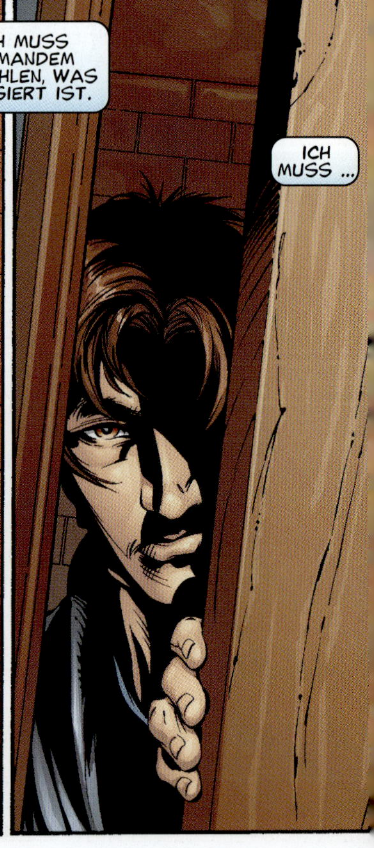
ICH MUSS ...

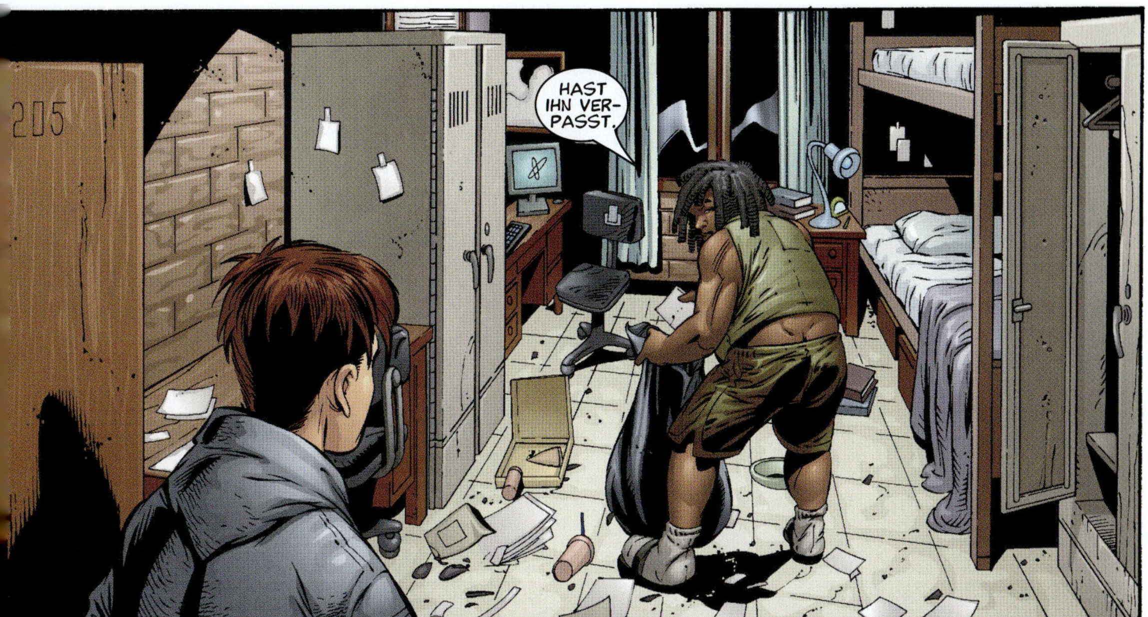
205
HAST IHN VERPASST.

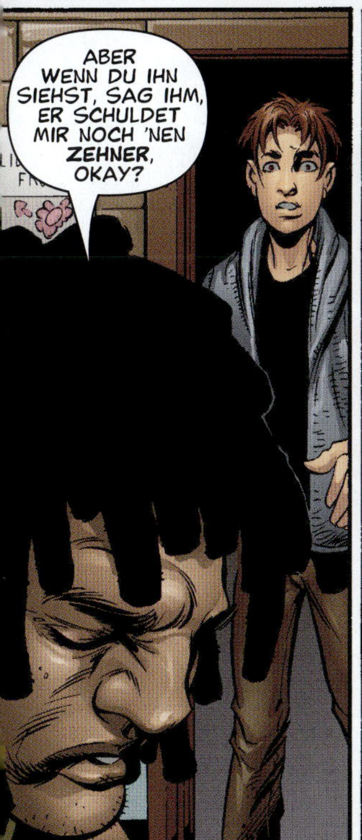
ABER WENN DU IHN SIEHST, SAG IHM, ER SCHULDET MIR NOCH 'NEN ZEHNER, OKAY?

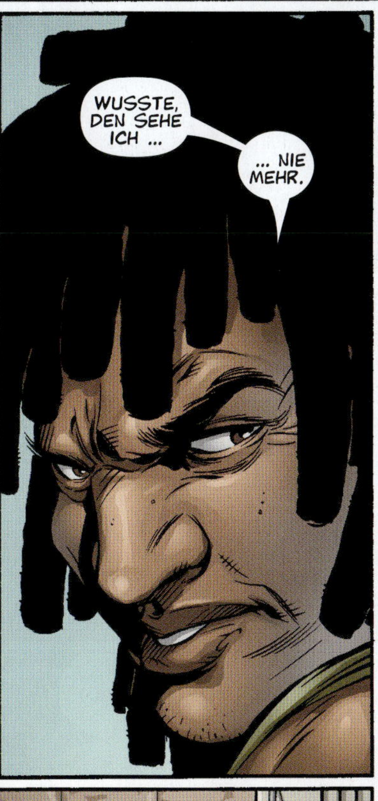
WUSSTE, DEN SEHE ICH ...
... NIE MEHR.

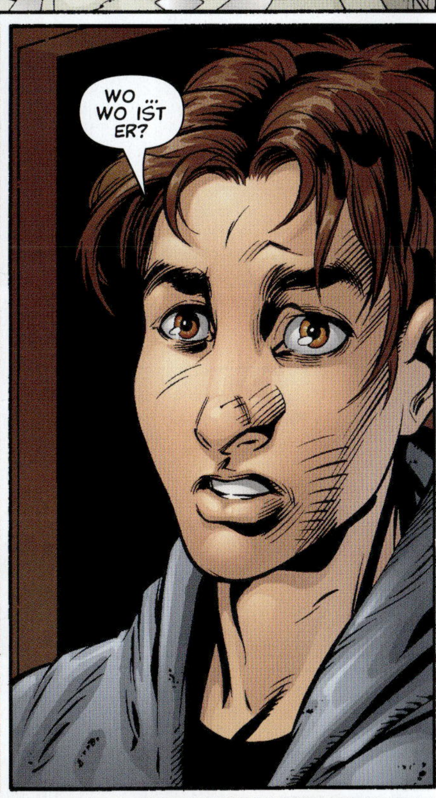
WO ... WO IST ER?

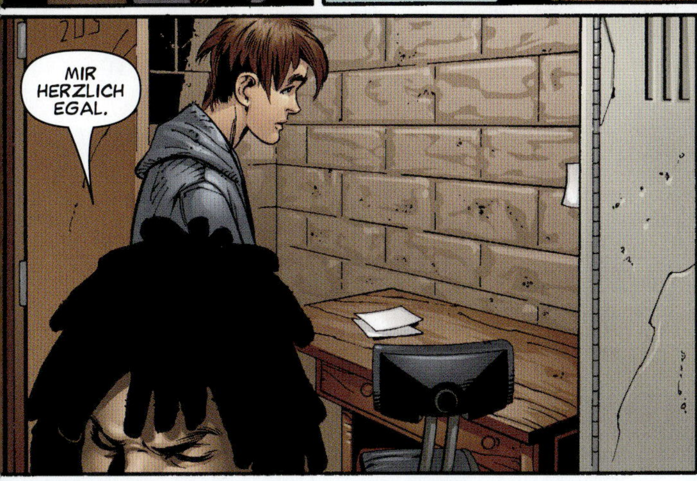
MIR HERZLICH EGAL.

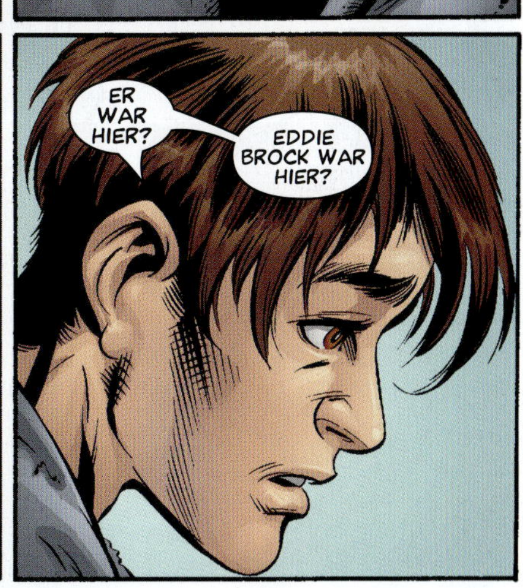
ER WAR HIER?
EDDIE BROCK WAR HIER?

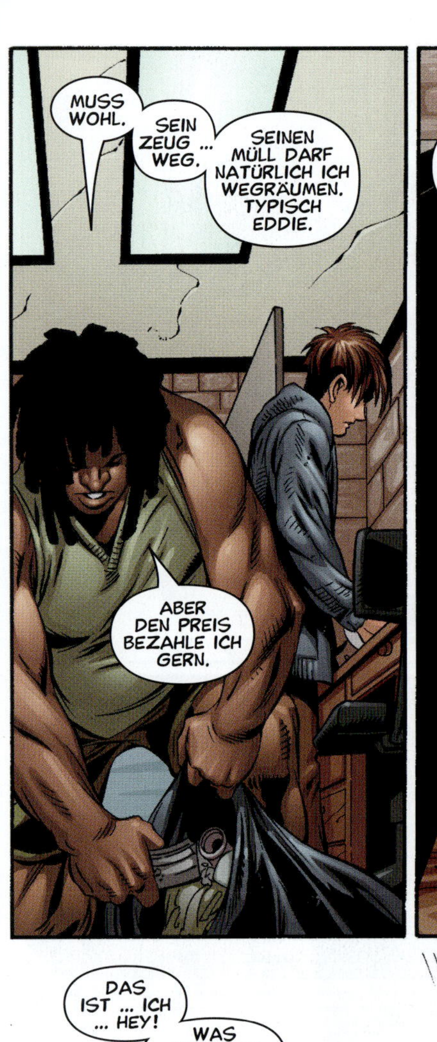
MUSS WOHL.
SEIN ZEUG ... WEG.
SEINEN MÜLL DARF NATÜRLICH ICH WEGRÄUMEN. TYPISCH EDDIE.
ABER DEN PREIS BEZAHLE ICH GERN.

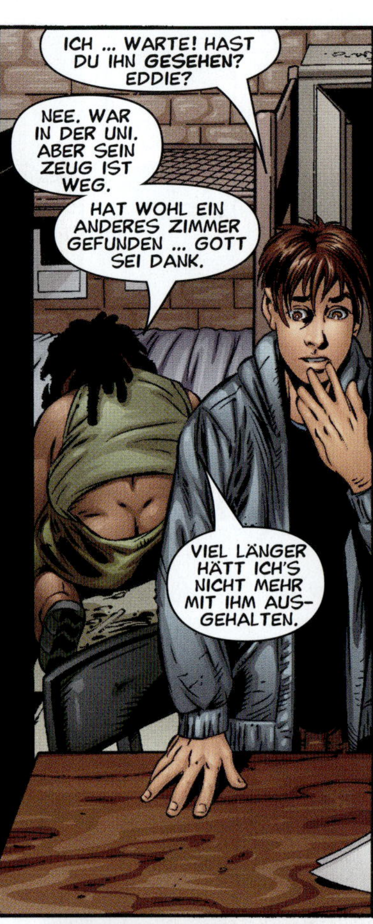
ICH ... WARTE! HAST DU IHN GESEHEN? EDDIE?
NEE. WAR IN DER UNI. ABER SEIN ZEUG IST WEG.
HAT WOHL EIN ANDERES ZIMMER GEFUNDEN ... GOTT SEI DANK.
VIEL LÄNGER HÄTT ICH'S NICHT MEHR MIT IHM AUS-GEHALTEN.

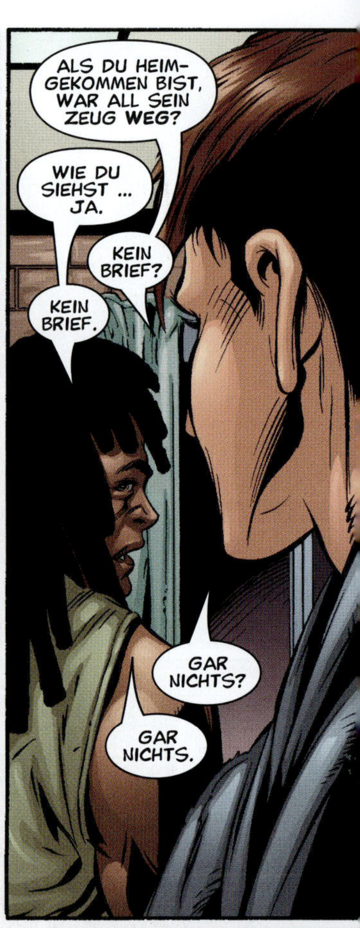
ALS DU HEIM-GEKOMMEN BIST, WAR ALL SEIN ZEUG WEG?
WIE DU SIEHST ... JA.
KEIN BRIEF?
KEIN BRIEF.
GAR NICHTS?
GAR NICHTS.

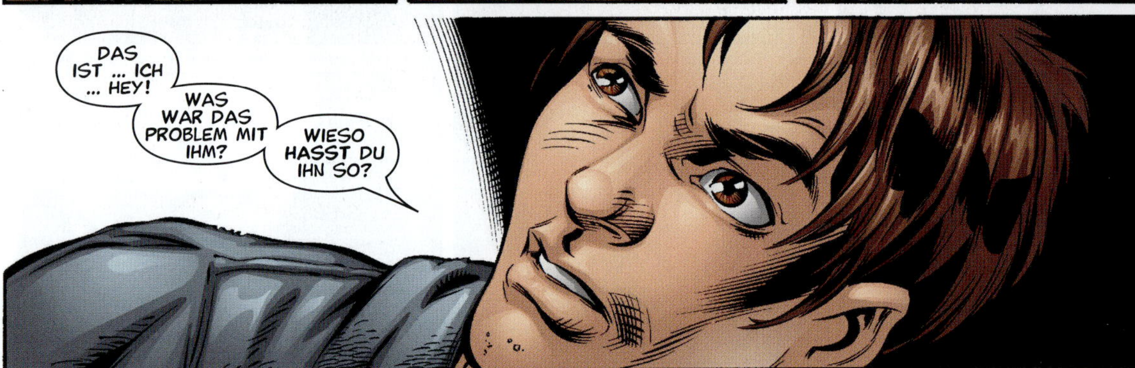
DAS IST ... ICH ... HEY!
WAS WAR DAS PROBLEM MIT IHM?
WIESO HASST DU IHN SO?

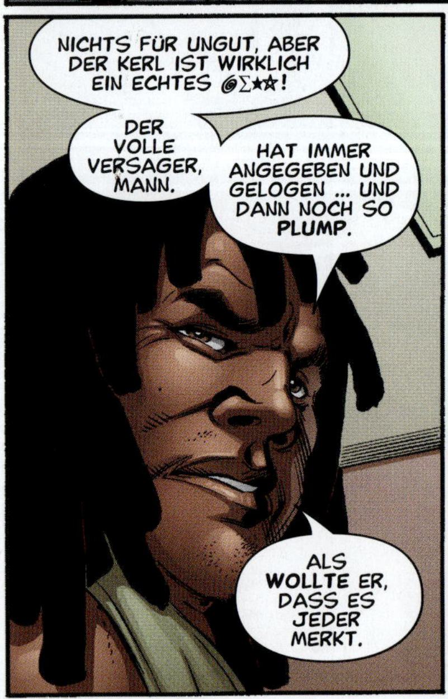
NICHTS FÜR UNGUT, ABER DER KERL IST WIRKLICH EIN ECHTES @Σ☆☆!
DER VOLLE VERSAGER, MANN.
HAT IMMER ANGEGEBEN UND GELOGEN ... UND DANN NOCH SO PLUMP.
ALS WOLLTE ER, DASS ES JEDER MERKT.

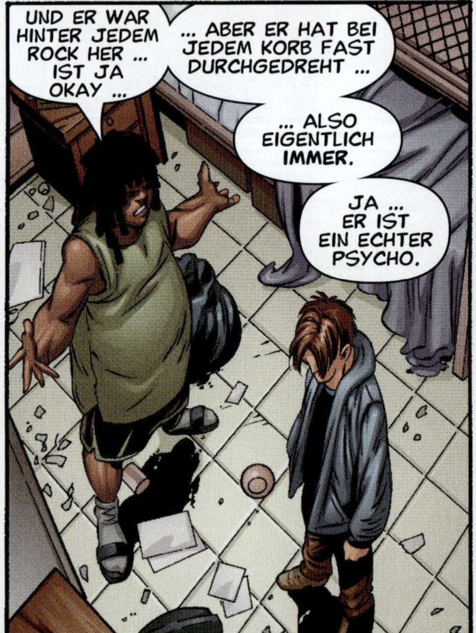
UND ER WAR HINTER JEDEM ROCK HER ... IST JA OKAY ...
... ABER ER HAT BEI JEDEM KORB FAST DURCHGEDREHT ...
... ALSO EIGENTLICH IMMER.
JA ... ER IST EIN ECHTER PSYCHO.

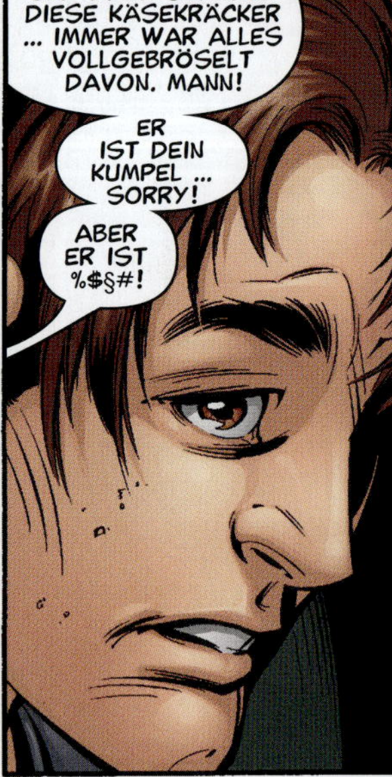
UND DANN STÄNDIG DIESE KÄSEKRÄCKER ... IMMER WAR ALLES VOLLGEBRÖSELT DAVON. MANN!
ER IST DEIN KUMPEL ... SORRY!
ABER ER IST %$§#!

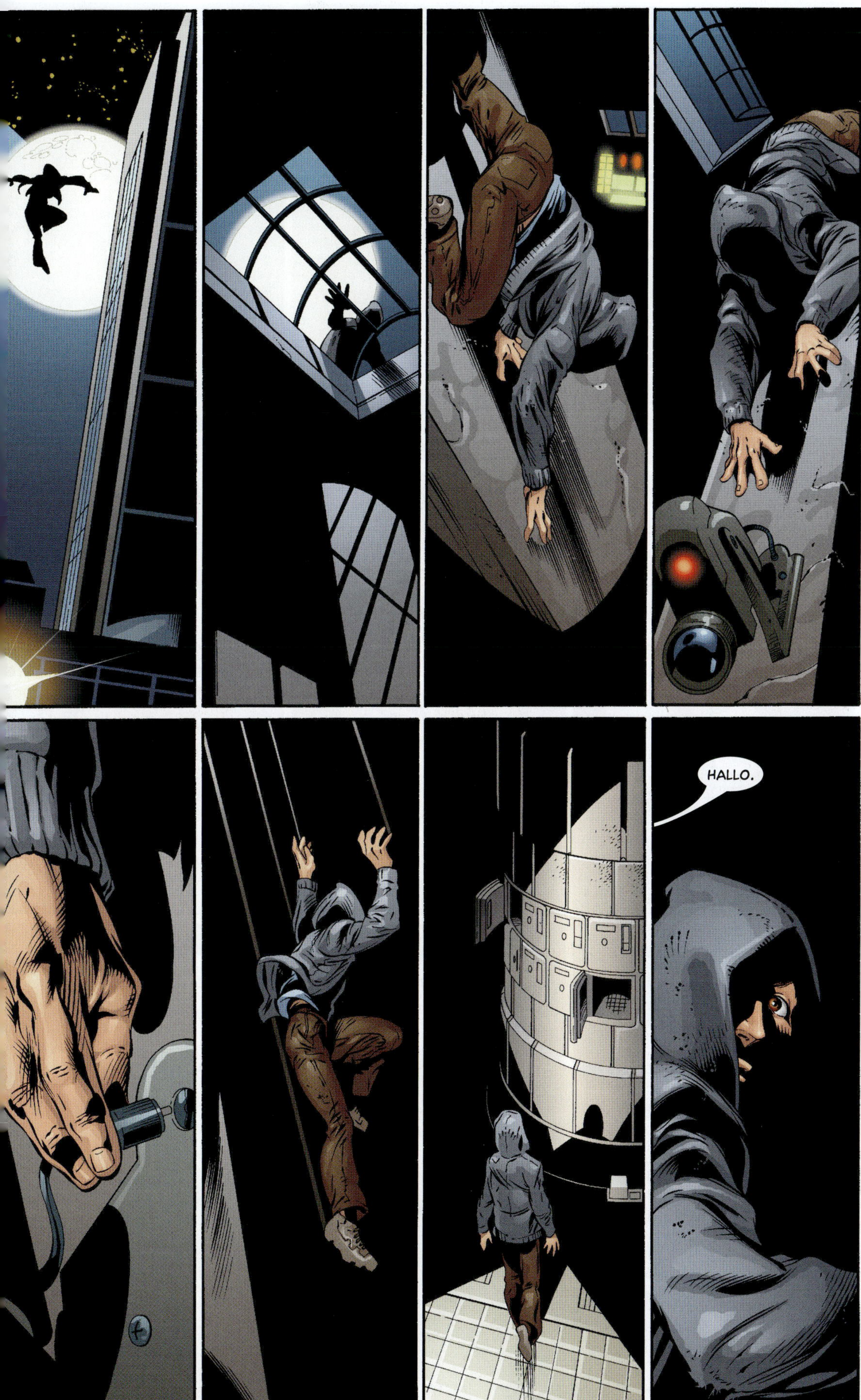
HALLO.

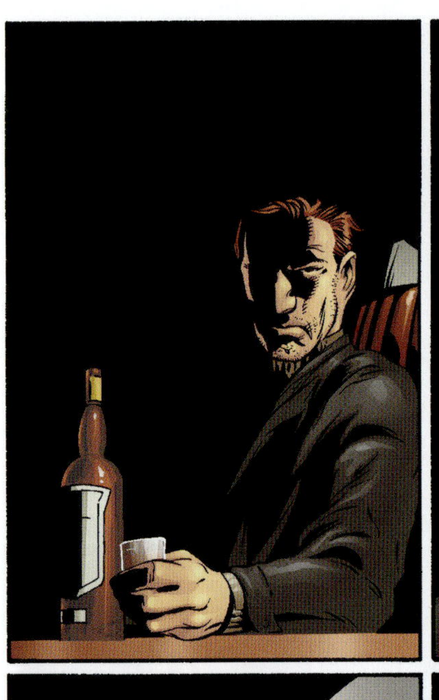
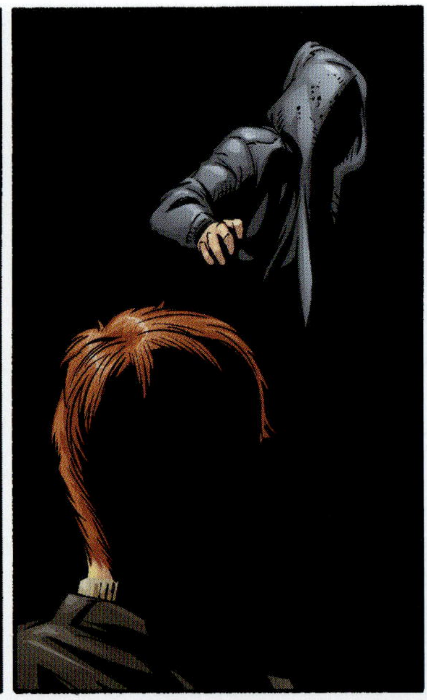
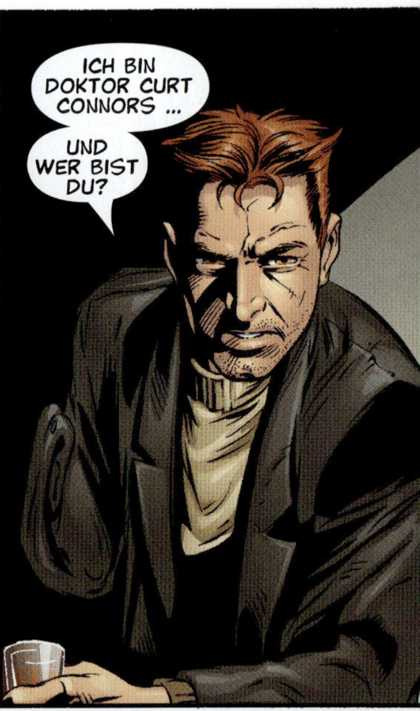
ICH BIN DOKTOR CURT CONNORS ...
UND WER BIST DU?
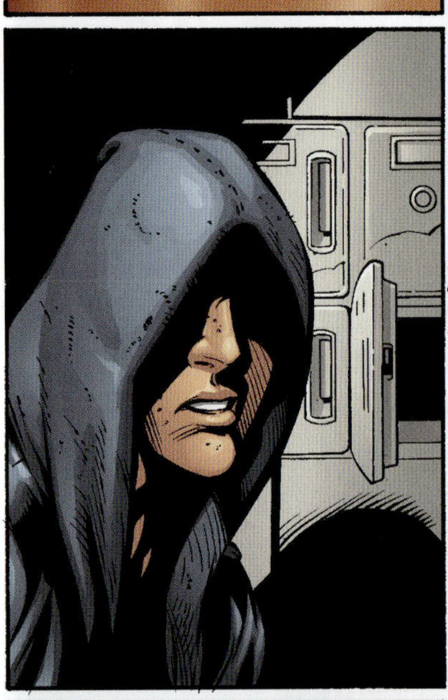
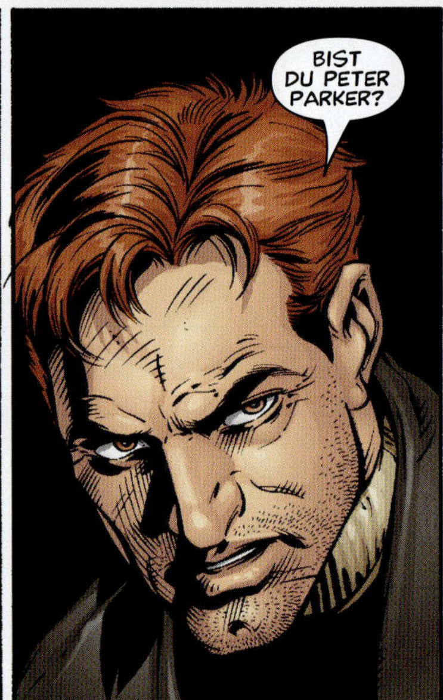
BIST DU PETER PARKER?
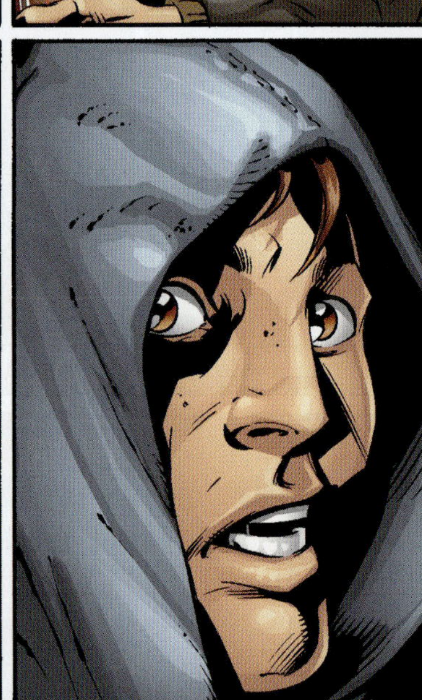
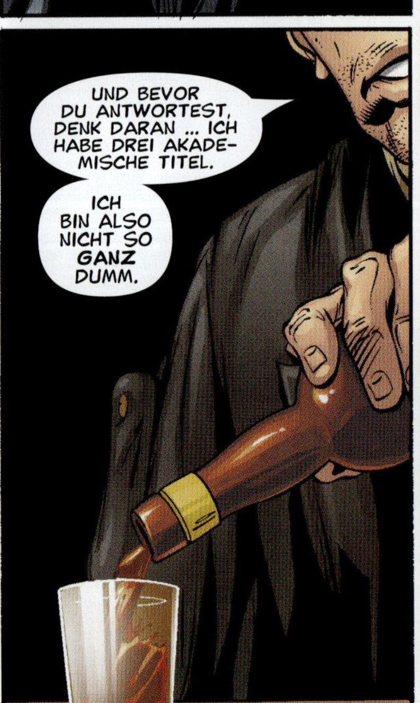
UND BEVOR DU ANTWORTEST, DENK DARAN ... ICH HABE DREI AKADEMISCHE TITEL.
ICH BIN ALSO NICHT SO **GANZ** DUMM.
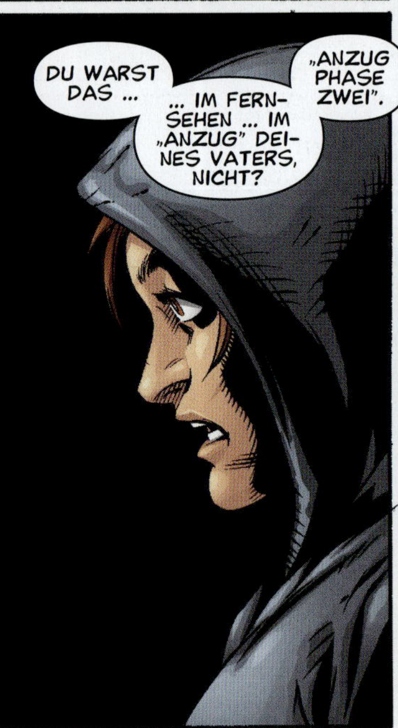
DU WARST DAS ...
... IM FERNSEHEN ... IM „ANZUG" DEINES VATERS, NICHT?
„ANZUG PHASE ZWEI".
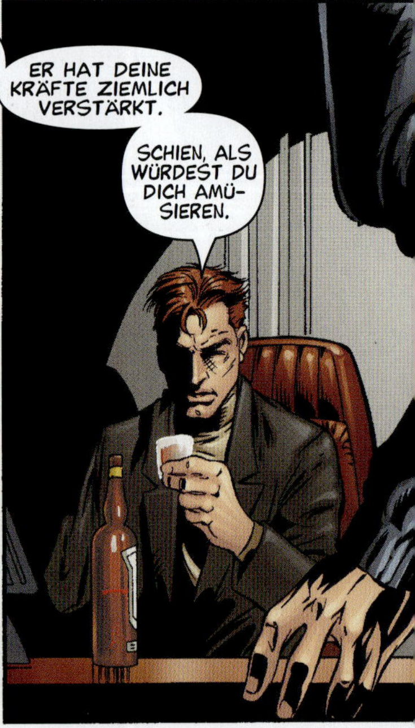
ER HAT DEINE KRÄFTE ZIEMLICH VERSTÄRKT.
SCHIEN, ALS WÜRDEST DU DICH AMÜSIEREN.

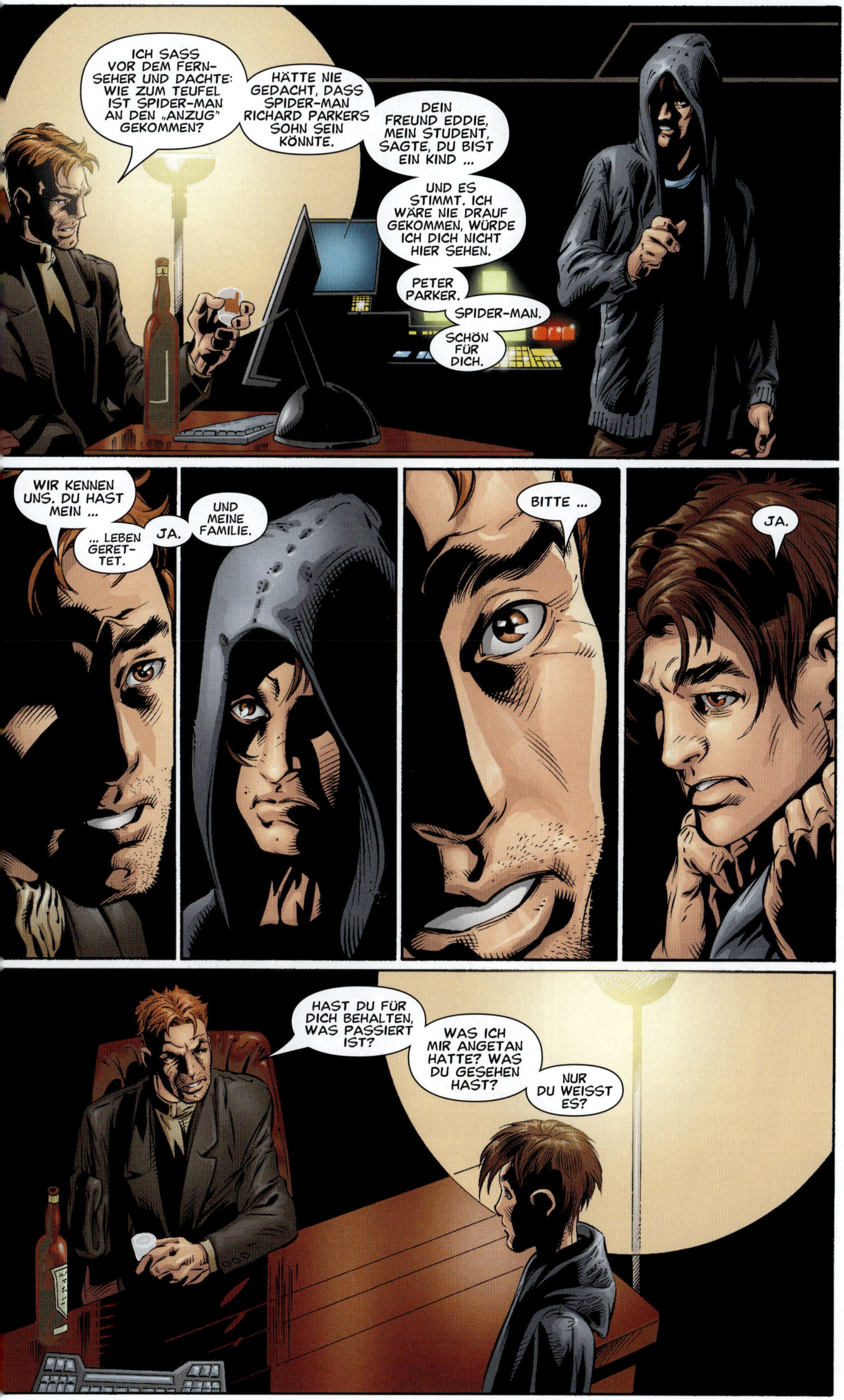

ICH SASS VOR DEM FERNSEHER UND DACHTE: WIE ZUM TEUFEL IST SPIDER-MAN AN DEN „ANZUG" GEKOMMEN?
HÄTTE NIE GEDACHT, DASS SPIDER-MAN RICHARD PARKERS SOHN SEIN KÖNNTE.
DEIN FREUND EDDIE, MEIN STUDENT, SAGTE, DU BIST EIN KIND ...
UND ES STIMMT. ICH WÄRE NIE DRAUF GEKOMMEN, WÜRDE ICH DICH NICHT HIER SEHEN.
PETER PARKER.
SPIDER-MAN.
SCHÖN FÜR DICH.

WIR KENNEN UNS. DU HAST MEIN ...
... LEBEN GERETTET.
JA.
UND MEINE FAMILIE.
BITTE ...
JA.

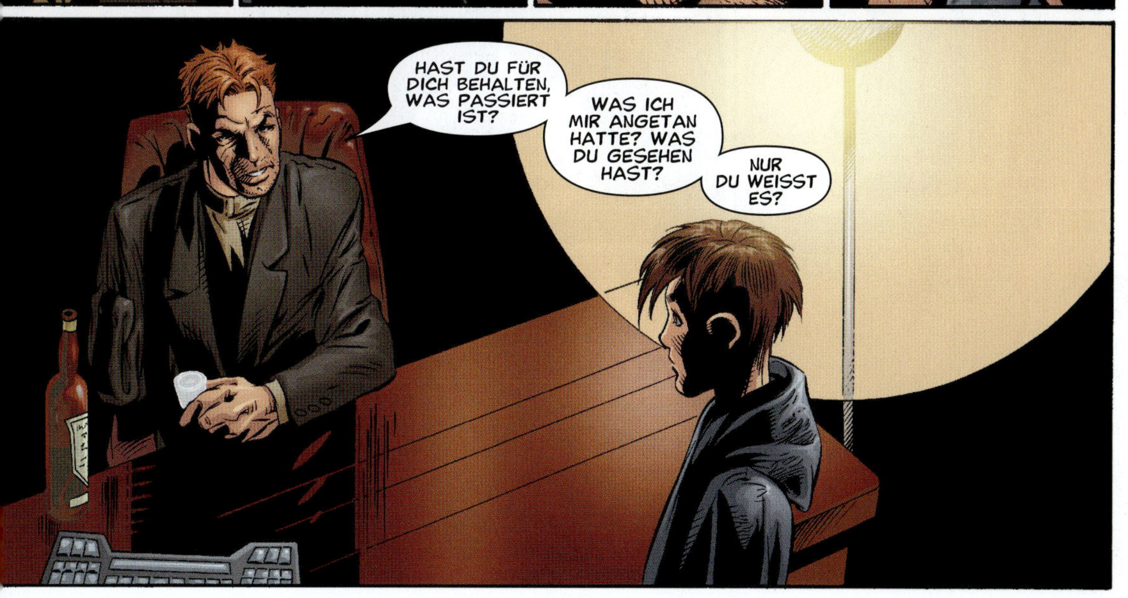

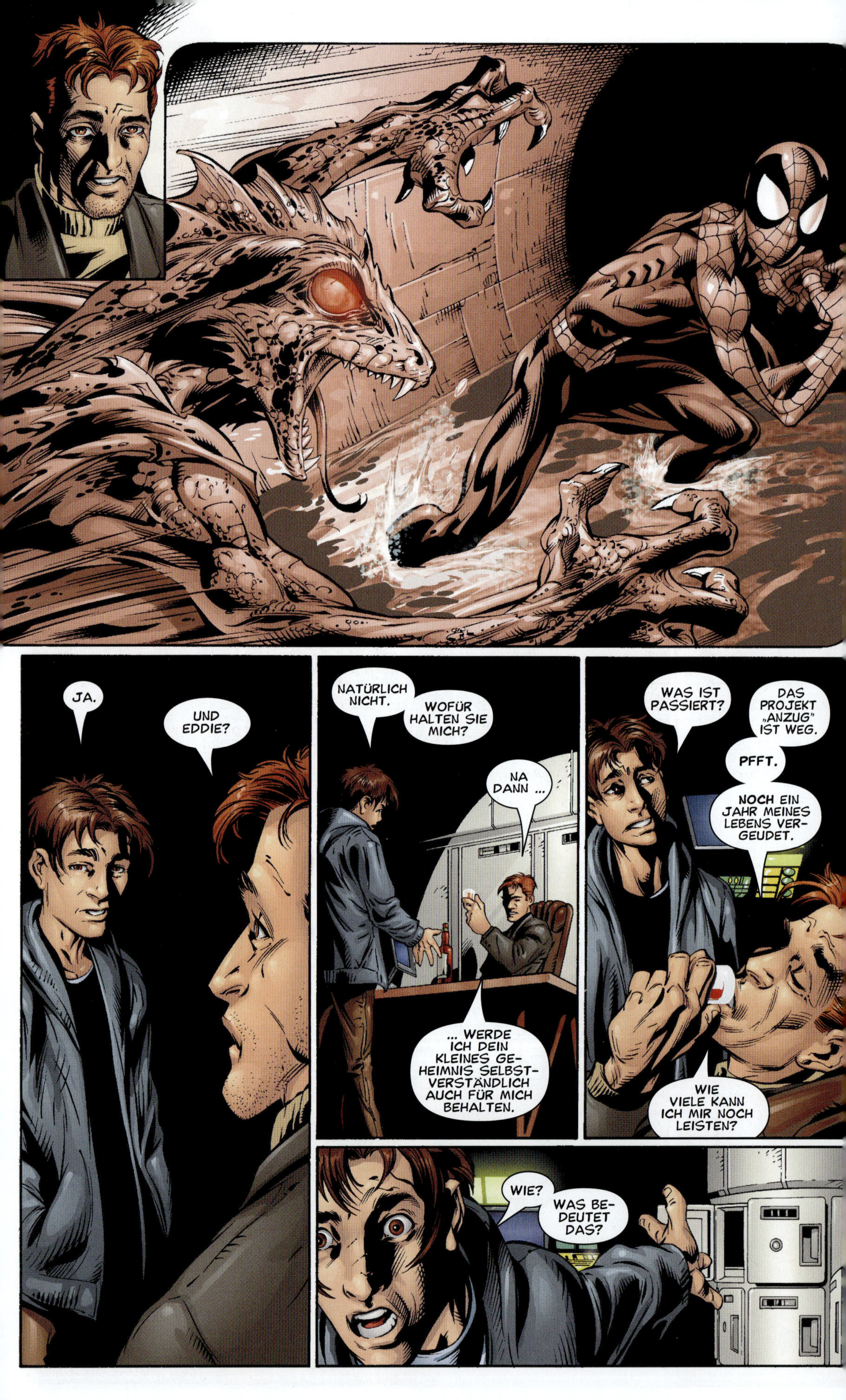

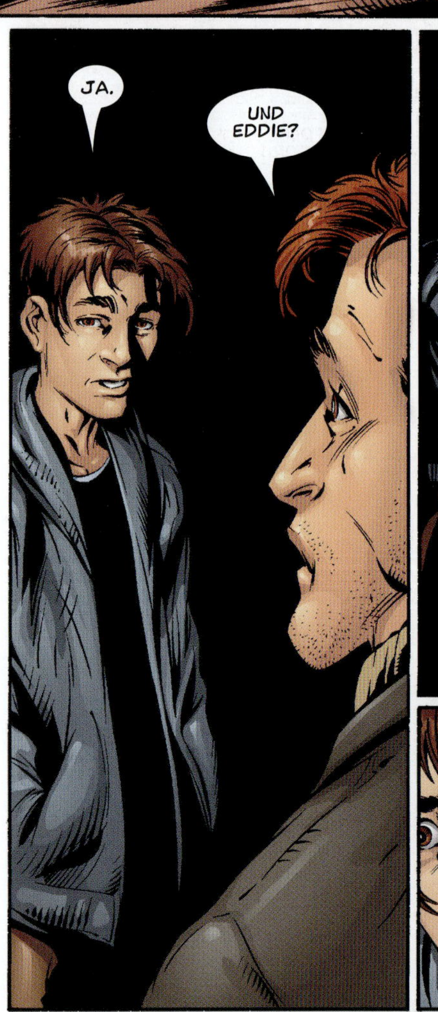
JA.
UND EDDIE?

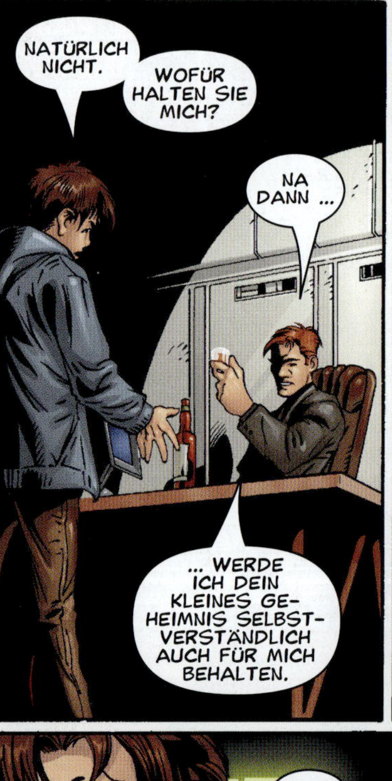
NATÜRLICH NICHT.
WOFÜR HALTEN SIE MICH?
NA DANN ...
... WERDE ICH DEIN KLEINES GEHEIMNIS SELBSTVERSTÄNDLICH AUCH FÜR MICH BEHALTEN.

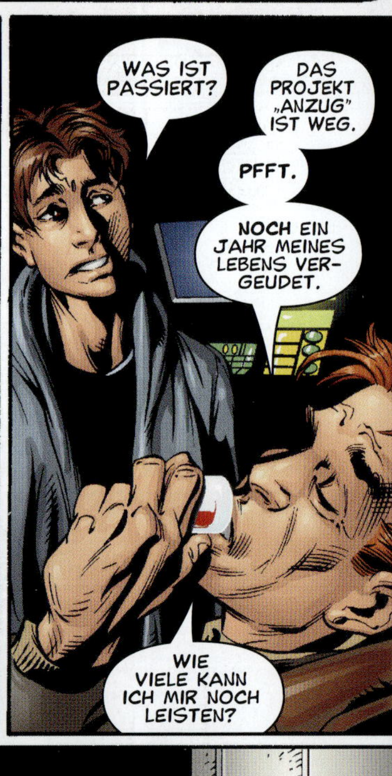
WAS IST PASSIERT?
DAS PROJEKT „ANZUG" IST WEG.
PFFT.
NOCH EIN JAHR MEINES LEBENS VERGEUDET.
WIE VIELE KANN ICH MIR NOCH LEISTEN?

WIE?
WAS BEDEUTET DAS?

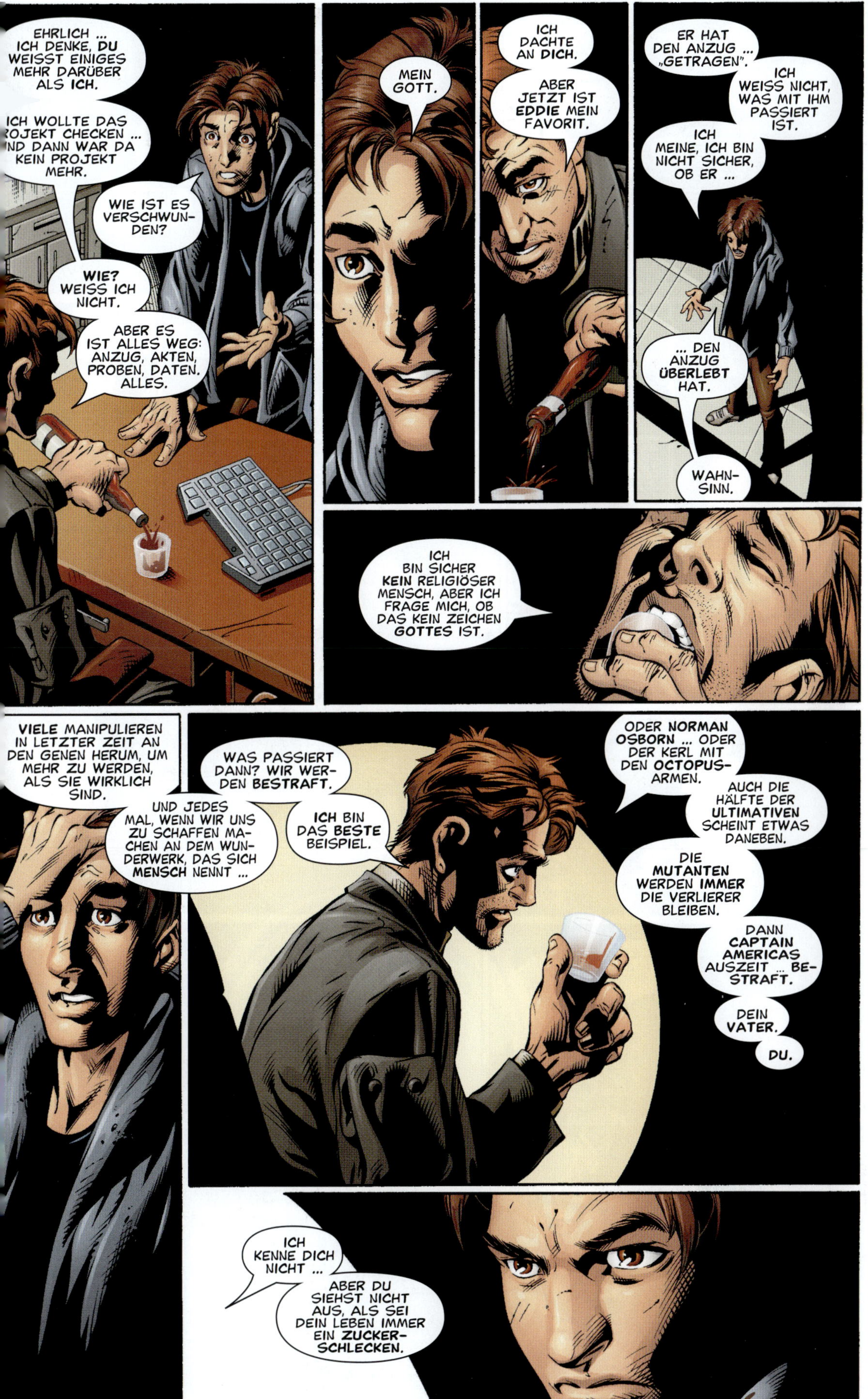
EHRLICH ... ICH DENKE, DU WEISST EINIGES MEHR DARÜBER ALS ICH.
ICH WOLLTE DAS ROJEKT CHECKEN ... ND DANN WAR DA KEIN PROJEKT MEHR.
WIE IST ES VERSCHWUNDEN?
WIE? WEISS ICH NICHT.
ABER ES IST ALLES WEG: ANZUG, AKTEN, PROBEN, DATEN. ALLES.
MEIN GOTT.
ICH DACHTE AN DICH.
ABER JETZT IST EDDIE MEIN FAVORIT.
ER HAT DEN ANZUG ... „GETRAGEN".
ICH WEISS NICHT, WAS MIT IHM PASSIERT IST.
ICH MEINE, ICH BIN NICHT SICHER, OB ER ...
... DEN ANZUG ÜBERLEBT HAT.
WAHNSINN.
ICH BIN SICHER KEIN RELIGIÖSER MENSCH, ABER ICH FRAGE MICH, OB DAS KEIN ZEICHEN GOTTES IST.
VIELE MANIPULIEREN IN LETZTER ZEIT AN DEN GENEN HERUM, UM MEHR ZU WERDEN, ALS SIE WIRKLICH SIND.
UND JEDES MAL, WENN WIR UNS ZU SCHAFFEN MACHEN AN DEM WUNDERWERK, DAS SICH MENSCH NENNT ...
WAS PASSIERT DANN? WIR WERDEN BESTRAFT.
ICH BIN DAS BESTE BEISPIEL.
ODER NORMAN OSBORN ... ODER DER KERL MIT DEN OCTOPUSARMEN.
AUCH DIE HÄLFTE DER ULTIMATIVEN SCHEINT ETWAS DANEBEN.
DIE MUTANTEN WERDEN IMMER DIE VERLIERER BLEIBEN.
DANN CAPTAIN AMERICAS AUSZEIT ... BESTRAFT.
DEIN VATER.
DU.
ICH KENNE DICH NICHT ...
ABER DU SIEHST NICHT AUS, ALS SEI DEIN LEBEN IMMER EIN ZUCKERSCHLECKEN.

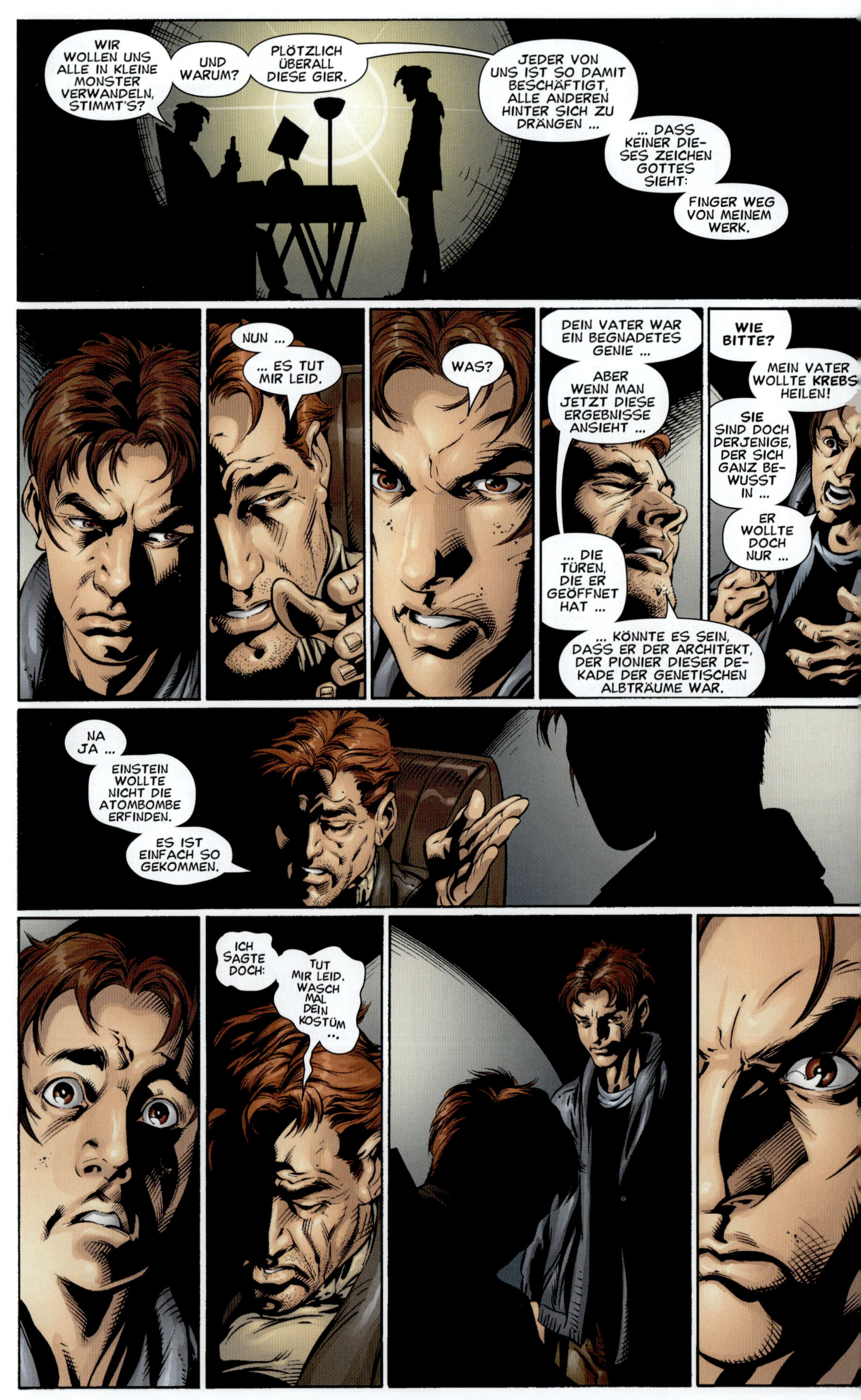
WIR WOLLEN UNS ALLE IN KLEINE MONSTER VERWANDELN, STIMMT'S?
UND WARUM?
PLÖTZLICH ÜBERALL DIESE GIER.
JEDER VON UNS IST SO DAMIT BESCHÄFTIGT, ALLE ANDEREN HINTER SICH ZU DRÄNGEN ...
... DASS KEINER DIESES ZEICHEN GOTTES SIEHT:
FINGER WEG VON MEINEM WERK.
NUN ...
... ES TUT MIR LEID.
WAS?
DEIN VATER WAR EIN BEGNADETES GENIE ...
ABER WENN MAN JETZT DIESE ERGEBNISSE ANSIEHT ...
... DIE TÜREN, DIE ER GEÖFFNET HAT ...
... KÖNNTE ES SEIN, DASS ER DER ARCHITEKT, DER PIONIER DIESER DEKADE DER GENETISCHEN ALBTRÄUME WAR.
WIE BITTE?
MEIN VATER WOLLTE KREBS HEILEN!
SIE SIND DOCH DERJENIGE, DER SICH GANZ BEWUSST IN ...
ER WOLLTE DOCH NUR ...
NA JA ...
EINSTEIN WOLLTE NICHT DIE ATOMBOMBE ERFINDEN.
ES IST EINFACH SO GEKOMMEN.
ICH SAGTE DOCH:
TUT MIR LEID. WASCH MAL DEIN KOSTÜM ...

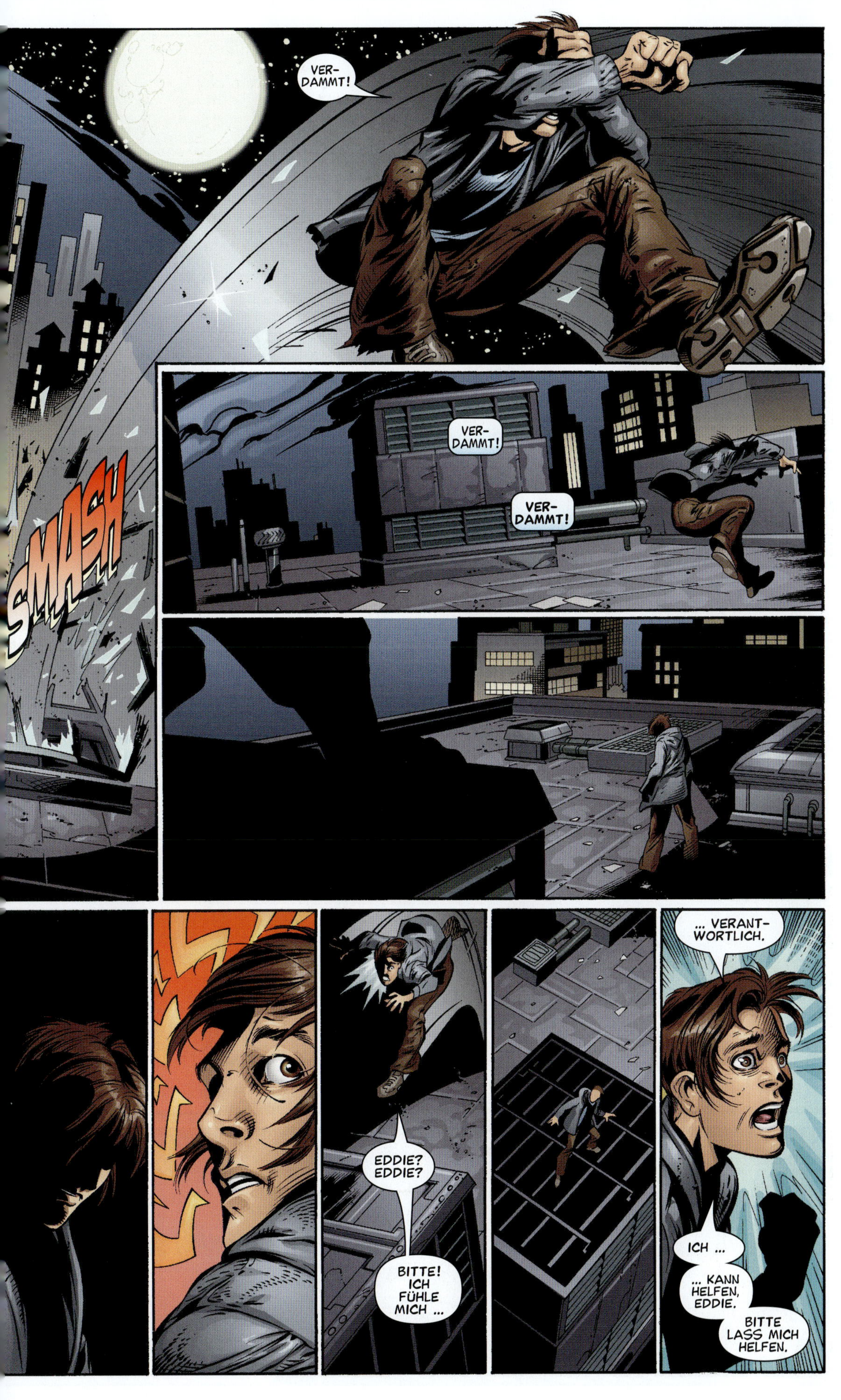
VER-
DAMMT!
SMASH
VER-
DAMMT!
VER-
DAMMT!
EDDIE?
EDDIE?
BITTE!
ICH
FÜHLE
MICH ...
... VERANT-
WORTLICH.
ICH ...
... KANN
HELFEN,
EDDIE.
BITTE
LASS MICH
HELFEN.

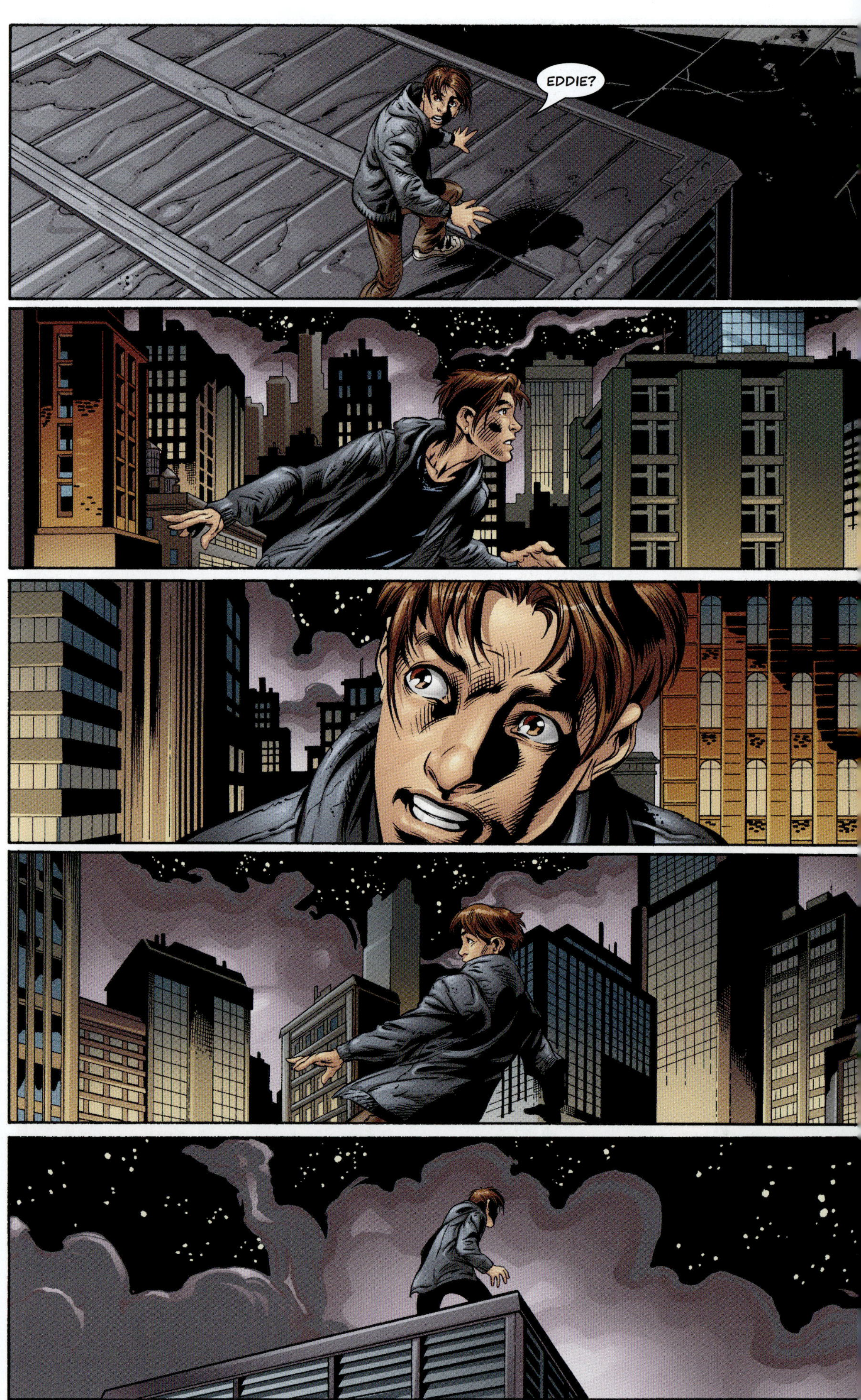
EDDIE?

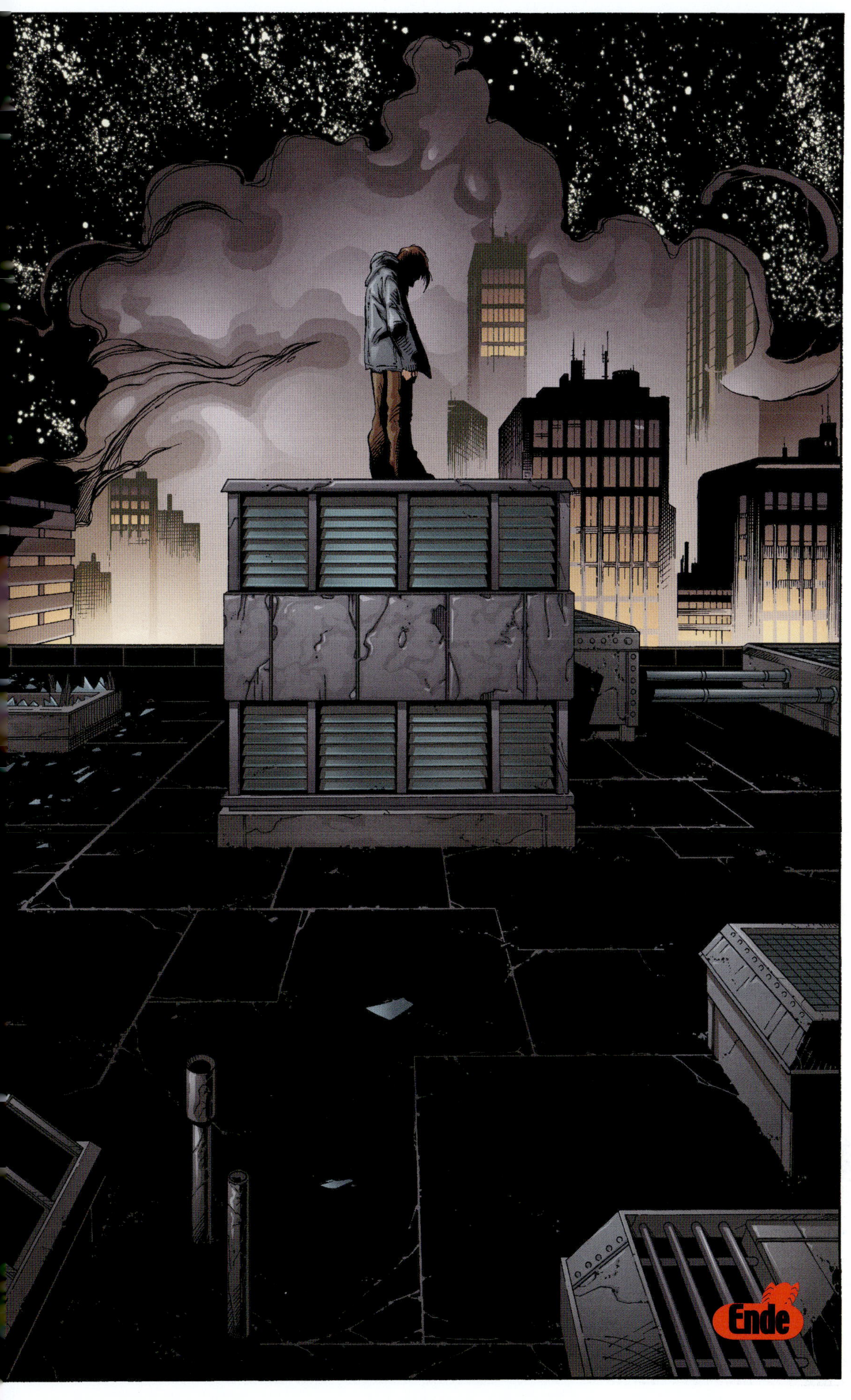
Ende

COVER-GALERIE

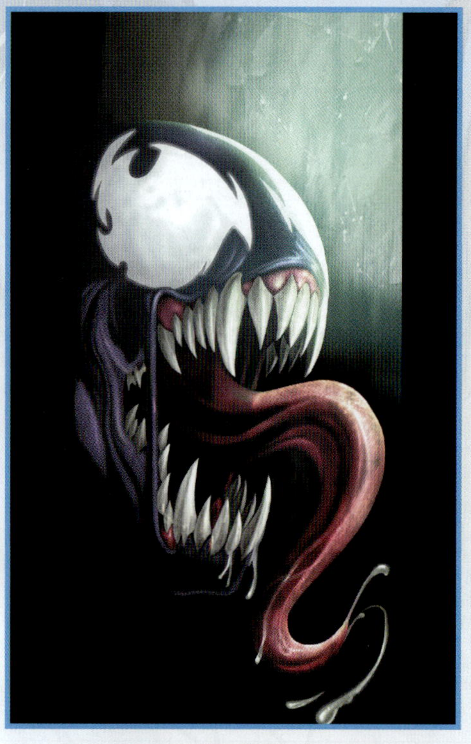

Cover von **Mark Bagley** für *Ultimate Spider-Man* #33

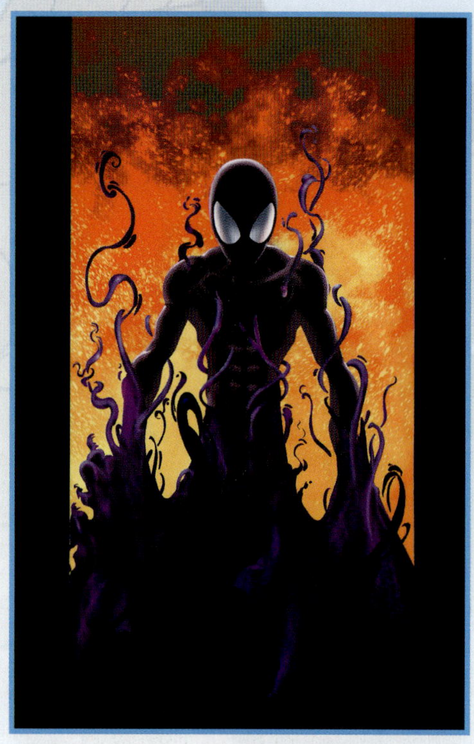

Cover von **Mark Bagley** für *Ultimate Spider-Man* #34

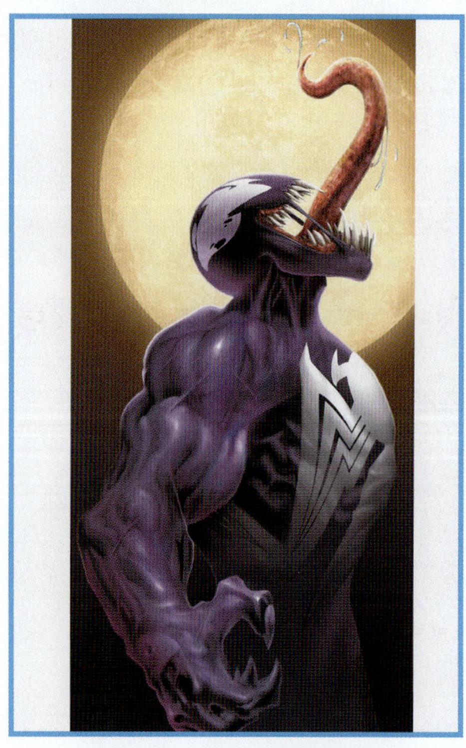

Cover von **Mark Bagley** für *Ultimate Spider-Man* #35

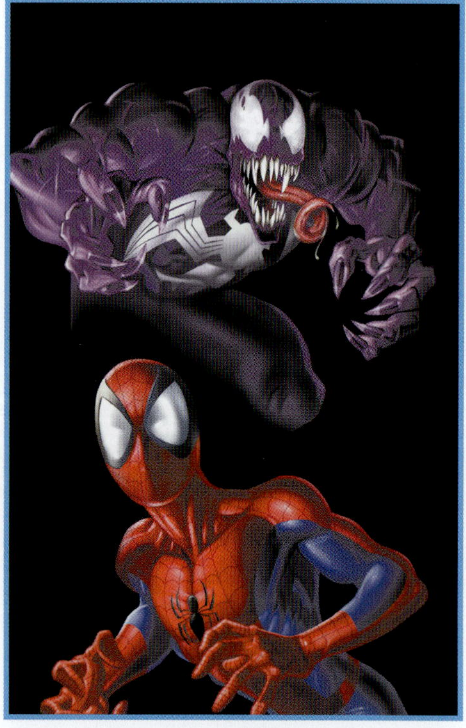

Cover von **Mark Bagley** für *Ultimate Spider-Man* #36

COVER-GALERIE

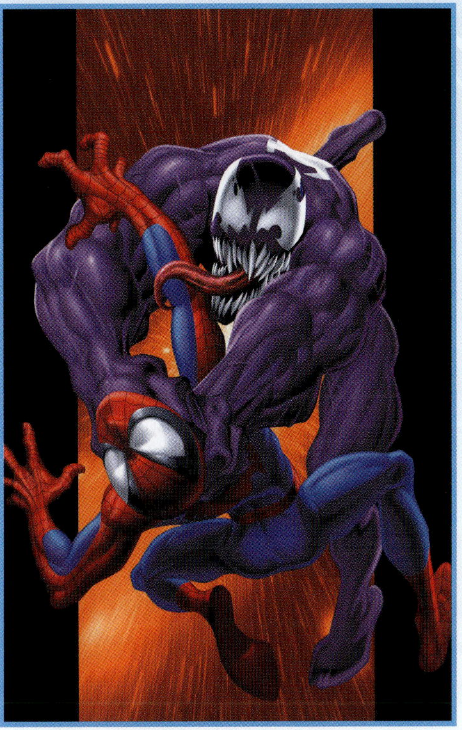

Cover von **Mark Bagley** für
Ultimate Spider-Man #38

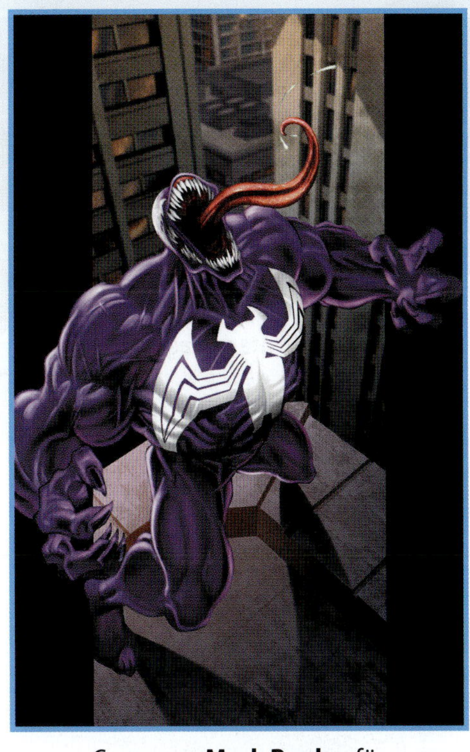

Cover von **Mark Bagley** für
Ultimate Spider-Man #37

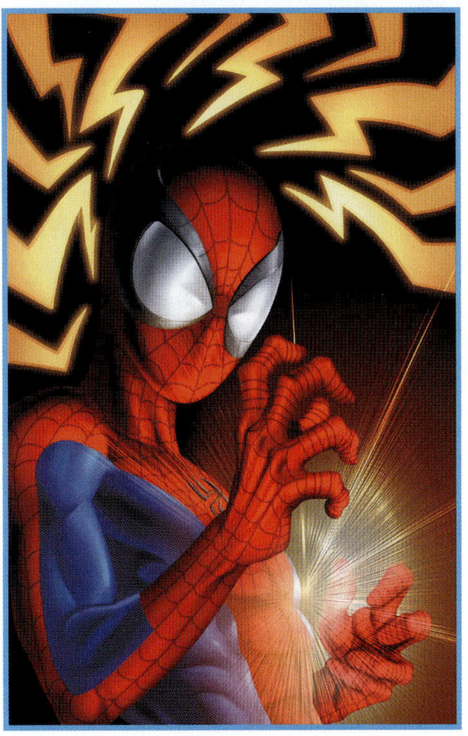

Cover von **Mark Bagley** für
Ultimate Spider-Man #39

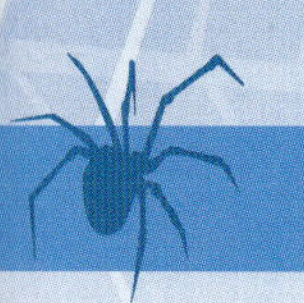

ÜBERSICHT

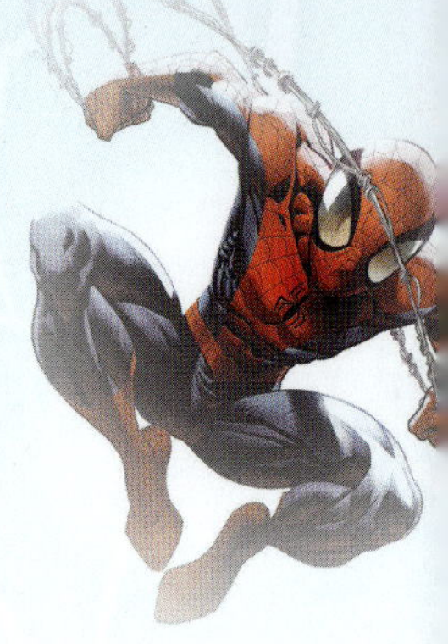

BEREITS ERSCHIENEN:

1. LEKTIONEN FÜRS LEBEN
2. KINGPIN
3. DOUBLE TROUBLE
4. DAS VERMÄCHTNIS
5. UNTER FALSCHEM VERDACHT
6. VENOM

IN KÜRZE ERHÄLTLICH:

7. OHNE VERANTWORTUNG
8. KÖNIGE UND KATZEN
9. DIE ULTIMATIVEN SECHS
10. HOLLYWOOD